Energiewirtschaft für Dummies

Schummelseite

AF804039

WAS IST ENERGIEWIRTSCHAFT?

Die Energiewirtschaft sorgt dafür, dass Energie zuverlässig, bezahlbar und möglichst umweltverträglich zur Verfügung steht. Dazu müssen Erzeugung, Transport, Handel und Verbrauch von Energie eng aufeinander abgestimmt werden. Ohne diese Prozesse würde weder der Alltag noch andere Industrien funktionieren.

Die vier zentralen Bereiche:

- ✔ **Energieerzeugung:** Umwandlung von Primärenergie (zum Beispiel Kohle, Wind, Sonne) in Strom oder Wärme
- ✔ **Übertragung und Verteilung:** Transport von Strom über Hoch-, Mittel- und Niederspannungsnetze sowie von Gas über Pipelines
- ✔ **Energiehandel:** Handel von Strom und Gas an Börsen oder über bilaterale Verträge
- ✔ **Energieverbrauch:** Nutzung von Energie durch Haushalte, Industrie, Gewerbe und Verkehr

ZIELE DER ENERGIEWIRTSCHAFT – DAS ENERGIEWIRTSCHAFTLICHE VIERECK

Eine funktionierende Energieversorgung muss mehrere Ziele gleichzeitig erfüllen. Diese Ziele stehen häufig in einem Spannungsfeld und lassen sich nicht immer vollständig gleichzeitig erreichen.

Die wichtigsten Pfeiler:

- ✔ **Versorgungssicherheit:** Energie muss jederzeit verfügbar sein.
- ✔ **Wirtschaftlichkeit:** Energie soll bezahlbar bleiben.
- ✔ **Umweltverträglichkeit:** Emissionen und Umweltbelastungen sollen sinken.
- ✔ **Sozialverträglichkeit:** Energie darf kein Luxusgut werden.

Energiewirtschaft für Dummies

Schummelseite

ENERGIE VERSTEHEN: FORMEN, QUELLEN UND UMWANDLUNG

Energie ist die Fähigkeit, Arbeit zu verrichten oder Wärme bereitzustellen. Sie geht nicht verloren, sondern wird ständig in andere Formen umgewandelt, oft mit Energieverlusten, die durch den Wirkungsgrad beschrieben werden.

Wichtige Grundlagen:

- ✔ **Energieformen:** elektrisch, thermisch, chemisch, mechanisch, Strahlung
- ✔ **Energieträger:**
  - Primärenergie (zum Beispiel Kohle, Erdgas, Wind, Sonne)
  - Sekundärenergie (zum Beispiel Strom, Benzin)
  - Endenergie (zum Beispiel Strom aus der Steckdose)
  - Nutzenergie (zum Beispiel Licht, Wärme, Bewegung)
- ✔ **Wirkungsgrad:** Anteil der eingesetzten Energie, der tatsächlich nutzbar wird

STROMNETZE, LAST UND SYSTEMSTABILITÄT

Stromnetze müssen jederzeit im Gleichgewicht sein, weil Strom nur begrenzt gespeichert werden kann. Erzeugung und Verbrauch müssen deshalb zu jedem Zeitpunkt übereinstimmen. Schon kleine Abweichungen können die Netzstabilität gefährden.

Wichtige Begriffe:

- ✔ **Grundlast:** dauerhaft benötigte Leistung
- ✔ **Mittellast:** planbarer Mehrbedarf im Tagesverlauf
- ✔ **Spitzenlast:** kurzfristige Verbrauchsspitzen
- ✔ **Residuallast:** verbleibender Strombedarf nach Abzug erneuerbarer Energien
- ✔ **Systemdienstleistungen:** Maßnahmen zur Stabilisierung des Netzes (zum Beispiel Regelenergie, Spannungshaltung)

Energiewirtschaft für Dummies

Schummelseite

STROMMÄRKTE UND PREISBILDUNG

Strom ist eine standardisierte Handelsware. Der Preis entsteht durch Angebot und Nachfrage und wird an verschiedenen Märkten gehandelt. Für Endkunden wirken sich Börsenpreise oft zeitverzögert aus.

Die wichtigsten Märkte und Konzepte:

- ✔ **Terminmarkt:** langfristige Absicherung über Monate oder Jahre
- ✔ **Spotmarkt:** kurzfristiger Handel (Day-Ahead und Intraday)
- ✔ **Regelenergiemarkt:** Ausgleich kurzfristiger Abweichungen im Netz
- ✔ **Merit-Order-Prinzip:** Kraftwerke werden nach Grenzkosten eingesetzt; das teuerste benötigte Kraftwerk bestimmt den Preis.
- ✔ **Strompreis für Haushalte:** Energiepreis + Netzentgelte + Steuern, Abgaben und Umlagen

FLEXIBILITÄT UND ENERGIEWENDE

Mit dem Ausbau erneuerbarer Energien gewinnt Flexibilität im Energiesystem an Bedeutung. Stromverbrauch und -erzeugung müssen zeitlich besser aufeinander abgestimmt werden. Verbraucher werden dadurch immer mehr aktive Teilnehmer im Energiesystem.

Zentrale Konzepte:

- ✔ **Lastverschiebung:** Stromverbrauch zeitlich anpassen
- ✔ **Prosumer:** Verbraucher, die gleichzeitig Energie erzeugen
- ✔ **Virtuelle Kraftwerke:** Zusammenschluss vieler kleiner Anlagen zur gemeinsamen Vermarktung
- ✔ **Sektorkopplung:** Nutzung von Strom in Wärme, Verkehr oder Gas/Wasserstoff

Energiewirtschaft für Dummies

Nina Tauscher

Energiewirtschaft

für **dummies**®

Fachkorrektur von Utility Partners GmbH

WILEY

WILEY-VCH GmbH

Energiewirtschaft für Dummies

Bibliografische Information der Deutschen Nationalbibliothek

Die Deutsche Nationalbibliothek verzeichnet diese Publikation in der Deutschen Nationalbibliografie; detaillierte bibliografische Daten sind im Internet über `http://dnb.d-nb.de` abrufbar.

Print ISBN: 978-3-527-72350-8
ePub ISBN: 978-3-527-85303-8

Coverillustration: Georg – `stock.adobe.com`
Korrektur: Petra Heubach-Erdmann, Düsseldorf
Satz: Straive, Chennai, India
Druck und Bindung: CPI Group (UK) Ltd, Croydon, CR0 4YY
C9783527723508_200826

Über die Autorin

Nina Tauscher hat einen Masterabschluss in Strategischem Management und Entrepreneurship und arbeitet in der Energiewirtschaft. Bei den Stadtwerken entwickelt sie neue Geschäftsmodelle für den Energiesektor und verbindet dabei strategisches Know-how mit praktischer Branchenerfahrung. In diesem Buch vermittelt sie die komplexen Zusammenhänge der Energiewirtschaft verständlich und praxisnah.

Auf einen Blick

Inhaltsverzeichnis

Einleitung

Energiewirtschaft klingt für viele Menschen erst einmal trocken, kompliziert oder nach etwas, womit man sich nur beschäftigen muss, wenn man beruflich damit zu tun hat. Strom kommt schließlich aus der Steckdose, Wärme aus der Heizung und meistens funktioniert alles ganz selbstverständlich. Genau diese gefühlte Selbstverständlichkeit ist aber der Grund, warum Energiewirtschaft heute wichtiger ist denn je.

Denn hinter Lichtschaltern, Stromrechnungen und Heizungen steckt ein komplexes System aus Technik, Märkten, Regulierung und politischen Entscheidungen. Dieses System befindet sich derzeit im größten Umbruch seit Beginn der Elektrifizierung. Erneuerbare Energien, steigende Preise, Netzausbau, Versorgungssicherheit und Klimaschutz greifen ineinander und sorgen dafür, dass viele Diskussionen zwar laut, aber oft schwer verständlich sind.

Mein eigener Weg in die Energiewirtschaft begann eher zufällig. Ich hatte weder geplant, in dieser Branche zu arbeiten noch ein Buch darüber zu schreiben. Was mich jedoch von Anfang an fasziniert hat, war die Tiefe und Vielseitigkeit dieses Themenfelds. Hinter scheinbar einfachen Dingen wie Strom aus der Steckdose oder Wärme im Winter verbirgt sich ein komplexes System aus Technik, Wirtschaft, Regulierung und gesellschaftlichen Zielen.

Durch meinen Job bei den Stadtwerken München wurde mir schnell klar, dass man die Energiewirtschaft nur versteht, wenn man Zusammenhänge kennt und einzelne Themen nicht isoliert betrachtet. Ich beschäftige mich im Bereich »Neue Geschäfte« mit innovativen Lösungen für die Energiewende. Genau diese Perspektive möchte ich in diesem Buch weitergeben.

Denn Energie betrifft uns alle. Sie ist die Grundlage unseres Alltags, vom Lichtschalter über die Heizung bis zur Mobilität. Gleichzeitig entscheidet der Umgang mit Energie darüber, wie stark wir das Klima belasten und wie abhängig wir von anderen Ländern sind.

Über dieses Buch

Dieses Buch ist aus genau diesen Fragen heraus entstanden. Es ist kein Lehrbuch im klassischen Sinne und kein Nachschlagewerk für Spezialisten. Es ist vielmehr der Versuch, die Energiewirtschaft so zu erklären, wie ich sie selbst Schritt für Schritt kennengelernt habe: vernetzt, praxisnah und verständlich. Nach dem Motto des lebenslangen Lernens habe ich mich auf meine persönliche Energiewirtschaftsreise begeben und möchte meine Learnings nun mit Ihnen teilen.

Dieses Buch möchte Ihnen die Energiewirtschaft verständlich näherbringen, ohne technisches Vorwissen, ohne komplizierte Formeln und ohne den Anspruch, jedes Detail zu erklären. Dabei fokussiert sich dieses Buch auf die Versorgung mit elektrischer Energie, also Strom. Die Themen Gas und Wärme werden an einigen Stellen ebenfalls angeschnitten, jedoch nicht vertieft. Man muss nicht alles wissen, um sich eine fundierte Meinung zu bilden.

Aber wer die grundlegenden Mechanismen kennt, kann Debatten besser einordnen, Entscheidungen nachvollziehen und Entwicklungen realistischer bewerten.

Dieses Buch richtet sich an alle, die sich einen verständlichen Zugang zur Energiewirtschaft verschaffen möchten, unabhängig davon, ob Sie neu in der Energiebranche sind oder sich im Studium mit diesem Themenfeld beschäftigen. Ziel ist es, die oft komplexen Zusammenhänge der Energiewelt verständlich zu erklären und greifbar zu machen.

Was Sie nicht lesen müssen

Sie müssen dieses Buch nicht von vorne bis hinten lesen. Sie können quer einsteigen, Kapitel überspringen oder später zurückkommen. Die Energiewirtschaft ist kein Thema, das man an einem Nachmittag vollständig versteht, aber jedes zusätzliche Stück Verständnis hilft.

Kurz:

Lesen Sie das, was Sie interessiert.

Überspringen Sie, was Sie gerade nicht brauchen.

Und kommen Sie jederzeit wieder zurück.

Törichte Annahmen über die Leser

Beim Schreiben dieses Buches habe ich ein paar Annahmen über Sie getroffen.

- ✔ Ich gehe davon aus, dass Sie sich für die Energiewirtschaft interessieren, aber nicht unbedingt vom Fach sein müssen.
- ✔ Vielleicht sind Sie neu in der Branche, Quereinsteiger, Studierende oder arbeiten in einem angrenzenden Bereich.
- ✔ Vielleicht begegnen Ihnen Energiethemen regelmäßig im Job oder in Gesprächen und Sie möchten einfach besser verstehen, wie dieses System aus Strommärkten, Netzen und Energiepreisen eigentlich funktioniert.
- ✔ Oder Sie verfolgen Energiethemen aus persönlichem Interesse und merken, dass Begriffe wie Energiewende, Merit Order oder Versorgungssicherheit ständig auftauchen, aber selten wirklich erklärt werden.
- ✔ Ich nehme außerdem an, dass Sie keine Lust auf unnötig komplizierte Erklärungen, endlose Formeln oder Fachjargon ohne Kontext haben. Stattdessen wünschen Sie sich einen verständlichen Überblick, der Zusammenhänge erklärt und Begriffe einordnet, ohne Sie dabei zu überfordern. Schließlich wollen Sie verstehen, warum Dinge so sind, wie sie sind: warum Strommärkte funktionieren, wie sie funktionieren. Warum

Preise schwanken. Warum erneuerbare Energien neue Herausforderungen mit sich bringen und warum sie trotzdem unverzichtbar sind.

Und schließlich gehe ich davon aus, dass Sie neugierig sind. Neugierig darauf, hinter die Kulissen eines Systems zu blicken, das im Alltag meist unsichtbar bleibt, aber unser Leben entscheidend prägt.

Ganz gleich, aus welchem Blickwinkel Sie auf das Thema schauen, die Energiewirtschaft ist ein System, in dem Technik, Wirtschaft, Regulierung und Politik eng miteinander verflochten sind. Genau das macht sie spannend und manchmal auch ziemlich kompliziert. Dieses Buch soll Ihnen helfen, sich in diesem System zurechtzufinden und die wichtigsten Zusammenhänge zu verstehen, ganz ohne Expertenwissen.

Wie dieses Buch aufgebaut ist

Dieses Buch ist in vier Teile gegliedert:

Teil I: Grundlagen der Energiewirtschaft

Hier geht es um die Grundlagen: Was ist Energie, welche Formen gibt es und was bedeutet Energiewirtschaft eigentlich?

Teil II: Strombedarf, Last im Stromnetz und Energieerzeugung

Dieser Teil führt mitten ins Energiesystem – mit Kraftwerken, Stromnetzen und der täglichen Balance zwischen Erzeugung und Verbrauch.

Teil III: Strommärkte, Energiehandel und Energienachfrage

In diesem Teil geht es um Strommärkte, Preisbildung und die Stromrechnung. Zum Schluss werfen wir einen Blick nach vorn – auf neue Technologien, Speicher und die Rolle der Verbraucherinnen und Verbraucher.

Teil IV: Der Top-Ten-Teil

Wie in jedem »für Dummies«-Buch finden Sie auch hier zwei Top-Ten-Kapitel, die wichtige Punkte, typische Denkfehler und wichtige Erkenntnisse kompakt zusammenfassen, ideal zum Wiederholen oder schnellen Nachschlagen.

Symbole, die in diesem Buch verwendet werden

Damit Sie sich im Buch leichter zurechtfinden, enthält es verschiedene Symbole. Sie zeigen Ihnen auf einen Blick, was Sie im jeweiligen Abschnitt erwartet und helfen beim schnellen Einordnen.

Hier wird es konkret, mit Beispielen aus Alltag oder Praxis.

Unter diesem Symbol finden Sie wichtige Begriffe kurz und verständlich erklärt.

Hier verbergen sich Dinge, die Sie sich merken sollten.

Dieses Symbol verweist auf kleine technische Exkurse für alle, die es genauer wissen möchten.

Und wenn Sie dieses Symbol sehen, heißt es Achtung: Hier geht es um typische Missverständnisse oder wichtige Hinweise.

Wie es weitergeht

Jetzt haben Sie einen ersten Eindruck davon bekommen, worum es in diesem Buch geht und wie Sie es nutzen können. Ab hier wird es konkreter, aber keine Sorge: Wir steigen langsam ein.

Die Kapitel bauen thematisch aufeinander auf, lassen sich aber auch einzeln lesen. Nehmen Sie sich die Freiheit, dieses Buch in Ihrem eigenen Tempo zu lesen. Manche Themen werden Ihnen sofort vertraut vorkommen, andere erschließen sich erst nach und nach. Beides ist völlig normal.

Wenn Sie bereit sind, dann schlagen Sie nun Teil I auf und beginnen Sie mit den Grundlagen der Energiewirtschaft. Alles Weitere entwickelt sich Schritt für Schritt daraus.

Ich wünsche Ihnen viel Freude beim Lesen und Entdecken der Welt der Energiewirtschaft.

Teil I

Grundlagen der Energiewirtschaft

IN DIESEM TEIL …

Lernen Sie …

- ✔ welche verschiedenen Energieformen existieren
- ✔ wie Energie gemessen wird
- ✔ wie sie kategorisiert wird
- ✔ wie sie umgewandelt wird
- ✔ welche Energieformen es gibt

IN DIESEM KAPITEL

Energiewirtschaftliches Dreieck

Liberalisierung des Strommarkts

Marktrollen

Kapitel 1
Die Energiewirtschaft – Was steckt dahinter?

Energie begleitet uns jeden Tag. Sie ist überall, auch wenn wir sie oft gar nicht bewusst wahrnehmen. Wenn wir morgens das Licht einschalten, mit dem Zug fahren oder ob die Sonne unser Gesicht wärmt: All das hat mit Energie zu tun. Energie ist aber auch das große Energiesystem im Hintergrund, das dafür sorgt, dass Städte mit Strom, Gas und Wasser versorgt werden, Fabriken produzieren können und der Verkehr funktioniert. Trotzdem denken die meisten Menschen kaum darüber nach, wie abhängig wir von Energie sind oder wie sie eigentlich in unsere Wohnung und unser Haus gelangt. Und dass, obwohl ohne Energie unser Alltag schnell zum Stillstand kommen würde: In Produktionsfabriken würde nicht mehr gearbeitet, Züge und Busse blieben stehen und im Winter wären viele Wohnungen kalt. Energie ist die Grundlage unseres modernen Lebens und steckt in fast allem, was wir nutzen. Viele Dinge, die heute selbstverständlich sind, wären ohne sie nicht möglich.

Energie unterliegt jedoch aufgrund seiner physikalischen Besonderheiten speziellen Rahmenbedingungen. Sie nutzbar zu machen und bereitzustellen, kostet darüber hinaus Geld und diese Kosten müssen auf die Preise der Produkte aufgeschlagen werden, die wir kaufen. Deshalb wirken sich steigende Energiepreise nicht nur auf Strom- oder Heizkosten aus, sondern auch auf die Preise vieler anderer Produkte. Auf gesamtwirtschaftlicher Ebene entscheidet das Energiekostenniveau darüber, wie wettbewerbsfähig ein Land ist und wie stabil seine Wirtschaft bleibt. Damit einher geht auch die Steigerung der Innovationskraft eines Landes.

Energie ist essenziell für Produktionsprozesse, ermöglicht Innovation und ist damit ein Hauptfaktor für Wohlstand und Fortschritt.

Was ist Energiewirtschaft?

Wenn Strom aus der Steckdose kommt oder warmes Wasser aus dem Hahn fließt, wirkt das selbstverständlich. Aber dahinter steht ein komplexes Zusammenspiel aus Technik, Märkten und politischen Entscheidungen. Viele Prozesse greifen ineinander, damit Energie jederzeit verfügbar ist. Und das zuverlässig, sicher und in der richtigen Menge. Dies sicherzustellen, ist die Aufgabe der Energiewirtschaft.

Das wichtigste Ziel der Energiewirtschaft ist eine stabile Energieversorgung. Damit das gelingt, müssen Erzeugung, Transport, Speicherung und Verbrauch von Energie sorgfältig aufeinander abgestimmt werden. Diese Abläufe entstehen nicht zufällig, sondern werden geplant, organisiert und ständig angepasst. Genau mit diesem Zusammenspiel beschäftigt sich die Energiewirtschaft. Sie umfasst alle wirtschaftlichen und organisatorischen Fragen rund um Energie. Von der Erzeugung über den Handel bis hin zur Versorgung von Haushalten und Unternehmen. Aber was genau bedeutet Energiewirtschaft eigentlich?

Die Energiewirtschaft ist die Branche, die sich darum kümmert, dass Energie nutzbar gemacht, transportiert und bereitgestellt wird.

Dieses Buch wird Ihnen helfen, die Welt der Energiewirtschaft besser zu verstehen. Ich erkläre Ihnen:

- wie Energieerzeugung und -umwandlung funktioniert,
- warum Energiepreise schwanken,
- wie Energie in die Steckdose von Millionen Haushalten deutschlandweit kommt und
- welche Rolle erneuerbare Energien in der Zukunft spielen.

Auch wenn es im Sprachgebrauch üblich ist, so kann Energie weder erzeugt noch verbraucht werden. Sie kann lediglich von einer Energieform in eine andere umgewandelt werden. Dabei greift jedoch immer der Energieerhaltungssatz (siehe Kapitel 2). Geht es im weiteren Verlauf um erzeugte oder verbrauchte Energie, so ist damit lediglich die Nutzbarmachung aus anderen Energieformen gemeint.

Die Energiewirtschaft lässt sich grob in vier Bereiche einteilen:

1. **Energieerzeugung & Bereitstellung: Wo kommt die Energie her?**

   Hier wird Energie unterschiedlicher Energieträger in nutzbare Formen umgewandelt. Das geschieht in Kraftwerken, die sogenannte Primärenergie in Strom, Wärme oder andere Energieformen umwandeln. Dabei wird zwischen konventionellen Energieträgern wie Kohle, Erdöl, Erdgas und Kernenergie sowie erneuerbaren Energiequellen wie Windkraft, Solarenergie, Wasserkraft, Biomasse und Geothermie unterschieden.

2. **Energieübertragung & Verteilung: Wie kommt die Energie zu uns?**

   Die in den Kraftwerken gewonnene Energie muss über große Distanzen hinweg in verschiedene Regionen und Städte transportiert werden. Strom fließt über Hochspannungsleitungen (siehe Abbildung 1.1) und lokale Stromnetze. Gas und Öl werden durch Pipelines oder Tanker transportiert.

Damit Stromnetze sicher funktionieren, reicht der reine Transport von Energie nicht aus. Zusätzlich sind *Systemdienstleistungen* notwendig. Sie sorgen dafür, dass die ins Netz gespeisten Strommengen mit dem tatsächlichen Verbrauch immer im Gleichgewicht sind, damit Spannung und Frequenz im Stromnetz stabil bleiben. So wird das Stromnetz vor einem Ausfall (Blackout) geschützt, indem Planung und Realität im Energiesystem aufeinander abgestimmt werden (*Bilanzkreismanagement*). Zu diesen Systemleistungen zählen unter anderem die Regelenergie, die Netzreserve und die Schwarzstartfähigkeit (Genaueres können Sie dazu in Kapitel 4 finden). Systemdienstleistungen werden von Kraftwerken, Speichern oder zunehmend auch von erneuerbaren Anlagen und Verbrauchern bereitgestellt.

Abbildung 1.1: Hochspannungsleitungen, die Strom über weite Distanzen hinweg transportieren (© `stock.adobe.com`)

3. **Energiehandel**

   Der Energiehandel beinhaltet den Kauf und Verkauf von Strom auf Energiemärkten. Dieser Handel kann börslich oder abseits der Börse (*over the counter*) stattfinden. Er regelt, wie Strommengen wirtschaftlich verteilt werden, und beeinflusst damit auch die Preise, die am Ende bei den Verbrauchern ankommen.

4. **Energieverbrauch: Wer nutzt die Energie**

   Die Energie wird durch Endkunden genutzt. Haushalte, Industrie und der Verkehr sind dabei die Hauptverbraucher.

Alle diese Bereiche sind eng miteinander verknüpft. Ein Problem in einem Teil kann große Auswirkungen auf das ganze System haben. Wenn zum Beispiel viel Strom verbraucht wird, müssen Erzeuger mehr produzieren, Netze werden stärker belastet und die Preise steigen.

Ohne eine funktionierende Energiewirtschaft würden Sie schnell merken, wie sehr auch Ihr Alltag davon abhängt:

✔ Kein Strom bedeutet keine Beleuchtung, keine Computer, keine Maschinen.

✔ Kein Gas bedeutet kalte Wohnungen, Stillstand in der Industrie.

Das energiewirtschaftliche Dreieck

Was macht eine gute Energieversorgung eigentlich aus? Reicht es, wenn der Strom zuverlässig aus der Steckdose kommt, oder sollte er auch bezahlbar und umweltfreundlich sein? Schnell wird klar: In der Energiewirtschaft geht es immer darum, verschiedene Ziele miteinander in Einklang zu bringen. Genau hier setzt eines der zentralen Leitbilder der Energiepolitik an: das *energiewirtschaftliche Dreieck* (siehe Abbildung 1.2). Es beschreibt die drei grundlegenden Ziele, die es im Gleichgewicht zu halten gilt, um eine einheitliche Versorgung der Bevölkerung mit Energie zu gewährleisten: Versorgungssicherheit, Bezahlbarkeit und Umweltverträglichkeit. Diese drei Punkte bilden das Fundament für alle größeren energiepolitischen Entscheidungen und zeigen, was eine funktionierende Energieversorgung leisten muss, weswegen es seit der Reform des Energiewirtschaftsgesetzes (EnWG) 1998 sogar gesetzlich in § 1 verankert ist:

»Zweck des Gesetzes ist eine möglichst sichere, preisgünstige, verbraucherfreundliche, effiziente, umweltverträgliche und treibhausgasneutrale leitungsgebundene Versorgung der Allgemeinheit mit Elektrizität und Gas, die zunehmend auf erneuerbaren Energien beruht.«

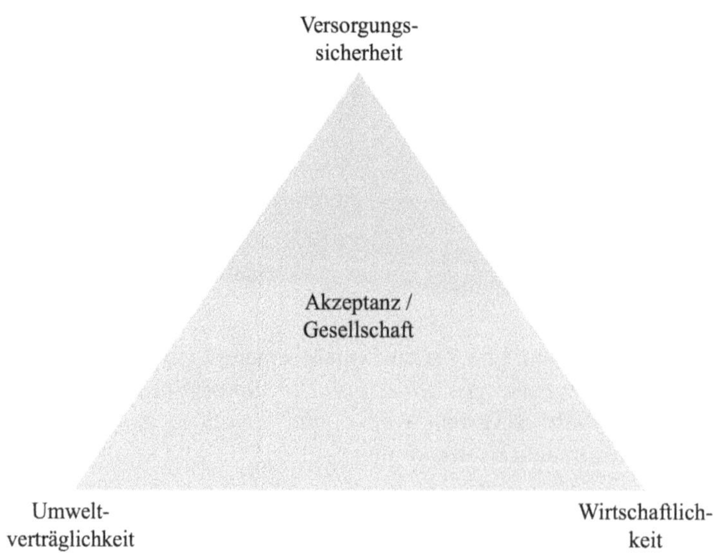

Abbildung 1.2: Das energiewirtschaftliche Dreieck: drei Ziele, ein Spannungsfeld

Schon dieser Satz macht deutlich, dass alle drei Ziele gleichberechtigt nebeneinanderstehen, aber sie lassen sich nicht immer problemlos miteinander vereinen. Das energiewirtschaftliche Dreieck ist deshalb kein statisches Modell, sondern ein Spannungsfeld, das ständig neu austariert werden muss.

Erste Dimension: Versorgungssicherheit

Versorgungssicherheit bedeutet, dass jederzeit genügend Strom und Gas zur Verfügung stehen; für Haushalte genauso wie für Industrie und Gewerbe. Ohne eine stabile Versorgung können weder Kühlschrank noch Produktionsanlage zuverlässig betrieben werden. Versorgungssicherheit umfasst mehrere Dimensionen: Zum einen geht es um die physische Verfügbarkeit von Energie, also darum, dass genug Strom, Gas oder Wärme erzeugt und transportiert werden kann. Zum anderen spielt die Systemstabilität eine entscheidende Rolle: Das Stromnetz muss jederzeit im Gleichgewicht zwischen Erzeugung und Verbrauch bleiben, um Frequenz- und Spannungsschwankungen zu vermeiden und dadurch mögliche Stromausfälle zu vermeiden. Schließlich betrifft Versorgungssicherheit auch die wirtschaftliche und geopolitische Ebene, insbesondere bei importierten Energieträgern wie Erdgas, Öl oder künftig Wasserstoff.

Die Dimension der Versorgungssicherheit wird weiter unterschieden in:

✔ **Technische Versorgungssicherheit:**

Das Stromnetz muss auch bei Störungen stabil funktionieren. Deutschland gilt hier als Vorreiter: Mit weniger als einer Stunde durchschnittlicher Stromunterbrechung pro Jahr zählt das Land zu den sichersten Stromsystemen Europas (siehe »SAIDI-Wert« etwas weiter unten). Um eine sichere Stromversorgung zu garantieren, werden Stromnetze nach dem sogenannten (n-1)-Kriterium ausgelegt. Dieses Prinzip bedeutet, dass der Ausfall eines einzelnen Betriebselements, zum Beispiel einer Leitung, eines Transformators oder eines Stromkreises, nicht zur Unterbrechung der Versorgung führen darf. Die Netzstruktur muss also so robust sein, dass sie auch bei einem Störfall stabil bleibt.

In besonders kritischen Bereichen, wie im industriellen Umfeld oder bei systemrelevanten Netzknoten, wird sogar das (n-2)-Kriterium angewendet. Es stellt sicher, dass selbst der gleichzeitige Ausfall von zwei Komponenten keine Gefährdung der Versorgung verursacht. Solche zusätzlichen Sicherheitsreserven sind dort notwendig, wo eine Störung große Folgen für Menschen, Umwelt oder Wirtschaft haben könnte.

In weniger kritischen Regionen, vor allem in Verteilnetzen, genügt oft das (n-0)-Kriterium, bei dem keine Redundanz vorgesehen ist. Hier wird die Versorgungssicherheit organisatorisch gewährleistet, zum Beispiel durch gut geschultes Personal, Ersatzteile und schnelle Reparaturmaßnahmen, sodass Ausfälle meist innerhalb kurzer Zeit behoben werden.

Zur Netzsicherheit gehört außerdem eine verlässliche Systemführung. Netzbetreiber müssen ausreichende Kapazitäten für Systemdienstleistungen wie Frequenz- und Spannungshaltung bereitstellen und über stabile Steuerungs- und Abrechnungssysteme verfügen. Ebenso zentral ist der Schutz der IT-Infrastruktur vor Cyberangriffen, weil digitale Systeme heute das Rückgrat der Netzsteuerung bilden.

✔ **Versorgungssicherheit in der Erzeugung und Lieferung:**

Damit die Stromversorgung jederzeit zuverlässig funktioniert, muss genügend elektrische Energie verfügbar sein, um die aktuelle Nachfrage zu decken. Dies setzt voraus, dass ausreichend Strom aus benachbarten Ländern importiert werden kann. In der Fachliteratur wird diese Fähigkeit als *Generation Adequacy* bezeichnet. Sie beschreibt, ob ein Energiesystem auch langfristig über genügend verlässliche Kapazitäten verfügt, um Versorgungslücken zu vermeiden. Eine wichtige Voraussetzung hierfür sind Markt- und Regulierungsstrukturen, die Investitionen in Erzeugungsanlagen, Speicher sowie flexible Technologien wirtschaftlich attraktiv machen. Nur so stellen Energieunternehmen genügend gesicherte Leistung bereit, um auch bei schwankender Einspeisung aus Wind und Sonne eine stabile Versorgung zu gewährleisten.

Ein weiterer Punkt ist die Abhängigkeit vom Import. Je stärker sich ein Land auf einzelne Energielieferanten verlässt, desto verwundbarer ist es. Die Energiekrise, die 2022 seit dem Krieg in der Ukraine begann, hat deutlich gezeigt, welche Risiken entstehen, wenn zu große Mengen Gas aus nur einem Land, in diesem Fall Russland, stammen und aufgrund geopolitischer Ereignisse nicht mehr geliefert werden. Eine Diversifizierung der Energieträger stellt daher eine unerlässliche Tätigkeit dar, um die Versorgungssicherheit in der Erzeugung und Lieferung gewährleisten zu können.

In der Praxis wird zwischen *kurzfristiger* und *langfristiger Versorgungssicherheit* unterschieden. Kurzfristig geht es um die Stabilität des Stromnetzes und die Verfügbarkeit von Reservekapazitäten, um Schwankungen im Netz auszugleichen. Langfristig betrifft Versorgungssicherheit die Frage, ob das Energiesystem ausreichend diversifiziert ist, um Krisen, politische Spannungen oder Engpässe bei Brennstoffen abzufangen.

Der *Grad der Versorgungssicherheit* in einem Gebiet wird anhand des System Average Interruption Duration Index (*SAIDI*) gemessen. Diese Kennzahl gibt an, wie lange Kundinnen und Kunden eines Stromnetzes im Durchschnitt pro Jahr aufgrund ungeplanter Störungen ohne Elektrizität sind. Geplante Abschaltungen, wie für Wartungs- oder Instandhaltungsarbeiten, fließen dabei nicht in die Berechnung ein.

In Deutschland veröffentlicht die Bundesnetzagentur den SAIDI-Wert jährlich. Zwischen 2010 und 2020 lag er im Durchschnitt bei ca. 15 Minuten pro Jahr, was einer Versorgungssicherheit von etwa 99,997 Prozent entspricht. Das ist ein international sehr hoher Wert.

Im Jahr 2023 lag die durchschnittliche Stromunterbrechung pro Letztverbraucher bei 12,8 Minuten.

Zweite Dimension: Wirtschaftlichkeit

Energie soll für alle bezahlbar sein. Dieses Ziel betrifft nicht nur die Stromrechnung am Monatsende, sondern auch die Frage, ob Deutschland als Wirtschaftsstandort attraktiv bleibt. Wenn Strom zu teuer wird, leidet nicht nur die Industrie, sondern auch das gesellschaftliche Miteinander. Dabei hängen die Kosten nicht nur vom Strompreis ab. Steuern, Abgaben, Netzentgelte und die Investitionen in neue Technologien spielen ebenso eine Rolle. Auch der Ausbau von erneuerbaren Energien verursacht zusätzliche Systemkosten, zum Beispiel für Speicher oder den Netzausbau.

Dritte Dimension: Umwelt- und Klimaverträglichkeit

Der dritte Punkt im Dreieck betrifft den Schutz von Umwelt und Klima. Ziel ist es, den CO_2-Ausstoß zu senken und die Energieversorgung auf klimafreundliche Beine zu stellen. Deshalb ist der Umbau auf erneuerbare Energien (beispielsweise Wind, Sonne und Biomasse) ein Kernanliegen der Energiepolitik. Sie soll den Weg ebnen zu einer Stromversorgung, die möglichst wenig Treibhausgase verursacht, um die national ausgelobten Klimaschutzziele zu erreichen. Dabei muss allerdings auch beachtet werden, dass klimaverträgliche Energieformen nicht zwangsläufig auch umweltverträglich sind. So können Windkraftanlagen in Landschaftsbilder oder Ökosysteme eingreifen, weswegen hier umwelt- und klimaverträglich gegeneinander abgewogen werden muss.

Der Klimawandel zeigt deutlich, dass wir Energie künftig anders erzeugen und nutzen müssen, um unsere Lebensgrundlagen zu erhalten. Dabei geht es nicht nur darum, fossile Energieträger durch erneuerbare Alternativen zu ersetzen. Genauso wichtig ist es, wirtschaftliche Strukturen und Märkte an Veränderungen anzupassen.

Ein Blick auf den weltweiten Energieverbrauch zeigt jedoch, wie groß diese Aufgabe ist. Der globale Energiebedarf ist in den vergangenen Jahrzehnten stetig gestiegen. Trotz des Ausbaus erneuerbarer Energien dominieren fossile Energieträger weiterhin die weltweite Energieversorgung: Öl, Kohle und Erdgas stellen noch immer den größten Teil der genutzten Energie bereit. Zwar wachsen die Zubauraten an erneuerbaren Energieträgern wie Wind- und Solarenergie seit einigen Jahren sehr dynamisch, jedoch ist ihr Anteil am gesamten Energieverbrauch bislang vergleichsweise gering.

Abbildung 1.3 verdeutlicht zudem, dass der globale Energiebedarf stetig steigt und die Energiewende dadurch nicht allein eine technologische Herausforderung ist. Sie ist ebenso eine wirtschaftliche und strukturelle Aufgabe, da Öl, Kohle und Gas nach wie vor die weltweit führenden Ressourcen sind. Daher müssen Energiemärkte, Preissignale und Investitionsanreize so gestaltet werden, dass erneuerbare Energien fossile Energieträger tatsächlich vollumfänglich ersetzen können. Erst dann lassen sich Klimaschutz, Versorgungssicherheit und wirtschaftliche Stabilität miteinander vereinbaren trotz des steigenden Energiebedarfs.

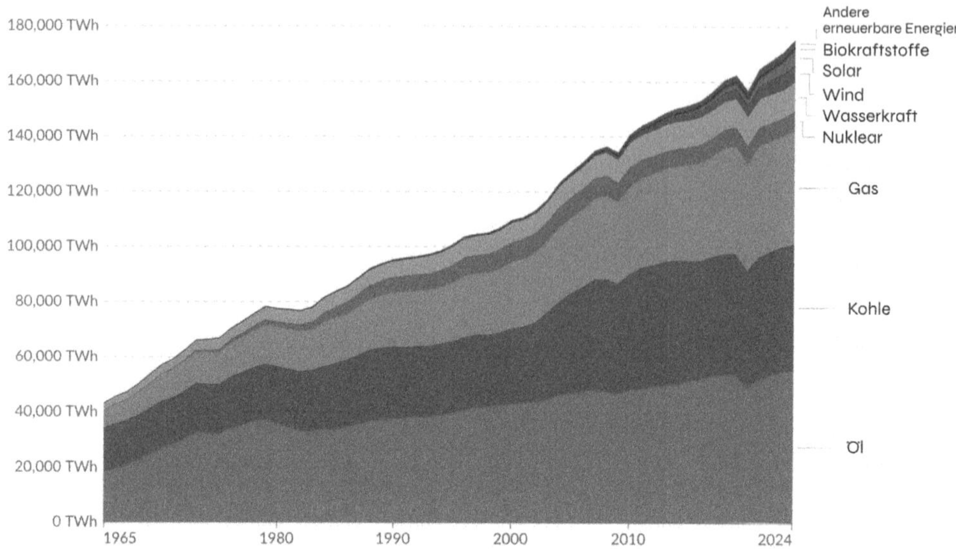

Abbildung 1.3: Primärenergieverbrauch der Welt nach Ressource, Quelle: Our World in Data, CC BY

Wenn Ziele sich in die Quere kommen

In der Theorie sollen alle drei Ziele gleichrangig verfolgt werden; in der Praxis geraten sie aber oft in Konflikt. Die Umstellung auf erneuerbare Energien verbessert zwar die Klimabilanz, stellt aber hohe Anforderungen an die Versorgungssicherheit aufgrund der nur schwer prognostizierbaren Einspeisung und damit erschwerten Frequenzerhaltung. Beispielsweise durch den Ausbau von Windkraft im Norden kann es zu Netzengpässen kommen, da der Strom nicht schnell genug in den Süden transportiert werden kann. Gleichzeitig kann sie mit steigenden Kosten verbunden sein, was die Wirtschaftlichkeit belastet, und billige Energieimporte können die politische Unabhängigkeit gefährden. Ein bekanntes Beispiel: Der langjährige Import von günstigem russischen Gas hat zwar die Strompreise gesenkt, aber Deutschlands Energieversorgung politisch verwundbar gemacht.

Vom Dreieck zum Viereck: Die Sozialverträglichkeit

Im energiewirtschaftlichen Dreieck in Abbildung 1.2 erscheint die Akzeptanz und Gesellschaft noch als verbindendes Element der drei Komponenten; mittlerweile wird die Sozialverträglichkeit aber als eigenständiger Aspekt betrachtet. In diesem Sinne wird inzwischen auch vom energiepolitischen Viereck gesprochen, denn steigende Strom- und Heizkosten können für Haushalte mit niedrigem Einkommen zur existenziellen Belastung werden. Die Sozialverträglichkeit muss also in allen politischen Entscheidungen mitgedacht werden, vor allem wenn es um Subventionen, Preisbremsen oder Förderprogramme geht. Strom und Wärme dürfen kein Luxus werden, weil Energie ein Grundbedürfnis ist.

Für die Energiepolitik bedeutet das, es braucht eine Balance, Weitblick und eine kontinuierliche Bewertung, wie sich Maßnahmen auf alle Ziele auswirken.

Wie wird Energie gehandelt?

Die Energiewirtschaft ist nicht nur ein technisches, sondern auch ein wirtschaftliches System. Energie ist eine Ware, die auf Märkten gehandelt wird, ähnlich wie Aktien oder Rohstoffe. Der Preis von Energie wird durch Angebot und Nachfrage bestimmt und kann stark schwanken. Faktoren wie das Wetter, politische Entscheidungen oder Krisen (zum Beispiel Kriege oder Naturkatastrophen) beeinflussen die Preise oft stark.

Beispiele für Energiebörsen sind:

- ✔ Strombörsen (EPEX SPOT für den Handel in Westeuropa, Nord Pool für den Handel in Skandinavien): Hier wird Strom gehandelt.
- ✔ Ölbörsen (zum Beispiel ICE, NYMEX): Hier werden Ölpreise bestimmt.
- ✔ Gasbörsen (zum Beispiel TTF in den Niederlanden): Hier wird Erdgas gehandelt.

Ein kurzer Blick auf die Geschichte der Energie – und nach vorne

So wie wir heute konnten unsere Vorfahren nicht das Licht per Knopfdruck anschalten oder die Heizung andrehen, wenn ihnen kalt war. Sehr lange war die Sonne neben der eigenen Körperkraft oder der von Tieren die einzige Energiequelle der Menschen. Ohne ihre Wärme und ihr Licht hätten sie nicht überleben können.

Zu Beginn der Steinzeit erschlossen sich die Menschen eine weitere Energiequelle: das Feuer. Dieses eröffnete ganz neue Möglichkeiten: Es brachte Licht in dunkle Nächte, Wärme an kalte Orte, wehrte Feinde ab und machte Nahrung genießbar und schneller verdaubar. Das Feuer wird heute als erster Schritt in Richtung Zivilisation betrachtet: Es ermöglichte ein Leben, das nicht nur ums reine Überleben kreiste, sondern Möglichkeit für Gemeinschaft, Fortschritt und Entwicklung bot. Später steigerte sich durch den sinnstiftenden Einsatz von Maschinen, vornehmlich Wasser- und Windmühlen, die Produktivität, wodurch die Basis für eine neue Denkweise gelegt wurde: Maschinen können Arbeit wesentlich erleichtern. Im Zuge der industriellen Revolution im 18. Jahrhundert nach Erfindung der Dampfmaschine beschleunigte sich diese Entwicklung zusehends; sie brachte allerdings auch einige Herausforderungen mit sich: Umweltverschmutzung, geopolitische Konflikte und die Erschöpfung natürlicher Ressourcen haben hier ihren Anfang.

Heute steht die Gesellschaft an einem (weiteren) Wendepunkt. Die Geschichte der Energie zeigt, wie jede Epoche von neuen Technologien und frischen Ideen geprägt wurde und die Menschheit so immer weiter vorangebracht hat. Jetzt, im 21. Jahrhundert, beginnt die Transformation zu einem nachhaltigen Energiesystem:

- ✔ **Energiewende:** weg von fossilen Brennstoffen, hin zu erneuerbaren Energien. Trotzdem muss die Versorgungssicherheit gewährleistet werden.

- **Nachhaltigkeit:** Reduzierung von CO_2-Emissionen und Umweltschäden.
- **Neue Technologien:** Batterien, Wasserstoff und Smart Grids, um Netze effizienter zu gestalten.
- **Liberalisierung des Marktes:** Seit Beginn der Energiewirtschaft wurde der Energiemarkt als natürliches Monopol angesehen. Seit 1998 wurde dieser aber für den Wettbewerb geöffnet.

Vom Monopol zum Wettbewerb: Die Liberalisierung des Energiemarkts

Lange Zeit war die Komplexität des Energiemarkts gering und wenig flexibel: Ein einziger Versorger pro Region belieferte alle Haushalte mit Strom und Gas. Er baute Kraftwerke, betrieb die Netze und stellte den Verbrauchern Energie zur Verfügung. Kunden hatten keine Wahl, sondern waren auf den örtlichen Versorger angewiesen. Diese monopolistische Struktur hatte Vorteile – die Versorgung war stabil und planbar. Doch es gab auch Nachteile:

Stellen Sie sich vor, Sie könnten Ihr Handy nur bei einem einzigen Anbieter kaufen und hätten keine Wahl, welchen Vertrag Sie nutzen. So sah der Energiemarkt bis in die 1990er-Jahre aus. Fehlender Wettbewerb führte zu hohen Preisen, Innovationsstau und ineffizienten Strukturen. Ohne Konkurrenz bestand kein Anreiz, Kosten zu senken oder in neue Technologien zu investieren.

Die Binnenmarktrichtlinie – Energie wird zum Handelsgut

Dann kam die große Wende: die Marktliberalisierung. Das Ziel der Liberalisierung war es, die Zahl der Energieversorger zu erhöhen. Dadurch sollte ein freier Wettbewerb entstehen, der Unternehmen dazu zwingt, ihre Geschäftsmodelle zu überdenken, effizienter zu arbeiten und kundenfreundlichere Tarife anzubieten. In einem offenen Markt müssen sich Unternehmen stärker an den Bedürfnissen der Verbraucher orientieren und das führt idealerweise zu besseren Preisen, innovativen Dienstleistungen und einer dennoch stabilen Energieversorgung. Die EU-Binnenmarktrichtlinie legte hierfür den Grundstein: Auf einem freien Markt wird Energie nicht mehr nur staatlich reguliert, sondern auch gehandelt.

Drei wesentliche Entwicklungen sind passiert:

- **Wahlfreiheit für Kunden:** Jeder kann seinen Energieversorger selbst wählen.
- **Konkurrenz zwischen Anbietern:** Unternehmen müssen sich um Kunden bemühen.
- **Grenzüberschreitender Handel:** Strom und Gas fließen nicht nur innerhalb eines Landes, sondern europaweit.

Die Idee war revolutionär: Energie sollte behandelt werden wie jedes andere Gut, mit Angebot, Nachfrage und freien Preisen.

Die Novellierung des Energiewirtschaftsgesetzes – Deutschlands Antwort auf die Marktöffnung

Um die EU-Richtlinien in Deutschland umzusetzen, wurde das *Energiewirtschaftsgesetz (EnWG)* reformiert. Es stellt seither sicher, dass der Wettbewerb funktioniert, klare Spielregeln existieren und jeder Anbieter einen fairen Zugang zum Markt hat.

Das Gesetz brachte vor allem eine entscheidende Änderung mit sich: die Trennung von Netz und Vertrieb, auch bekannt als *Unbundling*.

Unbundling: Die Trennung von Netz und Anbieter

Vor der Marktliberalisierung war alles in einer Hand: Wer Strom oder Gas produzierte, besaß oft auch die Leitungen und verkaufte die Energie direkt an die Kunden. Im Zuge der Reformen fand das Unbundling statt. *Unbundling* bedeutet, dass Netzbetreiber und Energieanbieter voneinander getrennt wurden. Das Strom- und Gasnetz gehört nicht mehr den Versorgern, sondern unabhängigen Netzbetreibern. Alle Anbieter haben gleichen Zugang zu den Netzen und zahlen dafür eine Nutzungsgebühr. Diese Reform machte den Markt fairer und offener, weil neue Anbieter nun die Chance haben, Kunden zu gewinnen.

Netze als natürliche Monopole

Weil Strom über Leitungen transportiert wird, sind alle Erzeuger, Händler und Verbraucher auf das Stromnetz angewiesen. Ohne diese Infrastruktur wäre kein Energieaustausch möglich.

Netze werden in der Energiewirtschaft als natürliche Monopole bezeichnet, weil ihr Aufbau und Betrieb mit sehr hohen Fixkosten verbunden ist, während die Kosten für zusätzliche Nutzer vergleichsweise gering ausfallen. Der Bau einer Strom-, Gas- oder Fernwärmeleitung erfordert enorme Investitionen in Leitungen, Umspannwerke und Steuerungssysteme. Sind diese Strukturen jedoch einmal errichtet, verursacht jeder weitere angeschlossene Haushalt oder jedes zusätzliche transportierte Kilowatt nur geringe Zusatzkosten. Es wäre daher volkswirtschaftlich ineffizient, mehrere konkurrierende Netze nebeneinander zu betreiben, zum Beispiel zwei Stromleitungen, die dieselbe Straße entlangführen. Statt fairen Wettbewerb findet sich hier ein sogenanntes *natürliches Monopol*: Ein einziger Betreiber kann die gesamte Nachfrage deutlich kostengünstiger und effizienter bedienen als mehrere Anbieter parallel. Diese Eigenschaft beruht auf den sogenannten Skaleneffekten – je größer das Netz, desto geringer sind die durchschnittlichen Kosten pro transportierter Energieeinheit.

Die Regulierung der Stromnetze verfolgt das Ziel, Wettbewerb dort zu ermöglichen, wo er sinnvoll ist, also bei der Stromerzeugung und im Vertrieb. Auf diese Weise soll sichergestellt werden, dass Verbraucher von Auswahlmöglichkeiten, Innovation und fairen Preisen profitieren und der Netzbetrieb weiterhin zentral und verlässlich organisiert bleibt.

Auch spielt der Netzausbau im Zuge der Energiewende eine wichtige Rolle. Neue Leitungen sind notwendig, um Strom aus Wind- und Solaranlagen in ganz Deutschland zu verteilen. Diese Investitionen beeinflussen die Netzentgelte, die alle Verbraucher gemeinsam tragen.

Wie natürliche Monopole reguliert werden

Weil alle Stromerzeuger und Verbraucher an das Netz eines bestimmten Betreibers angeschlossen sind, könnte dieser seine starke Marktposition leicht zu seinem Vorteil nutzen. Um fairen Wettbewerb zu gewährleisten, ist deshalb eine staatliche Aufsicht notwendig, die klare Regeln vorgibt und deren Einhaltung überwacht.

Die Regulierung verfolgt im Kern drei Aufgaben:

1. **Konzessionsvergabe**

   Städte und Gemeinden vergeben das Recht, ein Netz für eine bestimmte Zeit zu betreiben (inkl. Verwaltung und Wartung). Netzbetreiber bewerben sich, ähnlich wie bei einer Ausschreibung, um eine Konzession und der Anbieter mit dem besten Angebot gewinnt. So wird sichergestellt, dass Netze effizient betrieben und Kosten für Verbraucher nicht unnötig erhöht werden.

2. **Netzzugangsregulierung (Third Party Access, TPA)**

   Damit keine Wettbewerbsverzerrungen entstehen, müssen Netzbetreiber allen Marktteilnehmern den Zugang zum Netz ermöglichen. So wird verhindert, dass sie andere Anbieter vom Markt ausschließen oder behindern.

3. **Datentransparenz**

   Damit alle Stromerzeuger, Händler und Verbraucher das Netz zu gleichen Bedingungen nutzen können, gilt das Prinzip des diskriminierungsfreien Netzzugangs. Kein Anbieter darf bevorzugt oder benachteiligt werden. Netzbetreiber müssen ihre Kapazitäten transparent veröffentlichen und Dritten den Zugang gewähren. Das betrifft sowohl die Netzentgelte als auch wichtige Betriebsinformationen, die der Netzbetreiber besitzt.

4. **Netzentgeltregulierung**

   Für die Nutzung ihrer Infrastruktur dürfen Netzbetreiber Gebühren verlangen. Diese sogenannten *Netzentgelte* werden jedoch von Regulierungsbehörden geprüft und genehmigt, um sicherzustellen, dass sie sich an den tatsächlichen Kosten orientieren und keine überhöhten Gewinne entstehen.

Durch diese Maßnahmen bleibt der Netzbetrieb transparent und fair, während in Erzeugung und Vertrieb echter Wettbewerb entstehen kann.

Die Bundesnetzagentur: Die unabhängige Regulierungsbehörde für einen fairen Wettbewerb

Damit der Netzbetrieb reibungslos funktioniert, braucht es eine Aufsichtsbehörde. In Deutschland übernimmt diese Rolle die **Bundesnetzagentur (BNetzA, in Österreich die E-Control)**. Sie stellt sicher, dass kein Anbieter bevorzugt oder benachteiligt wird, und setzt strenge Regeln für den Energiemarkt durch.

Ihre Hauptaufgaben sind:

- ✔ Überwachung der Strom- und Gasnetze
- ✔ Kontrolle der Netzentgelte
- ✔ Durchsetzung der Marktregeln
- ✔ Vermittlung bei Streitigkeiten zwischen Unternehmen

Die Bundesnetzagentur prüft regelmäßig, welche Kosten für den Netzbetrieb tatsächlich notwendig sind, und legt auf dieser Basis fest, wie hoch die zulässigen Einnahmen der Netzbetreiber ausfallen dürfen. Damit sollen faire Entgelte gewährleistet werden, ohne dass die Unternehmen übermäßige Gewinne erzielen.

Da sich die Kosten für Netze regional unterscheiden (zum Beispiel zwischen Stadt und Land oder je nach Alter der Infrastruktur), überwacht die BNetzA auch die Effizienz der Netzbetreiber. Im Rahmen der sogenannten *Anreizregulierung* gemäß der Anreizregulierungsverordnung (ARegV) werden die Erlöse für mehrere Jahre im Voraus festgelegt: Wer seine Kosten im gleichen Zeitraum senkt, darf einen Teil der Einsparungen behalten. So entsteht ein Anreiz, wirtschaftlich zu arbeiten und technische sowie strukturelle Optimierungen werden vorangetrieben.

⚠ Ohne eine starke Regulierungsbehörde könnte sich der Wettbewerb schnell wieder in Richtung Monopolbildung entwickeln.

Freie Strommärkte und Preise dank Marktliberalisierung

Ein freier Markt sollte eigentlich dazu führen, dass der Strom günstiger wird. Durch den Wettbewerb zwischen vielen Anbietern sanken die Preise zunächst deutlich. In den letzten Jahren sind sie jedoch wieder gestiegen.

Dafür gibt es mehrere Gründe:

- ✔ **Höhere Netzentgelte:** Der Ausbau und die Wartung der Stromnetze verursachen hohe Kosten, die auf die Verbraucher umgelegt werden.
- ✔ **Steigende Rohstoffpreise:** Vor allem Gas- und Kohlepreise haben sich auf den Weltmärkten stark erhöht. Das wirkt sich direkt auf die Strompreise aus.
- ✔ **CO_2-Bepreisung:** Kohle- und Gaskraftwerke müssen Zertifikate für ihre Emissionen kaufen, was fossilen Strom verteuert.

Der Strompreis entsteht nicht nur durch politische Entscheidungen oder Rohstoffkosten, sondern auch auf dem Strommarkt. Dort entscheidet das Zusammenspiel von Angebot und Nachfrage, wie teuer Strom in jeder Stunde ist.

Das Strommarktdesign legt die Regeln und Strukturen dieses Marktes fest, also wie Strom gehandelt wird, wer teilnehmen darf und welche Mechanismen die Preisbildung bestimmen. Es definiert, wie Erzeuger, Händler und Verbraucher miteinander interagieren und welche Märkte dabei eine Rolle spielen.

Am Spotmarkt wird Strom für den kurzfristigen Verbrauch gehandelt – hier zeigt sich, welche Kraftwerke gerade am günstigsten produzieren. Am Terminmarkt werden Lieferungen für die Zukunft vereinbart, damit sich Anbieter und Käufer gegen Preisschwankungen absichern können. Dieses Zusammenspiel sorgt für Preissignale, die Erzeugung, Handel und Verbrauch koordinieren sollen.

In der Theorie führt das zu Effizienz und fairen Preisen. In der Praxis aber wirken viele weitere Faktoren auf den Markt ein: Wetterbedingungen, weltweite Energiepreise, CO_2-Kosten oder Netzengpässe. Deshalb schwanken die Strompreise teilweise stark und bleiben ein sensibles Thema.

Zudem wird immer wieder diskutiert, ob Marktmechanismen allein ausreichen, um die Energiewende zu finanzieren und klimafreundliche Technologien ausreichend zu fördern. Manche fordern daher Anpassungen im Strommarktdesign oder stärkere staatliche Eingriffe, um langfristig Versorgungssicherheit, Klimaschutz und Bezahlbarkeit miteinander zu vereinbaren.

Trotzdem haben Verbraucher heute mehr Möglichkeiten als früher: Sie können zwischen Ökostromtarifen, flexiblen Verträgen und verschiedenen Preismodellen wählen. Die Wahlfreiheit ist eine der wichtigsten Errungenschaften der Marktliberalisierung.

Marktrollen in der Energiewirtschaft

Mit der Liberalisierung des Strommarkts hat sich die Energiewirtschaft grundlegend verändert. Früher gab es einen Versorger, der Energie »erzeugte«, die Netze betrieb und die Kunden belieferte. Heute sind diese Aufgaben auf verschiedene Marktrollen verteilt. Dadurch wird ein transparenter, effizienter und fairer Wettbewerb ermöglicht.

Es gibt die klassischen Marktrollen:

- ✔ Stromerzeuger,
- ✔ Übertragungsnetzbetreiber,
- ✔ Verteilnetzbetreiber,
- ✔ Lieferanten und
- ✔ Stromhändler.

Durch Digitalisierung und Energiewende sind mittlerweile noch einige neue Rollen hinzugekommen:

- ✔ Prosumer,
- ✔ Aggregatoren und virtuelle Kraftwerke sowie
- ✔ Messstellenbetreiber.

Die Stromerzeuger

Erzeuger produzieren Strom aus konventionellen oder erneuerbaren Quellen. Neben Großkraftwerken tragen heute viele dezentrale Anlagen (zum Beispiel PV-Anlagen auf Dächern) zur Erzeugung bei. Zu ihren Aufgaben zählen die Bereitstellung von Strom und dessen Einspeisung in das öffentliche Netz. Stromerzeuger haben Anspruch auf Netzzugang, sind jedoch zugleich verpflichtet, technische Vorgaben einzuhalten und an der Marktkommunikation teilzunehmen.

Die Marktkommunikation

In der Energiewirtschaft ist ein funktionierender Wettbewerb nur möglich, wenn alle Marktakteure diskriminierungsfreien Zugang zu den Energienetzen haben. Damit das in der Praxis funktioniert, sind ein zuverlässiger Informationsfluss, klar definierte Zuständigkeiten und einheitliche Abläufe erforderlich. Grundlage hierfür ist eine standardisierte und automatisierte Form der Zusammenarbeit, die sogenannte Marktkommunikation. *Marktkommunikation* bezeichnet den strukturierten Austausch elektronischer Daten zwischen den beteiligten Akteuren im Energiemarkt. Sie sorgt dafür, dass Geschäftsprozesse, wie zum Beispiel Lieferantenwechsel (Wechsel des Strom- oder Gasversorgers durch einen Kunden), Bilanzkreisabrechnungen (siehe »Bilanzkreismanagement« in Kapitel 7) oder Netznutzungsabrechnungen effizient, korrekt und transparent abgewickelt werden können. Netznutzungsrechnungen zahlen Lieferanten an Netzbetreiber für die Nutzung der Energieinfrastruktur; bei Endkunden sind diese in den kWh-Preisen integriert, aber nicht extra ausgewiesen. Anders verhält es sich mit Messentgelten.

Übertragungsnetzbetreiber (ÜNB)

ÜNB betreiben die Höchstspannungsnetze, sichern die Netzstabilität und beschaffen Regelenergie (Reserveleistung zum Ausgleich von Netzschwankungen). Sie unterliegen strenger Regulierung durch die Bundesnetzagentur. Ihre Aufgaben beinhalten den Netzbetrieb, Engpassmanagement und Systemdienstleistungen (siehe Kapitel 5, »Systemdienstleistungen«). Sie koordinieren den Netzausbau, um die Netzstabilität auch durch den zunehmenden Ausbau und die volatile Einspeisung der erneuerbaren Energien zu gewährleisten.

Verteilnetzbetreiber (VNB)

VNB betreiben regionale Stromnetze und sorgen für die Verteilung zum Endverbraucher. Mit zunehmender dezentraler Einspeisung müssen sie bidirektionale Lastflüsse (zum Beispiel durch die Einspeisung durch PV-Anlagen) managen. Sie sind verpflichtet, neue Anschlüsse bereitzustellen und Netzinvestitionen vorzunehmen.

Lieferanten

Lieferanten beschaffen Strom und liefern ihn an Endkunden. Sie prognostizieren den Verbrauch ihrer Kunden, kaufen Strom ein und verwalten Bilanzkreise (virtuelle Energiekonten ihrer Stromkunden zur Strommengen-Abrechnung). Kunden können seit der Marktliberalisierung zwischen verschiedenen Anbietern wählen. Lieferanten rechnen staatliche Umlagen ab und müssen Marktprozesse wie Lieferantenwechsel einhalten.

Stromhändler

Händler kaufen und verkaufen Strom am Großhandelsmarkt, handeln an der Börse oder direkt zwischen einander. Sie schaffen Liquidität und reagieren auf Preissignale. Direktvermarkter handeln den Strom aus erneuerbaren Energien für die Anlagenbetreiber.

Prosumer

Prosumer sind Verbraucher, die auch gleichzeitig Erzeuger (zum Beispiel Haushalte mit Photovoltaik-(PV-)Anlage) sind. Sie decken Teile ihres Bedarfs selbst, speisen Überschüsse ein und nutzen Speicher. Sie profitieren von Eigenverbrauch und reduzieren die Netzlast (mehr dazu in Teil III).

Aggregatoren & virtuelle Kraftwerke

Aggregatoren bündeln dezentrale Anlagen und vermarkten deren Flexibilität am Strom- oder Regelenergiemarkt. Sie managen Prognosen, Steuerung und Vermarktung. Virtuelle Kraftwerke synchronisieren viele kleine Anlagen, um als ein Großkraftwerk aufzutreten und zur Netzstabilität beizutragen (mehr dazu in Kapitel 6).

Messstellenbetreiber

Messstellenbetreiber (MSB) bauen moderne Messeinrichtungen (Zähler) ein und kümmern sich um deren Betrieb. Durch den Einbau einer modernen Messeinrichtung (mME) in Kombination mit einer Kommunikationseinheit (Gateway) entsteht ein intelligentes Messsystem (Smart Meter). Diese Geräte übernehmen wichtige Aufgaben beim Erfassen und Übermitteln von Verbrauchsdaten. Kunden können dabei wählen, ob sie den örtlichen Standardanbieter (grundzuständiger Messstellenbetreiber; gMSB) nutzen oder einen freien Anbieter (wettbewerblicher Messstellenbetreiber; wMSB) beauftragen. Die gemessenen Daten werden zur Abrechnung und für die Planung im Stromnetz verwendet (mehr dazu in Kapitel 8).

IN DIESEM KAPITEL

Physikalische Energieformen

Energieerhaltung und Umwandlung

Primärenergie, Sekundärenergie, Endenergie, Nutzenergie

Kapitel 2
Energie und ihre Formen

Energie gibt es in vielen verschiedenen Formen, und die Menschen nutzen sie ständig, ohne groß darüber nachzudenken. Diese unterschiedlichen Formen begegnen Ihnen im Alltag bei vielen Tätigkeiten, wie zum Beispiel bei Bewegung, wenn Sie am Morgen mit der Rolltreppe fahren oder wenn Sie abends Ihr Handy aufladen, beim Kochen, beim Sport oder wenn der Aufzug Sie in den nächsten Stock bringt. All diese Tätigkeiten sind Beispiele dafür, wie Energie Ihr Leben antreibt.

Was ist Energie? Das physikalische Gesetz

In der Physik wird Energie als die Fähigkeit beschrieben, Arbeit zu leisten, Wärme abzugeben oder Strahlung (wie Licht) auszusenden. Diese Eigenschaft macht Energie zu einem zentralen Bestandteil unseres Lebens.

Ein Objekt oder ein System besitzt Energie, wenn es direkt oder indirekt die Fähigkeit besitzt, einen anderen Körper oder sich selbst zu verändern, zum Beispiel durch:

- ✔ Verformung
- ✔ Erwärmung
- ✔ Beschleunigung

Energie und ihre verschiedenen Formen

Energie hat verschiedene Formen, die für unterschiedliche Zwecke genutzt werden. Diese Formen können ineinander umgewandelt werden. In Abbildung 2.1 sehen Sie einen Überblick über verschiedene Überkategorien der Energieformen.

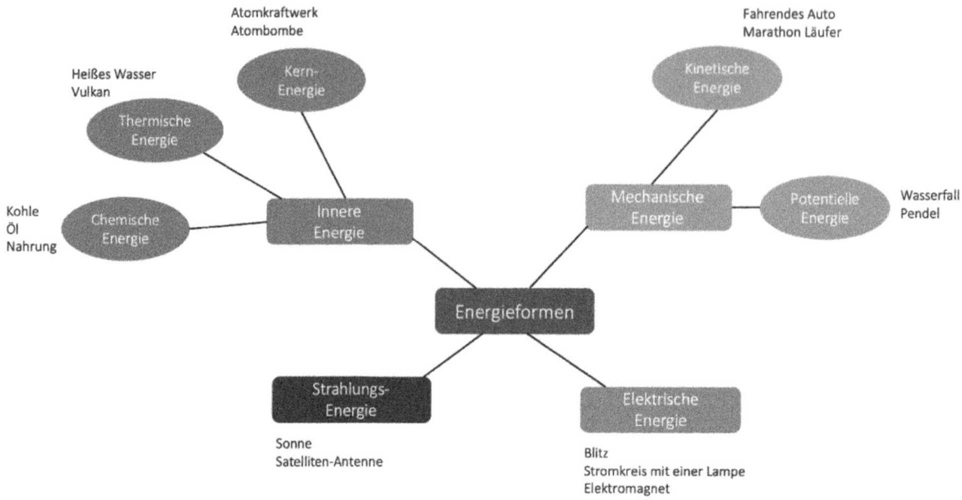

Abbildung 2.1: Energieformen und wo sie vorkommen

Die Energieformen im Detail

Die *mechanische Energie* als Überkategorie umfasst die kinetische Energie und die potenzielle Energie.

✔ **Kinetische Energie (Bewegungsenergie):**

Überall, wo sich Masse bewegt, steckt kinetische Energie. Die kinetische Energie (abgeleitet vom griechischen »kinesis« für Bewegung) ist die Bewegungsenergie. Wenn sich etwas bewegt, hat es eine Energie. Bewegungsenergie ist also in allen dynamischen Prozessen vorhanden. Je schneller sich ein Objekt bewegt und je größer seine Masse ist, desto mehr kinetische Energie bringt der Körper mit sich. Spannend dabei: Die Energie wächst nicht linear, sondern quadratisch mit der Geschwindigkeit. Das bedeutet, wenn ein Auto seine Geschwindigkeit verdoppelt, vervierfacht sich seine kinetische Energie.

BEISPIEL

Bei einem Windrad bewegt der Wind die Rotorblätter einer Turbine. Dabei wird kinetische Energie der Luftmassen (Bewegungsenergie) in mechanische Rotationsenergie umgewandelt.

Bewegungsenergie ist also in allen dynamischen Prozessen vorhanden.

✔ **Potenzielle Energie (Lageenergie):**

Hierbei handelt es sich um Energie, die ein Körper aufgrund seiner Lage besitzt. Wichtig dabei sind die Masse des Körpers, die Höhe über dem Boden und die Schwerkraft, die auf der Erde konstant etwa 9,81 m/s^2 beträgt. Je schwerer der Körper und je höher er ist, desto mehr potenzielle Energie hat er.

Bei einem Staudamm wird Wasser auf einer höheren Position gespeichert, wodurch es potenzielle Energie erhält. Wenn das Wasser abgelassen wird, wandelt es sich in Bewegungsenergie um, die zur Stromerzeugung dient. Bei einem Pumpspeicherkraftwerk wird Wasser in ein hoch gelegenes Reservoir gepumpt. Bei steigendem Strombedarf wird das Wasser abgelassen und die fallenden Wassermassen treiben Turbinen an, die Strom erzeugen. Auch ein Ball, der geworfen wird, zeigt potenzielle Energie, die beim Fallen in Bewegungsenergie umgewandelt wird. Potenzielle Energie ist also gespeicherte Energie, die durch die Schwerkraft freigesetzt wird.

Unter die *innere Energie* fallen die Kernenergie, chemische Energie und die thermische Energie.

- ✔ **Thermische Energie (Wärmeenergie):**

  Thermische Energie, auch als *Wärmeenergie* bezeichnet, ist die Energie, die in der Bewegung von Molekülen und Atomen steckt. Thermische Energie ist überall dort zu finden, wo es Temperaturunterschiede gibt.

Bei der Geothermie wird die thermische Energie aus dem Erdinnern genutzt. In tiefen Gesteinsschichten herrschen Temperaturen von mehreren Hundert Grad Celsius, sie entstehen durch den radioaktiven Zerfall von Mineralien und den hohen Druck im Erdinneren. Diese gespeicherte Wärmeenergie wird über Bohrungen an die Oberfläche gebracht, meist in Form von heißem Wasser oder Dampf. Thermische Energie entsteht durch die Bewegung der kleinsten Teilchen.

- ✔ **Chemische Energie:**

  Chemische Energie ist die Energie, die in den Bindungen von Atomen und Molekülen steckt. Sie steckt in allen Brennstoffen und Nahrungsmitteln und kann durch Prozesse wie die Verbrennung von Kohle, Holz, Öl oder Gas sowie durch die Verwertung in Lebewesen in andere Energieformen umgewandelt werden; also immer dann, wenn chemische Reaktionen stattfinden, bei denen Atome und Moleküle ihre Verbindung ändern. Dabei entsteht häufig Wärme, die entweder direkt zum Heizen genutzt wird oder in mechanische Energie (wie bei einem Automotor) oder elektrische Energie (zum Beispiel in einem Kohlekraftwerk) umgewandelt werden kann.

- ✔ **Kernenergie (nukleare Energie):**

  Im Gegensatz zu anderen Energiequellen basiert die Atomenergie auf der Spaltung der Atomkerne (Kernspaltung), bei denen enorme Energiemengen freigesetzt werden. Bei dieser Reaktion wird eine enorme Menge an Wärme- und Strahlungsenergie freigesetzt. Allerdings entsteht dabei auch Radioaktivität, die für den Menschen äußerst gefährlich ist und nur durch aufwendige Schutzmaßnahmen kontrolliert werden kann. Ein weiteres ungelöstes Problem ist die sichere Endlagerung des radioaktiven Abfalls, der über Tausende Jahre hinweg eine Gefahr darstellt. Bei der Umwandlung der freigesetzten Energie in Strom entstehen zudem hohe Wärmeverluste, die häufig zur Erwärmung von Flüssen beitragen. Interessanterweise hat auch die Sonnenenergie ihren Ursprung in Kernreaktionen, die in ihrem Inneren ablaufen.

Als zwei gesonderte Formen, nicht direkt zuordenbar zu den oben genannten Gruppen, bleiben noch die Strahlungsenergie und die elektrische Energie übrig.

- ✔ **Strahlungsenergie:**

  Die Energie der Strahlung, die Sie wohl alle schon einmal erlebt haben, zeigt sich durch Sonnenbrand auf unserer Haut. Die Sonne ist die wichtigste natürliche Quelle für Strahlungsenergie und ein Beispiel in unser aller Alltag. Strahlungsenergie ist die Energie, die in Form von elektromagnetischen Wellen in enormen Mengen aus dem Weltall auf die Erde einstrahlt und so beispielsweise in PV-Anlagen zu elektrischer Energie umgewandelt wird. Allerdings ist die Verfügbarkeit von Sonnenenergie auf der Erde, insbesondere in Deutschland, stark von Faktoren wie Wetter, Tageszeit und Jahreszeit abhängig.

BEISPIEL

Pflanzen nutzen Strahlungsenergie für die Fotosynthese, bei der sie Lichtenergie in chemische Energie umwandeln, die sie zum Wachsen benötigen. Auch in der Solartechnologie wird diese Energieform genutzt, um Strom zu erzeugen, indem Sonnenstrahlung durch Photovoltaikzellen in elektrische Energie umgewandelt wird. Strahlungsenergie, in erster Linie von der Sonne, ist also sowohl eine entscheidende Energiequelle für das Leben auf der Erde als auch ein wichtiger Bestandteil der modernen Energienutzung.

- ✔ **Elektrische Energie:**

  Elektrische Energie ist die Energie, die in Form von Elektrizität (Strom) übertragen wird oder in elektrischen Feldern gespeichert ist. Sie ist eine sehr praktische Energieform, denn sie kann sich leicht in kleinsten Geräten, wie einem Elektromotor oder Heizgeräten, in fast jede andere beliebige Energieform umwandeln. Außerdem ist der Transport auch über große Entfernungen realisierbar. Mit dem jetzigen Stand der Technik lässt sie sich jedoch noch nicht in größeren Mengen speichern und ist daher nicht sofort abrufbar. Elektrische Energie muss immer erst zum Zeitpunkt des Verbrauchs aus einer anderen Energieform umgewandelt und bereitgestellt werden. Diese Ad-hoc-Bereitstellung und Speicherung führt aktuell zu großen Herausforderungen in unserem Energiesystem.

BEISPIEL

Elektrische Energie kommt in der Natur zum Beispiel als Blitze während eines Gewitters vor. Ein anderes Beispiel für elektrische Energie ist der Strom, der durch einen Stromkreis fließt.

Energieumwandlung und -erhaltung

Energie in ihrer ursprünglichen Form ist für uns meist nicht direkt nutzbar; erst durch die Umwandlung in andere Energieformen wird sie vielseitig einsetzbar. Zum Beispiel in einer Solaranlage, einem Auto oder sogar in einer Pendeluhr. Dieses Prinzip wird *Energieumwandlung* genannt.

Energieumwandlung geschieht ständig in unserem Alltag. Energieumwandlungen sind die Grundlage fast aller technologischen Anwendungen. Von der einfachen Glühbirne bis zum modernsten Kraftwerk, überall wandelt sich Energie von einer Form in die andere.

BEISPIEL

Damit Sie es sich besser vorstellen können, hier ein paar Beispiele für Energieumwandlungen:

- **Wasserkocher:** Elektrische Energie fließt durch die Heizspirale des Wasserkochers und wird in thermische Energie umgewandelt. Diese thermische Energie erwärmt das Wasser.
- **Solaranlagen:** Sie nehmen Strahlungsenergie der Sonne auf und wandeln sie in elektrische Energie um.
- **Benzinmotoren:** Hier wird chemische Energie aus dem Kraftstoff in kinetische Energie umgewandelt, um die Räder anzutreiben.
- **Fahrraddynamos:** Beim In-die-Pedale-Treten erzeugen Sie kinetische Energie, die der Dynamo in elektrische Energie für das Licht umwandelt.
- **Kohlekraftwerke:** Chemische Energie der Kohle wird durch Verbrennung in Wärmeenergie, dann in kinetische Energie (Turbinenrotation) und schließlich in elektrische Energie umgewandelt.

All diese Beispiele zeigen: Energie ist wandelbar, aber immer vorhanden.

Geräte oder Systeme, die Energie in andere Formen umwandeln, werden *Energiewandler* genannt.

Energie verschwindet nicht und kann nicht erzeugt werden: der Energieerhaltungssatz

Energie kann auf verschiedene Weise übertragen, umgewandelt und gespeichert werden.

Energie geht nie »verloren« – das besagt der Energieerhaltungssatz.

Manche Energieformen sind uns Menschen nach der Umwandlung nützlicher als andere. Wenn zum Beispiel ein Auto abbremst, ist dessen Bewegungsenergie (auch als kinetische Energie bezeichnet) nicht einfach »weg«, sondern wird in Wärmeenergie in den Bremsen umgewandelt. Diese Wärmeenergie in den Bremsen des Autos ist ein Beispiel für eine weniger nützliche Energieform. Die Energie bleibt also prinzipiell erhalten, aber in einer anderen Form.

Der *Energieerhaltungssatz* ist ein physikalisches Gesetz, das besagt, dass in einem geschlossenen System die Gesamtenergie immer gleich bleibt. Sie kann also weder einfach entstehen noch verschwinden – sie verändert lediglich ihre Form. Daher wird sie auch *Erhaltungsgröße* genannt.

Der Wirkungsgrad und was er aussagt

Wird eine Energieform in eine andere Energieform umgewandelt, lässt sich diese Energie nicht 100 Prozent in die gewünschte Energieform umwandeln.

Das Maß an effizienter Energieumwandlung in die gewünschte Energieform wird als *Wirkungsgrad* bezeichnet. Er wird durch das Verhältnis von nutzbarer Energie zu zugeführter Energie definiert und in Prozent angegeben. Je mehr sich die in Prozent angegebene Zahl 100 nähert, desto effizienter funktioniert die Energieumwandlung.

Der Wirkungsgrad gibt also an, wie viel der eingesetzten Energie tatsächlich in die gewünschte Energieform umgewandelt wird. Ein Wirkungsgrad von 100 Prozent bedeutet, dass keine Energie ungenutzt bleibt. In der Realität ist das jedoch nicht möglich, zum Beispiel aufgrund von Reibungen. Es entstehen »Energieverluste«, wie sie umgangssprachlich genannt werden – was so nicht akkurat ist, da Sie ja nun wissen, dass nach dem Energieerhaltungssatz Energie nicht verloren gehen kann.

Ein Teil der Energie wird in Formen umgewandelt, die schwer oder gar nicht nutzbar sind und dann nicht mehr für Umwandlungen zur Verfügung sehen, was *Energieentwertung* genannt wird. Oft handelt es sich dabei um thermische Energie (Abwärme). Diese entsteht zum Beispiel durch Reibung oder ineffiziente Prozesse in Maschinen.

Obwohl sich Verluste durch Energieentwertung nicht ganz vermeiden lassen, ist es wichtig, Prozesse so effizient wie möglich zu gestalten. Indem wir besser verstehen, wie Energie übertragen, umgewandelt und genutzt wird, können wir dazu beitragen, Energie nachhaltiger einzusetzen – und vielleicht ein bisschen bewusster auf die täglichen Energiewunder zu blicken, die uns umgeben.

Windenergie nutzt die Bewegungsenergie der Luft, also die kinetische Energie. Eine Windkraftanlage macht sich diese Energie zunutze, indem sie sie schrittweise in elektrische Energie umwandelt (siehe Abbildung 2.2). Das funktioniert so:

1. **Rotorblätter fangen den Wind ein und wandeln dessen Bewegungsenergie in mechanische Rotationsenergie um.**
2. **Ein Generator setzt diese mechanische Energie anschließend in Strom um.**

Wie bei allen Energieumwandlungen treten auch hier Verluste auf. Ein Teil der Energie geht bei der Umwandlung verloren, das ist ganz normal. Rein physikalisch können dem Wind höchstens 59 Prozent seiner Energie entnommen werden. Dieses Limit wird als *Betz'sches Gesetz* bezeichnet.

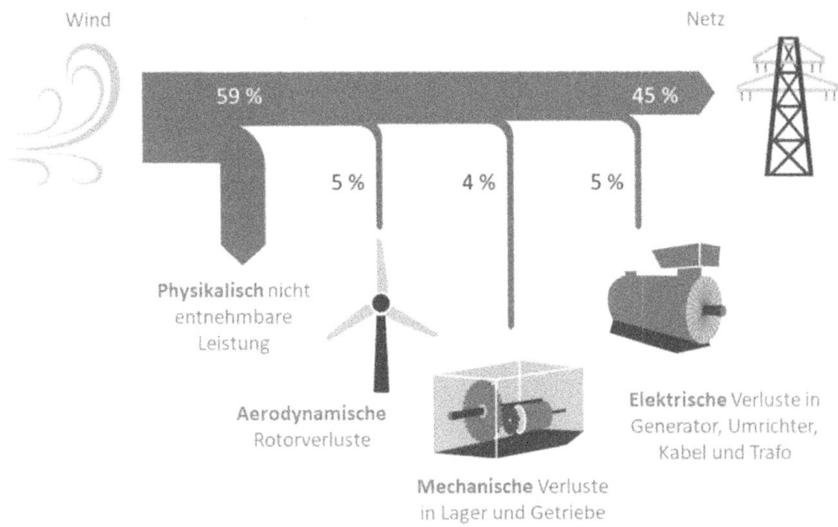

Abbildung 2.2: Energieumwandlung im Windrad, Quelle: Energieflussdiagramm

BEISPIEL

Stellen Sie sich vor, wir würden versuchen, die gesamte Energie aus dem Wind herauszuholen. Was würde passieren? Hinter der Windkraftanlage käme die Luft komplett zum Stillstand. Klingt erst mal gut, oder? Leider nicht, denn ohne Bewegung kann keine neue Luft nachströmen, und die Anlage würde aufhören, zu arbeiten.

Am anderen Ende des Spektrums: Wenn der Wind ungebremst durch die Rotorblätter weht, bleibt seine Energie komplett erhalten, und die Anlage gewinnt überhaupt keinen Strom. Auch das ist keine Lösung.

Die Wahrheit liegt wohl irgendwo dazwischen. Damit eine Windkraftanlage optimal arbeitet, muss sie den Wind zwar abbremsen, aber nicht vollständig anhalten. Die ideale Abbremsung liegt bei ca. zwei Dritteln der ursprünglichen Windgeschwindigkeit. In diesem Bereich kann die Anlage die maximale Menge an mechanischer Energie aus dem Wind gewinnen – das macht sie zu einem effektiven Energiewandler.

Dieser Kompromiss zwischen Bremsung und Durchfluss ist ein Grundprinzip der Windenergie und zeigt, wie Ingenieure die Kräfte der Natur clever nutzen.

Doch das ist nicht alles: Zusätzlich entstehen weitere Verluste durch die Aerodynamik, zum Beispiel durch Reibung und Luftverwirbelungen an den Rotorblättern. Dazu verlieren Windkraftanlagen Energie in den mechanischen Bauteilen wie Lagern und Getrieben, aber auch im Generator und in den elektrischen Systemen, etwa durch Widerstand in den Kabeln. Insgesamt gehen etwa zehn Prozent der Energie auf diese Weise verloren.

Trotz dieser Verluste sind Windkraftanlagen eine effiziente und umweltfreundliche Möglichkeit, die Energie der Natur nutzbar zu machen.

Ein Wirkungsgrad von 100 Prozent – oder sogar noch mehr?

In der Theorie liegt der Wirkungsgrad zwischen null Prozent (nichts wird genutzt) und 100 Prozent (alles wird genutzt). 100 Prozent wäre ein perfekter Zustand, bei dem keine Energie ungenutzt bleibt, aber so etwas gibt es leider nicht. Warum? Bei jedem Prozess entstehen Energieverluste, zum Beispiel durch Reibung oder Wärme. Aber wir können uns diesem Ideal nähern – und das ist genau das Ziel von neuen technischen Weiterentwicklungen.

Ein Wirkungsgrad von mehr als 100 Prozent würde bedeuten, dass ein System mehr Energie erzeugen kann, als ihm zugeführt wird. Ein solches System nennt man *Perpetuum mobile*. Es ist eine Maschine, die sich ewig von selbst weiterbewegt, wenn sie erst einmal angestoßen wird. Das wäre also eine nie versiegende Energiequelle – allerdings ist es in physikalischer Sicht (zumindest auf unserer Erde) unmöglich. Aufgrund von zum Beispiel Reibungseffekten bleibt jede Maschine irgendwann stehen, wenn keine Energie zugefügt wird.

Ein hoher Wirkungsgrad bedeutet, dass bei einer Energieumwandlung wenig Verluste auftreten und die eingesetzte Energie maximal genutzt werden kann. Das ist nicht nur günstiger, als wenn dabei große Verluste aufträten, sondern auch ressourcensparender für die Umwelt.

Energieentwertungen erfolgen häufig durch Abwärme. Sie zeigt sich in Form von:

- ✔ **Wärmeverlusten:** Energie wird als ungenutzte und unerwünschte Wärme an die Umwelt abgegeben.
- ✔ **Reibungsverlusten:** Bewegliche Teile erzeugen Wärme, die verloren geht.
- ✔ **Elektrischen Verlusten:** Strom fließt nicht verlustfrei – Leitungen und Komponenten geben einen Teil der Energie als Wärme ab.

Tabelle 2.1 zeigt beispielhaft für verschiedene Maschinen beziehungsweise Kraftwerke Wirkungsgrade zum aktuellen Stand der Technik.

Maschine/Prozess	Eingesetzte Energie	Nutzenergie	Wirkungsgrad %
Kernkraftwerk	nuklear	elektrisch	37
Solarzelle	elektromagnetisch (Sonnenstrahlen)	elektrisch	Bis zu 23
Kohlekraftwerk	chemisch	elektrisch	40–45
Wasserkraftwerk	mechanisch	elektrisch	90
Windturbine	mechanisch	elektrisch	40–50
Elektrolyse von Wasser	elektrisch	chemisch	65–75

Maschine/Prozess	Eingesetzte Energie	Nutzenergie	Wirkungsgrad %
Dieselmotor Auto	chemisch	mechanisch	40–45
Ottomotor Auto	chemisch	mechanisch	30–35 (TÜV)
Elektromotor Auto	elektrisch	mechanisch	65–70 (TÜV)
Glühbirne (kein Halogen)	elektrisch	elektromagnetisch (Strahlenenergie)	5
Glühbirne (Halogen)	elektrisch	elektromagnetisch (Strahlenenergie)	10

Tabelle 2.1: Wirkungsgrade

Effizient oder nicht so sehr? Glühbirnen (kein Halogen) versus Solarzellen

Glühbirnen gehören zwar zu den klassischen Lichtquellen, sind jedoch nicht sehr effizient. Ihr Wirkungsgrad liegt nur bei etwa fünf Prozent. Das bedeutet, dass von der gesamten elektrischen Energie, die eine Glühbirne aufnimmt, nur fünf Prozent tatsächlich in sichtbares Licht umgewandelt werden! Der Großteil, also 95 Prozent, wird als Wärme abgestrahlt, vor allem in Form von unsichtbarem Infrarotlicht. Ein Glühfaden wird stark erhitzt, um Licht zu erzeugen, doch dabei entsteht auch jede Menge Wärme.

Ein heißerer Glühfaden könnte theoretisch die Effizienz erhöhen, weil mehr Energie ins sichtbare Spektrum verschoben wird. Doch hier gibt es ein Problem: je höher die Temperatur des Glühfadens, desto kürzer seine Lebensdauer. Glühlampenhersteller müssen also einen Kompromiss zwischen brauchbarem Licht und einer akzeptablen Haltbarkeit finden.

Die niedrige Effizienz von Glühbirnen macht sie heute zu einer veralteten Technologie, vor allem im Vergleich zu moderneren Lichtquellen wie LEDs oder Energiesparlampen, die einen deutlich höheren Anteil der zugeführten Energie in Licht umsetzen. Trotzdem bleibt die Glühbirne ein anschauliches Beispiel für die Herausforderungen der Energieumwandlung: Wärme ist oft ein unvermeidliches Nebenprodukt, das in vielen Prozessen auftritt, sei es in Glühbirnen, Kraftwerken oder Motoren.

Solarzellen dagegen werden, dank Energieforschern, die stetig an Verbesserungen arbeiten, immer leistungsfähiger und kosteneffizienter. Seit Beginn der 2000er-Jahre hat sich der Wirkungsgrad von Standard-Solarzellen fast verdoppelt. Aktuelle Produktionsanlagen können heutzutage bis zu 10.000 Zellen pro Stunde herstellen.

Der zentrale Faktor ist die kontinuierliche Optimierung: Ein höherer Wirkungsgrad bedeutet, dass mehr Sonnenlicht in nutzbaren Strom umgewandelt wird. Das wiederum steigert die Effizienz und senkt die Kosten. Gleichzeitig arbeitet die Forschung daran, die Herstellungskosten zu reduzieren, um Solarenergie noch wettbewerbsfähiger zu machen, um dem Ziel einer nachhaltigen Energiezukunft näherzukommen.

Wie Energie gemessen wird

Um Energie greifbarer zu machen, gibt es standardisierte Einheiten, die helfen, sie zu messen und zu vergleichen. Die am meisten verwendeten Einheiten für Energie sind Joule (J) und Kilowattstunden (kWh).

Joule – Die Basiseinheit

Das Joule (J) ist die offizielle SI-Einheit der Energie, benannt nach James Prescott Joule. Es beschreibt Energie in ihrer grundlegendsten Form.

Ein Joule (abgekürzt J) entspricht der Energie, die benötigt wird, um einen Körper mit der Kraft von einem Newton um einen Meter zu bewegen. Alternativ kann man sagen: Ein Joule ist die Energie, die eine Leistung von einem Watt für eine Sekunde (eine Wattsekunde, abgekürzt Ws) aufbringt. In eine Formel gebracht sieht das so aus:

1 J = 1 Ws

Da das Joule oft eine recht kleine Menge Energie darstellt, werden häufig die folgenden Vorsätze verwendet:

- ✔ *Kilo* (kJ = 1.000 Joule)
- ✔ *Mega* (MJ = 1 Million Joule)
- ✔ *Giga* (GJ = 1 Milliarde Joule)
- ✔ *Tera* (TJ = 1 Billion Joule)
- ✔ *Peta* (PJ = 1 Billiarde Joule)

Egal ob Strom, Wärme oder mechanische Energie – alle Energieformen lassen sich in Joule ausdrücken. In der Praxis sind allerdings größere Einheiten wie Kilowattstunden oder Megajoule üblicher.

Kilowattstunde – Die praktische Einheit im Alltag

Die Kilowattstunde (abgekürzt kWh: kW für Kilowatt und h vom lateinischen »hora« für Stunde) als Maßeinheit wird im Zusammenhang mit dem Strom- und Energieverbrauch verwendet. Die Kilowattstunde (kWh) ist also die Einheit, die Sie auf Ihrer Stromrechnung finden. Sie gibt an, wie viel Energie über eine gewisse Zeit hinweg verbraucht oder erzeugt wird.

Eine *Kilowattstunde* entspricht der Energie, die ein elektrisches Gerät umsetzt, wenn es mit einer Leistung von einem Kilowatt (1.000 Watt) über den Zeitraum von einer Stunde läuft. Ein Staubsauger mit einer Leistung von 1.000 Watt (1 Kilowatt) beispielsweise verbraucht innerhalb von einer Stunde also genau 1 kWh.

Das macht die Kilowattstunde zu einer Größe mit einfachem Wiedererkennungswert, die Sie in vielen Lebensbereichen wiederfinden – von Stromrechnungen bis hin zu Angaben über den Energieverbrauch von Geräten. Auch das lässt sich in einer Formel ausdrücken:

Energie (kWh) = Leistung (kW) × Zeit (h)

BEISPIEL

Ein 2-kW-Heizstrahler läuft 3 Stunden: 2 kW × 3 h = 6 kWh

Das bedeutet: Die Heizung hat in dieser Zeit 6 kWh Energie verbraucht.

Wird über größere Energiemengen gesprochen, werden Begriffe wie Megawattstunde (MWh) oder sogar Terawattstunde (TWh) verwendet. Hier ein Vergleich:

- ✔ **1 Megawattstunde (1 MWh)** sind 1.000 kWh – etwa der Energieverbrauch einer Familie über mehrere Monate.
- ✔ **1 Gigawattstunde (1 GWh)** sind 1.000 MWh oder 1 Million kWh – ein Großkraftwerk produziert so viel in einer Stunde.
- ✔ **1 Terawattstunde (1 TWh)** entspricht 1.000 GWh oder 1.000.000.000 kWh – diese Energiemenge benötigt Deutschland pro Jahr mehr als 500-mal.

Warum die Kilowattstunde so praktisch ist

Eine Kilowattstunde entspricht 3,6 Millionen Joule (3,6 MJ), da eine Stunde 3.600 Sekunden umfasst und ein Watt einer Energieumsetzung von einem Joule pro Sekunde entspricht.

Im Vergleich zu physikalischen Basiseinheiten wie dem Joule ist die Kilowattstunde anschaulicher, da sie den Energieverbrauch von Geräten besser widerspiegelt. Sie ist eine Art »Alltagseinheit« für Energie, die uns hilft, unseren Verbrauch zu verstehen und zu vergleichen. Ob es um den Betrieb einer Waschmaschine, das Laden eines Elektroautos oder den Energiebedarf eines Haushalts geht – die Kilowattstunde ist die Sprache, in der Energieverbrauch gemessen wird.

Um den Unterschied zwischen Energie und Leistung besser zu verstehen, hier noch einmal zwei einfache Beispiele:

BEISPIEL

Eine Glühlampe mit einer Leistung von 100 Watt (0,1 Kilowatt) leuchtet für zwei Stunden. In dieser Zeit verbraucht sie 0,1 kW × 2 Stunden = 0,2 Kilowattstunden (kWh) an Energie.

BEISPIEL

Ein Kraftwerk mit einer Leistung von 100 Megawatt (MW), das eine halbe Stunde lang mit voller Kapazität läuft, erzeugt dabei 100 MW × 0,5 Stunden = 50 Megawattstunden (MWh) an Energie.

kWh ist nicht gleich kW. Der Unterschied zwischen Leistung und Energie ist entscheidend:

- ✔ **Leistung (kW)** zeigt, wie viel Energie pro Sekunde genutzt oder bereitgestellt wird – also die momentane »Kraft«.
- ✔ **Energie (kWh)** beschreibt die Arbeitsmenge, die über einen bestimmten Zeitraum verbraucht oder geliefert wurde.

Was man alles mit einer Kilowattstunde machen kann

- ✔ eine Maschine Wäsche waschen
- ✔ 15 Hemden bügeln
- ✔ 17 Stunden Licht einer Glühlampe (60 Watt)
- ✔ 90 Stunden Licht einer Stromsparlampe (11 Watt)
- ✔ 60 Minuten auf mittlerer Stufe staubsaugen (1000-Watt-Staubsauger)
- ✔ 10 Stunden TV schauen (LED, 107 cm)
- ✔ 10 Stunden einen Desktop-PC benutzen
- ✔ zwei Tage einen modernen, energieeffizienten 300-Liter-Kühlschrank nutzen
- ✔ einen Hefekuchen backen
- ✔ 9 Liter Tee aufbrühen
- ✔ ein Mittagessen für vier Personen auf dem Elektroherd kochen
- ✔ 70 Tassen Kaffee kochen
- ✔ 1- bis 2-mal die Geschirrspülmaschine laufen lassen
- ✔ 133 Scheiben Brot toasten

Wie Energiequellen unterteilt werden

Die Energie, die Sie nutzen, stammt aus verschiedenen Quellen, grob eingeteilt:

1. erneuerbare Energien
2. nicht erneuerbare Energiequellen
3. Atomenergie, die weder in das eine noch in das andere eingeordnet wird

Erneuerbare Energien

Erneuerbare Energien stammen aus Quellen, die sich regenerieren oder quasi unbegrenzt verfügbar sind. Dazu zählen Sonne, Wind, Wasser, Biomasse und Erdwärme.

Sie werden oft als die Zukunft der Energie bezeichnet, weil sie unbegrenzt verfügbar sind und wenig CO_2 freisetzen.

Erneuerbare Energien, auch als *regenerative* oder *alternative Energien* bezeichnet,

- **sind Energiequellen, die unbegrenzt zur Verfügung stehen,** weil sie durch ihre Nutzung nicht verbraucht werden. Anders als fossile Brennstoffe machen sie uns wesentlich weniger abhängig von Rohstofflieferanten, es sei denn, es werden spezielle Materialien für den Bau einer Anlage benötigt.
- **belasten die Umwelt deutlich weniger als andere Energieformen.** Genau deshalb werden sie oft als »saubere Energie« bezeichnet. Wenn wir in Zukunft nachhaltig leben wollen, werden wir uns vor allem auf diese Formen der Energiegewinnung verlassen müssen.

Zu den erneuerbaren Energien gehören:

- **Solarenergie:** Energie aus Sonnenstrahlen, eingefangen mit Solarmodulen.
- **Windenergie:** Energie aus bewegter Luft, die durch Windturbinen gewonnen wird.
- **Wasserkraft:** Energie, die aus der Strömung von Flüssen oder Stauseen stammt.
- **Biomasse:** Energie, die aus organischem Material wie Holz oder Pflanzen gewonnen wird.
- **Geothermie:** Energie aus der Wärme des Erdinneren, die durch Bohrungen an die Oberfläche gebracht wird.

Dass uns erneuerbare Energien unbegrenzt zur Verfügung stehen, bedeutet jedoch nicht, dass wir jährlich unbegrenzte Energiemengen aus ihnen gewinnen können (noch nicht):

- Die Energiegewinnung aus Wasserkraft ist durch die Anzahl geeigneter Flüsse und Speicherseen limitiert.
- Biomasse ist durch die verfügbaren Anbauflächen begrenzt.
- Die Energiegewinnung aus Windkraft ist durch die natürlichen Windverhältnisse begrenzt. Zudem gibt es geografische und infrastrukturelle Einschränkungen – zum Beispiel in dicht besiedelten Gebieten oder Schutzgebieten, wo der Bau neuer Windkraftanlagen nur eingeschränkt möglich ist.
- Bei der Gewinnung von Energie aus der Sonne gibt es quasi endlose technische Potenziale, weil Sonne eine viel höhere Flächenproduktivität hat. Diese Potenziale werden – wie die Entwicklung gerade aussieht – vermutlich in den nächsten Jahrzehnten erschlossen und der Wirkungsgrad erhöht.

Es sollte allerdings nicht vergessen werden, dass auch Anlagen für erneuerbare Energien gebaut werden müssen. Die Energie, die für die Herstellung und die Errichtung der Anlage benötigt wird, nennt sich *graue Energie*.

In diesem Zusammenhang sollten Sie noch einen weiteren Begriff kennen: Der *Erntefaktor* (englisch *Energy Returned on Energy Invested*, ERoEI oder EROI) ist ein Kennwert zur energetischen Bewertung von Erzeugungsanlagen und Energiequellen. Er gibt an, wie viel Energie eine Anlage im Laufe ihres Betriebs insgesamt erzeugt, verglichen mit der Energie, die für ihren Bau, Betrieb und ihre Entsorgung aufgewendet wurde. Kurz: Wie oft kommt die investierte Energie wieder zurück? Dabei wird auch die sogenannte *graue Energie* mit einberechnet – also die Energie, die für Materialien, Transport, Wartung und Recycling benötigt wird. Je höher der Erntefaktor, desto effizienter ist eine Energiequelle.

Energy Payback Time: Wann sich der Bau von Photovoltaik-Modulen amortisiert

Die E2 Management Consulting AG aus Zürich hat ausgerechnet, wann sich zum Beispiel eine PV-Anlage energetisch amortisiert (Energy Payback Time):

- ✔ Die Herstellung eines Photovoltaik-Moduls in Europa erfordert etwa 900 Kilowattstunden graue Energie pro Quadratmeter (kWh/m²). Im Durchschnitt erzeugt ein solches Modul pro Jahr 185 kWh/m² an Strom, wodurch es laut einer Berechnung des Paul-Scherrer-Instituts den Einsatz fossiler Brennstoffe zur Stromerzeugung um das 3,1-Fache reduziert.
- ✔ Ein Photovoltaik-Modul mit einer Fläche von 1 m² spart demnach jährlich 574 kWh ein (3,1 × 185 = 574). Die energetische Amortisation, also der Punkt, an dem das Modul die aufgewendete graue Energie wieder eingespart hat, wird somit nach etwa 1,5 Jahren erreicht (900/574 = 1,57).
- ✔ Moderne Photovoltaik-Module haben eine Lebensdauer von etwa 30 Jahren. Während dieser Zeit kann das Modul bis zu 20-mal mehr Energie einsparen, als für seine Herstellung benötigt wurde. Diese Zahlen beziehen sich jedoch hauptsächlich auf PV-Module, die in Europa produziert wurden. Solarmodule aus China haben wegen der langen Transportwege eine längere Amortisationszeit. Sie benötigen im Durchschnitt etwa 2,2 Jahre, um die für ihre Herstellung aufgewendete graue Energie auszugleichen.

Was bedeutet das also für den sogenannten *Erntefaktor*? Bei einer mindestens 20-jährigen Laufzeit gibt die Photovoltaikanlage die eingesetzte Energie über 15- bis 20-fach zurück. Ökologisch betrachtet sind erneuerbare Energien in vielen Fällen vorteilhaft, wie diese Beispielrechnung zeigt.

Erneuerbare Energien bringen aber auch eine Reihe von Herausforderungen mit sich:

- **Weite Transportwege:** Erneuerbare Energien werden in der Regel dezentral produziert, herkömmliche, nicht erneuerbare Energien werden oft in stark zentralisierten Strukturen genutzt. Das hat oft nicht unerhebliche Transportwege zur Folge.

  BEISPIEL

  In Afrika stünde viel Sonnenenergie zur Verfügung, gebraucht wird sie aber vor allem in den Industrieländern in Europa. Die Windenergie, die in Offshore-Windanlagen in der Nordsee gewonnen wird, wird zum großen Teil in Bayern genutzt.

  Es existieren jedoch auch Konzepte für die zentrale Erzeugung erneuerbarer Energien, die niedrigere Erzeugungskosten gegen größere Transportaufwände abwägen.

- **Zeitliche Fluktuation:** Die Verfügbarkeit dieser Energiequellen schwankt stark und lässt sich nur schwer beeinflussen, was vor allem im Stromsektor problematisch sein kann.

  BEISPIEL

  Sonnenenergie zum Beispiel ist nur tagsüber und bei geeignetem Wetter verfügbar und die Leistung von Windenergieanlagen hängt stark von den jeweiligen Windverhältnissen ab. Im Winter wird mehr Energie zum Heizen benötigt, aber gerade dann ist die Sonnenenergie deutlich geringer.

  Problematisch sind sogenannte *Dunkelflauten*, Zeiten mit wolkigem, kaltem und windarmem Wetter, in denen sowohl Solar- als auch Windenergie nur minimal erzeugt wird.

Nicht erneuerbare Energien (fossile Energien)

Seit der industriellen Revolution werden weltweit vor allem fossile Energieträger wie Kohle, Erdöl und Erdgas genutzt. In kleinerem Umfang zählt auch Torf dazu. Diese Energieträger entstanden über Millionen von Jahren aus abgestorbenen Pflanzen und Tieren, die unter hohen Druck- und Temperaturbedingungen tief in der Erde begraben wurden. Sie speichern chemische Energie und enthalten hauptsächlich Kohlenstoffe (am meisten Kohle, am wenigsten Erdgas). Deswegen wird bei der Verbrennung Kohlendioxid (CO_2) freigesetzt. Zusätzlich entstehen dabei auch Kohlenmonoxid (CO), Stickoxide (NO_x), unverbrannte Kohlenwasserstoffe (HC) und Partikelemissionen, wie zum Beispiel Feinstaub durch Ruß.

Abbildung 2.3 zeigt, wie sich die CO_2-Emissionen aus der Stromerzeugung in Deutschland seit 1990 entwickelt haben. Die Balken stellen die gesamten Emissionen pro Jahr dar und sind nach Energieträgern aufgeteilt. So wird sichtbar, welchen Anteil Braunkohle, Steinkohle, Erdgas sowie kleinere Quellen wie Öl oder fossiler Abfall an den Emissionen haben.

In den frühen 1990er-Jahren lagen die Emissionen sehr hoch. Das lag vor allem an der starken Nutzung von Braun- und Steinkohle. Vor allem Braunkohle verursacht bei der Stromerzeugung sehr viel Kohlendioxid. Sie hatte lange Zeit den größten Anteil an den Emissionen im Stromsektor.

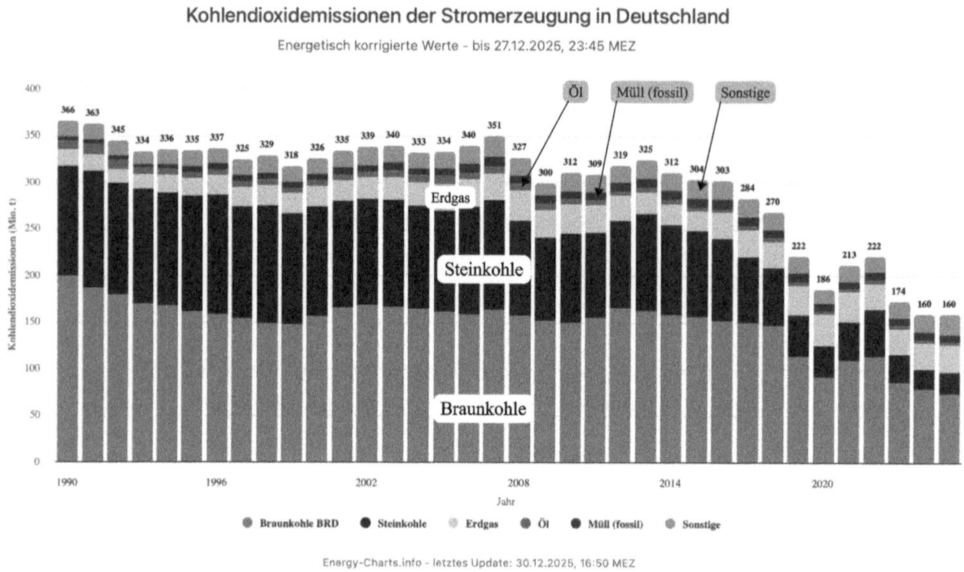

Abbildung 2.3: Kohlendioxidemissionen der Stromerzeugung in Deutschland, 1990 bis 2025, Quelle: Energy-Charts.info, Abrufdatum: 12.4.2026

Im weiteren Verlauf zeigt die Grafik einen insgesamt deutlichen Rückgang der Emissionen, auch wenn es zwischendurch immer wieder kleinere Anstiege gibt. Diese Schwankungen entstehen zum Beispiel dann, wenn der Strombedarf steigt oder erneuerbare Energien zeitweise weniger Strom liefern. Trotzdem geht der langfristige Trend klar nach unten.

Ein wichtiger Grund dafür ist der zunehmende Ausbau erneuerbarer Energien und der schrittweise Rückgang der Kohleverstromung. Gleichzeitig wurde Erdgas häufiger eingesetzt, das zwar ebenfalls CO_2 verursacht, aber deutlich weniger als Kohle. In den letzten Jahren hat sich dieser Trend noch verstärkt, sodass die Emissionen aus der Stromerzeugung deutlich gesunken sind.

Fossile Energiequellen basieren also auf einem Kohlenstoffkreislauf und ermöglichen, gespeicherte (Sonnen-)Energie vergangener Zeit im Hier und Jetzt zu verwenden.

Diese Energiequellen waren jahrhundertelang die Basis unserer Energieversorgung, sind aber endlich und belasten die Umwelt durch Emissionen. Die folgenden Ressourcen werden hauptsächlich genutzt:

- ✔ **Erdöl:** Wird vor allem in Raffinerien zu Benzin, Diesel oder Heizöl verarbeitet.
- ✔ **Kohle:** Es wird unterschieden zwischen Steinkohle und Braunkohle. Seit über 200 Jahren ein zentraler Energieträger, heute aber rückläufig wegen hoher Emissionen.
- ✔ **Erdgas:** Eine verhältnismäßig saubere, aber endliche Energiequelle, die oft für Heizung, Stromerzeugung und als industrieller Rohstoff genutzt wird. Wegen Methanlecks bei der Förderung und des Transports werden jedoch trotzdem Treibhausgasemissionen freigesetzt.

- **Torf:** Ein fossiler Energieträger aus Mooren, der ähnlich wie Kohle verbrannt werden kann. Torf wird vor allem in bestimmten Regionen als Brennstoff genutzt, zum Beispiel in Irland oder Teilen Osteuropas.

Biogas oder Biodiesel zählen nicht zu fossilen Energieträgern, da sie aus pflanzlichen und tierischen Produkten (Biomasse) produziert werden.

Peak Oil

Um den Förderverlauf und die Endlichkeit von fossilen Energieträgern, vor allem Erdöl zu beschreiben, wurde die Theorie von »Peak Oil« eingeführt. Peak Oil ist der Punkt, an dem die weltweite Erdölförderung ihren höchsten Stand erreicht. Nicht wenn das Öl ganz aufgebraucht ist, sondern wenn die Förderung nicht mehr weiter steigen kann, obwohl der Bedarf weiter wächst. Bereits heute ist Erdöl der Energierohstoff, dessen Erschöpfung am weitesten vorangeschritten ist. Nach der Peak-Oil-Theorie steigt die Förderung von Erdöl zunächst stetig an, erreicht dann einen maximalen Punkt und geht danach zurück. Von dem weltweit bekannten Erdölpotenzial wurde bereits mehr als ein Drittel gefördert.

Erdöl wird zwar ständig neu gebildet; dies geschieht aber sehr viel langsamer im Vergleich zur raschen Entnahme. Neue Fördertechniken und Investitionen in die Exploration, wie etwa Fracking, haben den Zeitpunkt des Peak Oil hinausgezögert. Dennoch bleibt die langfristige Abnahme der Erdölproduktion eine reale und bedeutende Herausforderung.

Es ist nahezu unmöglich, den genauen Zeitpunkt vorherzusagen, wie lange die Ölreserven tatsächlich noch reichen. Es ist ein fortwährender Prozess und Länder, die von der Förderung von Erdöl leben, veröffentlichen zu ihren Reserven keine genauen Angaben, aus Sorge um Spekulationen und Verfall ihrer Währung. Erdöl ist ein zentraler Rohstoff und die Abhängigkeit von ihm ist nach wie vor groß. Es ist nicht nur der Treibstoff für unsere Autos oder das Heizöl für unsere Heizungen. Vielmehr ist Erdöl nahezu überall in unserem Alltag zu finden: in Kunststoffen, Farben, Lacken, Vinylböden, Schaumstoffen, Matratzen, Seifen, Kleidung, Klebstoffen, Schmiermitteln, Verpackungen und vielem mehr.

Wenn das Ölzeitalter zu Ende geht, müssen wir für all diese praktischen Dinge auf nachwachsende Rohstoffe umsteigen. Das kann eine ziemliche Herausforderung sein, bietet aber auch eine große Chance für innovative Lösungen.

Nukleare Energie/Kernenergie

Manchmal wird diskutiert, ob Kernenergie als erneuerbare Energiequelle gelten kann. Die Antwort lautet: nein. Kernkraftwerke betreiben ihre Reaktoren mit Uran, genauer ausgedrückt dem Isotop 235U. Dieses spaltbare Material ist auf der Erde nur in begrenzter Menge vorhanden. Obwohl Uran häufiger vorkommt als Gold, ist es in wirtschaftlich nutzbaren Mengen oft schwer abzubauen.

Aktuell schätzt die Kernenergieagentur der OECD (NEA), dass die bekannten Uranreserven die weltweit betriebenen Kernkraftwerke für ca. ein Jahrhundert ab jetzt versorgen könnten. Das zeigt, dass Uran zwar relativ häufig ist, aber dennoch nicht unendlich verfügbar. Nach aktuellem Stand kann die Nutzung des Urans nicht durch natürliche Prozesse ersetzt werden, wie das bei erneuerbaren Energien der Fall ist.

Kernenergie ist also eine dekarbonisierte, nicht erneuerbare Energieform.

Dekarbonisierung bedeutet, dass Energie aus kohlenstoffarmen Quellen stammt und weniger Treibhausgase freisetzt als fossile Brennstoffe wie Kohle oder Öl.

Ein spannender Aspekt bei der Kernenergie ist die Hoffnung darauf, dass in der Zukunft *Kernfusion* möglich ist, bei der Wasserstoffkerne zu einem neuen schweren Atomkern verschmelzen (mehr über Kernfusion erfahren Sie in Kapitel 3 im Abschnitt »Atomenergie«). Sollte es gelingen, die Kernfusion zu beherrschen und wirtschaftlich nutzbar zu machen, könnten Prozesse nachgeahmt werden, die in der Sonne ablaufen, was riesige energetische Potenziale hätte. So würde auch viel weniger Atommüll produziert werden. Sie könnte uns nahezu unerschöpfliche Energiequellen liefern. Trotz vielversprechender Fortschritte ist die kommerzielle Nutzung der Kernfusion aber noch Zukunftsmusik, da dies mit anderen Risiken verbunden ist.

Die Unterscheidung der Energieträger nach dem Nutzungsgrad

Energieträger werden nach dem Grad der Umformung unterschieden. Damit ist gemeint, wie stark ein Energieträger technisch verarbeitet oder umgewandelt wurde, bevor er für energetische Zwecke genutzt werden kann.

Primärenergie

Primärenergie bezeichnet Energie in ihrer ursprünglichen, rohen Form, so wie sie in der Natur vorzufinden ist. Sie ist noch nicht umgewandelt und daher nicht gleich für den Endverbrauch nutzbar. Für die Nutzung muss sie erst aufbereitet werden.

In der Natur vorkommende Primärenergieträger sind zum Beispiel:

- ✔ Erdöl
- ✔ Erdgas
- ✔ Kohle
- ✔ Wind
- ✔ Wasser
- ✔ Sonnenlicht
- ✔ Biomasse
- ✔ Erdwärme
- ✔ Uran
- ✔ Plutonium

Sekundärenergie

Die sekundären Energieträger sind nicht direkt in der Natur zu finden. Sie entstehen durch die Umwandlung der Primärenergieträger. Dies geschieht durch Energiewandler und Raffinerien, um die Energie besser zu transportieren oder nutzen zu können. Es werden also primäre Energieträger abgebaut und in sekundäre Energieträger umgewandelt.

Hier ein paar Beispiele:

- ✔ Rohöl (also das ungefilterte, geförderte Erdöl) wird in Raffinerien zu Benzin.
- ✔ Kohle wird in Kraftwerken verbrannt und erzeugt Strom.
- ✔ Windenergie wird durch Turbinen in elektrische Energie umgewandelt.

Außerdem wird nach dem Energiegehalt beim Endkunden zwischen Endenergie und Nutzenergie unterschieden.

Endenergie

Endenergie ist die Energie, die beim Verbraucher ankommt, nachdem sie bereits umgewandelt und transportiert wurde. Das kann zum Beispiel sein:

- ✔ der Strom aus der Steckdose,
- ✔ das Benzin an der Tankstelle oder
- ✔ die Fernwärme im Hausanschluss.

Diese Energie hat schon mehrere Stationen durchlaufen: Primärenergie (zum Beispiel Kohle, Wind, Uran) wurde in Sekundärenergie (zum Beispiel Strom, Heizöl, Gas) umgewandelt und durch Netze, Leitungen oder Transporte zum Endnutzer gebracht. Die Endenergie entspricht daher der Primärenergie abzüglich der Verluste beim Transport und der Umwandlung.

Nutzenergie

Nutzenergie ist die Energie, die Sie tatsächlich verwenden können, zum Beispiel:

- ✔ das Licht, das aus einer Lampe kommt,
- ✔ die Wärme, die eine Heizung abgibt, oder
- ✔ die Bewegung, mit der ein Auto fährt.

Von dem Moment an, in dem die Endenergie im Gerät ankommt, treten noch einmal Verluste auf (zum Beispiel durch Abwärme oder Reibung). Deshalb ist die Nutzenergie immer etwas geringer als die Endenergie.

Manchmal ist es schwierig, Energieformen eindeutig einem bestimmten Energielevel zuzuordnen. Ein Beispiel ist Erdgas, das ohne Umwandlung direkt in seiner natürlichen Form als Primärenergie verbrannt wird.

Wärmeenergie ist sehr vielseitig und kann alle drei Stufen annehmen. Geothermie ist als Primärenergie verfügbar, wird als Fernwärme zur Sekundärenergie und wird schließlich als Heizwärme zur Nutzenergie. In einigen Fällen, wie in Island, kann Geothermie sogar direkt als Heizwärme verwendet werden, ohne dass eine Umwandlung erforderlich ist.

Bei der Umwandlung von der Primär- bis zur Nutzenergie entstehen ständig Verluste, sei es durch Abwärme oder ineffiziente Technologien. Je effizienter die Umwandlung von Primär- zu Nutzenergie, desto weniger Energie wird verschwendet. In der Energiewirtschaft ist Effizienz daher ein zentrales Ziel.

⚠ Ein Energieträger kann gleichzeitig Sekundär- und Endenergie sein.

In Abbildung 2.4 sehen Sie die einzelnen Energieträger nach dem Nutzungsgrad in visualisierter Form.

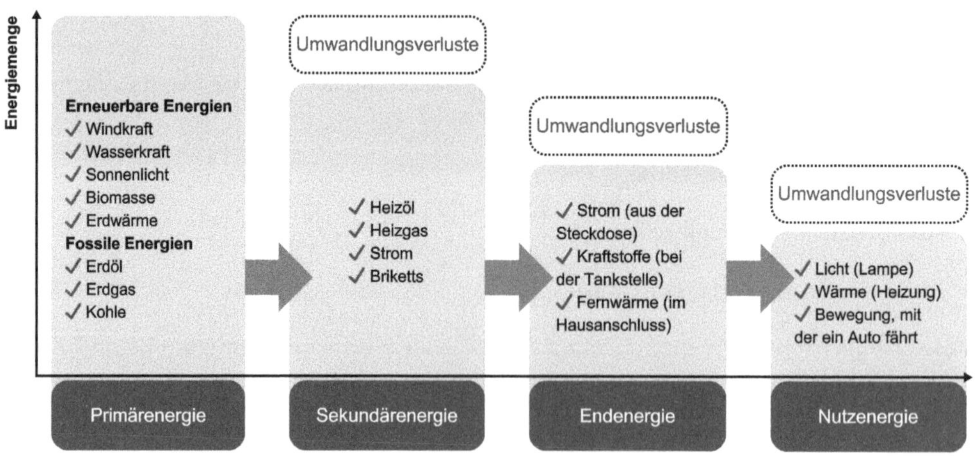

Abbildung 2.4: Energieflusskette: von der Primärenergie über Sekundär- und Endenergie zur Nutzenergie unter Berücksichtigung von Umwandlungsverlusten, inklusive Beispiele

IN DIESEM KAPITEL

Fossile Energieträger

Atomenergie

Erneuerbare Energieträger

Kapitel 3
Tiefere Einblicke in die einzelnen Energieträger

Ein Energieträger ist ein Stoff oder eine Quelle, der Energie in verschiedenen Formen speichert – sei es mechanisch, thermisch, chemisch oder physikalisch (wie in Kapitel 1 beschrieben). Diese gespeicherte Energie kann dann genutzt oder umgewandelt werden, zum Beispiel um Maschinen anzutreiben, Licht zu erzeugen oder Räume zu beheizen. Energieträger lassen sich grob in zwei Hauptkategorien einteilen, je nachdem, ob deren Energie direkt oder durch Umwandlung gewonnen werden kann:

- **Primärenergieträger:** Dabei handelt es sich um Energieträger, die in der Natur direkt vorkommen und noch keine Umwandlung erfahren haben. Beispiele dafür sind Kohle, Erdöl, Erdgas, Sonnenstrahlung, Wind und Biomasse.
- **Sekundärenergieträger:** Das sind Energieträger, die durch die Umwandlung von Primärenergieträgern entstehen. Strom, Wasserstoff oder Fernwärme sind Beispiele dafür.

Die verschiedenen Energieträger unterscheiden sich erheblich in ihrer Energiedichte, ihrer Fähigkeit, transportiert und gelagert zu werden. Die Prozesse der Energiewandlung sind je nach Energieträger sehr unterschiedlich und unterscheiden sich in ihren Wirkungsgraden. Diese Eigenschaften sind relevant, wenn es darum geht, die richtige Energiequelle für einen bestimmten Zweck auszuwählen.

Die ***Energiedichte*** beschreibt, wie viel Energie in einer bestimmten Menge eines Brennstoffs steckt, entweder bezogen auf sein Gewicht (Joule pro Kilogramm) oder sein Volumen (Joule pro Liter). Je höher die Energiedichte, desto mehr Energie kann ein Stoff pro Gewichts- oder Volumeneinheit speichern.

Energieträger können außerdem nach ihrer Herkunft und ihren Auswirkungen auf die Umwelt und das Klima klassifiziert werden. Es wird zwischen drei Kategorien unterschieden:

- ✔ Fossile Energieträger
- ✔ Erneuerbare Energieträger
- ✔ Kernenergie

Um unsere Wirtschaft mit Energie zu versorgen, wird eine große Menge an Rohstoffen benötigt. Weltweit wird dabei immer noch zu einem großen Teil auf konventionelle Ressourcen zurückgegriffen, die fossilen Energieträger.

In diesem Kapitel wird ein genauerer Blick auf die verschiedenen Gruppen von Energieträgern geworfen und ihre Besonderheiten sowie Merkmale beleuchtet. Den Anfang machen die fossilen Energieträger.

Fossile Energieträger

Fossile Energieträger wie Kohle, Öl und Gas sind die »Urgesteine« der heutigen Energieversorgung und gehören zu den seit der Industrialisierung wichtigsten Energiequellen der Menschheit. Sie entstanden vor Millionen von Jahren aus den Überresten abgestorbener Pflanzen und Tiere, die aus Kohlenstoff und Kohlenstoffverbindungen bestanden. Nach ihrem Tod sanken diese auf den Erd- oder Meeresboden, wo sich immer mehr Material über ihnen ablagerte. Dort blieben sie unter hohem Druck und ohne Sauerstoff eingeschlossen, wurden verdichtet und versteinerten schließlich. Dieser natürliche Umwandlungsprozess verwandelte das organische Material in kohlenstoffreiche Rohstoffe wie Braunkohle, Steinkohle, Erdöl und Erdgas. Diese Energieträger zeichnen sich dadurch aus, dass sie beim Verbrennungsprozess die chemisch gebundene Energie in Form von Wärme freisetzen (exotherme Reaktion) und dabei Kohlendioxid in die Atmosphäre abgeben.

In einigen Fällen führte der Sauerstoffmangel zur Bildung von Faulschlamm, aus dem sich später Erdöl und Erdgas entwickelten. »Fossil« bedeutet nichts anderes als »versteinert« und deutet darauf hin, dass diese Energieträger aus der Urzeit stammen. Gleichzeitig sind fossile Brennstoffe ein Ergebnis des Kohlenstoffkreislaufs, da sie die vor Millionen von Jahren gespeicherte (Sonnen-)Energie nutzen und in Form von Energie für die heutige Zeit zugänglich machen.

Abbildung 3.1 stellt dar, wie dieser Umwandlungsprozess abläuft.

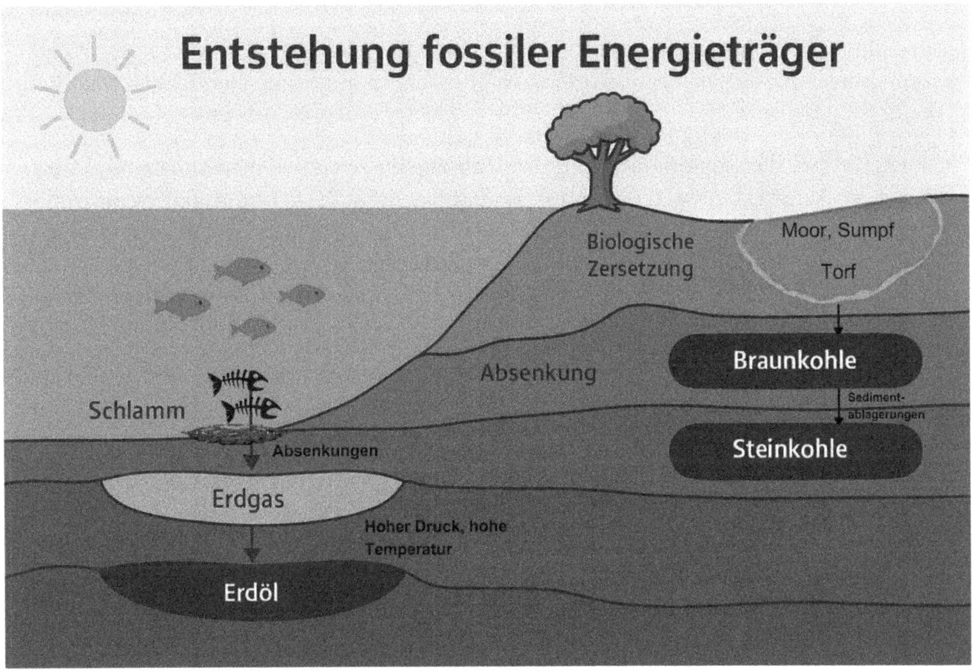

Abbildung 3.1: Entstehung fossiler Energieträger

Der Kohlenstoffkreislauf

Wenn abgestorbene Lebewesen von Luft umgeben sind, werden sie zersetzt. Würmer und Bakterien ernähren sich von diesen Überresten und bauen sie ab. Dabei gelangen die enthaltenen Stoffe, einschließlich des Kohlenstoffs, zurück in die Natur und stehen anderen Lebewesen wieder zur Verfügung. Selbst im Boden gibt es Organismen, die tote Pflanzen und Tiere zersetzen. Dieser Prozess ist Teil eines natürlichen Kreislaufs von Leben und Vergehen, bei dem Kohlenstoff ständig wiederverwendet wird. Dieser Vorgang wird als *Kohlenstoffkreislauf* bezeichnet.

Der Kohlenstoffkreislauf reguliert das Klima und ist die Grundlage für das Leben auf der Erde. Kohlenstoff (C) ist ein essenzielles Element, das in allen wichtigen biologischen Molekülen von Lebewesen vorkommt, etwa in Kohlenhydraten, Aminosäuren, Fettsäuren und DNA. In der Atmosphäre liegt Kohlenstoff hauptsächlich als Kohlendioxid (CO_2) vor, das als Treibhausgas zur Wärmespeicherung beiträgt. Kohlenstoff zirkuliert zwischen der Atmosphäre, den Ozeanen und Gewässern (Hydrosphäre), der Erde (Lithosphäre) und der Biosphäre (den lebenden Organismen).

In früheren Erdzeitaltern wurde Kohlenstoff durch natürliche Prozesse wie die Photosynthese von Pflanzen oder die Ablagerung von organischem Material in Böden und Gesteinen gebunden. Ein erheblicher Anteil dieses Kohlenstoffs wurde über Millionen von Jahren in Form von fossilen Brennstoffen wie Kohle, Öl und Gas tief unter der Erde gespeichert. In diesem natürlichen Kreislauf bleibt Kohlenstoff über geologische Zeiträume hinweg in diesen Brennstoffen erhalten, bis er durch menschliche Aktivitäten wieder freigesetzt wird.

Kohlenstoff wird in sogenannten Kohlenstoffsenken, wie etwa in Wäldern oder Ozeanen, gespeichert, beispielsweise durch abgestorbene Pflanzen, deren organisches Material im Boden abgebaut und zersetzt wird. Über sehr lange Zeiträume können sich diese organischen Materialien zu fossilen Brennstoffen wie Kohle, Öl und Gas verwandeln, die tief in der Erde abgelagert werden, wenn die Bedingungen günstig sind.

Die größte Kohlenstoffsenke ist der Ozean. Meeresorganismen wie Plankton nehmen CO_2 auf und nutzen es für ihren Stoffwechsel. Wenn sie sterben, sinken ihre Reste auf den Meeresboden und binden Kohlenstoff in Sedimenten. Bei natürlichen Prozessen wie Atmung, Zersetzung oder natürlichen Rückkopplungseffekten (zum Beispiel vulkanischer Aktivität) wird Kohlenstoff auch wieder freigesetzt.

Warum ist das Verbrennen von fossilen Energieträgern gefährlich für die Umwelt?

Wenn Gas, Kohle und Öl gefördert und verbrannt werden, wird der darin gespeicherte Kohlenstoff in großen Mengen freigesetzt und gelangt in die Atmosphäre. Fossile Brennstoffe enthalten das chemische Element Kohlenstoff (C). Wenn sie verbrannt werden, reagiert dieser Kohlenstoff mit Sauerstoff (O_2) und bildet Kohlendioxid (CO_2). Dieses Gas sammelt sich in der Atmosphäre an und führt zu einer übermäßigen Erwärmung der Erde. Indem CO_2 wieder freigesetzt wird, wird der natürliche Kohlenstoffkreislauf gestört. Zwar nehmen Pflanzen, Böden und Ozeane CO_2 aus der Atmosphäre auf, aber die Menge, die durch die Verbrennung fossiler Energien freigesetzt wird, übersteigt die Aufnahmefähigkeit dieser natürlichen Speicher bei Weitem. Die freigesetzten Mengen sind also so hoch, dass es zu einem Anstieg von CO_2 in der Atmosphäre kommt. Die Abholzung von Wäldern verschärft dieses Problem, da Bäume, die normalerweise Kohlenstoff speichern, nicht mehr zur Verfügung stehen. Die steigenden Temperaturen bewirken das Schmelzen von Eis an den Polen und einen Anstieg des Meeresspiegels. Weitere Folgen der globalen Erwärmung sind extreme Wetterereignisse wie nie zuvor erlebte Trockenperioden sowie Überschwemmungen.

Fossile Energieträger haben die Industrialisierung über viele Jahrzehnten hinweg angetrieben und sind nach wie vor ein wichtiger Bestandteil unseres Energiesystems. Aber der Klimawandel ist nicht der einzige Grund, warum wir langfristig auf andere Energiequellen umsteigen müssen: Fossile Brennstoffe sind endlich. Im Gegensatz zu erneuerbaren Energien wie Wind-, Wasser- und Sonnenkraft sind sie begrenzt und können nach ihrer Nutzung nicht wieder aufgefüllt werden. Wissenschaftliche Berechnungen deuten darauf hin, dass die globalen Vorräte an Öl, Kohle und Gas in naher Zukunft erschöpft sein könnten. Die

Förderung fossiler Brennstoffe ist aufwendig und mit Herausforderungen verbunden. Öl und Gas müssen aus großen Tiefen gefördert werden und Steinkohle wird durch unterirdischen Bergbau gewonnen. Braunkohle wird hingegen im Tagebau abgebaut, wobei die oberen Erdschichten entfernt werden, um an die Kohlevorkommen zu gelangen. Dieser Prozess führt oft zur Veränderung ganzer Landschaften und zur Zerstörung von Lebensräumen. Dörfer und andere Siedlungen müssen weichen, wodurch große, offene Abbauflächen entstehen. Auch die Förderung birgt Risiken.

BEISPIEL

Ein Beispiel für diese Risiken ist die Explosion der Ölbohrplattform Deepwater Horizon im Golf von Mexiko im Jahr 2010. Das unkontrollierte Austreten von Öl ins Meer über mehrere Monate hatte schwerwiegende Auswirkungen auf die Tier- und Pflanzenwelt sowie auf die Lebensgrundlage der Menschen in der Region.

Solche Ereignisse zeigen, wie herausfordernd es ist, fossile Energieträger zu nutzen, ohne dabei auf große Schwierigkeiten zu treffen.

Die wichtigsten fossilen Energieträger im Überblick

Die am häufigsten eingesetzten fossilen Energieträger sind Kohle, Erdöl und Erdgas. Weniger verbreitet ist Torf. Uran ist zwar ebenfalls nicht erneuerbar, zählt aber nicht zu den fossilen Energieträgern, sondern zur Kernenergie.

- ✔ **Kohle** ist ein fester fossiler Brennstoff, der vor Millionen Jahren aus pflanzlichen Überresten entstanden ist. Sie kommt in verschiedenen Formen vor, wie Braunkohle und Steinkohle, und wird weltweit genutzt – vor allem zur Stromerzeugung in Kraftwerken und in der Industrie, etwa bei der Stahlproduktion, wo hohe Temperaturen benötigt werden. Dank ihrer hohen Energiedichte, der vergleichsweise einfachen Handhabung bei Lagerung und Transport und konzentrierter großer Vorkommen, was alles zusammen zu günstigen spezifischen Kosten führt, ist Kohle ein beliebter Energieträger. Doch sie gehört auch zu den umweltschädlichsten fossilen Brennstoffen. Vor allem der Tagebau hinterlässt massive Eingriffe in die Natur, und die Verbrennung setzt große Mengen an Kohlendioxid (CO_2) sowie schädliche Stoffe wie Schwefeldioxid (SO_2) frei. Diese Emissionen tragen nicht nur zum Klimawandel bei, sondern verschlechtern auch die Luftqualität und wirken sich negativ auf die Umwelt und die Gesundheit aus.

- ✔ **Erdöl** ist ein flüssiger fossiler Brennstoff, der über Millionen von Jahren aus winzigen Meereslebewesen entstanden ist. Es steckt in nahezu allem, was unseren Alltag antreibt: Es liefert den Treibstoff für Autos, Flugzeuge und Schiffe und ist die Basis für unter anderem Diesel, Benzin und Kerosin. Zusätzlich hat Erdöl einen wichtigen Stellenwert in der chemischen Industrie. Ohne Erdöl gäbe es keine Kunststoffe, keine künstlichen Textilfasern oder mineralische Düngemittel. Die Gewinnung von Erdöl bringt erhebliche ökologische Risiken mit sich, darunter Ölkatastrophen, die Zerstörung von empfindlichen Ökosystemen und die Freisetzung von Treibhausgasen. Zudem kann die Abhängigkeit von Erdöl fördernden Ländern wirtschaftliche und geopolitische Unsicherheiten schaffen.

✔ **Erdgas** ist ein fossiler Energieträger in gasförmiger Form, dessen Hauptbestandteil Methan (CH_4) ist. Es findet vor allem Anwendung beim Heizen, in der Industrie und bei der Stromerzeugung. Wegen der höheren Effizienz von erdgasbasierten Prozessen und der niedrigeren CO_2-Emissionen im Vergleich zu Kohle oder Öl wird es oft als Übergangslösung auf dem Weg zu erneuerbaren Energien angesehen. Obwohl Erdgas bei der Verbrennung weniger Kohlendioxid freisetzt als andere fossile Brennstoffe, bleibt es eine Quelle von Treibhausgasen und trägt zur Erderwärmung bei. Methanverluste während der Förderung, des Transports und der Nutzung sind sehr kritisch, weil Methan mit einem Global Warming Potenzial (GWP) von 27 (GWP100) eine deutlich stärkere Klimawirkung als Kohlendioxid hat. Darüber hinaus hat Erdgas einen wichtigen Stellenwert in der globalen Energieversorgung, weil viele Länder, darunter Deutschland, große Mengen importieren. Diese Abhängigkeit führt zu wirtschaftlichen und politischen Herausforderungen, insbesondere in Zeiten von Markt- und Versorgungsschwankungen.

✔ **Torf:** Neben den bekannten fossilen Brennstoffen gibt es auch weniger verbreitete Ressourcen wie Torf. Torf ist eine frühe Form von Kohle und entsteht, wenn organisches Material in feuchten Gebieten nur teilweise zersetzt wird. Obwohl auch Torf große Mengen an Energie liefern kann, wird er aufgrund der Umweltbelastungen, der geringeren Effizienz und des aufwendigen Abbaus nur in begrenztem Maße genutzt.

✔ **Uran** ist ein natürlich vorkommendes Schwermetall. Es ist nicht erneuerbar und wird als Energierohstoff der Kernenergie genutzt.

In Tabelle 3.1 finden Sie die Vor- und Nachteile von fossilen Energieträgern noch einmal zusammengefasst.

Vorteile	Nachteile
✔ Hohe Energiedichte: Fossile Brennstoffe haben eine hohe Energiedichte (sie können viel Energie pro Einheit speichern). ✔ Grundlastfähig: Fossile Brennstoffe gelten als grundlastfähig, da sie eine kontinuierliche Energieversorgung gewährleisten können, unabhängig von äußeren Einflüssen wie Wetter oder Tageszeit. ✔ Vorhandene Infrastruktur: Fossile Energieträger profitieren von einer gut ausgebauten Infrastruktur, die ihre Förderung, Verarbeitung und Verteilung weltweit erleichtert – von Raffinerien über Pipelines bis hin zu Stromnetzen.	✔ **Hohe Schadstoff-Belastung:** Die Nutzung fossiler Brennstoffe verursacht hohe CO_2-Emissionen, die den Treibhauseffekt verstärken und so zur Erderwärmung beitragen. Zusätzlich entstehen weitere Schadstoffe wie Schwefeldioxid (SO_2), Stickoxide (NO_x) und Feinstaub. ✔ **Umweltzerstörung durch den Abbau:** Die Förderung fossiler Brennstoffe greift stark in die Natur ein. Beim Abbau von Kohle, Erdöl und Erdgas werden Landschaften zerstört, Lebensräume von Tieren und Pflanzen beeinträchtigt und Ökosysteme dauerhaft geschädigt. ✔ **Endlichkeit des Vorkommens:** Fossile Brennstoffe sind nur begrenzt vorhanden, da ihre Entstehung aus organischem Material Millionen Jahre dauert. ✔ **Wirtschaftliche Abhängigkeit:** Die Weltwirtschaft ist stark von fossilen Brennstoffen abhängig, deren Förderung häufig in geopolitisch instabilen Regionen erfolgt. Das führt nicht nur zu Konflikten, sondern auch zu sozialer Ungleichheit und wirtschaftlicher Unsicherheit.

Tabelle 3.1: Vor- und Nachteile fossiler Energieträger

Fossile Brennstoffe haben das industrielle Zeitalter geprägt und die Weltwirtschaft über Jahrhunderte angetrieben. Aber ihre Nutzung bringt große Herausforderungen mit sich. Deswegen ist ein schneller Umstieg auf umweltfreundlichere Energieträger notwendig.

Braun- und Steinkohle: millionenalter Brennstoff

Kohle ist ein festes, meist schwarzes oder bräunliches Gestein, das vor Millionen von Jahren aus abgestorbenen Pflanzen entstanden ist. Über lange Zeiträume wurden diese Überreste von Sedimenten bedeckt, wodurch sie unter hohem Druck und ohne Sauerstoff langsam zu Kohlenstoff umgewandelt wurden. Diesen Prozess nennt man *Inkohlung*. Je nach Alter und Umwandlungsgrad unterscheidet man verschiedene Kohlearten, von Torf über Braunkohle bis hin zu Steinkohle und Anthrazit.

Wie Kohle entsteht

Der Umwandlungsprozess erfolgt in mehreren Stufen:

1. **Torf:** Die erste Stufe, die noch stark mit pflanzlichem Material durchsetzt ist und einen hohen Wasseranteil besitzt.
2. **Braunkohle:** Ein weicher, kohlenstoffreicher Brennstoff, der vor allem für die Stromerzeugung genutzt wird und meist im Tagebau gefördert wird.
3. **Steinkohle:** Härter als Braunkohle mit höherem Kohlenstoffgehalt. Sie wird für die Stromerzeugung und industrielle Prozesse wie die Stahlproduktion genutzt.
4. **Anthrazit:** Die hochwertigste und energiereichste Form der Kohle mit einem sehr hohen Kohlenstoffanteil, jedoch selten vorkommend.

Der Inkohlungsprozess

Torf bildete sich ursprünglich in sumpfigen Gebieten. Mit der Zeit wurden diese durch Überschwemmungen und Sedimente überdeckt. Der wachsende Druck und steigende Temperaturen pressten das Wasser nach und nach aus dem Material, wodurch es sich in Braunkohle, dann in Steinkohle und schließlich in Anthrazit verwandelte. Je tiefer eine Kohleschicht liegt und je älter sie ist, desto höher ist ihr Kohlenstoffgehalt und damit ihr Energiegehalt.

Das Zeitalter der Kohleentstehung

Steinkohle entstand hauptsächlich im Karbonzeitalter (ca. 345–280 Millionen Jahre vor heute) und zählt zu den bedeutendsten Energieträgern weltweit.

Braunkohle ist wesentlich jünger und bildete sich erst im Tertiär nach dem Ende der Kreidezeit (vor 2,5 bis 65 Millionen Jahren).

Bedeutung und Nutzung der Kohle

Kohle besteht zu mehr als 50 Prozent aus Kohlenstoff, was ihr einen hohen Energiegehalt verleiht. Wegen ihrer wirtschaftlichen Bedeutung wird Steinkohle oft als »Schwarzes Gold« bezeichnet.

Vor allem während der industriellen Revolution war Kohle nicht wegzudenken. Sie lieferte die Energie für Maschinen, Dampflokomotiven und Fabriken und trieb den technischen Fortschritt voran. Ein Wendepunkt war eines der ersten kommerziellen zentralen Elektrizitätswerke – die Pearl Street Station in New York City, die 1882 von Thomas Edison in Betrieb genommen wurde. Zum ersten Mal konnten Haushalte und Unternehmen mit Strom aus Kohle versorgt werden – ein Meilenstein für die moderne Energieversorgung.

Kurz darauf wurde Kohle zur wichtigsten Energiequelle für Kraftwerke weltweit und trieb das Wachstum von Industrie und Gesellschaft entscheidend voran.

Kohleumwandlung in Kraftwerken

Kohle wird vor allem als Brennstoff genutzt, um Wärme zu erzeugen. Bei ihrer Verbrennung entstehen nicht nur Wasserdampf und Kohlendioxid, sondern auch andere Schadstoffe wie Schwefeldioxid. In Kraftwerken wird die dabei entstehende Wärmeenergie genutzt, um Heißdampf zu erzeugen, der Turbinen antreibt, die wiederum Generatoren antreiben, und so Strom produziert. Außerdem wird in vielen Kraftwerken auch noch Wärme zur Beheizung von Fernwärmenetzen aus dem Prozess ausgekoppelt. Um die Energieausbeute verschiedener Kohlearten zu vergleichen, wird häufig die *Steinkohleeinheit* als Maßstab verwendet. Die Steinkohleeinheit ist eine Vergleichseinheit für den Energiegehalt unterschiedlicher Brennstoffe. Sie gibt an, wie viel Energie ein Stoff enthält im Vergleich zu 1 kg Steinkohle. So lassen sich Brennstoffe unterschiedlicher Qualität und Zusammensetzung einheitlich gegenüberstellen.

Steinkohle ist ein Sammelbegriff für verschiedene Arten harter Kohle. Man unterscheidet dabei unter anderem Flammkohle, Gasflammkohle und Anthrazit, je nach Zusammensetzung, Heizwert und Brennverhalten (siehe Tabelle 3.2). Flammkohle ist eine weitverbreitete Steinkohleart mit hohem Gehalt an flüchtigen Bestandteilen. Das macht sie leicht entzündlich und gut brennbar.

Auch wenn erneuerbare Energien immer wichtiger werden, stammen weltweit noch ca. 35 Prozent des Stroms aus Kohle. Keine andere Energiequelle setzt bei der Verbrennung so viel CO_2 frei, deshalb ist Kohle klimaschädlich. Braunkohle hatte in Deutschland über Jahrzehnte einen Einfluss auf das wirtschaftliche Wachstum. Der großflächige Tagebau, vor allem im Rheinischen Revier, hat diese Region zu einem der größten CO_2-Emittenten Europas gemacht.

2022 gab es aus Klimaschutzsicht einen Rückschlag: Durch die Energiekrise infolge des Ukrainekriegs wurde vorübergehend mehr Kohle verstromt, um Gas zu ersetzen. Die Folge: Die CO_2-Emissionen aus Kohlekraftwerken stiegen um 38 Millionen Tonnen, ein Plus von 17 Prozent im Vergleich zu 2019. Auch wenn der langfristige Trend Richtung erneuerbare Energien geht, zeigt dieses Beispiel, wie stark die Energieversorgung von politischen und wirtschaftlichen Faktoren beeinflusst wird.

Aber die Energiewende zeigt Wirkung: 2023 wurde in Deutschland das erste Mal mehr Strom aus erneuerbaren Energien als aus Kohle erzeugt. Laut dem Statistischen Bundesamt stieg der Anteil erneuerbarer Energien am Strommix von 46,3 Prozent im Jahr 2022 auf 56 Prozent im Jahr 2023. Gleichzeitig sank der Kohleanteil von 33,2 Prozent auf 26,1 Prozent.

Kohleart	Flüchtige Bestandteile %	Kohlenstoff %	Wasserstoff %	Sauerstoff %	Schwefel %	Heizwert kJ/kg
Braunkohle	45–64	55–70	5,5–6,5	15–40	0,5–3	< 2 8470
Steinkohle (zum Beispiel Flammkohle)	40–45	75–82	6,0–5,8	> 9,8	ca. 1	< 32870
Anthrazit	7–12	> 91,5	< 3,75	< 2,5	ca. 1	< 35300

Tabelle 3.2: Vergleich der Kohlearten

Kohleabbau

Viele der heute genutzten Kohlelagerstätten wurden schon im Zuge früherer Rohstofferkundungen entdeckt. Oft eher zufällig bei der Suche nach anderen Bodenschätzen. Anders als bei Erdöl oder Erdgas ist die gezielte Erkundung neuer Kohlevorkommen heute selten geworden, da Kohle weltweit eher an Bedeutung verliert und der Fokus auf anderen Energiequellen liegt.

Sobald ein Kohlevorkommen identifiziert wurde, entscheidet man je nach Tiefe und Qualität der Kohle über die passende Abbaumethode. Der Kohleabbau erfolgt hauptsächlich auf drei Arten: Tagebau, Untertagebau und Bergspitzenabbau. Welche Methode genutzt wird, hängt von der Art der Kohle und ihrer Lagerstätte ab.

- ✔ Der **Tagebau,** auch Oberflächenbergbau genannt, wird vor allem für die Gewinnung von Braunkohle eingesetzt, da diese oft nahe an der Erdoberfläche vorkommt. Dabei wird die oberste Erdschicht auf einer großen Fläche entfernt, um die darunter liegenden Kohlevorkommen freizulegen. Nach dem Abbau bleiben meist große Gruben zurück, die anschließend durch Renaturierung oder andere Maßnahmen wieder nutzbar gemacht werden. Der Tagebau Hambach (siehe Abbildung 3.2), betrieben von dem Energieversorger RWE, ist der größte Braunkohletagebau im Rheinischen Braunkohlerevier und zugleich die größte Braunkohlegrube in Europa. Er steht stark in der Kritik, da die Kohleverbrennung erhebliche Emissionen verursacht und der Abbau mit weitreichenden Umweltfolgen verbunden ist. Sehr umstritten ist die Rodung des Hambacher Forsts, die im Zuge der Erweiterung des Tagebaus vorgenommen wurde.

  Ein Vorteil des Tagebaus gegenüber dem Untertagebau sind die niedrigeren Gestehungskosten.

Abbildung 3.2: Tagebau Hambach (© Nailia Schwarz, stock.adobe.com)

Gestehungskosten sind die Gesamtkosten, die bei der Produktion oder Förderung eines Gutes entstehen. Dazu gehören Fixkosten (wie Investitionen in Maschinen und Infrastruktur) und variable Kosten (wie Energie-, Arbeits- und Wartungskosten).

In Bezug auf den Kohleabbau bedeuten niedrige Gestehungskosten, dass die Förderung pro Tonne Kohle kostengünstiger ist. Deshalb wird Tagebau oft bevorzugt, da er weniger aufwendige Technik und geringere Betriebskosten hat als der Tiefbau (Untertagebau), bei dem der Abbau komplexer und teurer ist.

- ✔ Beim **Untertagebau** werden tief liegende Kohlevorkommen, insbesondere Steinkohle und Anthrazit, gefördert. Bei dieser Technik erfolgt der Kohleabbau über ein Netzwerk aus Schächten und Tunneln unter der Erde. Der Untertagebau gilt als anspruchsvoll und risikoreich, da Gefahren wie Einstürze und unzureichende Luftqualität besondere Sicherheitsmaßnahmen erfordern. Durch den Untertagebau kann es an der Oberfläche zu großflächigen Bergsenkungen kommen, die wiederum Schäden an Gebäuden und Infrastruktur verursachen. Außerdem kann der Abbau zu einer Absenkung des Grundwasserspiegels führen und Oberflächengewässer belasten oder verschmutzen.

- ✔ Eine besondere Form des Tagebaus ist der **Bergspitzenabbau**, bei dem ganze Bergkuppen abgetragen werden, um an darunter liegende Steinkohlevorkommen zu gelangen. Diese Methode wird vor allem in den USA genutzt.

In Tabelle 3.3 sehen Sie eine Übersicht über einige Vor- und Nachteile der verschiedenen Kohleabbauarten.

Kategorie	Vorteile	Nachteile
Tagebau (Oberflächen-bergbau)	✔ Hohe Maschinisierungsrate ✔ Niedrige Gestehungskosten ✔ Kostengünstige Förderung, besonders bei Braunkohle	✔ Hoher Flächenverbrauch ✔ Massive Landschaftszerstörung ✔ Ggf. Umsiedlungen ✔ Veränderung des Grundwasserspiegels
Tiefbau (Untertagebau)	✔ Geringere Landschaftszerstörung ✔ Ermöglicht Zugang zu tief liegenden Kohlevorkommen	✔ Gefahr von Senkungen ✔ Hohe Gestehungskosten ✔ Erhöhte Unfall- und Gesundheitsrisiken
Bergspitzenabbau (MTR – Mountain Top Removal)	✔ Effiziente Freilegung nahezu aller zusammenhängenden Kohleschichten im Boden ✔ Weniger Arbeitskräfte erforderlich als bei traditionellen Methoden ✔ Höherer Kohleertrag pro Mitarbeiter ✔ Steigerung des Gewinns durch optimierte Förderung	✔ Massive unumkehrbare Landschaftszerstörung ✔ Feinstaubbelastung und Schadstoffe durch Sprengungen ✔ Ggf. Umsiedlungen

Tabelle 3.3: Vergleich der Kohleabbauarten

Bergsenkungen entstehen durch das Absacken von Bodenschichten. Sie treten häufig als Folge intensiven unterirdischen Bergbaus auf, wenn Hohlräume im Erdreich nicht ausreichend stabilisiert werden.

Jede Art des Kohleabbaus beeinflusst das Grundwasser – sei es durch Abpumpen im Tagebau, Bodenabsenkungen im Untertagebau oder durch veränderte Wasserströme beim Bergspitzenabbau. Eine der häufigsten ökologischen Folgen des Kohlebergbaus ist daher die Veränderung des Grundwasserspiegels. Während des aktiven Abbaus wird es gezielt abgesenkt, um den Betrieb der Minen zu ermöglichen. Nach dem Ende der Förderung steigt in vielen ehemaligen Bergbauregionen das Grundwasser wieder an. Dazwischen entstehen Gebäude und Infrastruktur auf Flächen, die ursprünglich feuchter waren. Da viele dieser Bauwerke nicht für einen späteren Anstieg des Grundwassers ausgelegt sind, kann das nachträglich zu Problemen führen. Eine dauerhafte Absenkung des Grundwasserspiegels ist weder ökologisch noch wasserwirtschaftlich gut.

Vor allem in ehemaligen Steinkohle-Abbaugebieten kommt eine weitere Herausforderung dazu, denn durch die Entnahme der Kohle hat sich der Boden in einigen Regionen abgesenkt. Dadurch liegen manche Flächen jetzt unterhalb des natürlichen Grundwasserspiegels. In diesen Gebieten muss das Wasser dauerhaft reguliert werden, um Überschwemmungen und Schäden an Gebäuden und Infrastruktur zu vermeiden. Diese Aufgabe übernehmen spezialisierte Wasserverbände, die den Grundwasserspiegel durch gezielte Maßnahmen kontrollieren.

Kohlereviere in Deutschland

Es gibt drei große Braunkohlereviere in Deutschland, die bis heute aktiv sind:

- ✔ Niederrheinische Bucht
- ✔ Mitteldeutsches Revier (siehe auch: *Mitteldeutsche Straße der Braunkohle*)
- ✔ Lausitzer Revier

Der Abbau von Steinkohle konzentrierte sich historisch auf folgende Regionen:

- ✔ Ruhrgebiet (eines der bedeutendsten Steinkohleabbaugebiete Europas)
- ✔ Saarland
- ✔ Ibbenbüren (Anthrazitkohle)
- ✔ Aachener Revier (1113–1997)

2018 wurde die letzte Steinkohlezeche in Deutschland geschlossen. In etwa 200 Jahren wurden dort insgesamt knapp 150 Millionen Tonnen Kohle gefördert. Braunkohle bleibt weiterhin ein relevanter Energieträger in Deutschland. Vor allem in den großen Tagebaugebieten des Lausitzer und Rheinischen Reviers wird sie nach wie vor gefördert und zur Stromerzeugung genutzt.

Kohleförderung in der EU

Deutschland ist innerhalb der EU der wichtigste Förderer von Braunkohle. Im Jahr 2024 wurden hier ca. 92 Millionen Tonnen gewonnen, was knapp 47 Prozent der gesamten EU-Produktion von rund 197 Millionen Tonnen entspricht. Weitere bedeutende Förderländer waren Polen mit etwa 21 Prozent, Tschechien mit 12 Prozent, Bulgarien mit 8 Prozent und Rumänien mit 6 Prozent. Kleinere Mengen stammen zudem aus Griechenland, Ungarn und Slowenien. Insgesamt gab es damit im Jahr 2024 noch acht EU-Staaten mit aktiver Braunkohleförderung, nachdem Spanien und die Slowakei ihre Förderung zuvor eingestellt hatten.

Bei der Steinkohle, die einen höheren Energiegehalt als Braunkohle aufweist, lag die EU-weite Fördermenge im Jahr 2024 bei ungefähr 45 Millionen Tonnen. Der Großteil davon entfiel auf Polen mit rund 44 Millionen Tonnen, während Tschechien etwa eine Million Tonnen beitrug.

In Abbildung 3.3 sehen Sie die Kohleförderung in der EU 2024 in Millionen Tonnen.

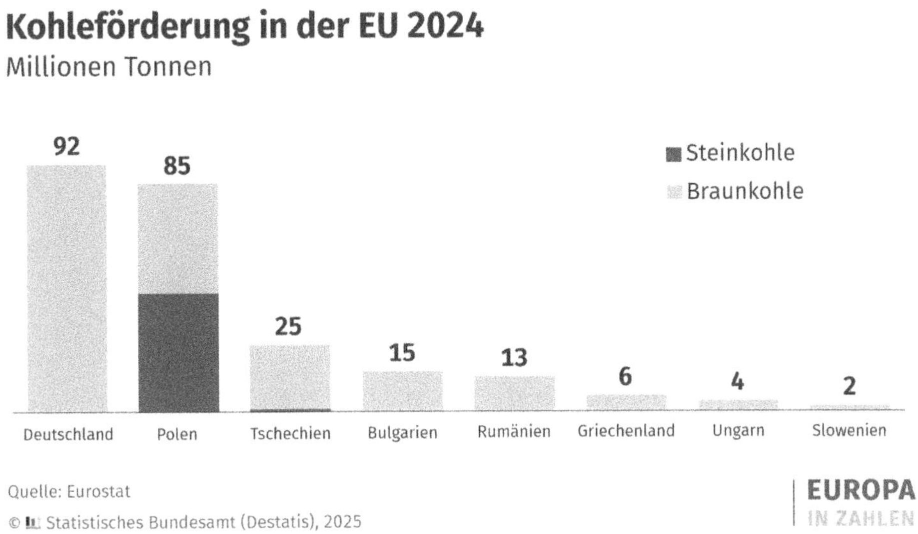

Abbildung 3.3: Kohleförderung in der EU 2024, in Millionen Tonnen. Quelle: Statistisches Bundesamt (Destatis) 2026, in `https://www.destatis.de/Europa/DE/Thema/Umwelt-Energie/Braunkohle.html`

Globale Kohleförderung 2023 – Ein Überblick

Die Kohleförderung bleibt weltweit ein Schlüsselfaktor in der Energieversorgung und Industrie. Mit einer Fördermenge von 4.705 Millionen Tonnen (Mt) ist China der mit Abstand größte Kohleproduzent und verantwortet fast die Hälfte der weltweiten Kohleproduktion. Die Kohle wird dort vor allem für die Stromerzeugung und Schwerindustrie genutzt.

Nach China folgen Indien (1.045 Mt) und Indonesien (752 Mt), die ebenfalls stark auf Kohle setzen. Auch die USA (528 Mt), Australien (439 Mt) und Russland (429 Mt) gehören zu den führenden Förderländern und decken sowohl ihren Binnenmarkt als auch den internationalen Kohlehandel.

Asien als Wachstumstreiber der Kohleförderung

Mit 74 Prozent der weltweiten Kohleförderung bleibt Asien der wichtigste Kohleproduzent. Die Produktion in der Region stieg 2023 um 5,5 Prozent, deutlich schneller als im Zeitraum 2010–2019. In den drei größten Förderländern nahm die Produktion deutlich zu:

- ✔ China: +3,3 Prozent (52 Prozent der weltweiten Förderung)
- ✔ Indien: +11 Prozent
- ✔ Indonesien: +13 Prozent

Die steigende Nachfrage nach Kohle in China und Indien liegt vor allem daran, dass dort weniger Strom aus Wasserkraft zur Verfügung steht und die Industrie immer mehr Energie benötigt. Um diesen Bedarf zu decken, hat Indonesien seine Kohleförderung deutlich gesteigert – vor allem für den Export in genau diese beiden Länder.

Rückgang der Kohleförderung in Europa und den USA

In den anderen Teilen der Welt sank die Kohleproduktion (siehe Enerdata, Globale Energie- und Klimastatistik – Jahrbuch 2024):

- ✔ USA: –2,1 Prozent aufgrund einer sinkenden Inlandsnachfrage.
- ✔ Europa: –19 Prozent, mit deutlichen Rückgängen in:
  - Deutschland (–22 Prozent)
  - Großbritannien (–22 Prozent)
  - Türkei (–31 Prozent)
  - Polen (–18 Prozent)
- ✔ Russland & Südafrika: Rückgang um jeweils ein Prozent, bedingt durch Lieferprobleme.

Reserven

Die weltweiten fossilen Energiereserven variieren stark in ihrem Umfang. Laut Daten aus dem Jahr 2021 (BP Data) zeigt sich folgendes Bild:

- ✔ **Kohle:** Die mit Abstand größten nachgewiesenen Reserven mit fast 9 Millionen Terawattstunden (TWh).
- ✔ **Erdöl:** Die globalen Ölreserven betragen etwa 3 Millionen TWh, was deutlich unter den Kohlevorräten liegt.
- ✔ **Erdgas:** Die nachgewiesenen Reserven belaufen sich auf rund 2 Millionen TWh.

Zum Vergleich: Bei heutigem Verbrauchsniveau reichen diese Reserven voraussichtlich noch:

- ✔ etwa 130–140 Jahre bei Kohle
- ✔ etwa 50–60 Jahre bei Erdöl
- ✔ etwa 60–70 Jahre bei Erdgas

Hinweis: Die Zahlen können sich durch technische Entwicklungen, politische Maßnahmen oder eine konsequente Energiewende noch verändern. Die Ressourcen könnten länger ausreichen, wenn der Verbrauch der fossilen Energieträger im Rahmen der Energiewende abnimmt.

Die existierenden Rohstoffvorkommen werden unterschieden in Ressourcen und Reserven, abhängig von ihrer Verfügbarkeit.

Ressourcen sind Rohstoffvorkommen, die zwar existieren, aber mit der heutigen Technik oder zu aktuellen Preisen nicht wirtschaftlich abbaubar sind. Dazu zählen auch noch unentdeckte, aber geologisch mögliche Vorkommen. *Reserven* hingegen sind nachgewiesene Rohstoffmengen, die mit der derzeit verfügbaren Technik und zu aktuellen Marktpreisen gefördert werden können. Die genauen Zahlen zu Ressourcen und Reserven unterscheiden sich je nach Studie und Definition. Zudem sind solche Schätzungen immer mit Unsicherheiten verbunden.

Erdöl und Erdgas: Fossile Energie aus der Tiefe

Erdöl und Erdgas entstehen über Millionen von Jahren aus abgestorbenen Pflanzen und Kleinstlebewesen, die sich auf dem Meeresboden ablagern. Da sie von Sauerstoff abgeschnitten sind, zersetzen sie sich nur teilweise und werden nach und nach von Sedimenten überdeckt. Mit der Zeit gelangen sie durch geologische Prozesse in tiefere Erdschichten.

Unter hohem Druck und steigenden Temperaturen wird das organische Material durch chemische Prozesse in Kohlenwasserstoffe umgewandelt. Zunächst bildet sich Erdöl. Wenn die Temperatur weiter steigt, entsteht zusätzlich Erdgas. Dieser Prozess kann mehrere Millionen Jahre dauern. Nachdem sich Erdöl und Erdgas in der Tiefe gebildet haben, können diese durch poröse Gesteinsschichten (zum Beispiel Sandstein oder Kalkstein) nach oben wandern, weil sie leichter als Wasser und die umgebenden Gesteine sind. Dieses Aufsteigen erfolgt, weil der Druck im Untergrund sie antreibt – ähnlich wie Luftblasen, die in einem Glas Wasser nach oben steigen. Sie folgen dabei dem natürlichen Druckgefälle, das sie in Richtung Oberfläche lenkt. Allerdings wird dieser Aufstieg aufgehalten, wenn das Öl und Gas auf dichte, undurchlässige Gesteinsschichten trifft (zum Beispiel Schiefer oder Salz). Dann sammelt es sich darunter in Lagerstätten an.

Um diese Lagerstätten zu erschließen, werden Bohrungen durchgeführt. Sobald eine Erdöllagerstätte erreicht wird, steigt das Öl oder das Gas durch den natürlichen Druck zur Oberfläche. Bei nachlassendem Druck werden Methoden wie Wasser- oder Gasinjektionen eingesetzt, um die Förderung aufrechtzuerhalten. Erdgas kann ebenfalls direkt gefördert werden oder als Nebenprodukt bei der Erdölgewinnung entstehen.

Gemeinsames Auftreten von Erdöl und Erdgas in Lagerstätten

Erdöl und Erdgas entstehen oft zusammen in unterirdischen Lagerstätten, unterscheiden sich aber deutlich in ihrer Zusammensetzung und ihrem Verhalten im Gestein. Weil Erdgas eine geringere Dichte als Erdöl hat, steigt es in den Gesteinsschichten nach oben und sammelt sich in sogenannten Gaskappen über den Erdölvorkommen. Diese Gasvorkommen können den Förderdruck des Öls erhöhen und damit die Erdölproduktion erleichtern.

Doch nicht immer treten beide Rohstoffe gemeinsam auf. Reine Gasfelder sind weltweit häufiger als reine Erdöllagerstätten. Der Grund: Erdgas kann sich aufgrund seiner physikalischen Eigenschaften leichter in großen, zusammenhängenden Reservoirs ansammeln. Dadurch entstehen weitläufige Gasfelder, die unabhängig von Erdöl wirtschaftlich genutzt werden können.

Erdgas als Nebenprodukt der Erdölförderung

Lange Zeit wurde Erdgas nur als Nebenprodukt der Erdölförderung betrachtet, wirtschaftlich uninteressant und ohne große Bedeutung. Weil es keine geeignete Infrastruktur gab, um es zu speichern oder weiterzuleiten, wurde es oft einfach abgefackelt. Dieses sogenannte *Gas-Flaring* war bis ins 20. Jahrhundert eine gängige Praxis und führte zu enormen Energieverlusten.

Erst ab Mitte des 20. Jahrhunderts begann das Bild, sich zu ändern. Erdgas wurde zunehmend als wertvoller Energieträger erkannt. Mit dem Ausbau von Pipelines, Speichern und Verflüssigungstechnologien (LNG) wurde es nicht nur wirtschaftlich nutzbar, sondern auch international handelbar. Heute wird Erdgas direkt bei der Förderung über eigene Rohrleitungen separat an die Oberfläche transportiert oder in speziellen Anlagen vom Erdöl getrennt.

Inzwischen ist Erdgas aus der globalen Energieversorgung nicht mehr wegzudenken. Es wird zur Strom- und Wärmeerzeugung, als Rohstoff für die chemische Industrie und als Treibstoff genutzt. Ein weltweiter Erdgasmarkt mit einem dichten Transportsystem hat dazu beigetragen, dass Erdgas als eigenständiger Energieträger neben Erdöl etabliert ist. Da es im Vergleich zu Kohle und Erdöl weniger Emissionen verursacht, wird es häufig als Brückentechnologie in der Energiewende betrachtet.

Exploration von Erdöl und Erdgas

Erdöl und Erdgas wird durch Bohrungen aus tiefen Gesteinsschichten gewonnen. Dabei gibt es zwei Hauptmethoden: die konventionelle und die unkonventionelle Förderung.

- ✔ **Konventionelle Förderung**

  Bei dieser Methode werden Erdöl und Erdgas wie oben bereits erklärt aus natürlichen Lagerstätten gewonnen, in denen es sich über Millionen von Jahren angesammelt hat. Es befindet sich in porösen Gesteinen (zum Beispiel Sandstein) und kann durch die vorhandenen Gesteinsporen von selbst in die Bohrlöcher strömen. Das macht die Förderung vergleichsweise einfach.

- ✔ **Unkonventionelle Förderung (Fracking)**

  Manche Erdöl- und Erdgasvorkommen sind in dichten Gesteinsschichten wie Schiefer eingeschlossen. Hier kann das Gas nicht von alleine entweichen. Beim Fracking wird eine Mischung aus Wasser, Sand und Chemikalien mit hohem Druck in das Gestein gepresst. Dadurch entstehen kleine Risse, durch die das Gas entweichen und gefördert werden kann. Fracking ist eine weitverbreitete, aber umstrittene Methode zur Erdöl- und Erdgasförderung. Der Hauptkritikpunkt ist der Einsatz chemischer Zusätze, die das Grundwasser und die Umwelt belasten und somit auch Risiken für den Menschen darstellen können. Allerdings arbeiten große Gasförderunternehmen wie Gazprom an alternativen Fracking-Technologien, die ohne giftige Substanzen auskommen. Dabei sollen schädliche Chemikalien durch umweltfreundlichere Stoffe ersetzt werden. Die Branche geht davon aus, dass Fracking in Zukunft ohne gefährliche Zusätze möglich sein wird.

Wenn geologische Untersuchungen darauf hindeuten, dass Erdöl in einer bestimmten Region vorkommen könnte, wird eine sogenannte *Explorationsbohrung* durchgeführt.

Unter **Exploration** versteht man die gezielte Suche und Untersuchung von Rohstofflagerstätten wie Erdöl, Erdgas oder Erdwärme in der Erdkruste. Dabei werden verschiedene Methoden eingesetzt, um mögliche Vorkommen zu identifizieren und deren Größe sowie Förderbarkeit zu bewerten.

Bei einer solchen Bohrung dringt ein Bohrer von einem Bohrturm aus tief in die Erde vor, oft mehrere Tausend Meter, in seltenen Fällen sogar über 8.000 Meter. Sobald der Bohrer das Ölvorkommen erreicht, wird das Öl mit einer leistungsstarken Pumpe an die Oberfläche befördert. Befindet sich das Erdöl unter dem Meeresboden, wie in der Nordsee, werden spezielle Bohrinseln (siehe Abbildung 3.4) errichtet. Unternehmen wie Shell oder Esso betreiben solche Plattformen, um das Öl aus großen Tiefen zu gewinnen. Diese künstlichen Inseln ruhen auf stabilen Betonfundamenten oder schwimmen auf der Wasseroberfläche. In Regionen mit geringerer Meerestiefe kommen auch Bohrschiffe zum Einsatz, die flexibel eingesetzt werden können.

Abbildung 3.4: Erdöl-Bohrinsel Golf von Mexiko (© Cavan Images, stock.adobe.com)

Offshore-Exploration von Erdöl und Erdgas: Seismische Untersuchungen

Um Erdöl- und Erdgasvorkommen unter dem Meeresboden aufzuspüren, kommen seismische Untersuchungen zum Einsatz. Dabei werden Schallwellen in den Untergrund geschickt, die je nach Gesteinsschicht unterschiedlich reflektiert werden.

1. Schallwellen werden erzeugt – entweder an Land oder auf dem Meer, meist an der Wasseroberfläche oder am Meeresboden.
2. Die Wellen treffen auf verschiedene Gesteinsschichten – einige werden reflektiert, andere absorbiert. Poröse Gesteine können Hinweise auf Öl- oder Gasvorkommen geben.
3. Die reflektierten Wellen werden gemessen – Sensoren erfassen die zurückkommenden Signale.
4. Daten werden ausgewertet – Fehler wie doppelte Reflexionen oder Störungen werden herausgefiltert, um eine genaue Karte des Untergrunds zu erstellen.

Diese Methode ist eine der wichtigsten Techniken zur Suche nach Erdöl und Erdgas unter dem Meeresboden. Allerdings bringt sie hohe Kosten mit sich – eine detaillierte 3D-Seismik-Studie kann bis zu 10 Millionen Euro kosten.

Erdölreserven weltweit

Erdölreserven sind die nachgewiesenen Mengen an Erdöl, die unter den aktuellen wirtschaftlichen und technischen Bedingungen förderbar sind. Diese Reserven verändern sich mit neuen Explorationstechniken und technologischen Fortschritten. Weltweit verfügt Venezuela über die größten Erdölreserven mit etwa 48 Milliarden Tonnen. Damit liegt das südamerikanische Land vor den anderen erdölreichen Staaten wie

- ✔ Saudi-Arabien (40,9 Mrd. Tonnen),
- ✔ Kanada (27,1 Mrd. Tonnen),
- ✔ Iran (21,7 Mrd. Tonnen) und
- ✔ Irak (19,6 Mrd. Tonnen).

Neben diesen Staaten zählen auch Russland, Kuwait und die Vereinigten Arabischen Emirate zu den größten Ölproduzenten der Welt.

Allerdings hängt die tatsächliche Lebensdauer der weltweiten Ölreserven nicht nur von den vorhandenen Mengen ab. Faktoren wie Ölpreise, Produktionskosten und Veränderungen in der Nachfrage spielen eine entscheidende Rolle. Steigende Preise könnten die Förderung von zuvor unrentablen Ressourcen wirtschaftlich machen. Sinkende Preise oder technologische Fortschritte in erneuerbaren Energien können wiederum die Nachfrage nach Öl verringern. Die Elastizität der Nachfrage ist wichtig: Wenn alternative Energien weiter an Bedeutung gewinnen, könnte der weltweite Ölverbrauch langfristig sinken. Dadurch würden die verbleibenden Reserven entlastet, was ihre Reichweite verlängern könnte.

Die OPEC (Organisation Erdöl exportierender Länder), ein Zusammenschluss erdölreicher Staaten, kontrolliert weiterhin einen Großteil des globalen Ölmarkts. Mit rund 1,21 Billionen Barrel Erdöl vereint sie einen erheblichen Teil der weltweiten Reserven auf sich.

Die Mitgliedschaft in der OPEC hat sich im Laufe der Jahre verändert – so trat Ecuador 2020 aus dem Bündnis aus. Trotz wachsender Investitionen in erneuerbare Energien bleibt Erdöl nach wie vor ein zentraler Rohstoff für die globale Wirtschaft und Energieversorgung.

Bedeutung und Nutzung von Erdöl

Erdöl ist der am häufigsten genutzte fossile Rohstoff in der Industrie. Der größte Teil wird für die Herstellung von Treibstoffen verwendet, darunter Benzin für Fahrzeuge, Kerosin für die Luftfahrt und Schweröl für die Schifffahrt. Die Bedeutung von Erdöl als Heizenergieträger nimmt zwar weltweit ab, jedoch bleibt die Nachfrage in Deutschland weiterhin hoch. Ein Großteil der chemischen Industrie ist auf Erdöl angewiesen. Rund 90 Prozent der chemischen Produkte in Deutschland basieren auf Erdöl oder seinen Derivaten. Vor allem Naphtha, ein Ausgangsmaterial für die Herstellung von Kunststoffen: zum Beispiel in Plastikflaschen, die aus Polyethylenterephthalat (PET) gefertigt werden.

Rohöl ist in seiner ursprünglichen Form nicht direkt nutzbar. In Raffinerien wird es deswegen in verschiedene Bestandteile aufgespalten. Es enthält verschiedene Bausteine, die bei unterschiedlichen Temperaturen verdampfen. Durch die sogenannte *fraktionierte Destillation* werden sie getrennt. Vom leichtesten Gas bis zum schweren Bitumen, abhängig von ihrem Siedebereichen:

- ✔ Benzin (ca. 40–180 °C) und Diesel (ca. 250–350 °C): für den Antrieb von Fahrzeugen
- ✔ Heizöl und Kerosin (ca. 180–350 °C): für Heizsysteme und Flugzeuge
- ✔ Naphtha (ca. 30–80 °C): eine wichtige Grundsubstanz für die chemische Industrie

Erdöl steckt nicht nur in Treibstoffen oder Kunststoffen, sondern wird in fast allen Lebensbereichen eingesetzt:

- ✔ **Textilien:** Erdöl ist die Basis verschiedener Kunstfasern mit unterschiedlichen Eigenschaften.
  - Polyester und Polyamid (Nylon) – macht den Stoff dehnbar und langlebig und wird daher in Sportkleidung, Badehosen oder Strumpfhosen eingesetzt.
  - Elasthan – sorgt für Elastizität in Textilien.
  - Mischgewebe – Baumwolle wird oft mit synthetischen Fasern wie Polyamid kombiniert, um Tragekomfort und Haltbarkeit zu verbessern.
- ✔ **Pharmazie:**
  - Benzol, eine Verbindung aus Erdöl, dient als Ausgangsstoff für die Herstellung von Aspirin.
  - Schmerzmittel wie Ibuprofen und viele weitere Medikamente basieren auf chemischen Verbindungen, die aus Erdöl gewonnen werden.

- Zahlreiche Salben, Cremes und Kapselhüllen werden aus erdölbasierten Stoffen hergestellt.

✔ **Haushalts- und Pflegeprodukte:**

- Shampoos, Seifen, Waschmittel, Haarspray und Make-up beinhalten oft synthetische Inhaltsstoffe auf Erdölbasis, die für Konsistenz, Haltbarkeit oder Schaumbildung wichtig sind.
- Kaugummis bestehen zum Großteil aus synthetischen Polymeren, die Erdöl enthalten, statt aus natürlichem Kautschuk.

✔ **Technik, Bau und die Automobilbranche:**

- Handys, Computer, Fernseher oder Kreditkarten bestehen aus erdölbasierten Kunststoffen.
- Polyurethan wird als Schaumstoff in Matratzen, Polstermöbeln und Dämmmaterialien verwendet.
- Polyvinylchlorid (PVC) wird beispielsweise in Rohren, Fensterrahmen oder Bodenbelägen verbaut. In Deutschland fließen rund 60 Prozent der PVC-Produktion in Bauanwendungen.
- Viele Bauteile von Autos wie Kunststoffverkleidungen, Sitzpolster oder Reifen enthalten erdölbasierte Materialien.
- Schmierstoffe und Motoröle sind essenziell für den Betrieb von Fahrzeugen.

✔ **Lebensmittelindustrie:**

- Verpackungsmaterialien wie Plastikfolien, Getränkeflaschen oder Einweggeschirr bestehen aus erdölbasierten Kunststoffen.
- Einige Lebensmittelzusatzstoffe, Konservierungsmittel und Farbstoffe werden aus erdölverwandten Stoffen gewonnen.

Bedeutung und Nutzung von Erdgas

Erdgas ist ein wichtiger Bestandteil der weltweiten Energieversorgung. Es dient vor allem zur Stromproduktion, als Heizenergie in Haushalten und als Brennstoff in der Industrie.

Laut dem Bundesministerium für Wirtschaft und Klimaschutz machte im Jahr 2022 Erdgas etwa 24 Prozent des gesamten Energieverbrauchs in Deutschland aus. Die Nutzung verteilte sich auf verschiedene Bereiche: Mit 37 Prozent war die Industrie der größte Verbraucher, da Erdgas hier sowohl als Energieträger als auch als Rohstoff zum Einsatz kommt. Vor allem die chemische Industrie benötigt große Mengen Erdgas. Im Jahr 2020 entfielen fast 37 Prozent des industriellen Erdgasverbrauchs auf diesen Sektor. Hier wird es nicht nur als Brennstoff genutzt, sondern auch als Rohstoff für die Produktion von Düngemitteln und Kunststoffen.

Private Haushalte nutzten rund 31 Prozent des Erdgases, hauptsächlich für Heizung und Warmwasser. Zudem trug Erdgas zu 14 Prozent der Stromerzeugung in Deutschland bei (BDEW 2023).

Weitere bedeutende Industriezweige mit hohem Erdgasverbrauch sind:

- ✔ **Nahrungs- und Futtermittelherstellung** (10,8 Prozent): Erdgas wird hier vor allem als Energieträger für Prozesse wie die Milchverarbeitung eingesetzt.
- ✔ **Metallerzeugung und -bearbeitung** (10,3 Prozent): Dazu gehört die Produktion von Roheisen, Stahl und Ferrolegierungen.
- ✔ **Glas-, Keramik- und Baustoffindustrie** (9,0 Prozent): Hier wird Erdgas für die Herstellung von Zement, Kalk, Gips und Glaswaren verwendet.

Umwandlungen

In Gasheizkraftwerken wird Erdgas verbrannt, um Strom und Wärme zu erzeugen. Besonders effizient sind Gas-und-Dampf-Kraftwerke (GuD-Kraftwerke), die einen Prozess nutzen, in dem zunächst Erdgas in Gasturbinen verbrannt wird und diese Gasturbinen einen Generator antreiben, der Strom liefert. Die heißen Abgase der Gasturbine werden in einem Dampfkessel genutzt, in dem Wasser verdampft wird. Der entstehende Heißdampf wird dann über eine Dampfturbine verstromt. Zusätzlich kann noch Wärme zur Nutzung aus dem Prozess ausgekoppelt werden. So wird die Abwärme reduziert und es ergibt sich ein vergleichsweiser guter Wirkungsgrad.

Erdgas ist ein wichtiger Energieträger für den Wärmemarkt. In vielen Ländern wird es als bevorzugte Alternative zu Heizöl genutzt, da es sauberer verbrennt und erdgasbetriebene Anlagen in der Regel einen höheren Wirkungsgrad haben. Sowohl private Haushalte als auch Gewerbebetriebe setzen Erdgas für Heizungen und die Warmwasserbereitung ein. Neben der direkten Nutzung kann Erdgas auch weiterverarbeitet oder für den Transport aufbereitet werden. Dabei gibt es verschiedene Verfahren, um es beispielsweise in Flüssigerdgas (LNG) umzuwandeln oder als Rohstoff für die chemische Industrie zu nutzen.

- ✔ **Umwandlung in Wasserstoff (Dampfreformierung):** Die Dampfreformierung ist ein Verfahren, um Wasserstoff aus Erdgas zu gewinnen. Erdgas dient als wichtige Quelle für die Wasserstoffproduktion. Dieses Verfahren wird in der Industrie genutzt, um große Mengen Wasserstoff herzustellen. Der Nachteil ist, dass dabei CO_2 freigesetzt wird, weshalb an klimafreundlicheren Alternativen geforscht wird (mehr dazu: siehe Wasserstoff, Teil III).
- ✔ **Verflüssigung zu LNG (Liquefied Natural Gas):** Um Erdgas über weite Strecken zu transportieren, wird es zu LNG (Liquefied Natural Gas) verflüssigt. Dies geschieht, indem das Gas auf -162 °C abgekühlt wird. In diesem Zustand verringert sich sein Volumen um das 600-Fache, wodurch es platzsparend in Spezialtanks transportiert und gelagert werden kann.

LNG wird vor allem in Ländern genutzt, die keine direkten Pipeline-Verbindungen zu großen Erdgasproduzenten haben. Hauptproduzenten von LNG sind Länder wie Katar, Australien und die USA. Große Importländer wie Japan, Südkorea und europäische Staaten sind auf LNG als Erdgasquelle angewiesen.

Ein Vorteil von LNG ist seine Flexibilität im Transport, da es per Schiff weltweit exportiert werden kann. Nach dem Transport wird es in Regasifizierungsanlagen wieder in den gasförmigen Zustand umgewandelt und ins Erdgasnetz eingespeist.

Wie kommt das Erdgas zum Kunden?

Damit Erdgas sicher und zuverlässig genutzt werden kann, braucht es ein gut abgestimmtes System aus Förderung, Transport und Verteilung. Ein weitverzweigtes Netz aus Pipelines, Verdichterstationen und Regelanlagen sorgt dafür, dass das Gas jederzeit dorthin gelangt, wo es gebraucht wird – sei es für Haushalte, Unternehmen oder die Industrie. Durch diese Infrastruktur bleibt die Versorgung stabil und effizient. Abbildung 3.5 veranschaulicht das Erdgasfernleitungsnetz in Deutschland und differenziert zwischen H-Gas (hochkalorisch, überwiegend importiert) und L-Gas (niederkalorisch, vor allem aus inländischer Förderung), einschließlich zentraler Speicher- und Netzanschlusspunkte.

Damit Erdgas sicher und zuverlässig von den Förderstätten bis zu den Haushalten gelangt, durchläuft es mehrere Stationen. Der folgende Überblick zeigt die wichtigsten Schritte: von der Förderung über den Transport bis hin zur Nutzung beim Verbraucher:

1. **Förderung und Transport**

   Erdgas wird von Förderanlagen, Bohrinseln oder Untertage-Gasspeichern transportiert. Es gelangt in ein weitverzweigtes Pipelinenetz. Dabei nutzt man den eigenen Druck des Gases, um es durch die Leitungen zu transportieren. Da das Gas auf seinem Weg durch Reibung in den Rohren und den Verbrauch entlang der Strecke an Druck verliert, wird es etwa alle 150 Kilometer in Verdichterstationen erneut komprimiert. Diese Stationen erhöhen den Druck wieder, damit das Erdgas weiterhin effizient transportiert werden kann. Bei der Verdichtung von Gas entsteht Abwärme.

2. **Druckanpassung im Fernleitungsnetz**

   Erdgas wird über große Distanzen mit einem hohen Druck von 60 bis 100 bar transportiert. Bevor es jedoch in das regionale Netz eingespeist wird, muss der Druck reduziert werden. Dies geschieht in Entspannungsanlagen, wo das Gas auf einen niedrigeren Druck von 6 bis 9 bar angepasst wird. Dieser Schritt ist notwendig, damit das Gas ohne Risiken weitergeleitet werden kann.

3. **Einspeisung ins Versorgungsnetz**

   An sogenannten Übernahmestationen wird das Erdgas von den Fernleitungen in das regionale Netz, das Versorgungsnetz des Gasversorgers, überführt. Diese Stationen haben mehrere Aufgaben: Sie regulieren den Druck, entlüften das Gas, um Verunreinigungen zu vermeiden, und dienen als Sicherheitsbarriere gegen Lecks. So wird sichergestellt, dass das Erdgas sauber und in der richtigen Menge ins Netz gelangt.

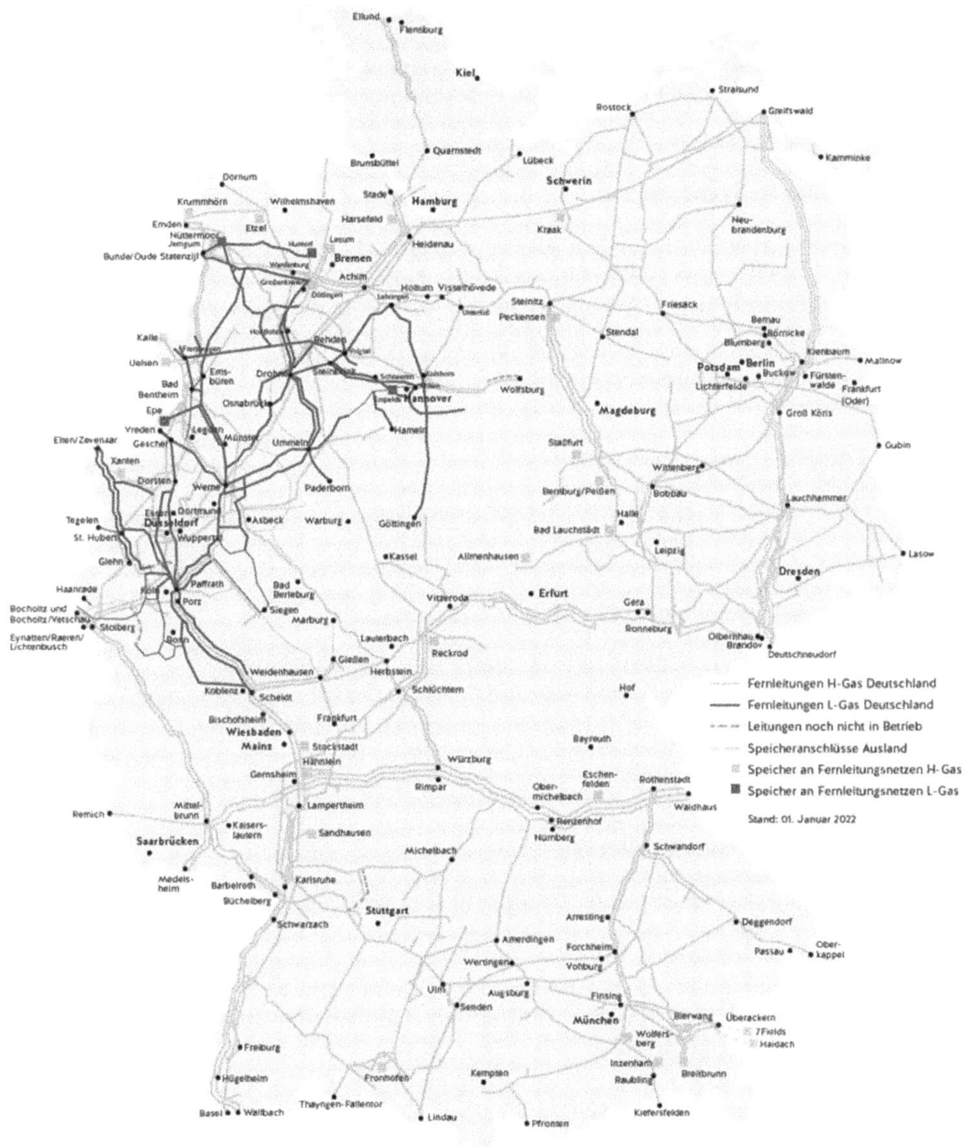

Abbildung 3.5: Erdgasnetz Deutschland, Quelle: FNB Gas e.V.

4. Verteilung an Verbraucher

Das regionale Erdgasnetz besteht aus vielen Verzweigungen, die das Gas bis zu den Endverbrauchern leiten. In den Gasdruckregelanlagen wird der Druck nochmals angepasst, damit er konstant bleibt. Hier ist besondere Präzision gefragt, da verschiedene Verbraucher unterschiedliche Druckanforderungen haben. Große Industriekunden benötigen oft höhere Druckstufen und Haushalte kommen mit niedrigerem Druck aus. Diese Anlagen helfen auch, Schwankungen auszugleichen, die durch unterschiedliche Verbrauchszeiten entstehen, beispielsweise durch eine erhöhte Nachfrage in den Morgen- und Abendstunden. Bei der Entspannung des Erdgases kühlt dieses ab (Joule-Thomson-Effekt). Daher wird es in den Gasdruckregelanlagen vorgewärmt. Hier muss die Energie, die bei der Verdichtung als Abwärme abgeführt wurde, wieder hinzugefügt werden, da sonst Leitungen und Armaturen einfrieren.

5. **Nutzung beim Endverbraucher**

   Bevor das Erdgas schließlich in Haushalten und Unternehmen genutzt werden kann, wird es in einer Erdgas-Hausanschlussstation auf einen Druck von etwa 20 Millibar gesenkt. Dies ist die optimale Druckstufe für sichere Anwendungen wie Heizungen, Warmwasseraufbereitung oder industrielle Produktionsprozesse. Erst nach dieser letzten Anpassung kann das Gas gefahrlos genutzt werden.

Erdgasreviere weltweit

Die Verteilung der Vorkommen ist ungleichmäßig, einige Länder verfügen über große Reserven.

1. **Russland – Der globale Spitzenreiter**

   Mit geschätzten 44.150 Milliarden Kubikmetern verfügt Russland über die größten konventionellen Erdgasreserven weltweit. Die bedeutendsten Fördergebiete befinden sich in West- und Ostsibirien, insbesondere in der Jamal-Halbinsel und im Westsibirischen Becken. Russland ist nicht nur einer der führenden Produzenten, sondern auch ein zentraler Exporteur von Erdgas, insbesondere nach Europa und Asien.

2. **Der Nahe Osten – Gigantische Reserven**

   Mehrere Länder des Nahen Ostens gehören zu den weltweit größten Erdgasproduzenten:

   - **Iran** besitzt nach Russland die zweitgrößten Reserven mit 33.988 Milliarden Kubikmetern. Das South-Pars-Gasfeld im Persischen Golf ist zum Beispiel eine der größten Erdgaslagerstätten der Welt.
   - **Katar,** mit 23.831 Milliarden Kubikmetern, fördert große Mengen Erdgas, insbesondere für den Export als Flüssigerdgas (LNG).
   - **Saudi-Arabien** verfügt über bedeutende Erdgasfelder mit Reserven von 9.651 Milliarden Kubikmetern und setzt zunehmend auf Erdgas zur Energieversorgung und Industrieentwicklung.

3. **Die USA – Ein führender Produzent durch Fracking**

   Die USA zählen mit 17.420 Milliarden Kubikmetern Reserven ebenfalls zu den größten Erdgasnationen. Der Boom der Schiefergasförderung (Fracking) hat die USA in den letzten Jahren zu einem der wichtigsten Produzenten gemacht. Die Fördergebiete in Texas (Permian Basin), Pennsylvania (Marcellus-Formation) und im Golf von Mexiko sind sehr groß.

4. **Zentralasien – Turkmenistan als aufstrebender Produzent**

   Mit 13.950 Milliarden Kubikmetern gehört auch Turkmenistan zu den bedeutendsten Erdgasnationen. Ein Großteil der Förderung erfolgt im Galkynysh-Gasfeld, einem der größten weltweit. Das Land exportiert große Mengen nach China und anderen asiatischen Märkten.

5. **Afrika und Südamerika – Wachsende Erdgasproduzenten**

   Auch in anderen Regionen der Welt gibt es bedeutende Erdgasvorkommen:

   - **Nigeria** (5.943 Mrd. m^3) und Algerien sind die größten Erdgasproduzenten Afrikas.
   - **Venezuela** (5.511 Mrd. m^3) besitzt ebenfalls umfangreiche Vorkommen, jedoch bleibt die Förderung durch wirtschaftliche und politische Herausforderungen begrenzt.

6. **Europa – Rückgang der Produktion**

   Europa verfügt zwar über Erdgasvorkommen, jedoch sind die Reserven begrenzt. Die wichtigsten Förderländer sind:

   - **Norwegen,** mit Erdgasfeldern in der Nordsee, bleibt ein bedeutender Lieferant für Europa.
   - Die **Niederlande** hatten einst große Reserven im Groningen-Feld, das jedoch aufgrund von Erdbebenproblemen schrittweise stillgelegt wird.
   - **Großbritannien** fördert Erdgas aus der Nordsee, jedoch ist die Produktion rückläufig.

Erdgas bleibt ein wichtiger Energieträger der Wirtschaft. Die ungleiche Verteilung der Reserven führt zu geopolitischen Abhängigkeiten und wirtschaftlichen Herausforderungen. Russland, der Nahe Osten und die USA sind die größten Förderländer. Neue Technologien wie Flüssigerdgas (LNG) und Verfahren zur Abscheidung und Speicherung von CO_2 (Carbon Capture and Storage, CCS) gewinnen gleichzeitig immer mehr an Bedeutung.

Beim CCS-Verfahren wird das bei der Energieerzeugung oder in industriellen Prozessen entstehende Kohlendioxid abgeschieden und verdichtet. Anschließend wird es dauerhaft in tiefen geologischen Gesteinsschichten gespeichert, zum Beispiel in ausgeförderten Erdöl- und Erdgaslagerstätten oder salinen Aquiferen. Saline Aquifere sind tief liegende, poröse Gesteinsschichten, die mit salzhaltigem Wasser (Sole) gefüllt sind. Ziel ist es, den Ausstoß von Treibhausgasen zu verringern und so einen Beitrag zum Klimaschutz zu leisten, insbesondere bei weiterhin genutzten fossilen Energieträgern.

Torf in Moorgebieten

Torf bildet sich in Mooren über Jahrtausende hinweg, wenn abgestorbene Pflanzenreste unter Sauerstoffmangel nicht vollständig zersetzt werden. Dabei lagert sich das organische Material Schicht für Schicht ab. Der enthaltene Kohlenstoff bleibt im Boden gebunden, anstatt als CO_2 in die Atmosphäre zu entweichen.

Nach dem Trocknen kann Torf als Brennstoff genutzt werden – etwa in Kraftwerken oder industriellen Prozessen. Allerdings hat er wegen seines hohen Wassergehalts eine geringere Energiedichte als Kohle oder Erdöl. Trotzdem wurde Torf bereits vor über 4000 Jahren als Heizmaterial verwendet. Vor allem im 18. Jahrhundert gewann er in Regionen wie Norddeutschland an Relevanz, als Holz immer knapper wurde.

Auch heute noch wird Torf in Ländern wie Finnland, Irland und Belarus zur Energiegewinnung genutzt, da er nach dem Trocknen gut brennt. Neben seiner Rolle als Brennstoff wird Torf jedoch vor allem in der Landwirtschaft und im Gartenbau eingesetzt. Als Pflanzensubstrat in Gewächshäusern oder als Bodenverbesserer im Garten. Seine Nutzung ist allerdings umstritten, da der Abbau die empfindlichen Moorlandschaften und ihre Fähigkeit zur CO_2-Speicherung beeinträchtigt. Es werden daher immer mehr torffreie Produkte angeboten und weiter an Alternativen gearbeitet.

Moore sind Feuchtgebiete, die sich durch ihren dauerhaft hohen Wasserstand auszeichnen. Sie bieten Lebensraum für viele spezialisierte Pflanzen- und Tierarten und sind wichtig für das Klima, weil sie enorme Mengen Kohlenstoff speichern. Torf, der sich in Mooren bildet, gilt als eine frühe Stufe der Kohlebildung. Da das organische Material nur langsam zersetzt wird, bleibt der enthaltene Kohlenstoff über lange Zeiträume gebunden und gelangt nicht als CO_2 in die Atmosphäre.

Torfkraftwerke

Torfkraftwerke gewinnen Strom und Wärme, indem sie Torf als Brennstoff nutzen. Sie funktionieren ähnlich wie klassische Dampfkraftwerke: Beim Verbrennen von Torf entsteht Hitze, die Wasser in einem Kessel zum Verdampfen bringt. Der entstehende Dampf setzt eine Turbine in Bewegung, die wiederum mit einem Generator verbunden ist und dadurch elektrische Energie erzeugt.

In Deutschland wurden zwei bedeutende Torfkraftwerke betrieben:

- ✔ **Torfkraftwerk Wiesmoor (1909–1965):** Gelegen in Ostfriesland, wurde es in direkter Nähe zu einem Moorgebiet errichtet, um kurze Transportwege für den Brennstoff zu gewährleisten.
- ✔ **Torfkraftwerk Rühler Moor (1926–1974):** Dieses Kraftwerk befand sich am Rand des Bourtanger Moores, einem großen Moorgebiet an der deutsch-niederländischen Grenze.

Torfkraftwerke werden idealerweise dort gebaut, wo es große Torfvorkommen gibt. Da Torf einen hohen Wassergehalt hat, wäre der Transport über weite Strecken zu teuer und ineffizient. Deshalb befinden sich solche Kraftwerke meist direkt in der Nähe der Abbaugebiete.

Weltweit gibt es schätzungsweise 13,8 Millionen Kubikmeter Torf, doch nur ein kleiner Teil davon wird jedes Jahr abgebaut. Rund 24 Millionen Tonnen Torf werden jährlich gefördert, wobei 83 Prozent aus Europa stammen.

Früher wurde über die Hälfte des gewonnenen Torfs als Brennstoff genutzt. Doch mit dem Ausbau erneuerbarer Energien ist dieser Anteil stark zurückgegangen. Viele Länder setzen zunehmend auf umweltfreundlichere Alternativen, wodurch Torfkraftwerke, die einst als Ersatz für Kohlekraftwerke galten, an Bedeutung verlieren.

Allerdings bringt die Nutzung von Torf erhebliche ökologische Nachteile mit sich:

- ✔ **Hohe CO_2-Emissionen:** Die Verbrennung von Torf setzt große Mengen Kohlendioxid frei.
- ✔ **Moorzerstörung:** Wenn Moore trockengelegt werden, um Torf abzubauen, geht ein wichtiges Ökosystem verloren. Moore speichern nämlich große Mengen Kohlenstoff (siehe Abbildung 3.6) und bieten seltenen Tier- und Pflanzenarten einen geschützten Lebensraum. Ihre Zerstörung trägt also nicht nur zum Klimawandel bei, sondern gefährdet auch die Artenvielfalt.

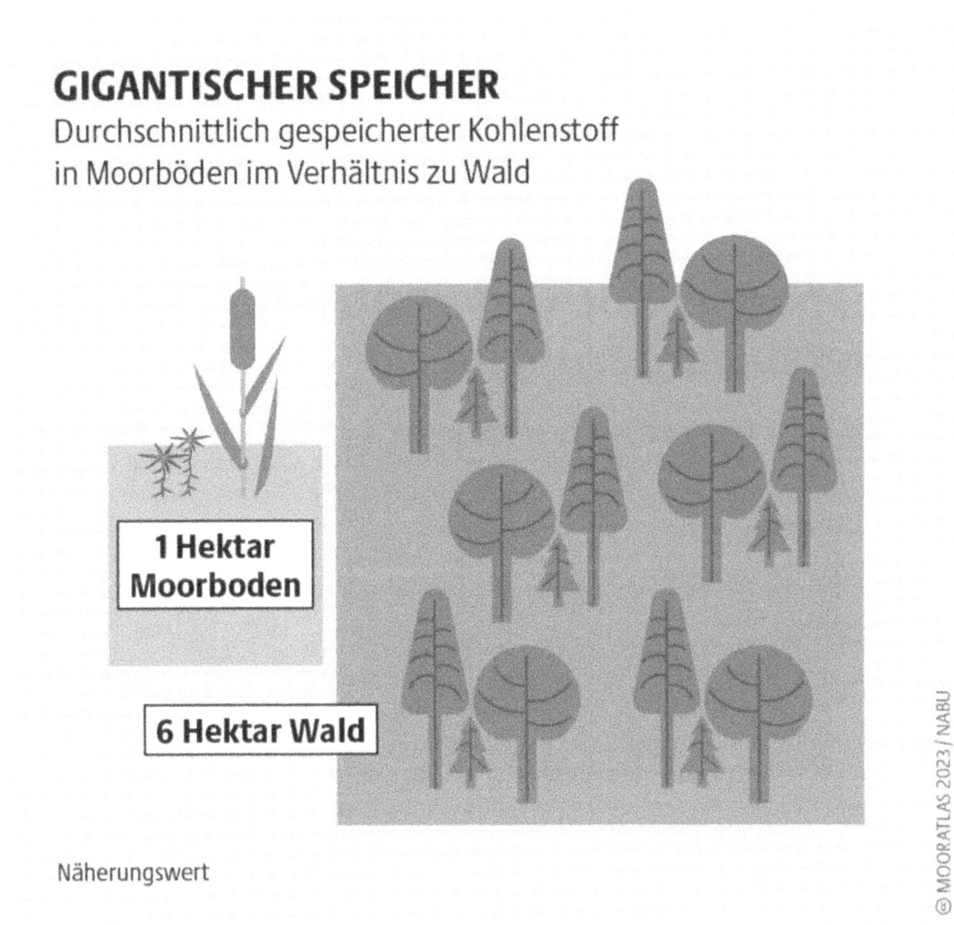

Gute torffreie Blumenerde gibt es im Baumarkt. Würde ausschließlich diese verwendet, könnte man in Deutschland 400.000 Tonnen CO_2 pro Jahr einsparen Bildnachweise

Abbildung 3.6: Ein Hektar Moorboden speichert so viel Kohlenstoff wie 6 Hektar Wald, Quelle: Mooratlas 2023, Eimermacher / STOCKMAR+WALTER Kommunikationsdesign, CC BY 4.0, Heinrich-Böll-Stiftung, BUND und Michael Succow Stiftung (Partner im Greifswald Moor Centrum), verändert.

Torfkraftwerke sind deshalb heute kaum noch von Bedeutung. In Deutschland gibt es keine mehr, und auch in vielen anderen Ländern wurde die Nutzung von Torf als Brennstoff stark zurückgefahren. Das liegt vor allem daran, dass Moore, aus denen der Torf stammt, seit den 1980er-Jahren als wertvolle Naturreservate geschützt werden. Trotzdem setzen einige Länder wie Finnland, Irland und Russland weiterhin auf Torf zur Energiegewinnung. In der EU sind es vor allem Irland, Finnland und Schweden, die noch größere Torfkraftwerke betreiben.

Moore sind Kohlenstoffspeicher – sie binden weltweit rund 600 Milliarden Tonnen und machen damit ein Drittel der gesamten Kohlenstoffvorräte auf den Landflächen aus.

Beim Abbau von Torf wird jede Menge CO_2 freigesetzt, in der EU sind es pro Jahr rund 21,4 Millionen Tonnen. Das Problem: Torf bildet sich über Jahrtausende und der gespeicherte Kohlenstoff wird beim Abbau und der Nutzung innerhalb kürzester Zeit in die Atmosphäre abgegeben. Ein natürlicher CO_2-Speicher geht damit verloren.

Deshalb stuft der Weltklimarat Torf als fossilen Rohstoff ein – ähnlich wie Kohle oder Öl. Viele Länder haben darauf reagiert und die Nutzung eingeschränkt. Vor allem in der Energiegewinnung verliert Torf zunehmend an Bedeutung, weil umweltfreundlichere Alternativen zur Verfügung stehen. Der Schutz von Mooren wird damit immer wichtiger. Nicht nur für das Klima, sondern auch für die Artenvielfalt, die dort vom Wasser abhängt.

Atomenergie: Hoch konzentrierte Energie mit Herausforderungen

Atomkraft zählt zu den umstrittensten Energiequellen der Welt. Sie basiert auf der Kernspaltung schwerer Atomkerne wie Uran-235 oder Plutonium-239. Dabei wird ein kleiner Teil der Masse in große Energiemengen umgewandelt. Diese Energie dient dazu, Wasser zu erhitzen, wodurch Wasserdampf entsteht. Der heiße Dampf treibt eine Turbine an, die über einen Generator elektrischen Strom erzeugt. Im Gegensatz zu fossilen Kraftwerken, die Kohle, Gas oder Öl verbrennen, laufen in Kernkraftwerken keine chemischen Reaktionen ab und es entsteht kein CO_2.

Ein Atomkraftwerk wandelt die freigesetzte Energie in mehreren Stufen in nutzbare Elektrizität um. Der Prozess beginnt im Reaktorkern, wo kontrollierte Kernspaltungen Wärme erzeugen. Über ein komplexes Kühlsystem mit Wasserkreisläufen wird diese Wärme in Bewegungsenergie für die Turbine umgewandelt. Seit den 1950er-Jahren hat sich die Kernkrafttechnik stetig weiterentwickelt. Heute gibt es verschiedene Reaktortypen mit unterschiedlichen Funktionsprinzipien, darunter Druckwasserreaktoren (DWR) und Siedewasserreaktoren (SWR).

Aufbau und Funktionsweise eines Atomkraftwerks

Atomkraftwerke nutzen verschiedene Reaktortypen zur Stromerzeugung. Die am häufigsten eingesetzten sind die Leichtwasserreaktoren, die sich in Siedewasserreaktoren (SWR) und Druckwasserreaktoren (DWR) unterteilen. Beide arbeiten mit Wasser als Kühlmittel und Moderator. Sie unterscheiden sich vor allem darin, wo der heiße Wasserdampf erzeugt wird, der danach die Turbine zum Laufen bringt.

Druckwasser vs. Siedewasser: Unterschiedliche Reaktortypen

✔ Der **Druckwasserreaktor (DWR)** arbeitet mit zwei separaten Wasserkreisläufen:

- **Primärkreislauf:** Das Wasser wird direkt im Reaktordruckbehälter auf ca. 325 °C erhitzt, bleibt aber durch den hohen Druck von rund 150 bar flüssig und verdampft nicht.
- **Sekundärkreislauf:** Die Wärme aus dem Primärkreislauf wird über einen Wärmeübertrager an einen zweiten Wasserkreislauf übertragen, wo schließlich Dampf entsteht. Dieser treibt dann die Dampfturbine an.

Der Vorteil: Höhere Sicherheit und Abschirmung (die radioaktiven Stoffe verbleiben im Primärkreislauf, sodass die Turbine und alle nachfolgenden Teile nicht kontaminiert werden)

✔ Beim **Siedewasserreaktor (SWR)** gibt es nur einen einzigen Wasserkreislauf:

- Das Wasser verdampft direkt im Reaktordruckbehälter und wird ohne Wärmeübertrager direkt zur Turbine geleitet.
- Da der Dampf mit dem Reaktor in Kontakt kommt, können geringe Mengen radioaktiver Partikel in den Kreislauf gelangen.

Vorteil: einfachere Bauweise, effizientere Wärmeübertragung

Nachteil: höheres Risiko von Kontaminationen

Der grundsätzliche Aufbau eines Siedewasserreaktors ist in Abbildung 3.7 dargestellt. Daneben gibt es Forschungsreaktoren, die gezielt für wissenschaftliche und medizinische Zwecke genutzt werden. Statt heißem Wasserdampf erzeugen sie Neutronen, die für wissenschaftliche Experimente und medizinische Anwendungen eingesetzt werden. Diese Neutronen helfen beispielsweise dabei, Materialien zu untersuchen oder radioaktive Stoffe für Krebstherapien herzustellen.

In Deutschland gibt es derzeit drei Forschungsreaktoren, darunter die Neutronenquelle FRM II in Garching bei München, die speziell für wissenschaftliche Untersuchungen entwickelt wurde.

Ein Atomkraftwerk besteht aus drei wichtigen Gebäuden:

1. **Das Reaktorgebäude:** Hier befindet sich der Kernreaktor, in dem die Kernspaltung stattfindet.
2. **Die Maschinenhalle:** In ihr befinden sich die Turbinen und der Generator, die den Strom erzeugen.

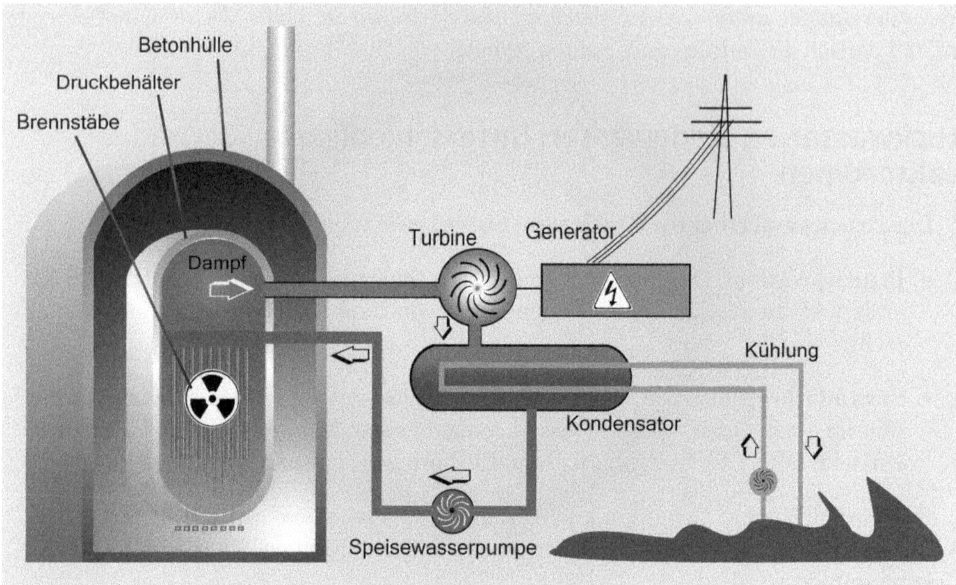

Abbildung 3.7: Aufbau Siedewasserreaktor (© Thomas Reimer, `stock.adobe.com`)

3. **Das Kühlsystem:** Dieses umfasst Kühltürme, einen Fluss oder ein Meer, die das Kraftwerk mit Kühlwasser versorgen.

In Kernkraftwerken wird vor allem Uran als Brennstoff genutzt. Dieses Element kommt in der Natur in verschiedenen Isotopen vor. Die häufigste Variante ist Uran-238, das 92 Protonen und 146 Neutronen im Kern besitzt. Für die Kernspaltung nutzt man jedoch Uran-235. Es hat drei Neutronen weniger und ist dadurch leicht spaltbar. Uran-235 ist in natürlichen Mineralien nur in sehr geringen Mengen vorhanden.

Neben Uran-235 kann auch Plutonium-239 als Brennstoff genutzt werden. Damit ein chemisches Element als Kernbrennstoff geeignet ist, muss es mehrere Eigenschaften erfüllen:

- ✔ Es sollte wirtschaftlich verfügbar sein.
- ✔ Es muss sich leicht durch Neutronen spalten lassen.
- ✔ Es sollte bei der Spaltung weitere Neutronen freisetzen, um die Kettenreaktion aufrechtzuerhalten. Nur so kann die Reaktion kontinuierlich weiterlaufen, indem mindestens ein freigesetztes Neutron einen weiteren Atomkern spaltet.

Der Wasser-Dampf-Kreislauf

Der Wasser-Dampf-Kreislauf transportiert die entstehende Wärme aus dem Reaktorkern ab. In einem Druckwasserreaktor (DWR) gibt es zwei getrennte Wasserkreisläufe: den Primär- und den Sekundärkreislauf.

- Im **Primärkreislauf** erhitzt die Kernspaltung das Wasser im Reaktorkern auf Temperaturen von über 300 °C. Damit es nicht verdampft, steht es unter einem Druck von etwa 150 bar. Da dieses Wasser direkt mit den Brennstäben in Kontakt kommt, wird es radioaktiv und bleibt stets innerhalb des Reaktorgebäudes, um eine Kontamination der Umwelt zu vermeiden.
- Dieses heiße Wasser wird zum Wärmetauscher geleitet, wo es seine Wärme an den **Sekundärkreislauf** abgibt. Im Sekundärkreislauf fließt Wasser unter normalem Druck. Durch die aufgenommene Wärme verdampft es und bildet heißen Wasserdampf.

Der entstehende Dampf strömt mit hoher Geschwindigkeit in die Turbine und setzt sie in Bewegung. Dadurch wird mechanische Energie erzeugt, die ein Generator in elektrischen Strom umwandelt. Anschließend wird der Dampf im Kondensator wieder abgekühlt und verflüssigt, bevor der Kreislauf erneut beginnt.

In einem Siedewasserreaktor (SWR) gibt es nur einen Wasser-Dampf-Kreislauf. Hier wird das Wasser direkt im Reaktorkern erhitzt und verdampft. Der Dampf gelangt dann direkt in die Turbine, wo er Energie abgibt.

In beiden Reaktortypen sorgt der Wasser-Dampf-Kreislauf dafür, dass die Wärme der Kernspaltung kontrolliert genutzt wird und der Reaktor nicht überhitzt.

Die Turbine und der Generator

Die Turbine und der Generator sind zentrale Bauteile im Atomkraftwerk und wandeln die freigesetzte Energie in Strom um. Der heiße Wasserdampf aus dem Sekundärkreislauf strömt mit hoher Geschwindigkeit auf die Schaufeln der Turbine und setzt sie in Bewegung. Die Turbine ist eine große, rotierende Maschine, etwa 20 Meter lang und 3–4 Meter hoch, und funktioniert ähnlich wie ein Windrad, nur dass sie nicht durch Wind, sondern durch heißen Wasserdampf angetrieben wird.

Über eine Welle wird die Bewegung der Turbine auf den Generator übertragen. Dort wird durch elektromagnetische Induktion elektrische Energie erzeugt – ähnlich wie bei einem Fahrraddynamo, jedoch in viel größerem Maßstab. Der entstehende Wechselstrom wird anschließend ins Stromnetz eingespeist und an Haushalte und Unternehmen weitergeleitet.

Um die Energie möglichst effizient zu nutzen, bestehen viele Atomkraftwerke aus mehrstufigen Turbinen, die den Dampf schrittweise entspannen. Erst danach wird er im Kondensator abgekühlt und in den Wasserkreislauf zurückgeführt. So wird sichergestellt, dass die freigesetzte Energie optimal genutzt wird.

Das Kühlsystem (zum Beispiel Kühltürme oder Flusswasser)

Das Kühlsystem eines Atomkraftwerks ist entscheidend, um überschüssige Wärme abzuführen und den Betrieb sicher zu halten. Nachdem der Wasserdampf in der Turbine Energie abgegeben hat, wird er im Kondensator abgekühlt und wieder zu Wasser kondensiert.

Dafür wird ein separater Kühlkreislauf genutzt, der die Wärme an die Umwelt abgibt. Je nach Standort kommen unterschiedliche Kühlsysteme zum Einsatz. Viele Atomkraftwerke verwenden Kühltürme, in denen das erhitzte Kühlwasser über große Flächen verteilt und durch Verdunstung gekühlt wird (siehe Abbildung 3.8). Dabei steigt sichtbarer Wasserdampf in die Luft. Alternativ kann auch Fluss- oder Meerwasser zur Kühlung genutzt werden. In diesem Fall wird das Wasser durch den Kondensator geleitet, nimmt dort die Wärme auf und wird anschließend wieder in den Fluss oder das Meer zurückgeführt. Unabhängig vom System sorgt die Kühlung dafür, dass der Reaktor nicht überhitzt und die Prozesse im Kraftwerk effizient ablaufen.

Abbildung 3.8: Kühlturm und Schornstein eines Atomkraftwerks (© png stock, stock.adobe.com)

Diese Trennung der Kühlkreisläufe sorgt dafür, dass kein radioaktives Wasser nach außen gelangt. Im Wärmetauscher wird nur die Wärme, aber keine Strahlung übertragen.

Atommüll – das ungelöste Problem

Ein großes Problem der Kernenergie ist der Atommüll, der bei der Stromerzeugung entsteht. In einem Atomkraftwerk fallen hoch radioaktive Brennelemente an, die nach mehreren Jahren im Reaktor verbraucht sind, aber weiterhin stark strahlen. Diese abgebrannten Brennstäbe müssen sicher gelagert werden, da sie noch Tausende bis Millionen Jahre radioaktiv bleiben. Zunächst werden sie in Abklingbecken innerhalb des Kraftwerks gelagert, wo das Wasser sie kühlt und die Strahlung abschirmt. Später kommen sie in Zwischenlager, oft in speziellen Behältern, die sie vor Strahlung und äußeren Einflüssen schützen.

Eine dauerhafte Lösung gibt es nicht: Ein sicheres Endlager, in dem der Atommüll für Jahrtausende sicher verwahrt werden kann, ist erst in wenigen Ländern weit fortgeschritten. Ein sicheres Endlager, in dem hoch radioaktive Abfälle über sehr lange Zeiträume verwahrt werden können, ist bisher nur in einzelnen Staaten kurz vor der Inbetriebnahme. Die Suche nach geeigneten geologischen Standorten ist schwierig, weil sie extrem stabile Bedingungen über sehr lange Zeiträume erfordern. Dieses ungelöste Entsorgungsproblem ist einer der Hauptkritikpunkte an der Kernenergie und ein Grund, warum viele Länder den Atomausstieg vorantreiben.

Es gab bereits einige Versuche, eine Lösung für diese Problematik zu finden, doch bislang nur mit mäßigem Erfolg:

✔ Der Salzstock in Gorleben wurde als möglicher Endlagerstandort untersucht, aber im Rahmen des Standortauswahlverfahrens ausgeschlossen und wird seitdem von der Bundesgesellschaft für Endlagerung (BGE) stillgelegt. Finnland baut mit Onkalo das weltweit erste genehmigte Endlager für hoch radioaktiven Abfall, das 2026 in Betrieb gehen soll.

✔ Die Wiederaufarbeitung von Brennstäben verringert nicht das Müllproblem, sondern produziert zusätzlich gefährliche Stoffe.

Radioaktive Abfälle unterscheiden sich deutlich in ihrer Gefährlichkeit. Deshalb werden sie auch unterschiedlich gelagert. Schwach- und mittelradioaktive Abfälle werden in Metallfässern aufbewahrt (siehe Abbildung 3.9), die häufig gelb gekennzeichnet sind. Dazu gehören zum Beispiel Schutzkleidung, Werkzeuge oder Filter aus kerntechnischen Anlagen. Die Strahlung hier ist vergleichsweise gering, deswegen übernehmen vor allem die Lagerstätten selbst den Schutz, zum Beispiel durch dicke Betonwände. Hoch radioaktive Abfälle stellen

Abbildung 3.9: Atommülllager in typisch gelben Metallfässern für schwach- und mittelradioaktive Abfälle (© Prazis Images, stock.adobe.com)

dagegen ganz andere Anforderungen. Dazu zählen vor allem abgebrannte Brennelemente aus Kernkraftwerken. Sie werden in sogenannten CASTOR-Behältern (Cask for Storage and Transport of Radioactive Material) gelagert und transportiert. Diese bestehen aus sehr dickem Stahl und sind so konstruiert, dass sie Strahlung zuverlässig abschirmen und auch extremen Belastungen standhalten (siehe Abbildung 3.10). Der Unterschied liegt also vor allem in der Gefährlichkeit des Abfalls: Für schwach und mittel radioaktive Stoffe reichen einfache Fässer aus, während für hoch radioaktive Materialien speziell entwickelte, besonders sichere Behälter notwendig sind.

Abbildung 3.10: CASTOR-Behälter für hoch radioaktives Material (© fototrm12, `stock.adobe.com`)

Auch wenn es weltweit Versuche gibt, mit dem Atommüll umzugehen, bleibt die Endlagerung ein ungelöstes Problem. Trotzdem wird weiter darüber diskutiert, ob Atomkraft eine sinnvolle Energiequelle sein kann, vor allem mit Blick auf den Klimawandel. Wie bei jeder Technologie gibt es gute Argumente dafür und dagegen. Die folgende Übersicht zeigt, welche Vorteile und Nachteile die Atomenergie mit sich bringt:

Die Vorteile der Atomenergie	Die Nachteile der Atomenergie
✔ **Hohe Energiedichte:** Ein einziges Uranpellet (ca. 7 g) liefert so viel Energie wie eine Tonne Kohle. ✔ **CO_2-arme Energiequelle:** Kernenergie verursacht kaum direkte Treibhausgasemissionen. Kernkraftwerke produzieren während des Betriebs keine direkten CO_2-Emissionen, aber die Förderung, Verarbeitung und der Transport von Uran sowie der Bau und Rückbau von Reaktoren verursachen Treibhausgase. ✔ **Grundlastfähigkeit:** Atomkraftwerke liefern konstant Strom, unabhängig von Wetterbedingungen.	✔ **Gefahr von Unfällen und hohe Sicherheitsanforderungen:** Tschernobyl (1986) und Fukushima (2011) zeigten die Risiken von Reaktorkatastrophen. ✔ **Lagerung des Atommülls:** Hoch radioaktive Abfälle bleiben über Tausende Jahre gefährlich und stellen ein ungelöstes Problem dar. ✔ **Hohe Kosten pro Megawattstunde:** Die Kosten für eine Kilowattstunde (kWh) Atomstrom können bis zu 42,2 Cent betragen, Windenergie ist mit rund 8,1 Cent/kWh deutlich günstiger. Der Bau eines Kernkraftwerks erfordert sehr hohe Investitionen, die nur große Unternehmen oder staatlich geförderte Projekte stemmen können. ✔ **Für die Kühlung der Reaktoren werden enorme Mengen an Wasser benötigt:** Nach der Nutzung im Kraftwerk gelangt ein Teil dieses Wassers erwärmt zurück in den natürlichen Wasserkreislauf, wodurch die Temperaturen von Flüssen in der Nähe der Anlagen ansteigen. ✔ **Wirtschaftlichkeit steht nicht in Relation:** Hohe Bau- und Rückbaukosten durch Sicherheitsauflagen und Atommüllentsorgung ✔ **Uranabbau belastet die Umwelt:** Der Abbau von Uran erfordert aufwendige Verfahren und hinterlässt radioaktive Rückstände.

Tabelle 3.4: Die Vor- und Nachteile von Atomkraft

Atomenergie weltweit: Welche Länder setzen darauf?

Die Nutzung der Kernenergie ist international sehr unterschiedlich. Manche Länder bauen sie aktiv aus, andere ziehen sich bewusst zurück. Im Folgenden ein Überblick über verschiedene Länder und ihre jeweilige Haltung zur Atomkraft.

In Europa ist die Einstellung zur Kernenergie uneinheitlich. Einige Staaten setzen auf neue Reaktoren, andere, wie Deutschland, sind aus der Atomenergie-Nutzung ausgestiegen:

- ✔ **Frankreich:** Frankreich bezieht einen erheblichen Teil seines Stroms aus Kernenergie. Im Jahr 2022 lag der Anteil bei etwa 63 Prozent. Das Land plant, die Laufzeiten bestehender Kernkraftwerke zu verlängern und neue Reaktoren zu bauen.
- ✔ **Deutschland:** Deutschland hat den Ausstieg aus der Kernenergie beschlossen und die letzten drei Kernkraftwerke – Emsland, Isar 2 und Neckarwestheim II – am 15. April 2023 abgeschaltet. Nur noch Forschungsreaktoren werden betrieben.
- ✔ **Schweden & Finnland:** Setzen weiterhin auf Kernenergie. In Finnland ging im Frühjahr 2023 mit Olkiluoto-3 der erste neue Reaktor seit 2002 in Westeuropa ans Netz.

Auch in Asien zeigt sich ein gemischtes Bild: Einige Länder bauen die Kernkraft deutlich aus, andere gehen vorsichtiger vor, besonders nach dem Unfall in Fukushima:

- ✔ **China:** China ist führend im Bau neuer Kernkraftwerke. Stand 2025 waren rund 30 Reaktorblöcke im Bau. Die Kernenergie ist nicht mehr wegzudenken in Chinas Plänen zur Reduzierung des CO_2-Ausstoßes.

- ✔ **Japan:** Nach der Fukushima-Katastrophe 2011 wurden viele Reaktoren abgeschaltet. Bis 2023 wurden zwölf Reaktoren wieder in Betrieb genommen, und weitere sollen folgen. Die Regierung plant, den Anteil der Kernenergie am Strommix bis 2030 auf 20–22 Prozent zu steigern.

- ✔ **Indien:** Indien plant den Ausbau der Kernenergie, um den steigenden Energiebedarf zu decken. Derzeit werden acht Reaktorblöcke gebaut.

- ✔ **Russland:** Russland gehört zu den weltweit führenden Akteuren in der Kernenergie. Im Inland sind rund 35 Reaktorblöcke in Betrieb, die ca. 20 Prozent der Stromerzeugung ausmachen. Eine besondere Rolle spielt das staatliche Unternehmen Rosatom, das nicht nur Kernkraftwerke betreibt, sondern auch international zu den wichtigsten Anbietern von Reaktortechnologie zählt. Russland ist an zahlreichen Neubauprojekten im Ausland beteiligt, unter anderem in Ländern wie der Türkei, Ägypten und Indien.

In Nordamerika spielt die Kernkraft traditionell eine große Rolle, vor allem in den USA. Trotzdem verändert sich auch hier die Bedeutung innerhalb des Strommixes:

- ✔ **USA:** Die USA verfügen über die größte Anzahl an Kernreaktoren weltweit. Allerdings ist der Anteil der Kernenergie an der Stromerzeugung rückläufig.

- ✔ **Kanada:** Kanada nutzt Kernkraft hauptsächlich in der Provinz Ontario, wo sie einen signifikanten Beitrag zur Stromerzeugung leistet.

Die Zukunft der Atomenergie bleibt unsicher. Die Stromerzeugung aus Kernkraft ist in absoluten Zahlen seit Jahren weitgehend konstant geblieben. Sie verliert aber im globalen Energiemix zunehmend an Bedeutung. 2022 fiel ihr Anteil erstmals seit fast 40 Jahren unter 10 Prozent, nachdem er 1996 mit 17,5 Prozent seinen Höchststand erreicht hatte. Dieser Rückgang liegt vor allem daran, dass erneuerbare Energien wie Wind- und Solarenergie stark ausgebaut wurden. Gleichzeitig hat auch die Stromproduktion aus fossilen Brennstoffen in den letzten Jahren wieder zugenommen.

Die Zukunft der Atomenergie: Kernfusion?

Seit Milliarden von Jahren versorgt die Sonne unsere Erde mit Licht und Wärme. Die Quelle dieser gewaltigen Energie ist die Kernfusion – ein Prozess, bei dem leichte Atomkerne miteinander verschmelzen und dabei große Mengen Energie freisetzen.

> Die Kernfusion ist ein entgegengesetzter Prozess zur Kernspaltung (im physikalischen Sinn): Kernspaltung trennt schwere Atomkerne (wie in heutigen Atomkraftwerken), Kernfusion verschmilzt leichte Atomkerne zu schwereren.

- **Kernspaltung:** Spaltet schwere Elemente (zum Beispiel Uran-235) → erzeugt radioaktiven Abfall.
- **Kernfusion:** Verschmilzt leichte Elemente (zum Beispiel Wasserstoff) → kaum radioaktive Rückstände.

Im Inneren der Sonne, bei Temperaturen von über 15 Millionen Grad Celsius, treffen Wasserstoffkerne mit extremer Geschwindigkeit aufeinander und verschmelzen zu Helium. Dabei wird ein Teil der Masse in Energie umgewandelt.

Wissenschaftler auf der Erde versuchen, diesen Sonnenprozess nachzubilden, um eine saubere, nahezu unerschöpfliche Energiequelle zu erschließen.

Damit Kernfusion gelingt, müssen Wasserstoffkerne eine extrem hohe Geschwindigkeit erreichen, um die natürliche Abstoßung der positiv geladenen Protonen zu überwinden. Erst dann können sie zu einem neuen, schwereren Atomkern verschmelzen.

Auf der Erde lassen sich die Wasserstoffisotope Deuterium und Tritium am einfachsten für die Kernfusion nutzen. Dabei entsteht Helium, ein freies Neutron sowie eine große Menge nutzbarer Energie. Schon ein Gramm Fusionsbrennstoff könnte in einem Kraftwerk 90.000 Kilowattstunden Energie erzeugen, das entspricht der Energie von elf Tonnen Kohle.

Die benötigten Brennstoffe sind kostengünstig und weltweit verfügbar. Deuterium kommt in nahezu unbegrenzter Menge im Meerwasser vor. Tritium, ein radioaktives Gas mit einer Halbwertszeit von 12,3 Jahren, ist in der Natur kaum vorhanden. Es kann jedoch direkt im Kraftwerk durch Reaktionen mit Lithium erzeugt werden, einem Element, das auf der Erde reichlich vorhanden ist.

Im Gegensatz zur Kernspaltung, die in heutigen Atomkraftwerken genutzt wird, erzeugt Kernfusion keinen langlebigen radioaktiven Abfall und birgt keine Gefahr von nuklearen Katastrophen. Allerdings sind die technischen Herausforderungen enorm:

Damit Kernfusion auf der Erde funktioniert, müssen Temperaturen von über 100 Millionen Grad Celsius erreicht werden – das ist sogar heißer als im Inneren der Sonne. Diese extremen Temperaturen sind notwendig, weil die Wasserstoffkerne sich mit hoher Geschwindigkeit bewegen müssen, um die elektrostatische Abstoßung zwischen ihnen zu überwinden und zu verschmelzen.

Das Problem: Kein Material kann solchen Temperaturen standhalten, ohne zu schmelzen oder zu verdampfen. Deshalb wird das heiße Plasma – der Zustand, in dem sich die Atomkerne befinden – so eingeschlossen, dass es keinen direkten Kontakt mit festen Wänden hat. Dafür gibt es zwei wichtige Methoden:

- **Magnetischer Einschluss (Tokamak-Reaktoren):** Starke Magnetfelder halten das Plasma in einem ringförmigen Reaktorgefäß schwebend, damit es die Wände nicht berührt. Diese Methode wird in großen Forschungsprojekten wie ITER verwendet (das weltweit größte Fusionsprojekt in Frankreich).

- ✔ **Trägheitseinschluss (Laserfusion):** Starke Laserstrahlen komprimieren winzige Brennstoffkapseln aus Deuterium und Tritium. Durch den hohen Druck und die Temperatur zündet die Fusion für einen Bruchteil einer Sekunde. Diese Technik wird in Forschungsanlagen wie dem National Ignition Facility (NIF) in den USA getestet.

Beide Varianten haben das Ziel, eine kontrollierte Kernfusion zu ermöglichen. Wenn es gelingt, diesen Prozess wirtschaftlich nutzbar zu machen, könnte die Kernfusion eine der wichtigsten Energiequellen der Zukunft werden – sicher, sauber und nahezu unbegrenzt verfügbar. Es wird jedoch voraussichtlich noch 30–40 Jahre dauern, bis eine stabile und wirtschaftliche Energiemenge aus Kernfusion erzeugt werden kann.

Erneuerbare Energien: Die Zukunft in unserer Hand

Erneuerbare Energien sind der grundlegende Baustein einer funktionierenden Energiewende. Sie zeichnen sich dadurch aus, dass sie entweder keinen Rohstoff verbrauchen oder sich schneller regenerieren, als sie genutzt werden. Beispielsweise erneuert sich Sonnenenergie täglich und Windenergie ist als indirekte Folge der Sonneneinstrahlung ebenfalls unerschöpflich. Fossile Brennstoffe hingegen benötigen Millionen von Jahren zur Entstehung, werden aber in wenigen Jahrzehnten verbrannt. Ein Beispiel für zentrale erneuerbare Energietechnologien zeigt Abbildung 3.11.

Abbildung 3.11: Onshore-Windenergie und Freiflächen-Solarenergie (© Chantip, stock.adobe.com)

Als erneuerbare Energien bezeichnet man verschiedene Energiequellen wie

- ✔ **Solarenergie:** Umwandlung von Sonnenlicht in Strom oder Wärme
- ✔ **Windenergie:** Nutzung der Windkraft zur Stromerzeugung
- ✔ **Wasserkraft:** Energienutzung aus Flüssen, Stauseen oder Meeresströmungen
- ✔ **Biomasse:** Energie aus organischen Materialien wie Holz, Pflanzen oder organischen Reststoffen
- ✔ **Geothermie (Erdwärme):** Nutzung der Erdwärme für Strom und Heizenergie

Das langfristige Klimaziel ist es, erneuerbare Energien zu den wichtigsten Energieträgern zu entwickeln und damit fossile Brennstoffe wie Kohle, Erdöl und Erdgas vollständig zu ersetzen.

Lange Zeit waren erneuerbare Energien teurer als fossile Energiequellen wie Kohle, Gas oder Kernkraft. Doch dies hat sich mittlerweile stark verändert! Die Produktionskosten für Strom aus erneuerbaren Quellen sind in den letzten Jahren deutlich gesunken und liegen in vielen Fällen bereits unter denen fossiler Brennstoffe.

Stromgestehungskosten in der EU zeigen, dass:

- ✔ **Windenergie (onshore)** und große **Solar-PV**-Anlagen mittlerweile die kostengünstigsten Energiequellen sind.
- ✔ **Kernkraft**, **Kohle** und **Gas** preislich höher oder auf einem ähnlichen Niveau wie erneuerbare Energien liegen.
- ✔ **Biogas** derzeit die teuerste erneuerbare Energiequelle ist.

Mit den sinkenden Kosten ersetzt Strom aus erneuerbaren Energien nicht nur fossile Kraftwerke, sondern wird auch in anderen Bereichen wie Mobilität (Elektroautos) und Wärmeversorgung (Wärmepumpen) eingesetzt. In Tabelle 3.5 sehen Sie die Vor- und Nachteile erneuerbarer Energien.

Vorteile	Hindernisse
✔ **Niedriger Schadstoffausstoß und geringe Umweltbelastung:** • Keine oder nur geringe CO_2-Emissionen im Vergleich zu fossilen Energieträgern. • Keine Ressourcenförderung mit schweren Eingriffen in die Natur notwendig, wie es bei Kohle, Öl und Gas der Fall ist.	✔ **Fluktuierende Energiequellen (angebotsabhängig):** • Wind- und Solarenergie sind nicht konstant verfügbar, da sie wetterabhängig sind. • Das Angebot passt oft nicht zum aktuellen Energiebedarf (zum Beispiel nachts kein Solarstrom).

Vorteile	Hindernisse
✔ **Unbegrenzte Verfügbarkeit:** Erneuerbare Energien basieren auf natürlichen Prozessen, die sich stetig erneuern.	✔ **Bestehende fossile Infrastruktur:** Es gibt eine große Anzahl konventioneller Kraftwerke, Heizsysteme und Industrieanlagen, die noch in Betrieb sind. Diese umzurüsten oder zu ersetzen, erfordert enorme Investitionen und Zeit.
✔ **Wirtschaftliche Unabhängigkeit:** • Durch den Ausbau erneuerbarer Energien können Länder unabhängiger von fossilen Brennstoffimporten werden. • Bürger und Bürgerinnen können zu Prosumern (= Produzent und Konsument) werden und selbst Energie produzieren oder sich an erneuerbare Energien Projekten beteiligen. • Landwirtschaftlich nicht oder schlecht nutzbare Flächen können genutzt werden.	✔ **Speicherproblematik & Netzstabilität:** • Großflächige Energiespeicherung ist aktuell noch teuer und technisch herausfordernd (zum Beispiel Batteriespeicher, Wasserstoff). • Stromnetze müssen intelligenter & flexibler werden, um erneuerbare Energien effizient zu integrieren.
✔ **Dezentrale Energieversorgung möglich:** Erneuerbare Energien ermöglichen lokale Stromerzeugung und verringern Netzverluste.	✔ **Flächenbedarf:** Große Solarfelder oder der Anbau von Energiepflanzen benötigen viel Platz.

Tabelle 3.5: Vor- und Nachteile erneuerbarer Energien

Die Entwicklung erneuerbarer Energien im Vergleich zu konventionellen Energieträgern weltweit

Erneuerbare Energien gewinnen weltweit zunehmend an Bedeutung, doch fossile Brennstoffe wie Kohle, Öl und Erdgas dominieren weiterhin die Energieversorgung. Trotz des schrittweisen Rückgangs bleibt ihr Anteil an der Primärenergie hoch. Kohle und Erdgas sind nach wie vor essenziell für die globale Strom- und Wärmeerzeugung. Die Atomenergie zeigt in den letzten Jahren kaum Veränderungen und hält ihren Anteil weitgehend stabil.

Gleichzeitig steigt der Anteil erneuerbarer Energien, insbesondere durch den Ausbau von Wind- und Solarenergie. In der Stromerzeugung ist dieser Zuwachs deutlich: Der Anteil erneuerbarer Quellen nimmt stetig zu und der von Kohle und Gas geht langsam zurück. Erneuerbare Energien ohne Wasserkraft wachsen stark, was zeigt, dass immer mehr Länder auf moderne erneuerbare Technologien setzen.

Trotz des wachsenden Anteils erneuerbarer Energien sind die CO_2-Emissionen weltweit weiter gestiegen. Besonders seit Mitte des 20. Jahrhunderts ist ein exponentieller Anstieg der jährlichen CO_2-Emissionen zu beobachten, der eng mit der Nutzung fossiler Brennstoffe verbunden ist. Zuletzt erreichten die Emissionen über 35 Milliarden Tonnen pro Jahr, ein historischer Höchststand.

Diese Entwicklung zeigt, dass fossile Energieträger trotz des Ausbaus erneuerbarer Energien nach wie vor die Hauptquelle für Energie weltweit sind. Die Abhängigkeit von konventionellen Kraftwerken, Industrieanlagen und fossilen Heizsystemen erschwert den schnellen Übergang zu einer emissionsfreien Energieversorgung. Zudem sind fossile Brennstoffe weiterhin leichter zu speichern als erneuerbare Energien, was ihre Nutzung kurzfristig wirtschaftlicher macht.

Ein direkter Effekt dieses CO_2-Anstiegs ist der Klimawandel, der sich in den letzten Jahrzehnten stark beschleunigt hat. Die Durchschnittstemperatur der Erde ist seit 1880 kontinuierlich gestiegen, mit einem deutlichen Anstieg ab den 1980er-Jahren. Heute liegt die globale Temperatur um über 1 °C höher als im vorindustriellen Zeitalter, was eine direkte Folge der verstärkten Treibhausgasemissionen ist.

Dennoch bleibt der Übergang zu einer nachhaltigen Energieversorgung eine große Herausforderung. Trotz wachsender Investitionen und technologischem Fortschritt sind fossile Energieträger weiterhin die Hauptquelle für Energie weltweit. Der Ausbau von erneuerbaren Energien schreitet zwar voran, muss aber noch erheblich beschleunigt werden, um fossile Brennstoffe langfristig zu ersetzen und die steigenden CO_2-Emissionen wirksam zu senken. Andernfalls wird der Klimawandel weiter voranschreiten, mit schwerwiegenden Folgen für die Umwelt und unsere Lebensumstände.

Eine erfolgreiche Energiewende erfordert die Nutzung aller nachhaltigen Energiequellen. Dies umfasst sowohl große Offshore-Windparks mit hoher Stromerzeugung als auch kleine, dezentrale Photovoltaikanlagen auf Dächern. Da die Einspeisung von Solar- und Windenergie im Tages- und Jahresverlauf stark schwankt, sind Energiespeicher, Regel- und Reservekraftwerke notwendig, um eine stabile Versorgung zu gewährleisten. Zusätzlich müssen intelligente Konzepte entwickelt werden, um den Stromverbrauch flexibel an das Angebot anzupassen und verschiedene Sektoren wie Strom, Wärme, Verkehr und chemische Industrie effizient miteinander zu vernetzen.

Solarenergie: Strom direkt von der Sonne

Solarenergie entsteht durch Kernfusion im Inneren der Sonne, wobei große Mengen an Sonnenstrahlung freigesetzt werden. Diese gelangt als elektromagnetische Strahlung zur Erde und kann auf verschiedene Weise genutzt werden. Die Sonne ist eine unerschöpfliche Energiequelle, die jeden Tag enorme Mengen an Energie zur Erde sendet. Schon seit Jahrtausenden nutzen Menschen die Sonnenwärme, doch erst in den letzten Jahrzehnten wurden Technologien entwickelt, um sie effizient in Strom und Wärme umzuwandeln. Solarenergie gilt heute als eine der wichtigsten erneuerbaren Energien. Nach Einschätzung der Internationalen Energieagentur (IEA) hat Photovoltaik sogar das Potenzial, in vielen Regionen der Welt die kostengünstigste Stromquelle zu werden.

Die heutige Photovoltaik-(PV-)Technologie ist weitverbreitet, wirtschaftlich attraktiv und bietet in Kombination mit Batteriespeichern eine hohe Flexibilität. Im Jahr 2024 haben etwa 4,75 Millionen Haushalte und Unternehmen in Deutschland über 14 Prozent des gesamten Stroms mithilfe von Solarenergie erzeugt. Die installierte Photovoltaikleistung ist auf 99 Gigawatt (GW) angestiegen.

Am häufigsten wird Solarenergie durch Photovoltaikanlagen nutzbar gemacht. Diese wiederum lassen sich in zwei Kategorien unterteilen: Photovoltaik, die Sonnenlicht direkt in Strom umwandelt, und Solarthermie, die Sonnenwärme für Heiz- und Energiezwecke nutzt.

Photovoltaik – Strom aus Sonnenlicht

Photovoltaik bezeichnet die direkte Umwandlung von Sonnenlicht in elektrische Energie durch Solarzellen.

Eine Solarzelle wandelt Sonnenlicht direkt in elektrischen Strom um. Ähnlich einem kleinen Kraftwerk, jedoch ohne klassische Brennstoffe, Turbinen oder Generatoren. Grundlage dafür ist der photovoltaische Effekt, bei dem in den oft aus Silizium bestehenden Zellen eine elektrische Spannung entsteht. Die dabei erzeugte elektrische Energie liegt erst einmal als Gleichstrom vor. Konventionelle Kraftwerke arbeiten nach dem Turbinen-Generator-Prinzip und erzeugen Wechselstrom, bei dem sich die Stromrichtung regelmäßig ändert. Diese Form des Stroms ist sehr gut für den Transport im Stromnetz geeignet.

Eine Photovoltaikanlage besteht im Wesentlichen aus miteinander verbundenen Solarmodulen, die Sonnenlicht in Gleichstrom umwandeln. Da sowohl das häusliche als auch das öffentliche Stromnetz mit Wechselstrom arbeitet, ist ein Wechselrichter erforderlich, der den erzeugten Gleichstrom in Wechselstrom umwandelt. Dieser Wechselrichter ist daher ein unverzichtbarer Bestandteil von netzgekoppelten Photovoltaikanlagen.

Inselsysteme ohne Anschluss an das öffentliche Netz können auch auf Gleichstrombasis betrieben werden. Die oberste, bläulich schimmernde Antireflex-Schicht (häufig Siliziumnitrid) reduziert Reflexionsverluste und erhöht die Lichtaufnahme, wodurch die Effizienz der Solarzellen verbessert wird.

Der selbst produzierte Solarstrom kann direkt im Haushalt genutzt werden, wodurch der Betreiber der Anlage zum »Prosumer« wird, also gleichzeitig Produzent und Konsument von Strom. Wird mehr Strom erzeugt, als aktuell benötigt wird, kann der Überschuss ins öffentliche Netz eingespeist werden. Um den Eigenverbrauch zu maximieren und auch bei geringer Sonneneinstrahlung oder in der Nacht Solarstrom nutzen zu können, ist die Integration eines Batteriespeichers möglich. Dieser speichert überschüssigen Strom für den späteren Gebrauch. In Fällen, in denen keine Verbindung zum öffentlichen Stromnetz besteht, wie bei sogenannten Inselanlagen, ist ein Speichersystem unerlässlich, um eine kontinuierliche Stromversorgung sicherzustellen. Diese eignen sich für die dezentrale Energieversorgung, beispielsweise in ländlichen oder abgelegenen Gebieten.

Es gibt verschiedene Arten von PV-Anlagen:

- ✔ **Aufdach-Anlagen:** Die klassische Lösung: Die meisten privaten PV-Anlagen werden auf bestehenden Dächern montiert. Dabei werden die Module auf einem Gestell oberhalb der Dachziegel befestigt (siehe Abbildung 3.12).
- ✔ **Indach-Anlagen:** Unauffällig ins Dach integriert: Hier ersetzen die Solarmodule einen Teil der Dacheindeckung. Sinnvoll ist diese Variante bei Neubauten oder Dachsanierungen.

- ✔ **Flachdach-Anlagen:** Flexible Ausrichtung: Auf Flachdächern werden die Module mit speziellen Halterungen optimal zur Sonne ausgerichtet. Diese Methode ermöglicht hohe Erträge und eine unauffällige Installation.

- ✔ **Fassadenanlagen:** Solarenergie an der Wand: Wenn das Dach nicht genutzt werden kann, sind Fassadenanlagen eine Alternative. Sie können zusätzlich als Wärmedämmung dienen, sind aber meist weniger effizient als Dachanlagen, weil sie nicht optimal zur Sonne ausgerichtet sind.

- ✔ **Balkonkraftwerke:** Mini-Solaranlagen für Mieter: Kleine PV-Anlagen, die an Balkongeländern oder auf Terrassen montiert werden, ermöglichen auch Mietern die Nutzung von Solarstrom. Sie reichen zwar nicht für den gesamten Haushaltsbedarf, helfen aber, Stromkosten zu senken.

- ✔ **Schwimmende Photovoltaikanlagen:** Solarenergie auf dem Wasser: Auf Seen oder künstlichen Gewässern installierte Solaranlagen nutzen freie Flächen effizient. Gleichzeitig kühlt das Wasser die Module, was ihre Leistung verbessert.

- ✔ **Freiflächenanlagen:** Solarparks auf dem Boden: Große Solarfelder werden vor allem für die kommerzielle Stromproduktion genutzt. Eine besondere Form ist die Agri-Photovoltaik, bei der Module über landwirtschaftlichen Flächen installiert werden, sodass diese weiterhin genutzt werden können.

Abbildung 3.12: Aufdachanlagen (© Alessandro2802, stock.adobe.com)

Photovoltaik kann sich grundsätzlich in ganz Deutschland wirtschaftlich lohnen. Die Sonneneinstrahlung reicht überall aus, um Solaranlagen zu betreiben. Wie viel Strom eine Anlage im Jahr erzeugt, hängt unter anderem von der Dachneigung, der Ausrichtung und dem Standort ab. Bei PV-Anlagen werden oft zwei Leistungen angegeben. Einmal ist das die Leistung der Wechselrichter in Kilowatt (kW) und die kumulierte Leistung der PV-Module in Kilowatt peak (kWp). Letzteres ist die nach Datenblatt maximal erreichbare Leistung des Systems. Da es sich hierbei um im Labor unter Standardtestbedingungen ermittelte Werte handelt und Solarmodule einer Anlage oft verschiedene Ausrichtungen haben (zum Beispiel Ost-West), ist der kWp-Wert eher ein theoretischer Leistungswert, der im Realbetrieb selten erreicht wird. Die Wechselrichterleitung ist daher in der Regel geringer als die kumulierte Leistung der Solarmodule. Beispielsweise haben Balkonkraftwerke aufgrund der rechtlichen Vorgaben in Deutschland einen Wechselrichter mit 800 W und es werden oft zwei Module mit je 440 Wp oder mehr verwendet.

- **Leistung:** 1 kWp erzeugt 900–1.200 kWh pro Jahr. Ein Haushalt mit 4.000 kWh Verbrauch benötigt mindestens 4 kWp zur bilanziellen Deckung des Eigenverbrauchs.
- **Dachneigung:** Optimal für einen maximalen Ertrag sind 30°–35°. Auf Flachdächern wird die Neigung durch Halterungen angepasst, bei Schrägdächern nur begrenzt. Andere Neigungen können mit Blick auf die Maximierung des Eigenverbrauchs auch sinnvoll sein.
- **Ausrichtung:** Süden – höchste Erträge, Ost/West – gleichmäßigere Stromproduktion, Norden – noch 60–70 Prozent der Süderträge, aber weniger rentabel. Bei Eigenverbrauchsanlagen kann sich die Ausrichtung am Lastgang orientieren, um so einen höheren Eigenverbrauch zu realisieren.

Solarthermie – Wärme von der Sonne

Solarthermie nutzt Sonnenenergie zur Wärmeerzeugung und kann für Warmwasser, Heizungsunterstützung, Prozessenergie oder sogar zur Stromerzeugung in Solarwärmekraftwerken verwendet werden. Die Technik basiert auf Solarkollektoren, die das Sonnenlicht aufnehmen und in Wärme umwandeln. Im Gegensatz zur Photovoltaik, die Strom erzeugt, steht bei der Solarthermie die direkte Nutzung von Wärme im Vordergrund.

Auf dem Dach oder in geeigneten Bereichen installierte Solarkollektoren fangen Sonnenstrahlung ein. Diese bestehen aus einer Glasscheibe an der Oberfläche und einer darunter liegenden Absorberschicht, die die Sonnenenergie in Wärme umwandelt, ähnlich wie ein Gartenschlauch, der sich in der Sonne aufheizt.

In den Kollektoren befindet sich eine Wärmeträgerflüssigkeit, die die aufgenommene Wärme speichert. Diese Flüssigkeit kann Wasser, Luft oder spezielle Thermoöle sein. Eine Pumpe transportiert die erhitzte Flüssigkeit über Rohrleitungen zu einem Pufferspeicher. Dort gibt sie die Wärme über einen Wärmeübertrager an das gespeicherte Wasser ab und kühlt sich dabei ab. Anschließend wird die abgekühlte Flüssigkeit zurück in die Kollektoren geleitet, um erneut erwärmt zu werden. Dieser geschlossene Kreislauf sorgt für eine kontinuierliche Nutzung der Sonnenenergie.

Für Solarthermieanlagen kommen hauptsächlich zwei Arten von Kollektoren zum Einsatz:

- ✔ **Flachkollektoren:** Bestehen aus einer ebenen Absorberfläche unter einer Glasscheibe. Sie sind robust, langlebig und kostengünstiger.
- ✔ **Röhrenkollektoren (Vakuumröhrenkollektoren):** Hier befindet sich der Absorber in Glasröhren mit Vakuumisolierung. Dadurch sind sie effizienter, insbesondere bei diffusen Lichtverhältnissen und kalten Außentemperaturen, aber auch teurer in der Anschaffung.

Die erzeugte Wärme kann entweder direkt zur Warmwasserbereitung genutzt oder in einem Kombispeicher für spätere Nutzung gespeichert werden. Kombispeicher sind praktisch, weil sie sowohl das Warmwasser als auch die Heizung mit Solarwärme versorgen. Sie bieten zudem den Vorteil geringerer Wärmeverluste im Vergleich zu herkömmlichen Pufferspeichern.

Die Effizienz von Solarthermieanlagen ist im Vergleich zu anderen Energietechnologien relativ hoch, weil keine Umwandlung in elektrische Energie erforderlich ist. Dadurch entstehen deutlich geringere Verluste als beispielsweise bei fossilen Kraftwerken, die durch thermodynamische Grenzen (Carnot-Wirkungsgrad) eingeschränkt sind.

Darüber hinaus gibt es sogenannte Hybridkollektoren (PVT-Kollektoren), die Photovoltaik und Solarthermie kombinieren. Diese ermöglichen gleichzeitig die Erzeugung von Strom und Wärme und nutzen die eingestrahlte Sonnenenergie besonders effizient.

Großtechnische solarthermische Anlagen, sogenannte *Solarthermiekraftwerke*, nutzen konzentrierte Sonnenstrahlung zur Dampferzeugung und Stromproduktion und kommen vor allem in sonnenreichen Regionen zum Einsatz.

Netzparität und Kostenentwicklung

Photovoltaik gehört inzwischen zu den kostengünstigsten Energiequellen weltweit. Fossile Energieträger wie Kohle und Gas waren früher die kostengünstigsten Optionen, aber das Bild hat sich inzwischen gewandelt. In vielen Ländern ist Solarstrom heute günstiger als konventionelle Kraftwerke, vor allem dort, wo hohe Sonneneinstrahlung auf effiziente Technologie trifft. In vielen Ländern wurde die sogenannte *Netzparität* erreicht. Das bedeutet, dass Solarstrom genauso günstig oder günstiger ist als Strom aus fossilen Kraftwerken. Die Stromgestehungskosten für Kohlekraftwerke liegen zwischen 5 und 15 Cent/kWh. Solarstrom kann heute schon für unter 2 Cent/kWh in sonnenreichen Regionen erzeugt werden (zum Beispiel in Saudi-Arabien und den USA).

Das hat einen großen Einfluss auf den Strommarkt:

- ✔ **Dezentrale Erzeugung:** Haushalte und Unternehmen können selbst Strom produzieren und teilweise unabhängig vom Netz werden.

- ✔ **Volatilität und Speicherbedarf:** Da Solarenergie nur bei Sonnenschein verfügbar ist, wächst die Nachfrage nach Speicherlösungen (Batterien, Wasserstoff) und flexiblen Netzen.

- ✔ **Netzstabilität und Ausbau:** Stromnetze müssen an die schwankende Einspeisung erneuerbarer Energien angepasst werden, was Investitionen in intelligente Netze (Smart Grids) erfordert.

Photovoltaik-Stromerzeugung im Tagesverlauf

Photovoltaikanlagen erzeugen Strom in einem charakteristischen Tagesrhythmus: Die Produktion beginnt am Morgen mit dem Sonnenaufgang, erreicht um die Mittagszeit ihr Maximum und nimmt am späten Nachmittag wieder ab. Diese Kurve passt grundsätzlich gut zum typischen Stromverbrauchsmuster (siehe Kapitel Standardlastprofil). Tagsüber steigt der Energiebedarf, insbesondere durch industrielle Produktion und Haushalte.

Jedoch gibt es ein wesentliches Problem: Am Abend und in der Nacht, wenn der Stromverbrauch weiterhin hoch bleibt, liefern Solaranlagen keinen Strom mehr. In diesen Zeiten müssen andere Energiequellen wie Windkraft, Wasserkraft, konventionelle Kraftwerke, Lastmanagement oder Speicher die Lücke füllen.

Abbildung 3.13 zeigt die zeitlichen Unterschiede zwischen der Stromerzeugung durch Photovoltaikanlagen und dem Stromverbrauch. Die Solarstromproduktion schwankt im Tagesverlauf stark und erfolgt nur bei Sonneneinstrahlung. Der Strombedarf bleibt über den Tag hinweg vergleichsweise konstant und ist vor allem in den Abendstunden weiterhin hoch. Dadurch entsteht eine Versorgungslücke, da in Zeiten ohne Sonneneinstrahlung kein Solarstrom zur Verfügung steht.

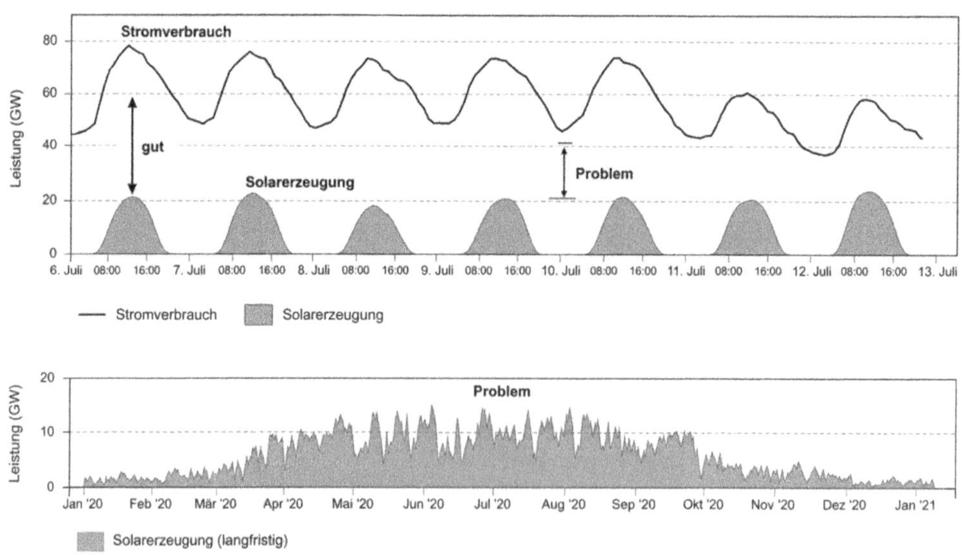

Abbildung 3.13: PV-Produktionszyklen, die Grafik verdeutlicht die zeitliche Diskrepanz zwischen dem Erzeugungsprofil von Photovoltaikanlagen und dem Stromverbrauch (Lastprofil).

Jahreszeitliche Unterschiede in der PV-Erzeugung

Neben den täglichen Schwankungen ist eine starke saisonale Abhängigkeit der Photovoltaik-Stromproduktion zu sehen (siehe Abbildung 3.13 untere Grafik). In den Sommermonaten ist die Sonneneinstrahlung hoch und Photovoltaikanlagen erzeugen viel Strom. Im Mai liegen meistens die Zeiträume mit den höchsten Erträgen, da es dann in unseren Breiten schon sehr sonnig, aber insgesamt noch nicht so warm ist. Im Hochsommer mindern die hohen Temperaturen die Effizienz der PV-Module. In den Wintermonaten fällt die Produktion deutlich ab und geht tageweise gegen null. Der Grund hierfür liegt nicht nur in den kürzeren Tageszeiten, sondern auch in der geringeren Intensität der Sonnenstrahlung. Im Sommer wird mehr Solarstrom erzeugt als im Winter und der Stromverbrauch ist in den kalten Monaten oft höher.

Diese saisonale Diskrepanz ist ein großes Problem: Im Sommer entstehen oft Überschüsse, die nicht direkt verbraucht werden können. Im Winter reicht die Produktion oft nicht aus, um den erhöhten Energiebedarf zu decken.

Lösungsansätze für eine stabile Stromversorgung

Verschiedene Maßnahmen sind notwendig, um Photovoltaik effektiv in das Energiesystem zu integrieren:

- **Speichertechnologien:** Batterien und Großspeicher können überschüssigen Solarstrom speichern und in Zeiten mit geringerer Produktion wieder abgeben.
- **Flexibilisierung des Verbrauchs:** Durch intelligente Steuerung von Stromverbrauchern (zum Beispiel Wärmepumpen oder Elektrofahrzeuge) kann die Nutzung des erzeugten Solarstroms besser an die Verfügbarkeit angepasst werden.
- **Netzausbau & Sektorkopplung:** Eine bessere Integration von PV-Strom in das Energiesystem ermöglicht es, Überschüsse effizient in andere Sektoren wie Wärme oder Mobilität einzuspeisen.
- **Kombination mit anderen erneuerbaren Energien:** Windkraft kann in sonnenarmen Zeiten Strom liefern, wodurch eine stabilere Energieversorgung gewährleistet wird.

Photovoltaik ermöglicht die kostengünstige und emissionsfreie Stromerzeugung aus Sonnenlicht. Allerdings ist sie stark von Wetterbedingungen und Tageszeit abhängig, was Herausforderungen für eine zuverlässige Energieversorgung mit sich bringt. Ohne effiziente Speicherlösungen und eine intelligente Netzintegration entstehen Versorgungslücken, insbesondere in Zeiten niedriger Sonneneinstrahlung. Eine stabile und klimafreundliche Stromversorgung kann daher nur durch eine Kombination aus intelligenten Netzen, modernen Speichertechnologien und ergänzenden erneuerbaren Energien sichergestellt werden.

Vor- und Nachteile von Sonnenenergie

Sonnenenergie hat viele Vorteile, stellt aber auch Anforderungen an Technik und Infrastruktur. Im Folgenden sehen Sie, wo ihre Stärken liegen und wo es noch Herausforderungen gibt.

Die Vorteile von Solarenergie:

- ✔ **Unerschöpfliche Energiequelle:** Die Sonne stellt kontinuierlich Energie bereit.
- ✔ **Klimafreundlich:** Bei der Erzeugung von Solarstrom entstehen keine Treibhausgase oder CO_2-Emissionen.
- ✔ **Niedrige Betriebskosten:** Nach der Installation fallen nur geringe laufende Kosten an; zudem profitieren Anlagenbetreiber von Einspeisevergütungen und Förderprogrammen wie dem EEG (Erneuerbare-Energien-Gesetz).
- ✔ **Unabhängigkeit:** Solarstrom ermöglicht eine geringere Abhängigkeit von Energieversorgern und schwankenden Strompreisen.
- ✔ **Einfache Stromerzeugung:** PV-Anlagen sind kleine, dezentrale Kraftwerke mit unkomplizierter Technik.
- ✔ **Hohe Versorgungssicherheit:** Auch in Zeiten geringer Netzeinspeisung oder in abgelegenen Regionen sorgt Solarenergie für eine stabile Stromversorgung.
- ✔ **Nachhaltigkeit:** In Europa recyceln fast alle Hersteller von Solarmodulen ihre Produkte selbst, um Ressourcen zu schonen.

Die Nachteile von Solarenergie:

- ✔ **Wetterabhängigkeit und fluktuierende Einspeisung:** Die Stromerzeugung schwankt je nach Wetter, Jahreszeit und Standort.
- ✔ **Hoher Platzbedarf:** Große PV-Anlagen benötigen viel Fläche.
- ✔ **Notwendigkeit von Speichern und Netzintegrationen:** Um Solarstrom jederzeit nutzbar zu machen, sind Batteriespeicher und ausgebaute Netze erforderlich.
- ✔ **Wartungsaufwand:** Solarmodule müssen regelmäßig gereinigt werden, um Leistungseinbußen zu vermeiden.

Solarenergie wird in Zukunft eine immer wichtigere Rolle spielen. Sie ist sauber, unbegrenzt verfügbar und wird zudem ständig günstiger und effizienter. Fachleute gehen davon aus, dass bis 2050 mehr als 30 Prozent der weltweiten Energie aus der Sonne stammen könnten. Neue Technologien wie Perowskit-Solarzellen, Agri-Photovoltaik oder schwimmende Solaranlagen machen es möglich, Sonnenenergie noch vielseitiger zu nutzen.

Damit Solarstrom wirklich jederzeit verfügbar ist, braucht es bessere Speicherlösungen und ein intelligentes Stromnetz, das Energie dann bereitstellt, wenn sie gebraucht wird. Die Sonne liefert bereits tausendmal mehr Energie, als wir benötigen; wenn wir lernen, sie effizient zu nutzen und zu speichern, könnte sie zur Hauptenergiequelle einer nachhaltigen Zukunft werden.

Solarparks sind umweltfreundlich, denn nur ein kleiner Teil der genutzten Fläche – ca. 0,5 bis 1 Prozent – wird tatsächlich versiegelt. Der Rest bleibt unberührt, wird nicht gedüngt und kann sich natürlich weiterentwickeln. Die

Flächen eignen sich also nicht nur zur Stromerzeugung, sondern auch als Lebensraum für viele Pflanzen und Tiere. Um die Umgebung noch naturnaher zu gestalten, werden oft Bäume, Sträucher und Gräser gepflanzt oder neue Biotope angelegt. Viele Tiere gewöhnen sich schnell an die Solarmodule. Schafe fühlen sich dort sehr wohl, weil die Module ihnen Schutz vor Sonne und Regen bieten. Und während sie grasen, helfen sie ganz nebenbei, die Fläche kurz zu halten. Auch Insekten profitieren davon, was wiederum Fledermäuse und Vögeln zugutekommt. Sogar seltene Arten wie die Zauneidechse finden hier geschützte Rückzugsorte.

Windenergie: Kraft aus der Luft

Windenergie nutzt die Kraft des Windes, um Strom zu erzeugen, sauber, nachhaltig und ohne CO_2-Emissionen. Wind entsteht, weil die Sonne die Erde ungleichmäßig erwärmt. Dadurch entstehen Temperatur- und Luftdruckunterschiede, die Luftmassen in Bewegung setzen.

In den letzten Jahren wurde die Windkraft stark ausgebaut, sowohl an Land als auch auf dem Meer. Gleichzeitig hat sich die Technik weiterentwickelt. Deshalb spielt Windenergie heute eine wichtige Rolle in der Stromversorgung. Anfang der 2000er-Jahre war die installierte Leistung noch deutlich geringer, seitdem ist sie kontinuierlich gewachsen. Laut der World Wind Energy Association und dem Global Wind Energy Council (GWEC) betrug die globale installierte Windkraftkapazität Ende 2023 circa 1.021 GW (1,021 TW).

Im Jahr 2024 wurden weitere 117 GW hinzugefügt. Ein neuer Rekordwert, womit sich die Gesamtkapazität inzwischen auf rund 1.136 GW erhöht hat. Die Entwicklungen gehen in die richtige Richtung. Fachleute weisen allerdings darauf hin, dass der Ausbau der Windenergie deutlich schneller voranschreiten muss. Bis 2030 müsste die jährlich installierte Leistung auf mindestens 320 Gigawatt steigen. Dann kann das auf der COP28 vereinbarte Ziel, eine Verdreifachung der globalen erneuerbaren Kapazität und das 1,5-Grad-Ziel des Pariser Klimaabkommens, noch erreicht werden.

Die Hauptkomponenten einer Windkraftanlage

Eine Windkraftanlage besteht aus mehreren wesentlichen Bauteilen, die gemeinsam die Umwandlung von Windenergie in elektrische Energie ermöglichen (siehe Abbildung 3.14):

- ✔ **Rotorblätter:** Werden in den Wind gedreht und setzen ihn in eine Drehbewegung um.
- ✔ **Nabe:** Verbindet die Rotorblätter mit der Hauptwelle.
- ✔ **Hauptwelle:** Überträgt die Drehbewegung auf den Generator.
- ✔ **Getriebe** (manche Modelle haben kein Getriebe): Passt die Drehzahl der Welle an den Generator an.

- ✔ **Generator:** Wandelt mechanische in elektrische Energie um.
- ✔ **Gondel:** Enthält Getriebe, Generator und Steuerungstechnik.
- ✔ **Turm:** Hebt die Rotorblätter auf eine optimale Höhe, um stärkere und konstantere Winde zu nutzen.
- ✔ **Transformator:** Wandelt die Spannung des erzeugten Stroms um, damit er ins Netz eingespeist werden kann.

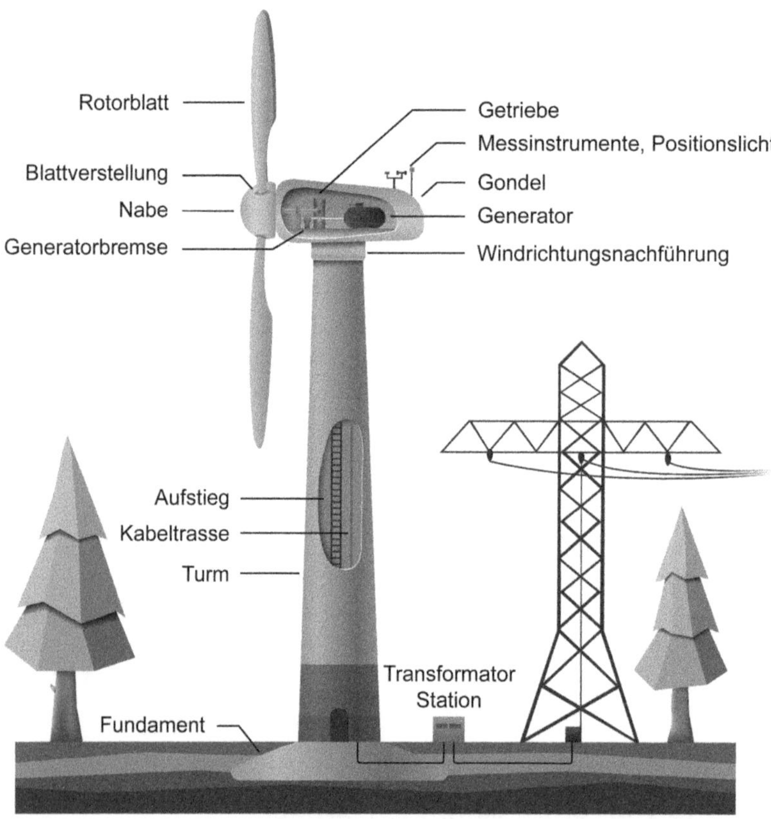

Abbildung 3.14: Aufbau Windrad (© bilderzwerg, stock.adobe.com)

Die Funktionsweise von Windkraftanlagen

Moderne Windkraftanlagen nutzen das Prinzip des aerodynamischen Auftriebs, um Wind in Energie umzuwandeln. Der Wind trifft auf die Rotorblätter, die ähnlich geformt sind wie Flugzeugtragflächen. Durch ihre spezielle Wölbung bewegt sich die Luft auf der Oberseite schneller als auf der Unterseite, wodurch ein Unterdruck entsteht. Diese Differenz erzeugt eine Auftriebskraft, die die Rotorblätter in Bewegung setzt. So wird die kinetische Energie des Windes in mechanische Energie umgewandelt.

Diese Drehbewegung wird über die Nabe, das zentrale Verbindungselement der Rotorblätter, an die Hauptwelle weitergegeben. Je größer die Rotorblätter sind, desto mehr

Windenergie kann genutzt werden, das steigert den Wirkungsgrad der Anlage. Windräder müssen hoch genug sein, weil der Wind in größeren Höhen gleichmäßiger und stärker weht. Damit die Anlage sicher steht, ist ein tiefes Fundament aus Stahl und Beton erforderlich.

Ganz oben auf dem Turm sitzt die Gondel, das Maschinenhaus der Anlage. Hier befinden sich die wichtigsten technischen Komponenten: der Generator, der die mechanische Energie der Rotorblätter in elektrische Energie umwandelt, und je nach Bauweise ein Getriebe, das die langsame Drehung der Rotorblätter in eine höhere Drehzahl für den Generator übersetzt.

Damit die Anlage den Wind gut nutzen kann, ist die Gondel drehbar. Sensoren messen die Windrichtung, und eine Steuerung sorgt dafür, dass sich der Rotor entsprechend ausrichtet. Der erzeugte Strom wird über Kabel durch den Turm nach unten geleitet, wo ein Transformator die Spannung anpasst, bevor der Strom ins öffentliche Netz eingespeist wird.

Windkraftanlagen gibt es mit und ohne Getriebe. Getriebelose Modelle haben den Vorteil, dass der Generator direkt mit den Rotorblättern verbunden ist, wodurch weniger Verschleißteile vorhanden sind. Sobald der Generator Strom erzeugt, sorgt ein Umrichter dafür, dass die Spannung auf die für das Stromnetz benötigten 50 Hertz angepasst wird.

Onshore-Windkraft (Windenergie an Land)

Onshore-Windkraftanlagen (siehe Abbildung 3.15), also solche an Land, haben in der Regel eine Höhe von ca. 90 bis 160 Metern. Dabei bezieht sich diese Angabe auf die Nabenhöhe, also den Abstand vom Boden bis zur Mitte des Rotors. Die Rotorblätter sind bis zu 90 Meter lang, sodass der gesamte Rotordurchmesser rund 180 - 10 Meter beträgt. Vereinzelt gibt es Anlagen mit noch größeren Rotorblättern und die Entwicklung geht hier auch immer weiter.

Abbildung 3.15: Onshore-Windanlagen (© Photyn Studio, stock.adobe.com)

Laut Daten der Fachagentur Wind und Solar und dem Marktstammdatenregister standen Ende 2024 in Deutschland insgesamt 28.766 Onshore-Windenergieanlagen mit einer Leistung von 63.461 MW. Im selben Jahr wurden 635 zusätzliche Anlagen mit insgesamt 3.251 MW ans Netz genommen.

Offshore-Windkraft (Windenergie auf See)

Offshore-Windräder (siehe Abbildung 3.16), die auf dem Meer errichtet werden, sind deutlich größer. Ihre Nabenhöhe kann über 130 Meter betragen, der Rotordurchmesser kann mehr als 200 Meter erreichen. Diese größeren Dimensionen ermöglichen eine höhere Energieausbeute, weil der Wind auf See konstanter und stärker weht. Offshore-Anlagen profitieren von konstanteren und stärkeren Winden, wodurch sie höhere Volllaststunden erreichen. Das bedeutet, dass sie über das Jahr hinweg gleichmäßiger Strom erzeugen können als Anlagen an Land.

Abbildung 3.16: Offshore-Windpark (© Kateryna, stock.adobe.com)

Offshore-Anlagen sind nicht grundsätzlich höher, aber sie haben normalerweise größere Rotoren und erzeugen dadurch mehr Strom pro Anlage. Der Grund ist, dass auf See mehr Platz ist, weniger Lärmschutzvorgaben und konstanter Winde wehen.

Windenergie und Stromverbrauch im Jahresverlauf

Die Stromerzeugung aus Windkraft schwankt im Verlauf des Jahres, aber auch innerhalb eines Tages. Im Winter wird viel Strom produziert, da in den kalten Monaten oft stärkere Winde wehen. Im Januar 2023 lag die erzeugte Windstrommenge zum Beispiel bei über 20 Terawattstunden. In den Sommermonaten ist die Produktion im Vergleich deutlich geringer. Im August desselben Jahres wurden nur ca. 5 bis 7 Terawattstunden erreicht.

Der Stromverbrauch bleibt im Vergleich dazu relativ konstant. In Deutschland werden täglich ungefähr 1.300 bis 1.500 Gigawattstunden Strom verbraucht. Das entspricht ca. 40 bis 46 Terawattstunden pro Monat. Im Winter steigt der Verbrauch etwas an, weil mehr geheizt und länger beleuchtet wird. Diese Verschiebung zwischen Stromangebot und -nachfrage zeigt auf, warum ein stabiles Stromnetz, zuverlässige Speicherlösungen und flexible Systeme notwendig sind. Dadurch kann die Versorgung auch dann sichergestellt werden, wenn der Wind einmal nicht weht.

Wirkungsgrad und Amortisationszeit

Moderne Windkraftanlagen wandeln die kinetische Energie des Windes in elektrische Energie um. Dabei erreichen sie einen Wirkungsgrad von ungefähr 45 bis 50 Prozent. Das bedeutet, dass sie fast die Hälfte der im Wind enthaltenen Energie in Strom umsetzen können. Diese Effizienz wird durch aerodynamische, mechanische und elektrische Verluste beeinflusst. Theoretisch liegt die maximale Grenze für den Wirkungsgrad (auch Betz-Grenze genannt) bei 59,3 Prozent.

Trotzdem können große Windräder unter günstigen Bedingungen jährlich bis zu 15 Millionen kWh Strom erzeugen. Das ist genug, um ungefähr 4.000 Haushalte mit Strom zu versorgen.

Die Effizienz einer Windkraftanlage hängt stark von ihrer Höhe und den Rotorblättern ab. Je höher, desto gleichmäßiger und stärker weht der Wind. Denn in Bodennähe gibt es Gebäude und natürliche Hindernisse, die zu Luftverwirbelungen führen. Dieses Phänomen wird als *Windscherung* bezeichnet. Im Durchschnitt steigt der Stromertrag um etwa ein Prozent pro zusätzlichen Höhenmeter. Auch die Länge der Rotorblätter ist wichtig: Werden sie verdoppelt, steigt der Stromertrag um das Vierfache, weil mehr Wind eingefangen wird.

Trotz des hohen Energieeinsatzes bei der Herstellung und Errichtung von Windkraftanlagen haben sie eine sehr positive Energiebilanz. Die energetische Amortisationszeit (also die Zeit, bis eine Windkraftanlage die für ihre Produktion benötigte Energie wieder erzeugt hat) liegt je nach Standort zwischen fünf und zwölf Monaten. Onshore-Windkraftanlagen benötigen durchschnittlich zwischen drei und sieben Monaten, um die investierte Energie zurückzugewinnen. Offshore-Anlagen mit höherer Leistung erreichen diesen Punkt in etwa vier bis fünf Monaten. Eine Windkraftanlage ist für mindestens 20 Jahre ausgelegt. Sie liefert während ihres Betriebs ein Vielfaches der Energie zurück, die für ihre Herstellung aufgewendet wurde. Wird die Anlage nach Ablauf dieser Zeit weiterbetrieben, verbessert sich dieses Verhältnis noch weiter.

Die Leistung von Windkraftanlagen hat sich in den letzten Jahrzehnten deutlich gesteigert. Eine durchschnittliche Anlage hatte 1990 noch 164 kW, um das Jahr 2000 wurde erstmals die 1-MW-Marke überschritten. Oft sind heute die Onshore-Windkraftanlagen in der 3-MW-Klasse angesiedelt und die größten Onshore-Anlagen liegen im Bereich von sechs bis acht MW. Offshore-Windparks setzen auf noch größere Turbinen, die aktuell Leistungen von 10 bis 15 MW erreichen.

Insgesamt gab es in Deutschland Anfang 2023 29.982 Windkraftanlagen, die eine Gesamtleistung von 66.242 MW bereitstellten. Damit war Deutschland führend in Europa.

Windkraft erzeugte in diesem Jahr 123 Terawattstunden (TWh), wodurch 95 Millionen Tonnen CO_2-Äquivalente eingespart wurden. Windkraft liefert heute einen wichtigen Beitrag zur Stromversorgung. Gleichzeitig treten dabei aber auch neue Schwierigkeiten auf, die gelöst werden müssen.

Herausforderungen der Windkraft:

- ✔ **Regionale Ungleichverteilung von Erzeugung und Verbrauch:** In der Windenergie wird das Ungleichgewicht zwischen den Regionen, in denen Strom erzeugt wird, und den Gebieten, in denen er verbraucht wird, immer deutlicher. Ein Großteil der Windenergie entsteht im Norden Deutschlands, der hohe Energiebedarf liegt aber vor allem im Süden. Dieses Gefälle nimmt mit dem weiteren Ausbau erneuerbarer Energien weiter zu und stellt die Übertragungsnetze vor große Herausforderungen. Dadurch kommt es zunehmend zu Situationen, in denen die vorgesehene Einspeisung aus Windkraft- und anderen Erneuerbaren-Anlagen nicht mehr ohne Netzüberlastungen oder Eingriffe ins System gewährleistet werden kann.

- ✔ **Netzintegration und Infrastruktur:** Die Einspeisung von Windstrom kann durch Netzengpässe eingeschränkt werden. Das kann zu lokalen oder regionalen Abschaltungen von Windparks führen, da das Stromangebot nicht über die bestehende Netzinfrastruktur zu Verbrauchern geleitet werden kann.

Um Schäden bei Stürmen zu vermeiden, gibt es spezielle Sicherheitsmaßnahmen:

- ✔ Ab einer Windgeschwindigkeit von 90 km/h werden die Rotorblätter in die *Fahnenstellung* gebracht, um die Angriffsfläche für den Wind zu reduzieren.

- ✔ Moderne Anlagen nutzen ein automatisches Pitch-System, das die Rotorblätter je nach Windstärke optimal ausrichtet.

- ✔ Früher wurden »Stall-Windenergieanlagen« genutzt, die durch gezielten Strömungsabriss ihre Leistung reduziert haben.

Wenn der Wind zu stark wird, kann es in bestimmten Regionen kurzfristig nötig sein, Windräder abzuschalten. Das ist aber kein Problem, denn andere erneuerbare Energiequellen wie Solarenergie, Wasserkraft oder Biomasse können den Ausfall ausgleichen.

Auch das Anlaufen der Windkraftanlagen passiert automatisch: Sobald die Windgeschwindigkeit etwa 3 m/s erreicht – also stark genug ist, um eine wirtschaftliche Stromproduktion zu ermöglichen –, beginnt die Anlage von selbst mit der Energieerzeugung.

Windenergie in Deutschland – Status quo 2024

In Deutschland leisten Windkraftanlagen einen bedeutenden Beitrag zur Stromversorgung. 2024 wurden wieder viele neue Anlagen errichtet. Die neu installierte Leistung betrug 3.567 MW, wovon 3.251 MW auf Onshore-Anlagen und 316 MW auf Offshore-Anlagen entfielen. Dieser stetige Ausbau hilft, die Abhängigkeit von fossilen Brennstoffen weiter zu verringern und den Anteil erneuerbarer Energien zu steigern.

Jährlich erzeugen Windkraftanlagen in Deutschland rund 137,6 Terawattstunden (TWh) Strom. Davon stammen 111,9 TWh aus Onshore-Windkraft und 25,7 TWh aus Offshore-Anlagen. Damit deckt Windenergie rund 33 Prozent des gesamten Bruttostromverbrauchs in Deutschland. Das ist ein Zeichen dafür, wie unverzichtbar sie mittlerweile für eine nachhaltige Energiezukunft geworden ist.

In Tabelle 3.6 sehen Sie einen Überblick über den Ausbau der Windenergie in Deutschland im Jahr 2024 (Stand 2024 – aus dem Marktstammdatenregister).

Bundesland / Seegebiet	Installierte Leistung (MW)	Hinweis
Niedersachsen	12.965	Höchste Leistung aller Bundesländer
Schleswig-Holstein	8.973	Starker Ausbau an Land und Küste
Brandenburg	8.997	Windstärkstes Binnenland
Nordrhein-Westfalen	7.778	Bedeutender Zuwachs im Binnenland
Sachsen-Anhalt	5.503	Hohe Dichte an Windparks
Mecklenburg-Vorpommern	3.797	Küstennahe Windnutzung
Rheinland-Pfalz	4.151	Starker Binnenland-Ausbau
Thüringen	1.853	Potenzial für Repowering
Bayern	2.675	Geringer Ausbau, Genehmigungshemmnisse
Baden-Württemberg	1.889	Nachholbedarf bei Windkraft
Hessen	2.639	Moderate Entwicklung
Sachsen	1.361	Geringer Anteil
Saarland	553	Kaum Ausbaupotenzial
Bremen	202	Kaum Flächen
Hamburg	125	Stadtgebiet begrenzt
Nordsee (Offshore)	7.391	Zentrale Rolle für Offshore-Wind
Ostsee (Offshore)	1.831	Wachsende Bedeutung
Gesamt	**72.683 MW**	**Davon 63.461 MW an Land und 9.222 MW auf See**

Tabelle 3.6: Ausbau von Windkraft in Deutschland 2024

Windenergie weltweit

Der Ausbau von Windkraft verläuft weltweit sehr unterschiedlich.

- ✔ An der Spitze steht die **Asien-Pazifik-Region** mit einer installierten Leistung von 404.141 Megawatt (MW). Besonders China und Indien investieren massiv in Windkraft, um ihren wachsenden Energiebedarf nachhaltiger zu decken und ihre Abhängigkeit von fossilen Brennstoffen zu verringern.

- ✔ **Europa** folgt mit 235.950 MW. Windkraft ist sehr wichtig, vor allem in Ländern wie Deutschland, Spanien und Dänemark, die frühzeitig auf diese Technologie gesetzt haben.
- ✔ In **Nord- und Südamerika** ist die installierte Kapazität etwas geringer, doch insbesondere die USA treiben den Ausbau kontinuierlich voran – sowohl an Land (Onshore) als auch auf See (Offshore).
- ✔ **Afrika und der Nahe Osten** haben bislang noch vergleichsweise wenig Windkraftleistung installiert. Doch Länder wie Marokko und Südafrika bieten ideale Windbedingungen und könnten in den kommenden Jahren stärker auf diese Energiequelle setzen.

Insgesamt zeigt sich, dass Windkraft weltweit immer wichtiger wird. Die installierte Gesamtkapazität hat inzwischen die Marke von 800.000 MW überschritten. Mit dieser Leistung könnte man rechnerisch ca. 600 Millionen Haushalte weltweit mit Strom versorgen, abhängig vom jeweiligen Verbrauchsniveau. Hinweis: Diese Zahl basiert auf einem durchschnittlichen Haushaltsverbrauch von etwa 3.500 kWh pro Jahr (typischer europäischer Wert). In Regionen mit geringerem Verbrauch (zum Beispiel in Teilen Afrikas oder Asiens) wären es deutlich mehr Haushalte, in stromintensiven Ländern (zum Beispiel USA) entsprechend weniger.

In Tabelle 3.7 sehen Sie die installierte Leistung nach Regionen.

Region	Installierte Leistung (MW)	Anteil an der weltweiten Gesamtleistung (%)
Asien-Pazifik-Region	404.141 MW	ca. 43
Europa	235.950 MW	ca. 25
Amerika (Nord- und Südamerika)	202.106 MW	ca. 21
Afrika / Mittlerer Osten	7.939 MW	ca. 1
Welt (gesamt)	850.136 MW	100

Tabelle 3.7: Installierte Windkraftleistung nach Region

Wasserkraft: Energie aus fließendem Wasser

Wasserkraftwerke lassen sich je nach Betriebsweise in verschiedene Typen einteilen. **Laufwasserkraftwerke** befinden sich in der Regel an Flüssen oder Kanälen und nutzen die natürliche Strömung des Wassers zur Stromerzeugung (siehe Abbildung 3.17). **Speicherwasserkraftwerke** hingegen sind häufig an Stauseen oder Talsperren zu finden, wo sie Wasser gezielt speichern und je nach Bedarf zur Energiegewinnung freisetzen. Neben diesen beiden Hauptarten gibt es in einigen Regionen der Welt auch **Gezeitenkraftwerke**, die die Bewegung der Meeresströmungen nutzen, sowie **Wellenkraftwerke**, die Energie aus der Kraft der Meereswellen gewinnen.

Abbildung 3.17: Wasserkraftwerk Fluss (© fototrm12, stock.adobe.com)

Laufwasserkraftwerke

Ein Laufwasserkraftwerk nutzt die natürliche Strömung eines Flusses, um Strom zu erzeugen. Dabei wird der Fluss oft durch ein Wehr aufgestaut, um einen Höhenunterschied zu schaffen (siehe Abbildung 3.18). Das aufgestaute Wasser strömt anschließend durch eine Rechenanlage, die Treibgut und Fische zurückhält. Das aufgestaute Wasser fließt mit erhöhtem Druck durch Schächte und treibt dabei Turbinen an. Diese Turbinen sind mit Generatoren verbunden, die die mechanische Energie in elektrische Energie umwandeln. Nach dem Durchlaufen der Turbine wird das Wasser über einen Saugschlauch wieder in das Unterwasser zurückgeführt.

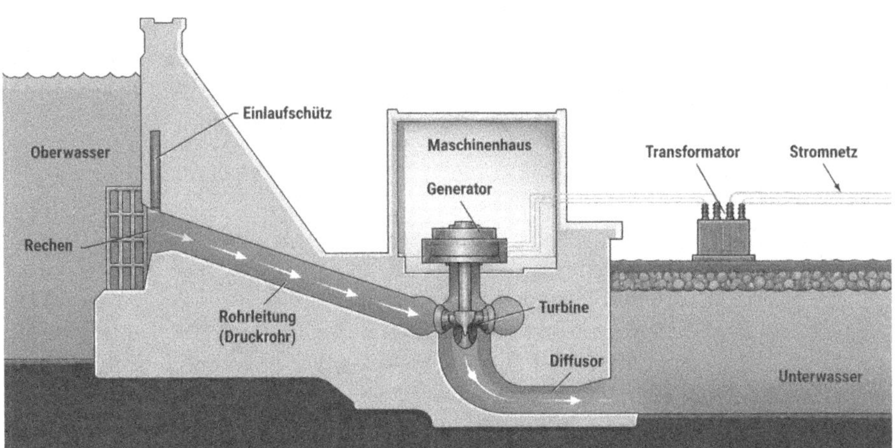

Abbildung 3.18: Wie funktioniert ein Laufwasserkraftwerk?

Die erzeugte Strommenge hängt dabei vor allem von der Wassermenge und dem Höhenunterschied ab: Je größer der Höhenunterschied und die Wassermenge, desto mehr Strom kann produziert werden.

Wasserkraft an der Isar (München)

Im Süden Deutschlands, besonders in Bayern, nutzt man häufig Flüsse mit natürlichem Gefälle. Ein Beispiel dafür sind die Wasserkraftwerke am sogenannten Werkkanal der Isar bei München.

Südlich von Baierbrunn wird ein Teil des Isarwassers in einen künstlichen Kanal abgeleitet. Dieser Kanal verläuft parallel zum Fluss und nutzt das Höhengefälle, das die Isar auf ihrem Weg aus den Alpen mitbringt. Entlang dieses Kanals stehen drei Laufwasserkraftwerke, die das fließende Wasser direkt zur Stromerzeugung nutzen.

Das älteste dieser Kraftwerke, das Isarwerk 1, stammt aus der Zeit vor dem Ersten Weltkrieg. Später kamen zwei weitere Anlagen hinzu, um das vorhandene Gefälle besser auszunutzen. Diese Wasserkraftwerke liefern relativ konstant Strom, solange genügend Wasser im Fluss vorhanden ist.

Beim Betrieb wird darauf geachtet, dass die Isar weiterhin genug Wasser führt und ihre ökologische Funktion behält. Dazu gehören Mindestwassermengen im Fluss und technische Maßnahmen, damit Fische und andere Wasserlebewesen die Anlagen passieren können. Am Großhesseloher Wehr wurde zum Beispiel eine Fischaufstiegshilfe eingebaut, damit Tiere stromaufwärts wandern können.

Treibgut wie Äste oder Müll, das im Kanal schwimmt, wird vor den Turbinen abgefangen und entfernt. Gleichzeitig haben sich rund um die Anlagen ruhige Bereiche entwickelt, die von Wasservögeln als Lebensraum genutzt werden.

Speicherkraftwerke

Bei Speicherwasserkraftwerken wird ein Fluss durch eine Staumauer oder einen Staudamm aufgestaut, sodass ein großer Stausee entsteht. Da ein einzelner Fluss oft nicht genug Wasser liefert, wird manchmal zusätzlich Wasser aus anderen Flüssen über Stollen oder Kanäle in das Becken geleitet.

Wenn Strom benötigt wird, öffnen sich die Schleusen des Stausees, und das Wasser strömt mit hohem Druck durch Rohrleitungen oder Stollen zum tiefer gelegenen Maschinenhaus. Durch den großen Höhenunterschied kann der Wasserdruck bis zu 200 bar erreichen. Dort trifft das Wasser auf eine Turbine, die es in Bewegung versetzt. Genau wie bei einem Laufwasserkraftwerk ist diese Turbine mit einem Generator verbunden, der die mechanische Energie in Strom umwandelt. Anschließend wird der erzeugte Strom ins Stromnetz eingespeist.

Nach der Stromproduktion fließt das Wasser oft in ein Unterbecken, das meist als kleinerer Stausee dient. Manche Anlagen können das Wasser sogar wieder in den oberen Stausee zurückpumpen, um es später erneut zur Stromerzeugung zu nutzen. Solche Kraftwerke nennt man Pumpspeicherkraftwerke.

Speicherwasserkraftwerke sind praktisch, weil sie flexibel einsetzbar sind und je nach Strombedarf Energie liefern können. Allerdings ist ihr Bau aufwendig und kann starke Auswirkungen auf die Umwelt haben, weil Flusslandschaften und Lebensräume verändert werden.

Pumpspeicherkraftwerke

Pumpspeicherkraftwerke sind eine besondere Art von Speicherwasserkraftwerken, die keinen natürlichen Flusszulauf benötigen. Ihr Aufbau ist ähnlich dem herkömmlicher Speicherkraftwerke. Sie bestehen aus einem Ober- und einem Unterbecken, die über Druckrohre miteinander verbunden sind (siehe Abbildung 3.19).

Bei überschüssigem Stromangebot, zum Beispiel durch starke Wind- oder Sonnenenergieproduktion, wird Wasser vom Unterbecken ins Oberbecken gepumpt. Bei erhöhtem Strombedarf lässt man das Wasser zurück ins Unterbecken fließen, wobei es Turbinen antreibt, die wiederum Strom erzeugen. Dieser Prozess ermöglicht es, Schwankungen im Stromnetz auszugleichen und eine stabile Energieversorgung sicherzustellen. Statt ungenutzte Energie also zu verschwenden, kann sie zum Hochpumpen des Wassers genutzt und später bei hoher Nachfrage wieder in Strom umgewandelt werden.

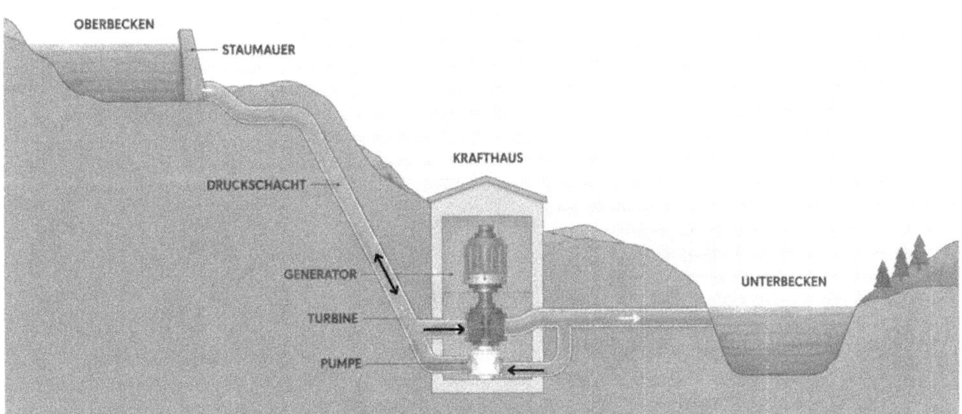

Abbildung 3.19: Aufbau Pumpspeicherkraftwerk

Ein gutes Beispiel für den internationalen Einsatz dieser Technologie ist Norwegen, wo zahlreiche Pumpspeicherkraftwerke in Betrieb sind. Seit Mai 2021 verbindet das 623 Kilometer lange Hochspannungs-Gleichstromkabel die Stromnetze Deutschlands und Norwegens. Diese Verbindung ermöglicht den Austausch von überschüssigem Windstrom aus Deutschland mit norwegischer Wasserkraft. Bei hohem Windaufkommen in Deutschland kann überschüssiger Strom nach Norwegen exportiert werden, wo er genutzt wird, um Wasser in höher gelegene Speicherbecken zu pumpen. Bei geringerer Stromproduktion in Deutschland kann die gespeicherte Wasserkraft aus Norwegen zurückgeleitet werden, um den deutschen Strombedarf zu decken.

Mit einem Wirkungsgrad von 75 bis 85 Prozent gehören Pumpspeicherkraftwerke zu den effizientesten Methoden zur Speicherung großer Energiemengen. Sie sind aktuell die leistungsfähigste Lösung, um elektrische Energie in großem Maßstab für eine spätere Nutzung bereitzuhalten und das Stromnetz stabil zu halten.

Gezeitenkraftwerke

Gezeitenkraftwerke erzeugen Strom, indem sie die regelmäßigen Bewegungen des Meerwassers durch Ebbe und Flut nutzen. Diese Wasserstandsschwankungen entstehen durch die Anziehungskraft des Mondes, der die Erde umkreist. Während des Wechsels zwischen Hoch- und Niedrigwasser fließt das Wasser mit hoher Energie, die von Gezeitenkraftwerken in elektrische Energie umgewandelt wird. Obwohl diese Technologie noch nicht weit verbreitet ist, zeigt sie insbesondere in küstennahen Regionen mit starkem Tidenhub Potenzial.

Der *Tidenhub* beschreibt den Höhenunterschied zwischen Ebbe und Flut. Je größer dieser Unterschied ist, desto mehr Energie kann ein Gezeitenkraftwerk gewinnen (siehe Abbildung 3.20).

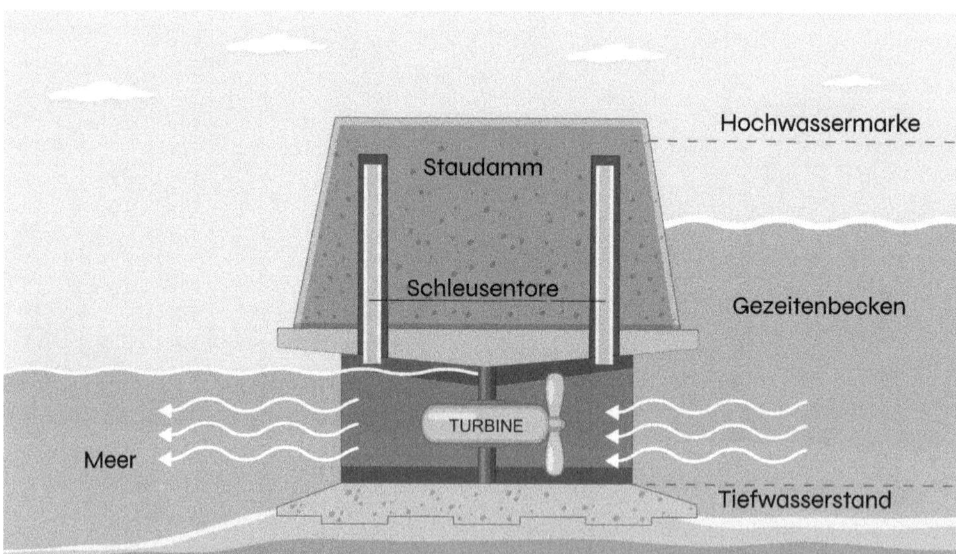

Abbildung 3.20: Gezeitendamm, Quelle: Eigene Darstellung basierend auf `https://www.magnific.com/de/vektoren-kostenlos/gezeitenstromkonzept-fuer-die-naturwissenschaftlichebildung_39207806.htm#fromView=keyword&page=6&position=18&uuid=9a1c18a7-9df1-4259-b3e6-507fbc6bcb95&query=Wasser+reservoir`

Gezeitendamm

Sie werden häufig in Meeresbuchten oder Flussmündungen mit einem hohen Tidenhub errichtet. Ein Damm trennt dabei ein Becken vom Meer. Bei Flut strömt Wasser durch Turbinen in das Becken und treibt dabei Generatoren an. Bei Ebbe fließt das Wasser zurück ins Meer und passiert erneut die Turbinen, die wiederum Strom erzeugen. Um die Energiegewinnung in beide Richtungen zu ermöglichen, sind die Turbinenblätter verstellbar.

Das älteste Gezeitenkraftwerk der Welt befindet sich in Frankreich und nutzt die Kraft des Atlantiks in der Mündung des Flusses Rance. Die Anlage macht sich den dortigen Tidenhub von bis zu acht Metern zunutze und erreicht eine Spitzenleistung von 240 Megawatt (MW). Seit 1966 in Betrieb, produziert das Rance-Gezeitenkraftwerk jährlich rund 500 Gigawattstunden (GWh) Strom. Über Jahrzehnte hinweg war es das leistungsstärkste Gezeitenkraftwerk weltweit, bis es 2011 vom südkoreanischen Sihwa-Lake-Gezeitenkraftwerk mit einer Kapazität von 254 MW übertroffen wurde.

Gezeitenlagunen

Eine Gezeitenlagune arbeitet nach einem ähnlichen Prinzip wie ein Gezeitendamm, jedoch wird hier eine künstliche Lagune entlang der Küstenlinie angelegt. Diese Lagune wird durch eine Art Damm oder Barriere vom offenen Meer getrennt. Ein Beispiel dafür ist das oben erwähnte Sihwa-Lake-Gezeitenkraftwerk in Südkorea.

In-Flow-Gezeitenkraftwerke

In-Flow-Gezeitenkraftwerke kommen ohne Damm oder Lagune aus. Sie setzen auf Unterwasser-Turbinen, die direkt am Meeresboden installiert werden. Diese Turbinen ähneln Windkraftanlagen und werden von den ein- und ausströmenden Gezeitenströmungen angetrieben.

Weltweit gibt es aktuell nur neun Gezeitenkraftwerke, die kommerziell betrieben werden. Je nach Definition und je nachdem, ob kleinere Demonstrations- und Versuchsanlagen mitgezählt werden, liegt ihre Zahl bei ca. neun. Das liegt vor allem daran, dass nur rund 100 Küstenregionen weltweit über einen ausreichend hohen Tidenhub verfügen, um diese Technik wirtschaftlich nutzbar zu machen. Deshalb ist es unwahrscheinlich, dass in absehbarer Zeit ein Gezeitenkraftwerk vor der deutschen Küste entstehen wird.

Gezeitenkraftwerke: Die Vor- und Nachteile

Gezeitenkraftwerke nutzen die natürlichen Bewegungen von Ebbe und Flut, um Strom zu erzeugen. Da diese durch die Anziehungskraft von Mond und Sonne entstehen, verlaufen sie sehr regelmäßig und lassen sich gut vorhersagen. Dadurch ist die Stromproduktion planbarer als bei vielen anderen erneuerbaren Energien. Im Betrieb entstehen dabei keine direkten CO_2-Emissionen, und die Anlagen können über lange Zeit genutzt werden.

Allerdings sind Gezeitenkraftwerke nur an wenigen Orten sinnvoll einsetzbar, nämlich dort, wo die Gezeitenunterschiede groß genug sind. Auch der Bau ist aufwendig und teuer, weshalb sich diese Technologie bislang nur begrenzt durchgesetzt hat. Eine Studie aus 2019 schätzt diese auf etwa 130 bis 280 US-Dollar pro Megawattstunde.

Gibt es eine Zukunft für Gezeitenenergie?

In Deutschland ist der Ausbau von Gezeitenkraftwerken wegen des geringen Tidenhubs in Nord- und Ostsee eher unwahrscheinlich. 2005 kam eine Studie zu dem Schluss, dass das Potenzial für diese Technologie hierzulande sehr begrenzt ist, und daran hat sich nichts geändert. Anderswo sieht die Lage anders aus: Großbritannien beispielsweise geht davon aus, dass Gezeiten- und Wellenkraftwerke gemeinsam bis zu 20 Prozent des aktuellen Strombedarfs decken könnten.

Wellenkraftwerke

Das Meer ist ständig in Bewegung, durch Wellen, Gezeiten und Strömungen. Diese enorme Energie lässt sich technisch nutzen, um Strom zu erzeugen. Dabei werden zwei Hauptarten unterschieden:

- ✔ Meeresströmungskraftwerke, die die Bewegung von Meeresströmungen in Energie umwandeln, und
- ✔ Wellenkraftwerke, die die Kraft der Meereswellen nutzen.

Meeresströmungskraftwerke (siehe Abbildung 3.21) funktionieren ähnlich wie Windräder, nur unter Wasser. Sie bestehen aus einem im Meeresboden verankerten Turm mit einer oder mehreren Turbinen, die sich durch das fließende Wasser drehen. Ein bekanntes Beispiel ist das »SeaGen«-Kraftwerk vor der Küste Nordirlands. Es war von 2008 bis 2016 in Betrieb und gehörte zu den ersten kommerziellen Anlagen dieser Art. Sein Nachfolger, das Projekt »MeyGen« zwischen dem schottischen Festland und den Orkneyinseln, gilt heute als eines der größten Gezeiten- und Strömungskraftwerke der Welt. Anfang 2023 meldeten die Betreiber, dass bereits rund 50 Gigawattstunden (GWh) Strom erzeugt wurden, das entspricht der jährlichen Leistung einer modernen Windkraftanlage.

Abbildung 3.21: Meeresströmungskraftwerke (© Pure Imagination, stock.adobe.com)

Wellenkraftwerke (siehe Abbildung 3.22) wandeln die Bewegungsenergie der Wasseroberfläche in Strom um. Moderne Anlagen bestehen oft aus schwimmenden Modulen oder Bojen, die auf der Wasseroberfläche treiben und durch flexible Leitungen miteinander verbunden sind. Wenn die Wellen die Schwimmkörper anheben und wieder absenken, entstehen fortlaufende Bewegungen. Diese treiben Hydrauliksysteme oder lineare Generatoren an, die die kinetische Energie in elektrische Energie umwandeln.

Der erzeugte Strom wird anschließend über Seekabel an Land transportiert und ins Stromnetz eingespeist. Diese Technologie hat den Vorteil, dass sie auch bei schwachem Wind Energie liefert und sich gut mit Wind- und Solarstrom kombinieren lässt. Noch befindet sie sich in der Erprobungsphase, doch insbesondere in Schottland, Portugal und Norwegen laufen bereits mehrere Versuchsanlagen im offenen Meer, die zeigen, dass Wellenkraft ein wichtiger Baustein der zukünftigen Energieversorgung werden kann.

Abbildung 3.22: Wellenkraftwerk (© Kateryna, stock.adobe.com)

Wasserkraft in Deutschland

In Deutschland gibt es rund 7.300 Wasserkraftwerke mit einer gesamten installierten Leistung von etwa 5.600 Megawatt (MW). Der Großteil davon, ca. 6.900 Anlagen, zählt zur Kleinwasserkraft, also Kraftwerke mit einer Leistung von unter 1 MW. Diese kleinen Anlagen tragen jedoch nur etwa 14 Prozent zur gesamten Wasserkraft-Stromproduktion bei. Die verbleibenden 400 größeren Kraftwerke (etwa sechs Prozent der Gesamtanzahl) erzeugen dagegen rund 86 Prozent des Wasserkraftstroms. Jährlich speisen die Wasserkraftwerke etwa 2,9 bis 3,8 Prozent des Bruttostromverbrauchs ins öffentliche Netz ein. Der größte Teil dieses Stroms, über 90 Prozent, stammt aus großen Wasserkraftwerken.

Wasserkraft war lange das große Rückgrat der nachhaltigen Stromerzeugung. Ihr Anteil innerhalb der erneuerbaren Energien nimmt fortlaufend ab. Aktuell liegt er bei ungefähr acht Prozent und wird voraussichtlich weiter sinken. Das bedeutet nicht, dass bestehende Wasserkraftwerke abgebaut werden, sondern liegt vor allem daran, dass das Wasserkraftpotenzial in Deutschland bereits weitgehend ausgeschöpft ist. Andere erneuerbare Energien, wie Wind- und Solarenergie, werden weiterhin ausgebaut.

Das technisch nutzbare Potenzial der Wasserkraft in Deutschland wird auf rund 25 Terawattstunden (TWh) pro Jahr geschätzt. In den letzten zehn Jahren wurden bereits bis zu 23 TWh jährlich durch Wasserkraft erzeugt. Das bedeutet, dass die verfügbaren Kapazitäten weitgehend ausgeschöpft sind. Viele Bundesländer haben das Potenzial der Wasserkraft genauer untersucht und dabei fast 40.000 Standorte analysiert. Auf Grundlage dieser Untersuchungen wird das noch nutzbare Potenzial auf etwa 1,3 bis 1,4 TWh pro Jahr geschätzt (Umweltbundesamt, 2023). Der Großteil dieses Potenzials (ca. 70 Prozent) könnte durch die Modernisierung bereits bestehender Wasserkraftwerke erschlossen werden.

Biomasse: Energie aus Pflanzen und Abfällen

Biomasse speichert Sonnenenergie in pflanzlicher Form und kann als erneuerbare Energiequelle genutzt werden (siehe Abbildung 3.23). Sie tritt in verschiedenen Formen auf und einige Formen oder Arten eignen sich besonders gut zur energetischen Nutzung, darunter sind Holz, Getreidepflanzen sowie zucker- und ölhaltige Pflanzen. Auch organische Reststoffe wie Gülle, Stallmist, Bioabfälle, Klärschlämme und Deponiegase zählen zur Biomasse und können energetisch verwertet werden.

Um Biomasse in nutzbare Energie umzuwandeln, gibt es verschiedene Verfahren:

- ✔ **Thermische Prozesse:** Vollständige Verbrennung von Biomasse (Lambda >= 1). Hierbei entsteht nutzbare Wärme und in Anlagen mit Kraft-Wärme-Kopplung kann über einen Dampfprozess auch Strom erzeugt werden.
- ✔ **Thermochemische Prozesse:** Bei der Pyrolyse werden Stoffe unter Ausschluss von Sauerstoff thermisch zersetzt (Lambda = 0) und es entstehen Kohle, Gase (zum Beispiel Wasserstoff, Methan, Kohlenstoffmonooxid) und Öle. Bei der Vergasung liegt Sauerstoff vor, aber die Menge reicht nicht zu einer vollständigen Verbrennung (Lambda < 1). Hier entstehen auch Gase, Öle und Kohle. So erzeugte Gase werden zum Beispiel in Blockheizkraftwerken (BHKWs) genutzt.
- ✔ **Mechanisch-chemische Verfahren:** Durch Pressung oder Extraktion lassen sich Pflanzenöle gewinnen, die direkt als Kraftstoff genutzt oder in Biodiesel umgewandelt werden.
- ✔ **Biochemische Prozesse:** Hierzu zählt die alkoholische Gärung, bei der Ethanol entsteht, sowie die anaerobe Vergärung, die Biogas produziert.
- ✔ **Aerober Abbau:** Biomasse kann auch durch Kompostierung verwertet werden, wobei dabei keine direkte Energiegewinnung stattfindet.

Die meisten dieser Umwandlungsprodukte werden anschließend durch Verbrennung in Wärme, mechanische Energie oder Strom umgewandelt.

Die breite Palette an verfügbaren Rohstoffen und Umwandlungsverfahren macht Bioenergie vielseitig nutzbar. Sie kann in allen Bereichen der Energieversorgung eingesetzt werden: als Kraftstoff für Fahrzeuge mit Verbrennungsmotoren, zur Beheizung von Wohnhäusern, zur Bereitstellung von Prozesswärme in industriellen Anwendungen und zur Stromproduktion. In vielen Fällen lassen sich Wärme- und Stromerzeugung effizient miteinander kombinieren, wodurch die Energie nachhaltig genutzt wird.

Abbildung 3.23: Biomasseanlage Luftansicht (© Kletr, stock.adobe.com)

Klimaschutz durch Biomassenutzung

Biomasse gilt als klimafreundlicher Energieträger, weil bei ihrer Verbrennung nur die Menge an Kohlendioxid (CO_2) freigesetzt wird, die die Pflanzen zuvor bei ihrem Wachstum aufgenommen haben. Dieser geschlossene Kohlenstoffkreislauf trägt dazu bei, die Netto-CO_2-Emissionen zu reduzieren.

Allerdings muss der gesamte Energieaufwand für Anbau, Ernte, Verarbeitung und Transport berücksichtigt werden. In Abhängigkeit von der Art der Biomasse und der eingesetzten Technologie kann dieser zusätzliche Energiebedarf die CO_2-Bilanz beeinflussen.

Die energetische Nutzung von Biomasse wird dennoch intensiv diskutiert, weil sie sowohl Chancen als auch Herausforderungen für Umwelt und Gesellschaft mit sich bringt. Einige Formen der Biomassenutzung stehen dabei in der Kritik, andere gelten als zukunftsträchtige Alternativen.

Kritische Betrachtung bestimmter Biomasse-Arten

Vor allem der Anbau von Pflanzen wie Mais für die Biogaserzeugung wird zunehmend hinterfragt. Obwohl Biogas eine bessere CO_2-Bilanz als fossile Brennstoffe aufweist, gibt es deutliche Nachteile auch im direkten Vergleich mit anderen erneuerbaren Energien:

- ✔ Monokulturen verdrängen natürliche Lebensräume.
- ✔ Der Einsatz von Düngemitteln und Pestiziden belastet Böden und Gewässer.
- ✔ Die Artenvielfalt leidet unter der flächendeckenden landwirtschaftlichen Nutzung.
- ✔ Der Energieertrag pro Hektar ist vor allem im Vergleich zu Freiflächen-PV gut 20-mal niedriger.
- ✔ Biogas ist verglichen mit Wind- und PV-Strom trotz jahrzehntelanger Förderung noch immer verhältnismäßig teuer.

Es kann also zu Schäden an der Bodenstruktur, verstärktem Bodenabtrag, einem Rückgang des Humusgehalts sowie einem erhöhten Eintrag von Nährstoffen in Gewässer kommen. Außerdem kann die Zerstörung natürlicher Lebensräume die Artenvielfalt erheblich beeinträchtigen. Hinzu kommt ein Flächenkonflikt, weil Ackerland für Energiepflanzen genutzt wird, anstatt Nahrungsmittel anzubauen. Dies ist problematisch in Zeiten steigender globaler Ernährungsunsicherheit.

Die energetische Nutzung von Holz wird zunehmend kritisch gesehen. Holz gilt zwar als erneuerbarer Rohstoff, allerdings ist die CO_2-Bilanz nicht zwangsläufig klimafreundlich. Damit Holz als klimaneutral gilt, müsste im Wald genauso viel nachwachsen, wie entnommen wird. Das klappt nicht immer. Laut dem Weltklimarat müssen Wälder in Zukunft sogar mehr CO_2 binden als bisher, um die Klimaziele zu erreichen. Das bedeutet, es darf nicht nur darauf geachtet werden, dass genug Holz nachwächst, sondern auch, dass der darin gespeicherte Kohlenstoff möglichst lange gebunden bleibt, zum Beispiel in langlebigen Holzprodukten anstatt in kurzfristiger Energiegewinnung durch Verbrennung.

Zukunftspotenziale

Das Hauptpotenzial von Biomasse liegt in der Nutzung von Abfall- und Reststoffen. Dazu gehören organische Abfälle wie Gülle, Ernterückstände, Klärschlamm oder Holzreste aus der Forstwirtschaft. Diese Materialien werden in Biogasanlagen verwertet und liefern erneuerbare Energie, ohne dass zusätzliche Anbauflächen benötigt werden. Dadurch entfallen die negativen Umweltfolgen, die mit dem Anbau von Energiepflanzen verbunden sind. Zudem hilft die Nutzung solcher Reststoffe, Emissionen zu reduzieren, die andernfalls durch natürliche Verrottung entstehen würden.

Jährlich wächst weltweit mehr Biomasse nach, als für den aktuellen Energiebedarf der Menschheit erforderlich wäre, ihr theoretisches Potenzial übersteigt diesen um das Fünf- bis Sechsfache. Allerdings kann nur ein begrenzter Teil tatsächlich genutzt werden, weil ökologische, technische und wirtschaftliche Faktoren eine uneingeschränkte Nutzung nicht zulassen. Dennoch bleibt die energetische Nutzung von Biomasse eine vielversprechende Möglichkeit für eine nachhaltige Energieversorgung.

In Deutschland könnte Biomasse bis zum Jahr 2050 einen wesentlichen Beitrag zur Deckung des Energiebedarfs leisten. Prognosen zufolge wäre es möglich, bis zu 23 Prozent der benötigten Wärme, Elektrizität und der Kraftstoffe aus biogenen Quellen zu gewinnen. Holz, Energiepflanzen, Stroh und Biogas haben das Potenzial, langfristig eine zentrale Rolle im erneuerbaren Energiemix zu übernehmen.

Darüber hinaus könnte künftig der Import von Biomasse oder daraus gewonnener Energieträger weiter ausgebaut werden. Im Vergleich zu fossilen Energieträgern ist die Importabhängigkeit dabei weniger kritisch. Einerseits gibt es eine größere Vielfalt an Lieferländern, andererseits unterliegt Biomasse keiner schwindenden Verfügbarkeit wie Öl oder Gas. Diese Faktoren machen sie zu einer flexiblen und nachhaltigen Alternative im globalen Energiesystem.

Umgebungswärme

Umgebungswärme bezeichnet jegliche natürliche Wärmeenergie, die aus der unmittelbaren Umgebung gewonnen wird. Dazu zählt insbesondere die Umweltwärme, also Energie, die aus Luft, Wasser oder dem Erdreich stammt. Ein Teilbereich davon ist die oberflächennahe Geothermie.

Umweltwärme bezeichnet Energie, die aus folgenden Quellen entnommen wurde und für Heizzwecke nutzbar gemacht wird:

- ✔ Energie aus der Luft in Bodennähe (»aerothermische Wärme«)
- ✔ Energie aus Oberflächengewässern, wie zum Beispiel Seen und Flüsse (»hydrothermische Wärme«)
- ✔ Geothermische Wärme aus dem Erdreich oder Grundwasser (oberflächennahe Geothermie)

Zur **oberflächennahen Geothermie** zählt die Wärme, die im Erdreich bis zu einer Tiefe von 400 Metern gespeichert ist, auch als geothermische Umweltwärme bekannt. Dazu gehört ebenfalls die Wärme aus dem Grundwasser. Diese Energiequellen können mit entsprechenden Technologien erschlossen und effizient genutzt werden (siehe Abschnitt »Geothermie: Heiße Energie aus der Tiefe«).

Da diese Energiequellen nicht warm genug sind, um Gebäude direkt zu beheizen, kommen Wärmepumpen zum Einsatz. Sie erhöhen die Temperatur auf ein Niveau, das zum Heizen geeignet ist.

Was ist eine Wärmepumpe und wie funktioniert sie?

Wärmepumpen sorgen für die Beheizung von Räumen und die Erwärmung von Trinkwasser. Wärmepumpen werden schon länger in Einfamilienhäusern genutzt, aber mittlerweile kommen sie immer häufiger auch in größeren Wohnanlagen, Bürogebäuden und in der Industrie zum Einsatz. Dank technischer Weiterentwicklungen und der Verbesserung von leistungsstarken Großwärmepumpen sind sie inzwischen auch für größere Projekte wirtschaftlich und effizient nutzbar.

Eine Wärmepumpe funktioniert ähnlich wie ein Kühlschrank, nur ist die Nutzenergie hier anders definiert. Während ein Kühlschrank die Wärme aus dem Innenraum nach außen abführt, entzieht die Wärmepumpe ihrer Umgebung (zum Beispiel der Luft, dem Boden oder Wasser) Wärmeenergie, erhöht das Temperaturniveau und gibt sie an das Heizsystem eines Gebäudes weiter.

Dies geschieht, indem die aufgenommene Wärme von einem speziellen Kältemittel gespeichert wird. Durch die Umweltwärme verdampft das Kältemittel. Dieser Dampf wird dann im Verdichter verdichtet, was zu einer Erhöhung von Druck und Temperatur führt. Das nun heiße, komprimierte Gas gelangt anschließend in den Wärmeübertrager, wo es die Wärme an das Heizsystem abgibt. Während es abkühlt, kondensiert das Kältemittel wieder in flüssige Form. Im letzten Schritt senkt ein Expansionsventil den Druck des Kältemittels, wodurch es weiter abkühlt und im Verdampfer erneut Umgebungswärme aufnehmen kann – der Kreislauf beginnt von vorn.

Wärmepumpen nutzen unterschiedliche Energiequellen, um Wärme für Heizung und Warmwasser zu gewinnen. Die drei Hauptquellen sind Luft, Erde und Wasser. Je nach Energiequelle gibt es verschiedene Wärmepumpenarten (siehe Abbildung 3.24):

- ✔ **Erdwärmepumpen**
  - *Wasser-Wasser-Wärmepumpe (Grundwasserwärmepumpe)* – nutzt Grundwasser als Wärmequelle, ist sehr effizient, aber genehmigungspflichtig.
  - *Sole-Wasser-Wärmepumpe* – entzieht dem Erdreich Wärme über Erdsonden oder Flächenkollektoren, bietet stabile Temperaturen.
- ✔ **Luftwärmepumpen**
  - *Luft-Wasser-Wärmepumpe* – nutzt Umgebungsluft, ist vergleichsweise günstig, aber weniger effizient bei kalten Temperaturen.
  - *Luft-Luft-Wärmepumpe* – Die Luft-Luft-Wärmepumpe ist eher selten, weil sie noch relativ neu ist und nicht allein als Heizsystem ausreicht. Sie erwärmt ausschließlich die Raumluft, sodass eine zusätzliche Wärmequelle nötig ist, um das Brauchwasser zu erhitzen.

Innerhalb der Luft-Wasser-Wärmepumpen gibt es zwei Bauweisen: die Monoblock-Modelle, bei denen alle Komponenten in einem Gerät untergebracht sind, und Split-Wärmepumpen, die aus einer Innen- und einer Außeneinheit bestehen.

Neben diesen Hauptarten gibt es weitere innovative Ansätze wie Abwärmenutzung, Eisspeicher oder solarthermische Systeme. Welche Wärmepumpe am besten geeignet ist, hängt von den Standortbedingungen, dem Wärmebedarf und den Genehmigungsanforderungen ab.

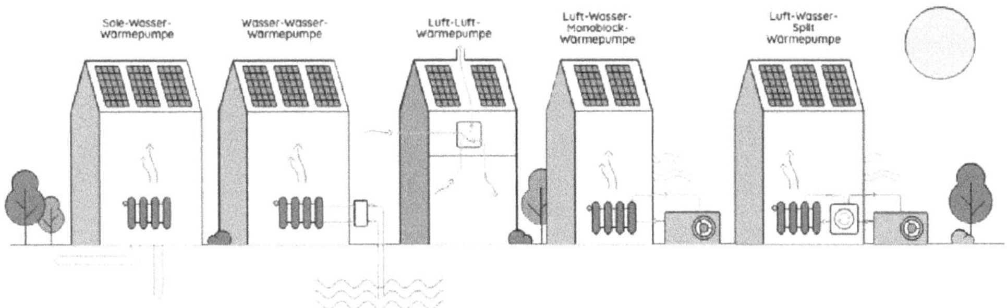

Abbildung 3.24: Wärmepumpenarten, Quelle: Memodo, `https://www.memodo.de/m/waerme-wissen/waermepumpen-arten/` (mit freundlicher Genehmigung)

Wasser-Wasser-Wärmepumpe (Grundwasserwärmepumpe)

Die Wasser-Wasser-Wärmepumpe gehört zu den effizientesten Wärmepumpen für klassische Heizwärmeanwendungen und liefert das ganze Jahr über einen vergleichsweise konstanten COP (Coefficient of Performance, COP).

Die *Leistungszahl* (Coefficient of Performance, COP) beschreibt die Effizienz einer Wärmepumpe. Sie gibt an, wie viel Wärme im Verhältnis zur eingesetzten elektrischen Energie bereitgestellt wird. Ein COP von 4 bedeutet beispielsweise, dass aus 1 kWh Strom etwa 4 kWh Wärme entstehen. Je geringer der Temperaturunterschied zwischen Wärmequelle und Heizsystem ist, desto höher fällt die Leistungszahl aus.

Die Wasser-Wasser-Wärmepumpe nutzt das Grundwasser, das konstant ca 10 °C warm ist, als Wärmequelle (siehe Abbildung 3.25). Da Wasser Wärme sehr gut speichert und überträgt, eignet sich dieses System hervorragend zum Heizen. Deshalb wird sie auch *Grundwasser-Wärmepumpe* genannt. Später wird das Wasser mit niedrigeren Temperaturen wieder zurück in die Erde geführt.

Anstatt das Grundwasser direkt durch die Wärmepumpe zu leiten – was weder praktisch noch umweltfreundlich wäre –, wird ein Brunnensystem genutzt. Ein Förderbrunnen pumpt das Wasser zur Wärmepumpe, wo es seine Wärme an ein spezielles Kältemittel im Wärmetauscher abgibt. Danach fließt es über einen Schluckbrunnen wieder zurück ins Erdreich.

Obwohl diese Technik so effizient ist, wird sie nicht häufig eingesetzt. Der Grund? Hohe Kosten für den Bau der Brunnen und strenge Vorgaben zur Wasserqualität. Damit die Wärmepumpe reibungslos läuft, darf das Wasser nicht zu viel Kalk enthalten, und auch der Eisen- und Mangangehalt muss stimmen.

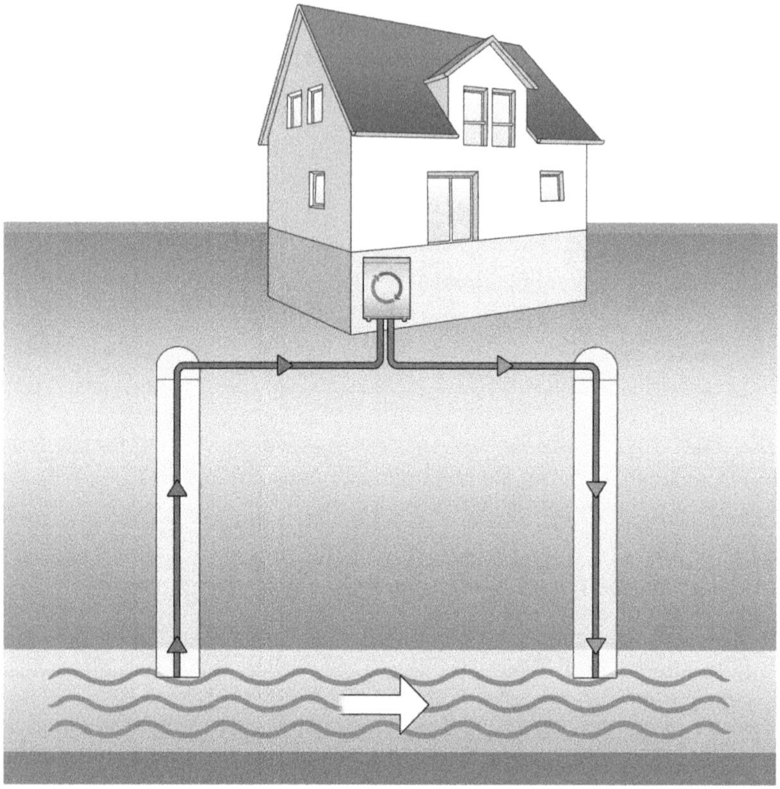

Abbildung 3.25: Grundwasserwärmepumpe (Wasser-Wasser-Wärmepumpe, © Mecksdesign, stock.adobe.com)

Sole-Wasser-Wärmepumpe

Eine Sole-Wasser-Wärmepumpe nutzt die natürliche Wärme aus dem Boden, um Gebäude zu heizen und Warmwasser bereitzustellen. Weil die Temperaturen in der Erde das ganze Jahr über relativ konstant bleiben, arbeitet auch sie ganzjährig mit einem relativ konstanten COP – egal, ob Sommer oder Winter.

So funktioniert sie:

1. **Wärmeaufnahme aus der Erde**

   - Die Wärmepumpe zieht mithilfe von Erdkollektoren oder Erdsonden Energie aus dem Boden. Erdkollektoren werden horizontal in 1 bis 1,4 m Tiefe verlegt, unterhalb der Frostgrenze. Erdsonden hingegen reichen 50 bis über 200 m tief in den Boden und sind platzsparend.

   - Ein Wasser-Glykol-Gemisch (Sole) mit ca. 30 Prozent Glykolanteil sorgt dafür, dass das System auch bei tiefen Temperaturen zuverlässig funktioniert.

2. **Energieübertragung & Verdichtung**
   - Die Sole nimmt die Erdwärme auf und transportiert sie zur Wärmepumpe.
   - Dort wird die Energie auf ein Kältemittel übertragen, das verdampft und anschließend im Verdichter komprimiert wird.
   - Durch die Kompression steigt die Temperatur auf ein nutzbares Niveau.
3. **Wärmeabgabe ans Heizsystem**
   - Die erzeugte Wärme wird über einen Wärmeübertrager an das Heizwasser weitergegeben.
   - Danach wird das das Kältemittel entspannt, kühlt wieder ab und der Kreislauf beginnt erneut.

Im Sommer kann sich das Erdreich teilweise wieder regenerieren, weil über die Oberfläche Wärme aus der Umgebung nachströmt. In einigen Systemen wird dieser Effekt gezielt unterstützt, beispielsweise durch die Einleitung von Wärme oder durch die Nutzung der Anlage zur Gebäudekühlung. Dabei wird dem Gebäude Wärme entzogen und in den Boden abgeführt, wodurch sich das Erdreich gleichzeitig wieder erwärmt. Das trägt dazu bei, die Effizienz der Wärmepumpe langfristig zu stabilisieren.

Luft-Wasser-Wärmepumpe

Eine Luft-Wasser-Wärmepumpe nutzt die Außenluft als Energiequelle, um Gebäude zu beheizen und Warmwasser bereitzustellen. Ein Ventilator saugt Luft an, diese wird durch einen Wärmeübertrager geleitet und dort wird Wärme von der Luft auf das kältere Kältemittel übertragen. Danach folgt wie bei den vorherigen Technologien die Verdichtung, die Übertragung der Wärme auf das Heizsystem und die Entspannung des Kältemittels. In Deutschland ist sie die am weitesten verbreitete Wärmepumpenart im Neubau und auch im Bestand die häufigste Lösung.

Luft kann Wärme schlechter speichern und übertragen als Wasser und ist deshalb als Energiequelle weniger effizient. Vor allem im Winter, wenn die Temperaturen stark schwanken oder in den zweistelligen Minusbereich fallen, sinkt der COP dieser Wärmepumpen. Dadurch sind die Betriebskosten tendenziell höher als bei anderen Wärmepumpenarten. Außerdem entstehen durch die Luftströmungen auch Geräusche und die Anlagen müssen sauber gehalten werden, damit die Luftströmung und Wärmeübertragung nicht zum Beispiel durch Laub im Herbst beeinträchtigt wird.

Ein großer Vorteil der Luft-Wasser-Wärmepumpe ist, dass keine aufwendigen Bauarbeiten wie Bohrungen oder Erdarbeiten nötig sind – die Energiequelle Luft ist überall verfügbar. Dadurch bleibt die Gesamtkostenbetrachtung über die Nutzungsdauer hinweg vergleichbar mit anderen Wärmepumpensystemen.

Luft-Luft-Wärmepumpe

Die Luft-Luft-Wärmepumpe (Abbildung 3.26) ist die günstigste Wärmepumpenart und funktioniert durch die Wärmeübertragung von einem Luftstrom auf einen weiteren. Hier kann zum Beispiel einem Abluftstrom Wärme entzogen werden, über den Kreisprozess der Wärmepumpe das Niveau der Wärme angehoben werden und die Wärme dann auf eine Frischluftzufuhr übertragen werden. Die Systeme können oft auch zum Kühlen genutzt werden. Da sie kein Heizwasser nutzt, sondern direkt die Raumluft erwärmt, fällt sie nicht unter wassergeführte Heizsysteme wie Fußbodenheizungen oder Heizkörper. Das macht sie reaktionsschnell, Räume werden schneller warm als bei klassischen wasserbasierten Heizsystemen.

Allerdings kann eine Luft-Luft-Wärmepumpe kein Warmwasser erzeugen und reicht oft nicht aus, um ein ganzes Haus allein zu beheizen. Meist sind mehrere Geräte erforderlich, um eine gleichmäßige Wärmeverteilung zu gewährleisten.

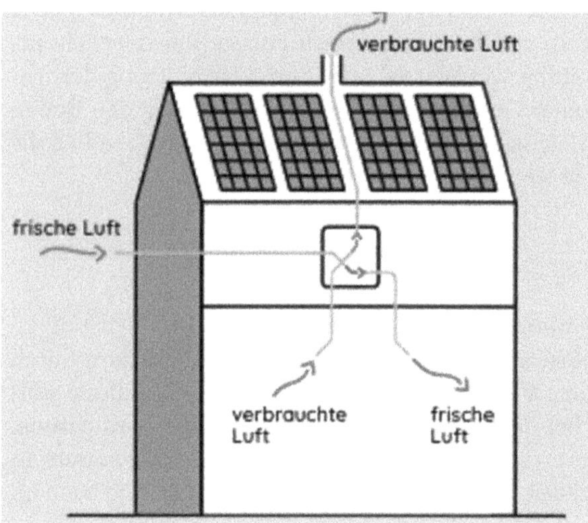

Abbildung 3.26: Luft-Luft-Wärmepumpe, Quelle: Memodo, `https://www.memodo.de/m/waerme-wissen/waermepumpen-arten/` (mit freundlicher Genehmigung)

Geothermie: Heiße Energie aus der Tiefe

Tief unter der Erde befindet sich eine große Energiequelle: die geothermische Energie, auch Erdwärme genannt (siehe Abbildung 3.27). In vielen Orten der Welt werden Thermalquellen schon seit Jahrhunderten für Erholung und Gesundheit genutzt, nun wird sie für die Wärme- und Stromerzeugung in Haushalten und Industrien zunehmend interessant. Geothermie nutzt die in der Erde gespeicherten Wärmeenergie, wie auch schon ihr Name aussagt: »Geothermie« stammt aus dem Griechischen, wobei »geo« für »Erde« und »therme« für »Wärme« steht. Sie zählt zu den erneuerbaren Energien. Im Gegensatz zu anderen regenerativen Energiequellen wie Sonne oder Wind ist Erdwärme unabhängig von Wetter, Tages- oder Jahreszeit und fast überall verfügbar. Diese stetige und zuverlässige Energiequelle macht die Geothermie zu einer vielversprechenden Lösung für eine nachhaltige Energiezukunft.

Ein Beispiel für die erfolgreiche Nutzung der Tiefengeothermie ist Island: Dort decken geothermische Kraftwerke, zusammen mit Wasserkraft, nahezu den gesamten Strombedarf des Landes.

Abbildung 3.27: Geothermieanlage überirdisch (© visdia, stock.adobe.com)

Die Ursprünge von Geothermie

Die Erde besteht aus mehreren Schichten mit stark unterschiedlichen Temperaturen. Der Erdkern ist mit Temperaturen zwischen 4.800 °C und 7.700 °C der heißeste Bereich unseres Planeten. Auch in anderen Erdschichten herrschen hohe Temperaturen, ca. 99 Prozent der Erde sind heißer als 1.000 °C. Diese Wärme stammt hauptsächlich aus dem natürlichen Zerfall radioaktiver Elemente, ein kleinerer Teil ist Überbleibsel aus der Entstehungszeit der Erde. In den oberen Erdschichten trägt zusätzlich die Sonneneinstrahlung sowie Niederschlag zur Erwärmung bei. In den obersten 15 bis 20 Metern beeinflussen vor allem die Sonne sowie Sicker- und Grundwasser den Wärmehaushalt des Bodens. Unterhalb dieser Zone nimmt die Temperatur dann relativ konstant zu, ungefähr um 3 °C pro 100 Meter Tiefe. Dass die Temperatur mit zunehmender Tiefe steigt, nennt man den *geothermischen Gradienten*. Diese Wärme gelangt ständig aus dem Erdinneren nach oben und kann mit verschiedenen Technologien genutzt werden.

Abbildung 3.28 zeigt, wie sich die Temperatur im Erdinneren verändert.

Die geothermische Energie kann auf verschiedene Weisen genutzt werden, abhängig von der Tiefe und den Temperaturen der genutzten Erdschichten. Bei Geothermie wird unterschieden zwischen der oberflächennahen Geothermie und der Tiefengeothermie.

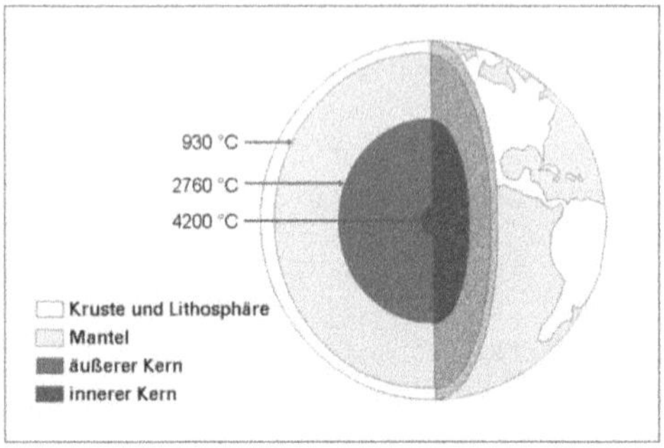

Abb. 1: In der Erdkruste ist es deutlich heißer als an der Erdoberfläche – diese Wärme wird bei der Geothermie genutzt (nach Huenges 2000).

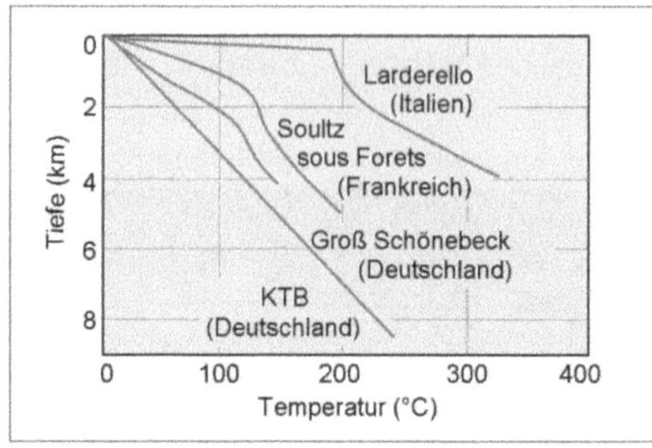

Abb. 2: In manchen Regionen steigt die Temperatur mit der Tiefe rasch an (KTB: kontinentale Tiefbohrung; nach Huenges 2000).

Abbildung 3.28: Temperaturen in der Erdkruste, Quelle: Bayerisches Landesamt für Umwelt (mit freundlicher Genehmigung)

Oberflächennahe Geothermie - Energie aus geringen Tiefen

Die oberflächennahe Geothermie nutzt die Wärme aus den oberen Erdschichten, meist bis zu einer Tiefe von 400 Metern. Dafür kommen verschiedene Technologien wie Erdwärmekollektoren, Erdwärmesonden, Grundwasserbohrungen oder Energiepfähle zum Einsatz. In diesen Bereichen liegen die Temperaturen zwischen 7 °C und maximal 25 °C. Weil die Temperaturen in diesen Schichten relativ niedrig sind, wird die gewonnene Wärme oft mithilfe von Wärmepumpen auf eine nutzbare Temperatur angehoben (vgl. Abschnitt »Was ist eine Wärmepumpe und wie funktioniert sie?«).

Obwohl eine Wärmepumpe für die oberflächennahe Geothermie Strom oder Gas benötigt – abhängig davon, ob sie elektrisch, gasbetrieben oder als Hybridmodell arbeitet –, bleibt die CO_2-Bilanz im Vergleich zu einer Öl- oder Gasheizung deutlich besser. Die Umweltfreundlichkeit kann weiter erhöht werden, wenn der benötigte Strom aus erneuerbaren Energien stammt, sei es durch eine eigene Photovoltaikanlage oder durch den Bezug von Ökostrom.

Tiefengeothermie - Energie aus großen Tiefen

Die Tiefengeothermie nutzt heißes Wasser oder Dampf aus tiefen geologischen Schichten und wird oft als Fernwärme oder zur Stromproduktion verwendet. Bei der Geothermie wird zwischen mitteltiefer und tiefer Geothermie unterschieden, je nachdem, wie tief gebohrt wird und wie warm es dort unten ist.

- **Mitteltiefe Geothermie** nutzt Wärme aus Tiefen zwischen ca. 400 und 1.000 Metern. In diesen Schichten gibt es meist Temperaturen zwischen 20 und 60 Grad Celsius. Diese Wärme reicht meistens nicht aus, um direkt Häuser zu heizen. Deshalb kommen hier zusätzlich Wärmepumpen zum Einsatz, die die Temperatur auf ein nutzbares Niveau anheben.

- **Tiefe Geothermie** beginnt, wenn Bohrungen tiefer als 1.000 Metern reichen und Temperaturen von mehr als 60 Grad Celsius herrschen. Diese Wärme kann direkt genutzt werden, zum Beispiel für Fernwärme oder, bei noch höheren Temperaturen, sogar zur Stromerzeugung. Weil bei diesen Projekten in große Tiefen gebohrt wird, gelten hier besondere gesetzliche Vorgaben, sie unterliegen dem Bergrecht.

Abbildung 3.29 zeigt verschiedene Formen von Geothermie im Vergleich: links drei der tiefen Geothermie und rechts drei der oberflächennahen Geothermie.

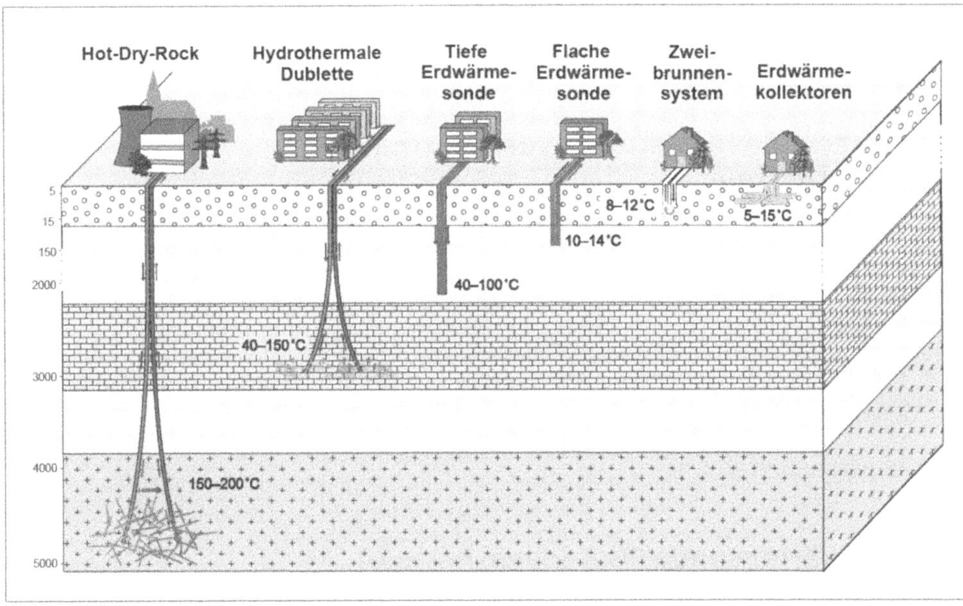

Abbildung 3.29: Geothermieformen, Quelle: Bayerisches Landesamt für Umwelt (mit freundlicher Genehmigung)

Ein Blick auf die verschiedenen Technologien der Geothermie zeigt, dass sich die Nutzung je nach Tiefe und Temperatur stark unterscheidet. Die Bandbreite reicht von oberflächennahen Systemen, die nur wenige Meter unter der Erde arbeiten, bis hin zu Tiefbohrungen, die mehrere Kilometer in den Untergrund reichen. Je nach geologischen Gegebenheiten, Temperatur und gewünschter Anwendung, ob zur reinen Wärmeversorgung oder auch zur Stromproduktion, kommen unterschiedliche Methoden zum Einsatz. Die folgende Übersicht erklärt die wichtigsten Varianten und ordnet sie dem jeweiligen Bereich der Geothermie zu.

Hot-Dry-Rock (HDR) – Petrothermale Geothermie (Tiefengeothermie)

Bei der petrothermalen Geothermie (die in Abbildung 3.29 auf der linken Seite abgebildete Technologie) wird Wärme aus tiefen, trockenen oder wenig durchlässigen Gesteinsschichten gewonnen. Da es dort kein natürliches Thermalwasser gibt, muss erst eine künstliche Verbindung zwischen den Bohrungen geschaffen werden. Dazu werden Risse im Gestein erweitert oder neu erzeugt, sodass das Wasser hindurchfließen kann. Kaltes

Wasser wird in die Tiefe gepumpt, nimmt dort die Wärme des Gesteins auf und kommt als heißes Wasser oder Dampf wieder nach oben – bereit zur Nutzung für Fernwärme oder Stromerzeugung.

- **Tiefe:** 3.000–5.000 Meter
- **Temperatur:** 150–200 °C
- **Umfassender Begriff für diese Technologie:** »Enhanced Geothermal Systems (EGS)«

Hydrothermale Dublette – Hydrothermale Tiefengeothermie

Diese Methode nutzt warmes bis heißes Wasser aus natürlichen Reservoiren primär für die Wärmeversorgung. Sobald die Temperaturen über 80 °C liegen, ist auch eine Stromerzeugung möglich. Über eine Förderbohrung wird heißes Wasser an die Oberfläche gebracht, nach der Wärmenutzung wird es über eine Reinjektionsbohrung zurückgeführt, deshalb gibt es typischerweise zwei Bohrungen, deswegen der Begriff »Dublette«.

- **Tiefe:** 2.000–3.000 Meter
- **Temperatur:** 40–100 °C

Tiefe Erdwärmesonde (Tiefengeothermie)

Dafür benötigt man eine Bohrung, in die ein Wärmetauscherrohr eingebracht wird, durch das eine spezielle Wärmeträgerflüssigkeit (zum Beispiel Wasser oder Ammoniak) zirkuliert. Diese Flüssigkeit nimmt die Wärme aus dem umgebenden Gestein auf (mit einer Geschwindigkeit von 5 bis 65 m/min), erwärmt sich und wird über ein isoliertes Innenrohr wieder nach oben transportiert. Diese Art von Erdwärmesonden arbeitet mit einem geschlossenen Kreislaufsystem. Oben gibt sie die gespeicherte Wärme ab, kühlt sich auf etwa 15 °C herunter und wird anschließend durch eine Pumpe zurück in den Kreislauf geführt.

- **Tiefe:** 400 bis zu 3.000 Meter
- **Temperatur:** 40–100 °C

Flache Erdwärmesonde (Oberflächennahe Geothermie)

Geschlossene Rohrsysteme (ähnlich wie die tiefe Erdwärmesonde) entziehen dem Erdreich Wärme. Wird meist mit Wärmepumpen kombiniert, um Gebäude zu heizen oder zu kühlen. Geeignet für private Haushalte oder kleinere Gebäude.

- **Tiefe:** 100–150 Meter
- **Temperatur:** 10–14 °C

Erdwärmesondenanlagen machen den Großteil der oberflächennahen Geothermieanlagen aus, ca. 80 Prozent aller Systeme. Werden diese Bohrungen nicht genau geplant, kann es zu Problemen kommen, etwa wenn unterschiedliche Grundwasserstockwerke verbunden werden. Das könnte dazu führen, dass Verunreinigungen ins Grundwasser gelangen oder der Wasserspiegel absinkt.

Um solche Risiken zu vermeiden, ist es wichtig, bereits in der Planungsphase die geologischen und hydrogeologischen Gegebenheiten sorgfältig zu prüfen. Die Bohrungen sollten nur von qualifizierten Fachleuten durchgeführt werden. In Bayern ist vorgeschrieben, dass Erdwärmesonden nur in den obersten Grundwasserleiter gebohrt werden dürfen. So soll verhindert werden, dass tiefere, voneinander getrennte Grundwasserschichten versehentlich miteinander verbunden werden. Solche Verbindungen könnten dazu führen, dass sauberes Grundwasser verunreinigt wird oder der natürliche Wasserdruck gestört wird. Wichtig ist deshalb, die geologischen Verhältnisse vorab genau zu untersuchen und die Bohrung von erfahrenem Fachpersonal durchführen zu lassen.

Zweibrunnensystem – Grundwasserwärmepumpe (Oberflächennahe Geothermie)

Zwei Brunnen: Einer fördert Grundwasser, der andere leitet es nach der Wärmenutzung wieder zurück. Effiziente Wärmequelle für Heizung und Kühlung von Gebäuden.

- ✔ **Tiefe:** 10–15 Meter
- ✔ **Temperatur:** 8–12 °C

Erdwärmekollektoren (Oberflächennahe Geothermie)

Flach verlegte Rohrsysteme entziehen dem Boden Wärme. Sehr effizient in Kombination mit Wärmepumpen, aber benötigt große Flächen. Häufig für Einfamilienhäuser und kleine Gewerbebauten eingesetzt.

- ✔ **Tiefe:** 1–2 Meter
- ✔ **Temperatur:** 5–15 °C

Hier noch einmal eine Übersicht:

- ✔ Flache Systeme (< 400 m, bis 15 °C) → Heizung & Kühlung mit Wärmepumpen
- ✔ Mitteltiefe Systeme (400–3.000 m, 35–80 °C) → Hydrothermale Dublette für Wärmeversorgung
- ✔ Tiefe Systeme (3.000–5.000 m, 100–180 °C) → Petrothermale Systeme für Stromerzeugung

Dazu gibt es Sonderformen der geothermischen Nutzung, zum Beispiel die Wärmespeicherung in Bergwerken, Kavernen oder Tunneln. Je nach Tiefe gehören diese Projekte entweder zur oberflächennahen oder tiefen Geothermie. Ein großes Potenzial ergibt sich durch die Speicherung von überschüssiger Wärme aus Blockheizkraftwerken oder Gas- und Dampfturbinenkraftwerken. Im Sommer kann diese Wärme in tiefe wasserführende Schichten – sogenannte Aquifere (Aquifer Thermal Energy Storage, ATES) – eingelagert und im Winter bei Bedarf wieder genutzt werden.

Tabelle 3.8 fasst noch einmal die Vor- und Nachteile von Geothermie zusammen.

Vorteile	Nachteile
✔ **Erneuerbarer Energieträger:** Bei der tiefen Geothermie wird meist nicht der langsam nachströmende terrestrische Wärmestrom aus dem Erdinneren genutzt, sondern die gespeicherte Erdwärme, die in deutlich größerer Menge zur Verfügung steht, jedoch begrenzt ist. In diesem Sinne handelt es sich um die Erschließung einer Wärmereserve, die über einen bestimmten Zeitraum genutzt werden kann. ✔ **Heimische Energiequelle** ✔ **Grundlastfähig:** steht unabhängig von Witterung und Tageszeit zur Verfügung. ✔ **Tiefe Geothermie:** Strom- und Wärmeproduktion, geringer Flächenbedarf, regional hohes ungenutztes Potenzial, auch für Kühlung nutzbar, Wärmspeicherung im Untergrund möglich ✔ **Oberflächennahe Geothermie:** Wärmeproduktion, fast überall verfügbar, auch für Kühlung nutzbar ✔ **Gute CO_2-Bilanz:** Der Gesamtausstoß beträgt über die gesamte Projektlaufzeit eines geothermischen Heizkraftwerks – also von der Errichtung über den Betrieb bis zum Rückbau – nur einen Bruchteil der entsprechenden Werte fossiler Anlagen. ✔ **Geringer Flächenverbrauch**	✔ **Auswirkungen auf die Oberfläche und Grundwasser** in Ausnahmefällen möglich ✔ **Tiefe Geothermie:** • Hohe Kosten der Erschließung durch hohe Bohrtiefen, Bohr- und Fündigkeitsrisiken • Tiefe Geothermie: hoher Stromeigenbedarf • Bisher nur in Gegenden mit großem hydrothermalen Potenzial (zum Beispiel wie Südbayern) wirtschaftlich nutzbar ✔ **Oberflächennahe Geothermie:** Je nach hydrogeologischen Verhältnissen nur begrenzt nutzbar, z.T. aufwendige Vorarbeiten und erhöhter Platzbedarf

Tabelle 3.8: Die Vor- und Nachteile von Geothermie

Ein Bericht des Büros für Technikfolgen-Abschätzung beim Deutschen Bundestag bewertet die Umweltauswirkungen der geothermischen Stromerzeugung als insgesamt gering – sowohl bei der Errichtung und im laufenden Betrieb als auch im Falle von Störungen oder bei der Nachsorge. Laut Analyse liegt die Geothermie in Bezug auf Umweltaspekte wie Treibhauseffekt, Versauerung und Primärenergieverbrauch auf einem ähnlich niedrigen Niveau wie andere erneuerbare Energiequellen. Vorteilhaft sind die geringen CO_2-Emissionen, die deutlich unter denen der fossilen Stromerzeugung liegen: Im Vergleich zu Erdgas sind sie fünfmal niedriger, im Vergleich zu Steinkohle sogar zehnmal geringer. Damit könnte die geothermische Stromerzeugung einen wichtigen Beitrag zum Klimaschutz leisten.

Die Abwärme eines geothermischen Kraftwerks nutzen

Der Wirkungsgrad eines geothermischen Kraftwerks hängt maßgeblich von der Temperatur des geförderten Thermalwassers ab. Liegt diese zwischen 80 °C und 140 °C, erreicht die Anlage derzeit einen Wirkungsgrad von etwa 8 bis 13 Prozent. Das bedeutet, dass nur ein begrenzter Teil der thermischen Energie für die Stromerzeugung genutzt werden kann.

Um Energie besser zu nutzen und CO_2 einzusparen, sollte die entstehende Restwärme möglichst weiterverwendet werden, zum Beispiel zum Heizen oder für andere Zwecke. Ist das nicht möglich, wird die überschüssige Wärme über Kühlsysteme abgeführt. Dabei kann die Wärme an Flüsse, Grundwasser oder die Umgebungsluft abgegeben werden. Beim Einleiten von Kühlwasser in Flüsse oder Seen muss darauf geachtet werden, dass die Wärmebelastung für das Ökosystem nicht zu hoch wird, vor allem in trockenen Perioden.

Geothermie in Deutschland

Die Karte in Abbildung 3.30 zeigt die geothermischen Potenziale und bestehenden Projekte in Bayern. Bayern bietet im südlichen Teil, vor allem im Molassebecken, günstige geologische Voraussetzungen für tiefe Geothermie.

Wasserstoff: Das zukünftige Energietalent?

Wasserstoff wird oft als Schlüsseltechnologie der Energiewende bezeichnet, weil er vielseitig einsetzbar und theoretisch unbegrenzt verfügbar ist. Obwohl Wasserstoff (H_2) das häufigste Element im Universum ist, kommt es auf der Erde fast nie in reiner Form vor. Stattdessen ist es in Wasser (H_2O) oder organischen Verbindungen wie zum Beispiel Erdgas und Erdöl gebunden. Wasserstoff kann nicht einfach direkt genutzt werden. Er muss zunächst mit Energie aus anderen Verbindungen herausgelöst werden. Anders als Erdöl oder Erdgas ist Wasserstoff deshalb keine Primärenergiequelle, sondern eine Sekundärenergie. Seine Umweltfreundlichkeit hängt davon ab, wie er hergestellt wird (siehe Abschnitt »Die Unterscheidung der Energieträger nach dem Nutzungsgrad« in Kapitel 2).

Einsatz in der Industrie – Alternativlos in bestimmten Bereichen

Wasserstoff ist wichtig in der Industrie, weil es oft keine wirtschaftlich sinnvollen Alternativen gibt, um Prozesse klimafreundlicher zu gestalten.

- ✔ **Chemische Industrie:** Wasserstoff ist unverzichtbar für viele chemische Reaktionen, zum Beispiel in der Ammoniakproduktion.
- ✔ **Stahlherstellung:** Wasserstoff kann Kohle ersetzen und so große Mengen an CO_2-Emissionen einsparen.
- ✔ **Hochtemperaturprozesse:** In der Glas-, Zement- und Keramikindustrie sind extrem hohe Temperaturen notwendig, die sich oft nicht wirtschaftlich durch Elektrifizierung erreichen lassen.

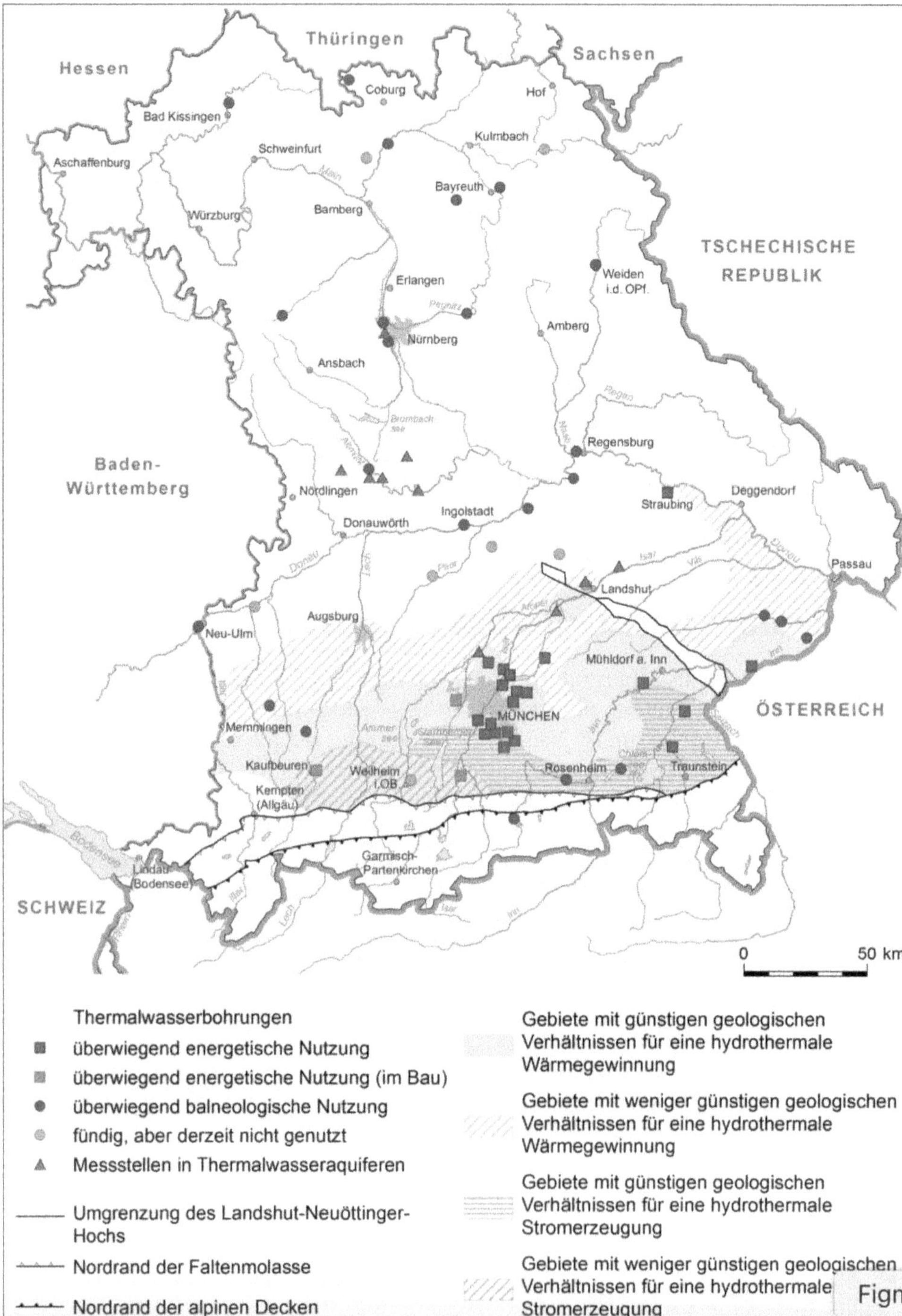

Abbildung 3.30: Hydrothermale Nutzungspotenziale in Bayern, Quelle: Bayerisches Landesamt für Umwelt (mit freundlicher Genehmigung)

Wasserstoff wird heute zwar schon in großen Mengen genutzt, zum Beispiel in Raffinerien und in der chemischen Industrie. Der größte Teil stammt jedoch noch aus fossilen Quellen. Dieser »graue Wasserstoff« verursacht hohe CO_2-Emissionen. In Zukunft soll grüner Wasserstoff aus erneuerbaren Energien diesen fossilen Wasserstoff ersetzen. Dafür fehlen heute allerdings noch ausreichende Produktionskapazitäten und eine passende Infrastruktur.

Im Verkehr – Alternative zu herkömmlichen Kraftstoffen

Jährlich verbraucht die Deutsche Bahn rund 250 Millionen Liter Diesel. Bis 2050 soll dieser Wert auf null sinken. Um dieses Ziel zu erreichen, setzt das Unternehmen verstärkt auf Wasserstoffzüge, vor allem auf nicht elektrifizierten Nebenstrecken, wo der Bau von Oberleitungen wirtschaftlich nicht sinnvoll wäre.

Neben der Bahn kann Wasserstoff im Verkehrssektor auf verschiedene Weise genutzt werden:

- ✔ Als Bestandteil synthetischer Kraftstoffe (E-Fuels) – In Verbindung mit CO_2 kann Wasserstoff fossile Kraftstoffe ersetzen.
- ✔ Direkt als Treibstoff – entweder in Brennstoffzellen, die Strom erzeugen, oder in speziell angepassten Wasserstoffmotoren.

Wasserstoff könnte für Lkws, Schiffe und Flugzeuge eine vielversprechende Lösung sein. Für Pkws sind Batterieantriebe oft effizienter.

Wasserstoff als Speicher und Wärmequelle

Wasserstoff (siehe Abbildung 3.31) hat außerdem das Potenzial, Strom- und Wärmenetze flexibler zu machen. Erneuerbare Energien stehen nicht jederzeit in gleicher Menge zur Verfügung. Deswegen kann überschüssiger Wind- oder Solarstrom in Wasserstoff umgewandelt und später genutzt werden. Daher kann er zum Beispiel Schwankungen im Stromnetz ausgleichen, indem überschüssiger erneuerbarer Strom gespeichert und später genutzt wird.

Abbildung 3.31: Erzeugung erneuerbarer Energie aus Wasserstoff – Wasserstoffgas für saubere Elektrizität aus Solar- und Windkraftanlagen (© AA+W, stock.adobe.com)

Wie Wasserstoff gewonnen wird

Nicht jeder Wasserstoff ist klimafreundlich. Um die Herstellungsarten zu unterscheiden, nutzt man eine Farbenlehre:

✔ **Grauer Wasserstoff – Klimakiller aus Erdgas**

- Wird aus Erdgas oder Kohle gewonnen
- Das häufigste Herstellungsverfahren ist die Dampfreformierung.

  Neben Wasserstoff entstehen ungefähr 10 Tonnen CO_2 je Tonne Wasserstoff, das in die Atmosphäre gelangt.
- Ist relativ preisgünstig in der Herstellung und wird aktuell vor allem in der chemischen Industrie verwendet, zum Beispiel für die Ammoniakproduktion.

✔ **Blauer Wasserstoff – Besser, aber keine perfekte Lösung**

- Wird wie grauer Wasserstoff aus Erdgas hergestellt
- Der Unterschied: CO_2 wird teilweise durch CCS-Technologie (Carbon Capture Storage) aufgefangen, verpresst und unterirdisch gespeichert (maximal 90 Prozent speicherbar). Zumindest gelangt es dadurch aber nicht in die Luft.
- Klingt gut, aber: CCS ist teuer, nicht völlig emissionsfrei und noch nicht weit verbreitet.

✔ **Grüner Wasserstoff – Die klimafreundliche Zukunft?**

- Wird mittels Wasserelektrolyse mit Strom aus erneuerbaren Energien (Sonne & Wind) erzeugt. Dabei wird Wasser in Wasserstoff und Sauerstoff gespalten.
- Verursacht keine direkten CO_2-Emissionen, ist jedoch aktuell noch vergleichsweise teuer. Zudem gibt es bei der Herstellung und Nutzung große Energieverluste. Die Wirkungsgradverluste liegen bei der H_2-Produktion bei ca. 35 Prozent (Abwärme) und die teuren Produktionsanlagen kommen auf relativ geringe Volllaststunden, wenn diese nur mit überschüssigem Grünstrom betrieben werden. Beides treibt die Kosten stark nach oben.
- Die Effizienzverluste wirken sich direkt auf die Einsatzmöglichkeiten von Wasserstoff aus. In Bereichen wie der Industrie oder im Schwerverkehr kann er sinnvoll eingesetzt werden, für die Gebäudebeheizung ist er allerdings weniger effizient. Aus 1 kWh Strom entstehen über den Umweg der Wasserstoffproduktion nur ungefähr 0,7 kWh Wärme. Vergleich zur Wärmepumpe: ca. 3–4 kWh Wärme.
- Hohe Investitionskosten und die schwankende Verfügbarkeit erneuerbarer Energien führen dazu, dass Elektrolyseanlagen oft nicht dauerhaft ausgelastet sind. Dadurch steigen die Produktionskosten zusätzlich.

✔ **Türkiser Wasserstoff – Die Alternative mit festem Kohlenstoff**

- Wird aus Methan hergestellt (durch das Verfahren »Methanpyrolyse«)
- Dabei entsteht kein CO_2, sondern fester Kohlenstoff (dieser kann dementsprechend nicht in die Atmosphäre gelangen). Der gewonnene Kohlenstoff ist hochrein und kann entweder eingelagert oder in verschiedenen Industriebereichen genutzt werden, etwa in der Stahlproduktion oder bei der Herstellung von Batterien. Allerdings besteht das Risiko, dass dieser Kohlenstoff später verbrannt wird, wodurch das ursprünglich gebundene CO_2 doch wieder in die Atmosphäre gelangen könnte.
- Das Methanpyrolyse-Verfahren ist bisher noch wenig erforscht, könnte aber eine gute Lösung sein.

Noch einmal zusammengefasst:

✔ Grauer Wasserstoff ist günstig, aber umweltschädlich.

✔ Blauer Wasserstoff ist besser, aber noch keine perfekte Lösung.

✔ Grüner Wasserstoff ist ideal, aber zu teuer für den Massenmarkt.

✔ Türkiser Wasserstoff hat Potenzial, ist aber noch nicht ausgereift.

Wie viel Energie eine Tonne Wasserstoff liefert

Eine Tonne Wasserstoff speichert ungefähr 33.330 Kilowattstunden Energie.

Das entspricht dem durchschnittlichen Jahresstromverbrauch von etwa sieben bis acht Drei-Personen-Haushalten, ausgehend von rund 4.500 kWh pro Haushalt.

Allerdings lässt sich diese chemisch gebundene Energie nicht komplett in nutzbare Energie umwandeln. Je nach Einsatzbereich entstehen Verluste, sodass ein Teil der Energie auf dem Weg zum Endverbraucher verloren geht.

Warum der Transport von Wasserstoff so kompliziert ist

Wasserstoff hat eine sehr hohe Energiedichte pro Kilogramm, mit 33,3 Kilowattstunden enthält er mehr Energie als jeder andere Brennstoff. Zum Vergleich: Ein Kilogramm Heizöl liefert nur etwa 10 Kilowattstunden.

Trotzdem gibt es ein großes Problem: Wasserstoff ist extrem leicht und nimmt in gasförmigem Zustand sehr viel Platz ein. Bei normaler Temperatur und Luftdruck stecken in einem Liter Wasserstoff gerade einmal drei Wattstunden Energie, das ist verschwindend wenig.

Deshalb ist es nicht so einfach, Wasserstoff effizient zu transportieren oder zu speichern. Um ihn wirtschaftlich transportieren zu können, muss er entweder unter hohem Druck verdichtet, auf −253 °C heruntergekühlt (verflüssigt) oder an spezielle Trägermaterialien gebunden werden. Diese Verfahren sind aufwendig und teuer, aber notwendig, um Wasserstoff in großen Mengen praktikabel zu machen.

Es ist klar, dass Wasserstofftechnologien mittlerweile deutlich weiterentwickelt sind. Zudem gibt es eine starke politische Unterstützung und den entschlossenen Willen, ihre großflächige Nutzung voranzutreiben. Die aktuelle Nationale Wasserstoffstrategie verfolgt das Ziel, bis 2030 in Deutschland eine Elektrolysekapazität von mindestens zehn Gigawatt aufzubauen.

Die *Elektrolyse* ist ein wichtiger Weg, um Wasserstoff herzustellen. Dabei wird Wasser mithilfe von elektrischem Strom in Wasserstoff und Sauerstoff aufgespalten. Wie klimafreundlich der dabei entstehende Wasserstoff ist, hängt davon ab, woher der Strom stammt. Wird nur Strom aus erneuerbaren Energien wie Wind- oder Solarenergie eingesetzt, spricht man von grünem Wasserstoff. Dieser gilt als nahezu klimaneutral. Ein großer Vorteil der Elektrolyse ist, dass sich überschüssiger Strom aus erneuerbaren Energien in Wasserstoff umwandeln lässt. Der Wasserstoff kann gespeichert und später vielseitig genutzt werden, etwa in der Industrie, im Verkehr oder zur Stromerzeugung. Deshalb spielt die Elektrolyse eine wichtige Rolle für eine zukünftige, klimafreundliche Energieversorgung.

Um den Bedarf an grünem Wasserstoff in Deutschland zu decken, werden neben dem Transport auch leistungsfähige und kostengünstige Elektrolyseure in großer Zahl benötigt. Zwar gibt es bereits heute technisch ausgereifte Anlagen, ihre Herstellung erfolgt jedoch bislang häufig noch in Handarbeit. Das treibt die Kosten und bremst den schnellen Ausbau. Das Leitprojekt H2Giga setzt genau hier an. Ziel ist es, die Serienproduktion von Elektrolyseuren voranzubringen und damit ihre Verfügbarkeit zu erhöhen und die Kosten zu senken. So soll grüner Wasserstoff langfristig wirtschaftlicher und breiter einsetzbar werden.

Erneuerbare Energien aus Wind- und Solarstrom stehen nicht jederzeit auf Abruf zur Verfügung, sie werden erzeugt, wenn der Wind weht oder die Sonne scheint. Das kann zu Überschüssen führen, wenn mehr Strom produziert wird, als aktuell benötigt wird. Damit dieser überschüssige Strom nicht verloren geht, kann er durch das Power-to-Gas-Verfahren sinnvoll genutzt werden. Bei diesem Verfahren wird mithilfe der Elektrolyse Wasser in Wasserstoff und Sauerstoff aufgespalten. Der so gewonnene Wasserstoff kann entweder direkt verwendet oder ins bestehende Erdgasnetz eingespeist werden, entweder in seiner reinen Form oder weiterverarbeitet als Substituted Natural Gas (SNG). Diese Technik verbindet verschiedene Energiesektoren (Sektorkopplung) und macht erneuerbare Energie flexibel einsetzbar:

- ✔ Speicherung von überschüssigem Strom für eine spätere Nutzung
- ✔ Einsatz in der Industrie
- ✔ Nutzung als klimafreundlicher Treibstoff für Fahrzeuge
- ✔ Rückverstromung, wenn die Stromnachfrage steigt

Durch diese vielseitige Nutzung trägt erneuerbares Gas zur Stabilität des Energiesystems bei und hat das Potenzial, gewisse Industriebereiche und einen Teil des Verkehrssektors nachhaltiger mit Energie zu versorgen.

Teil II
Energie-Erzeugung in Kraftwerken

IN DIESEM TEIL ...

Lernen Sie

- ✔ Strombedarf und Last
- ✔ Energienetz und Energieübertragung
- ✔ Systemdienstleistungen
- ✔ die Rolle von Kraftwerken im Energiesystem kennen.

IN DIESEM KAPITEL

Strombedarf

Standardlastprofil

Grundlast, Mittellast, Spitzenlast, Residuallast

Kraftwerke und ihr Lastbetrieb

Weltweite Energienachfrage

Kapitel 4
Strombedarf und Last im Netz

Ein stabiles Stromnetz funktioniert nur dann zuverlässig, wenn zu jedem Zeitpunkt genau so viel Strom erzeugt wird, wie gerade verbraucht wird. Schon kleinste Abweichungen bringen das System aus dem Gleichgewicht, das kann im schlimmsten Fall zu Stromausfällen führen. Wichtig dafür ist die Netzfrequenz, die in Europa konstant bei 50 Hertz (50 Schwingungen pro Sekunde) gehalten werden muss.

Das Stromnetz lässt sich mit einem Orchester vergleichen: Alle Akteure, Kraftwerke, Windräder, Solaranlagen und Verbraucher, müssen im gleichen Takt spielen. Alle Verbraucher und Erzeuger hängen an einem riesigen gemeinsamen System. Wichtigster Taktgeber ist die Netzfrequenz. Damit dieser »Herzschlag« stabil bleibt, muss zu jedem Zeitpunkt genau so viel elektrische Leistung ins Netz eingespeist werden, wie gleichzeitig von allen Verbrauchern entnommen wird. Diese Balance zwischen Erzeugung und Verbrauch ist eine der größten Herausforderungen der Energiewirtschaft. Schon kleinste Abweichungen bringen das systemweite Gefüge aus dem Takt.

Wird *mehr* Strom verbraucht als erzeugt, sinkt die Frequenz unter 50 Hz; umgekehrt steigt sie über 50 Hz, wenn *zu viel* Einspeisung da ist. Ohne Gegenmaßnahmen würden elektrische Geräte skurrile Nebeneffekte zeigen: Uhren könnten langsamer oder schneller laufen, Kühlschränke funktionieren nicht mehr und im Extremfall werden Leitungen oder Kraftwerke aus Sicherheitsgründen abgeschaltet. Kurz: Das Netz könnte instabil werden, bis hin zum Blackout.

Strom kann leider aktuell (noch) nicht in ausreichenden Mengen gespeichert werden und muss daher in genau dem Moment erzeugt werden, in dem er benötigt wird. Deshalb müssen verschiedene Kraftwerke ständig so gesteuert werden, dass sie genau die Menge an Strom erzeugen, die aktuell verbraucht wird.

BEISPIEL

Stellen Sie sich vor, Sie schalten Ihren Backofen ein, in genau diesem Moment müssen irgendwo im Netz Kraftwerke die benötigte Energie bereitstellen. Wenn Millionen von Menschen gleichzeitig Strom verbrauchen (zum Beispiel morgens oder abends), müssen die Kraftwerke entsprechend mehr leisten. Das muss energiewirtschaftlich präzise im Vornherein geplant werden.

Ohne dieses genaue Gleichgewicht zwischen Erzeugung und Verbrauch würden Stromnetze zusammenbrechen. Zu wenig Strom führt zu Stromausfällen, zu viel Strom kann Netzüberlastungen und Schäden verursachen. Damit das Stromnetz stabil bleibt, muss die Stromerzeugung flexibel an den aktuellen Bedarf angepasst werden. Weil der Stromverbrauch je nach Tageszeit, Wetter oder Jahreszeit schwankt, ist es wichtig, verschiedene Arten von Kraftwerken einzusetzen.

Früher war es einfacher, das Netz stabil zu halten, denn fossile Kraftwerke speisen weitgehend konstant und planbar in das Stromnetz ein. Mit der zunehmenden Nutzung erneuerbarer Energien wie Wind- und Sonnenkraft wird diese Herausforderung komplexer. Im Gegensatz zu klassischen Kraftwerken, die je nach Bedarf hoch- und runtergefahren werden können, sind Wind- und Solaranlagen wetterabhängig. Das bedeutet, dass die Stromerzeugung nicht immer genau dann erfolgt, wenn sie gebraucht wird. Um diese Schwankungen auszugleichen, sind moderne Netze auf intelligente Steuerungssysteme, Stromspeicher und flexible Kraftwerke angewiesen.

Es gibt keine einzelne Energiequelle, die jederzeit zuverlässig und wirtschaftlich exakt so viel Strom liefern kann, wie im Markt nachgefragt wird. Das ist der Grund, weswegen die Energiewirtschaft einen Mix aus verschiedenen Erzeugungsarten nutzt. Kohlekraftwerke oder Kernkraftwerke liefern konstant Strom, Wind- und Solaranlagen schwanken wetterabhängig. Um solche Schwankungen auszugleichen, werden flexible Kraftwerke wie Gaskraftwerke oder Pumpspeicherkraftwerke eingesetzt. Denn sie reagieren schnell auf Änderungen im Verbrauch.

Kraftwerke erzeugen nicht nur Strom, sondern sind elementar für die Netzstabilität:

- ✔ Strom kann nicht in ausreichenden Mengen gespeichert werden.
- ✔ Jede Sekunde muss annähernd so viel Strom erzeugt werden, wie verbraucht wird.

Wenn zu viel oder zu wenig Strom im Netz ist, entstehen Frequenzprobleme und es besteht Blackout-Gefahr. Die Netzfrequenz in Europa liegt konstant bei 50 Hertz (Hz). Wenn zu wenig Strom erzeugt wird, sinkt die Frequenz. Wenn zu viel Strom erzeugt wird, steigt die Frequenz. Große Kraftwerke helfen dabei, die Frequenz stabil zu halten!

Strombedarf

Der Strombedarf gibt an, wie viel Strom zu einem bestimmten Zeitpunkt gebraucht wird. Er ist nicht konstant, sondern schwankt im Laufe des Tages und über das Jahr hinweg. Damit die Stromversorgung zuverlässig funktioniert, müssen diese Schwankungen berücksichtigt und Stromerzeugung und Verbrauch jederzeit aufeinander abgestimmt werden.

Warum der Strombedarf schwankt

Der Strombedarf schwankt je nach Tageszeit und Jahreszeit, sodass Kraftwerke flexibel auf die Nachfrage reagieren müssen. Einige Anlagen liefern konstant Strom und andere sind darauf ausgelegt, kurzfristige Schwankungen auszugleichen. Kraftwerke werden gezielt hoch- oder heruntergefahren, um die Netzstabilität zu gewährleisten. So wird sichergestellt, dass jederzeit eine zuverlässige und sichere Stromversorgung besteht.

In der Nacht ist der Energiebedarf meist niedrig und morgens und abends steigt der Stromverbrauch deutlich an. Hohe Verbrauchsspitzen treten vor allem dann auf, wenn viele Menschen gleichzeitig Strom benötigen. Zum Beispiel ist das während der Hauptgeschäftszeiten oder bei besonderen Ereignissen der Fall. Auch die Jahreszeiten haben darauf Einfluss.

Die Rolle der Jahreszeiten

Über das Jahr hinweg schwankt der Energieverbrauch erheblich, vor allem durch veränderte Witterungsbedingungen. Der Unterschied zwischen Sommer und Winter ist ausgeprägt, weil Heizung und Beleuchtung in den kalten Monaten den Verbrauch stark ansteigen lassen.

Im Winter ist der Strombedarf am höchsten:

- ✔ Heizungen laufen auf Hochtouren, insbesondere elektrische Heizgeräte und Wärmepumpen.
- ✔ Kürzere Tage bedeuten mehr Beleuchtung, vor allem in den frühen Morgen- und Abendstunden.
- ✔ Haushalte nutzen verstärkt energieintensive Geräte wie Heizkissen oder Elektrodecken.
- ✔ Laut BDEW liegt der Stromverbrauch im Januar bei 7.500 GWh, ca. 25 Prozent höher als im Juli (Stand 2025).

Im Sommer ist der Verbrauch geringer, aber Kühlgeräte treiben den Bedarf nach oben:

- ✔ Weniger Heizung sorgt für einen niedrigeren Gesamtverbrauch.
- ✔ Kühlschränke, Gefrierschränke und Klimaanlagen laufen intensiver.
- ✔ Elektrische Warmwasserbereitung wird seltener genutzt, weil mehr Menschen kalt duschen.
- ✔ Im Juli beträgt der Stromverbrauch nur 6.000 GWh, ein deutlicher Rückgang im Vergleich zum Winter.

Frühling und Herbst sind Übergangszeiten mit moderatem Verbrauch:

- ✔ Weniger Heizung, weil die Temperaturen ausgeglichener sind.

- ✔ Klimaanlagen und Ventilatoren werden kaum genutzt.
- ✔ Ein unerwartet kalter Frühling oder ein ungewöhnlich heißer Herbst kann den Verbrauch trotzdem ansteigen lassen.

In Abbildung 4.1 sehen Sie die Belastung des Stromnetzes im Mai 2024.

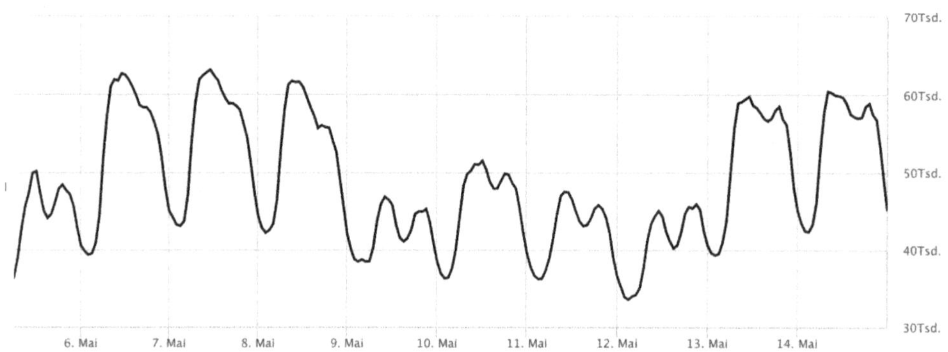

Abbildung 4.1: Belastung des Stromnetzes im Mai 2024, Quelle: Bundesnetzagentur | SMARD.de

Im Zeitraum vom 05. bis 15.05.2024 lässt sich gut erkennen, wie unterschiedlich stark das Stromnetz an den einzelnen Tagen genutzt wurde, also wie viel Strom tatsächlich verbraucht wurde.

Die Verteilung der Last in einem festen Zeitraum wird *Lastgang* genannt.

Tägliche Schwankungen – Wann am meisten Strom verbraucht wird

Nicht nur über das Jahr hinweg, sondern auch innerhalb eines Tages variiert der Strombedarf. Bestimmte Tageszeiten führen zu typischen Verbrauchsspitzen:

1. **Morgens (6–9 Uhr):** Viele Menschen stehen auf, duschen, kochen Kaffee und schalten Heizungen oder Warmwasserboiler ein. Der Stromverbrauch steigt.
2. **Mittags (12–14 Uhr):** In Unternehmen und Haushalten wird gekocht, elektrische Geräte laufen verstärkt.
3. **Abends (17–21 Uhr):** Die höchste Lastspitze des Tages: Lichter werden eingeschaltet, Fernseher, Computer und Haushaltsgeräte laufen parallel.
4. **Nachts** sinkt der Stromverbrauch, weil weniger Geräte genutzt werden und viele Menschen schlafen.

Ein typisches »Standardlastprofil« eines Tages

Um ein typisches Verbrauchsverhalten einer bestimmten Kundengruppe (zum Beispiel Haushalte oder Gewerbebetriebe) vorhersagen zu können, nutzen Energielieferanten sogenannte *Standardlastprofile*. Es zeigt, wie sich der Stromverbrauch im Tagesverlauf oder über das Jahr hinweg verändert – ohne dass eine individuelle Messung bei jedem einzelnen Kunden notwendig ist.

Standardisierte Stromverbrauchsmuster werden häufig für Privat- und Gewerbekunden durch den Netzbetreiber verwendet, weil es oft nicht wirtschaftlich ist, den exakten Stromverbrauch kontinuierlich zu messen. Diese basieren auf empirischen Daten und ersetzen eine direkte Lastmessung durch vorgefertigte Verbrauchsprofile. Die gängigen Standardlastprofile wurden zuletzt 2025 durch den BDEW (Bundesverband der Energie- und Wasserwirtschaft) umfassend aktualisiert. Sie unterscheiden zwischen Wochentagen, Samstagen und Sonn- beziehungsweise Feiertagen sowie zwischen den zwölf Monaten eines Jahres.

Das Standardlastprofil in Abbildung 4.2 VDEW H0 Winter zeigt den typischen Stromverbrauch eines Haushalts an einem Wintertag, gemessen als relativer Leistungsbedarf über 24 Stunden. Es verdeutlicht, wie sich der Energieverbrauch im Tagesverlauf entwickelt und wo die größten Lastspitzen auftreten, unterschieden nach Verbrauchsverhalten eines Werktags, Samstags und Sonntags.

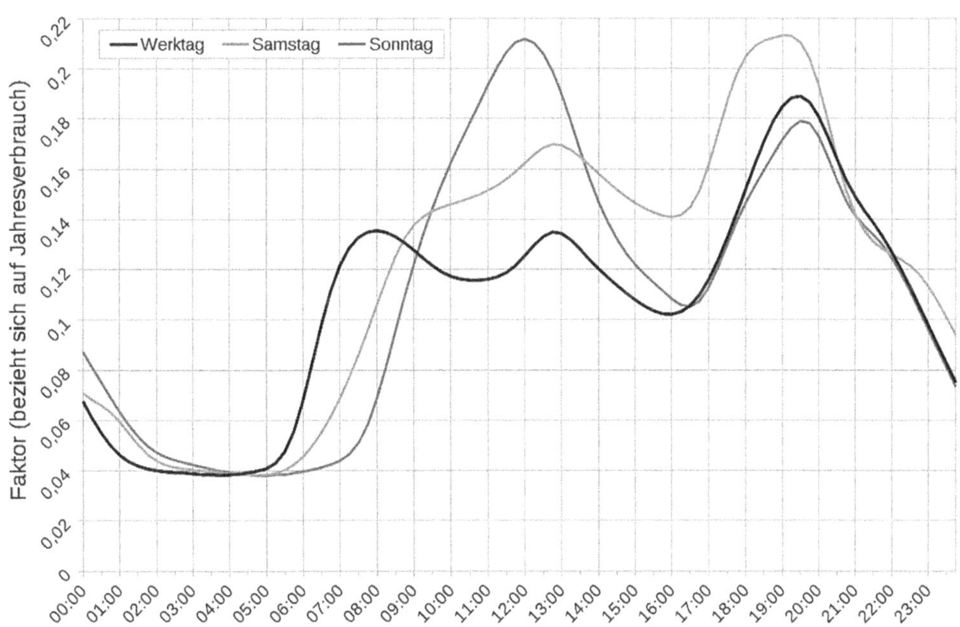

Abbildung 4.2: Standardlastprofil VDEW H0 Winter, Quelle: `https://commons.wikimedia.org`

Was kann man aus dem Profil lesen?

In den Nachtstunden (0–5 Uhr) herrscht die niedrigste Last:

- ✔ Der Verbrauch ist gering, weil die meisten Menschen schlafen.
- ✔ Nur Dauerverbraucher wie Kühlschränke, Router und elektrische Heizsysteme (zum Beispiel Nachtspeicherheizungen) laufen.
- ✔ Der Wert bleibt auf einem niedrigen, stabilen Niveau, auch Grundlast genannt.

Zur Morgenspitze (6–9 Uhr) gibt es einen starken Anstieg:

- ✔ Sobald die Menschen aufstehen, steigt der Strombedarf rapide an. Unter der Woche entsteht der erste Peak um 8 Uhr.
- ✔ Typische Verbraucher: Kaffeemaschine, Toaster, Herd, Warmwasserboiler, Beleuchtung
- ✔ Dies ist die erste große Lastspitze des Tages.

Zur Mittagszeit (12–14 Uhr) gibt es einen zweiten Anstieg, der aber geringer ausfällt als morgens:

- ✔ Haushalte und Büros nutzen mehr Energie zum Kochen und für Mittagspausenaktivitäten.
- ✔ In manchen Regionen mit hohem Homeoffice-Anteil kann dieser Anstieg stärker ausgeprägt sein.
- ✔ Am Sonntag entsteht hier die größte Spitze des Tages.

Am Nachmittag (14–17 Uhr) herrscht eine relativ ruhige Phase:

- ✔ Der Verbrauch bleibt auf einem mittleren Niveau, weil viele Menschen außer Haus sind.
- ✔ In Haushalten mit elektrischen Heizungen kann der Verbrauch leicht erhöht sein.

Die Abendspitze (17–21 Uhr) stellt den höchsten Stromverbrauch des Tages dar:

- ✔ Der stärkste Anstieg im Tagesverlauf, verursacht durch parallele Nutzung vieler Haushaltsgeräte
- ✔ Typische Verbraucher: Herd, Fernseher, Computer, Waschmaschine, Beleuchtung, elektrische Heizgeräte
- ✔ Diese Lastspitze ist für Netzbetreiber wichtig, weil hier die höchste Belastung auftritt.

Am späten Abend (21–24 Uhr) sinkt der Verbrauch wieder:

- ✔ Der Energieverbrauch nimmt wieder ab, weil viele Menschen zu Bett gehen.
- ✔ Geräte wie Fernseher und Lichter werden ausgeschaltet, nur Dauerverbraucher bleiben aktiv.

Weitere Faktoren, die den Strombedarf beeinflussen

- ✔ **Industrie und Wirtschaft:** Unternehmen verbrauchen tagsüber den meisten Strom. Große Produktionsbetriebe können ihren Verbrauch je nach Auftragslage stark verändern.
- ✔ **Ereignisse & Freizeitverhalten:** Großveranstaltungen, Sportevents oder Feiertage können kurzfristige Nachfragespitzen auslösen, zum Beispiel wenn Millionen Menschen gleichzeitig den Fernseher einschalten.
- ✔ **Wetterbedingungen:** Hitzewellen führen zu mehr Klimaanlagennutzung, extreme Kälte erhöht im Gegensatz den Heizbedarf.
- ✔ **Energiewende & Elektromobilität:** Immer mehr Haushalte nutzen Wärmepumpen oder laden Elektroautos, was die Stromnachfrage weiter verändern wird.

Warum Standardlastprofile wichtig sind

Standardlastprofile sind für Kraftwerke von zentraler Bedeutung, weil sie eine verlässliche Grundlage für die Planung der Stromerzeugung bieten. Der Stromverbrauch von Haushalten, Gewerbebetrieben und anderen Verbrauchern unterliegt starken Schwankungen. Deswegen müssen Kraftwerke in der Lage sein, die benötigte Energiemenge zur richtigen Zeit bereitzustellen. Mithilfe von Standardlastprofilen können Netzbetreiber und Energieversorger vorhersehen, wann typischerweise mehr oder weniger Strom benötigt wird.

Relevant wird es vor allem bei den sogenannten *Lastspitzen*. Sie treten meistens morgens und abends auf, wenn viele Menschen aufstehen, kochen oder elektrische Geräte nutzen. Ein gut abgestimmtes Lastprofil unterstützt die Netzbetreiber bei der Netzstabilität und ermöglicht Kraftwerksbetreibern, ihre Erzeugung an den Strombedarf anzupassen. Ohne diese vorausschauende Planung könnte es zu Engpässen oder Überproduktionen kommen, die das Stromnetz belasten. Wichtig ist das vor allem in Zeiten der Energiewende, in denen immer mehr erneuerbare Energien wie Wind- und Solarenergie ins Netz eingespeist werden. Sie liefern nicht kontinuierlich Strom und deswegen ist es umso wichtiger zu wissen, wann zusätzliche Energiequellen oder Speicher benötigt werden. Denn diese können die Schwankungen ausgleichen.

Auch wirtschaftlich sind Standardlastprofile von Vorteil, weil sie Energieversorger unterstützen, sinnvolle Stromtarife zu gestalten. Kunden können beispielsweise zeitvariable Tarife abschließen. Diese sollen den Verbraucher motivieren, ihren Stromverbrauch in günstigere Zeiten mit niedrigerer Netzbelastung zu verlagern (zum Beispiel Nachtstromtarife). Am Ende zahlen Endkunden keinen fixen Beitrag pro kWh, sondern abhängig von der Zeit, zu der der Strom genutzt wurde.

Standardlastprofile tragen dazu bei, den Betrieb von Kraftwerken wirtschaftlicher und nachhaltiger zu gestalten. Durch sie wird eine vorausschauende Steuerung der Stromerzeugung ermöglicht und sie helfen, die Versorgungssicherheit zu gewährleisten.

Last in einem Stromnetz

In der Energiewirtschaft bezeichnet der Begriff *Last* den Stromverbrauch zu einem bestimmten Zeitpunkt. Jedes Gerät, das eingeschaltet wird – sei es eine Lampe, ein Kühlschrank oder eine große Industrieanlage – entnimmt dem Stromnetz Energie.

Die Summe aller gleichzeitig aktiven Verbraucher bestimmt die Gesamtlast des Netzes.

Weil der Stromverbrauch im Laufe des Tages stark schwankt, muss das Stromnetz ständig dafür sorgen, dass genau die richtige Menge an Strom bereitgestellt wird.

Man unterscheidet dabei drei verschiedene Arten von Last.

- ✔ Die **Grundlast** ist der Strombedarf, der immer vorhanden ist, unabhängig von der Tageszeit. Er deckt den Grundbedarf.
- ✔ Die **Mittellast** beschreibt den zusätzlichen Stromverbrauch, der tagsüber durch Haushalte, Büros und Unternehmen entsteht. Sie schwankt moderat und ist eher planbar.
- ✔ Am Abend kommt es dann oft zur **Spitzenlast**, wenn viele Menschen gleichzeitig kochen, fernsehen oder elektrische Heizungen nutzen. Dann ist der Strombedarf sehr hoch. Er kann unvorhergesehen schwanken und muss durch sehr flexible Kraftwerke bedient werden, weil die Spitzenlast häufig nur sehr kurz benötigt wird.

In Abbildung 4.3 sehen Sie, wie sich der Strombedarf *eines Tages* (abgebildet in einem Standardlastprofil) durch Grundlast, Mittellast und Spitzenlastkraftwerke deckt. Hinweis: Es handelt sich um eine sehr vereinfachte Darstellung, bei der der Beitrag von erneuerbaren Energien nicht berücksichtigt ist:

Wenn mehr Strom verbraucht wird, als das Netz bereitstellen kann, spricht man von Überlast. Um solche Situationen zu vermeiden, gibt es verschiedene Mechanismen.

Letztendlich ist Last nichts Negatives, sondern der Grund, warum es Stromnetze überhaupt gibt. Ohne Verbraucher bräuchte es keine Kraftwerke. Weil der Stromverbrauch ständig schwankt, ist es eine Herausforderung, das Netz immer im Gleichgewicht zu halten. Dafür sorgt ein komplexes Zusammenwirken von Erzeugung, Speicherung und Steuerung.

Grundlast

Die Grundlast ist der Energiebedarf, den ein Abnahmegebiet kontinuierlich benötigt, unabhängig von den üblichen Schwankungen im Stromverbrauch. Sie stellt den minimalen Energiebedarf eines Stromnetzes dar, der zu keiner Tages- und Nachtzeit unterschritten wird. Um diesen Wert für ein Versorgungsgebiet zu bestimmen, orientiert man sich am niedrigsten Verbrauch, der üblicherweise in den Nachtstunden auftritt.

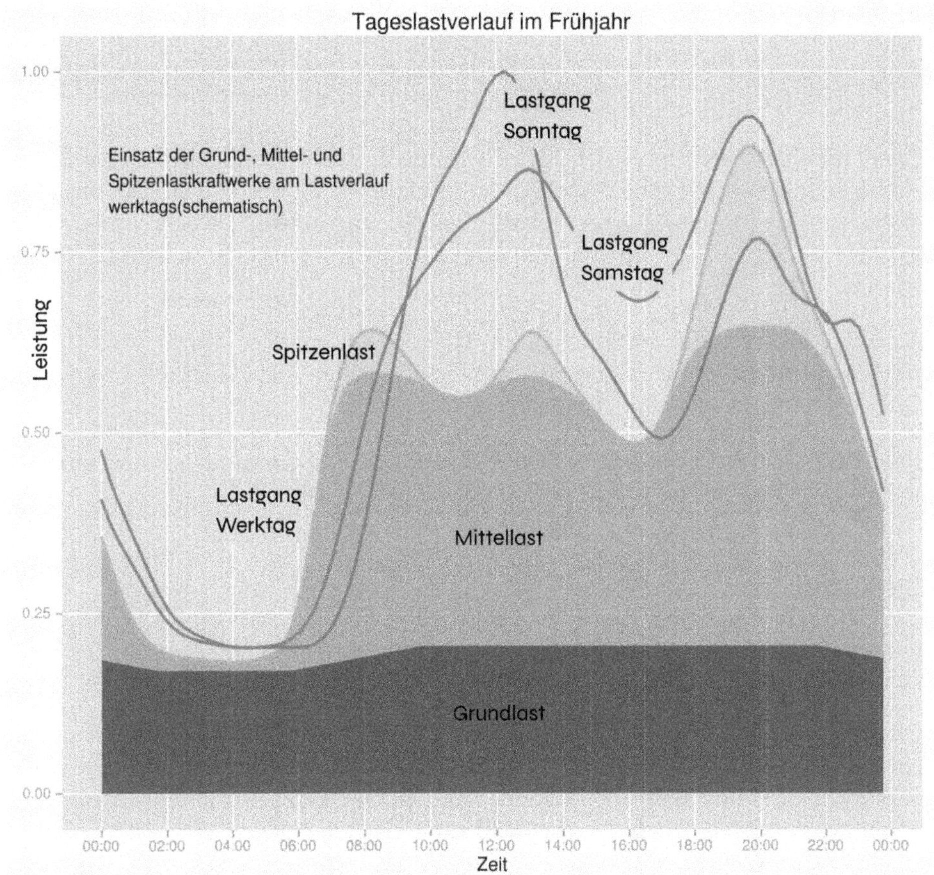

Abbildung 4.3: Grundlast, Mittellast, Spitzenlast an einem Tag, Quelle: Joes-Wiki, CC BY-SA 3.0, geändert, `https://de.wikipedia.org/wiki/Datei:Lastprofil_VDEW_Winter_mit_Kraftwerkseinsatz_schematisch.jpg`.

Auch wenn nachts insgesamt weniger Strom verbraucht wird, gibt es zahlreiche Dauerverbraucher, die immer Energie benötigen. Dazu gehören:

- ✔ Straßenbeleuchtung in Städten und Gemeinden
- ✔ Industrieanlagen, die auch nachts in Betrieb bleiben
- ✔ Haushaltsgeräte im Stand-by-Modus (zum Beispiel Fernseher, Router, Kühlschränke)

Je nach Wochentag und Jahreszeit bewegt sich die Grundlast in Deutschland zwischen 40 und 60 Gigawatt. In einzelnen Haushalten liegt die Grundlast ca. zwischen 300 und 400 Watt. Der Verbrauch entsteht häufig durch ungenutzte, aber angeschaltete Elektrogeräte.

Um die Grundlast zuverlässig abzudecken, werden sogenannte *Grundlastkraftwerke* eingesetzt. Diese Kraftwerke laufen rund um die Uhr und sind darauf ausgelegt, über längere Zeiträume hinweg stetig Strom zu liefern (siehe Kapitel 6, »Grundlastkraftwerke«).

Mittellast

Die Mittellast ist der Teil des Strombedarfs, der planbar über die Grundlast hinausgeht, aber noch keine plötzlichen Schwankungen aufweist.

Sie entsteht durch den ganz normalen Tagesrhythmus des Energieverbrauchs. Wenn Menschen aufstehen, zur Arbeit gehen, kochen oder elektrische Geräte nutzen. Die Mittellast sorgt dafür, dass der steigende Strombedarf über den Tag hinweg gedeckt wird. Vor allem im Winter ist die Mittellast höher, weil schlichtweg mehr geheizt und länger Licht gebraucht wird.

Die Mittellast folgt einem vorhersehbaren Muster. Aus diesem Grund wird sie von Kraftwerken gedeckt, die flexibler arbeiten können (siehe »Mittellastkraftwerke«, Kapitel 6).

Die Mittellast gleicht den Übergang zwischen Grundlast und Spitzenlast aus und sorgt dafür, dass genug Energie verfügbar ist, ohne das Netz zu überlasten.

Spitzenlast

Die Spitzenlast beschreibt die höchste Stromnachfrage, die in einem Stromnetz für kurze Zeit (zum Beispiel einzelne Viertelstunden oder Stunden pro Tag) auftritt.

Sie entsteht, wenn viele Menschen und Unternehmen gleichzeitig viel Energie benötigen. Typische Zeiten für Spitzenlast sind zur Mittagszeit, wenn in vielen Haushalten und Betrieben gekocht wird, und am frühen Abend, wenn Lichter, Fernseher und Haushaltsgeräte gleichzeitig genutzt werden. In Deutschland kann die Spitzenlast in solchen Momenten über 80 Gigawatt erreichen, also zum Teil mehr als das Doppelte der Grundlast, die zwischen 40 und 60 Gigawatt liegt.

Spitzenlast ist der Teil der Nachfrage, der über die Grundlast und Mittellast hinausgeht. Mittellastkraftwerke passen ihre Leistung dem Tagesverlauf an und Spitzenlastkraftwerke reagieren extrem schnell, um den plötzlichen Mehrverbrauch auszugleichen (siehe Kapitel 6).

Die Spitzenlast ist eine Herausforderung für das Stromnetz, weil sie unregelmäßig und in ihrer Höhe schwerer vorhersehbar ist. Ohne eine schnelle Reaktion kann es zu Netzüberlastungen oder Stromausfällen kommen. Um das zu verhindern, arbeiten Netzbetreiber mit einem Mix aus flexiblen Kraftwerken, Speichern und intelligenten Steuerungssystemen. Netzbetreiber versuchen, Spitzenlast durch Lastmanagement zu reduzieren, indem Unternehmen und Verbraucher dazu motiviert werden, ihren Stromverbrauch in lastärmere Zeiten zu verlagern.

Die Residuallast

Die Residuallast fällt nicht direkt in die unterschiedlichen zuvor beschriebenen Laststufen eines Stromnetzes. Sie beschreibt den Strombedarf, der nicht durch erneuerbare Energien gedeckt wird und von konventionellen Kraftwerken oder Speichern übernommen werden muss (das nennt man positive Residuallast). Sie ergibt sich aus der Differenz zwischen dem tatsächlichen Stromverbrauch und der Stromerzeugung aus erneuerbaren Quellen wie Wind- und Solarenergie. Im Gegensatz dazu gibt es auch noch die negative Residuallast, sie bezeichnet die Zeiten, in denen die Stromproduktion aus EE den Verbrauch übertrifft. In Abbildung 4.4 sehen Sie eine Veranschaulichung.

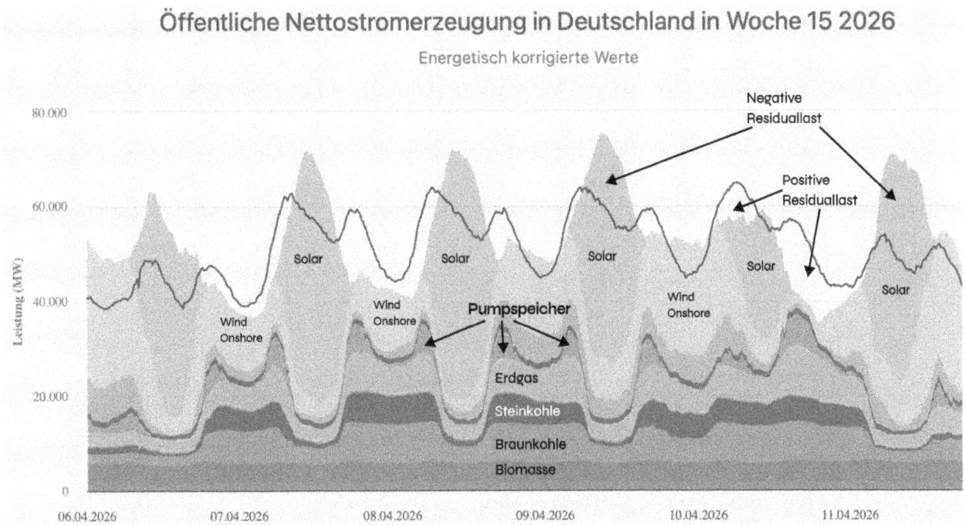

Abbildung 4.4: Residuallast, Quelle: `Energy-Charts.info`, Abrufdatum: 12.04.26

Die Grafik zeigt die Netto-Stromerzeugung in Deutschland in der 20. Kalenderwoche des Jahres 2026. Sie stellt den Stromverbrauch sowie die Erzeugung aus verschiedenen erneuerbaren Energiequellen dar und verdeutlicht die Dynamik der Stromversorgung im Verlauf einer Woche:

- ✔ Der Verbrauch zeigt den tatsächlichen Strombedarf, der sich im Laufe der Woche verändert.
- ✔ Positive Residuallast und negative Residuallast repräsentieren die Differenz zwischen dem Verbrauch und der Erneuerbare-Energie-Erzeugung, die entweder positiv oder negativ sein kann, je nachdem, ob die Erzeugung die Nachfrage übersteigt oder umgekehrt.
- ✔ Solar, Wind, Biomasse, Wasserkraft und Pumpspeicher zeigen die Stromerzeugung aus den jeweiligen erneuerbaren Energiequellen. Die Erzeugung aus Solar und Wind schwankt stark, abhängig von den Wetterbedingungen und der Tageszeit. Biomasse, Pumpspeicher und Wasserkraft leisten konstantere Beiträge.

Die Grafik zeigt, wie die erneuerbaren Energiequellen in Deutschland im Verlauf der Woche zur Stromversorgung beitragen und wie sich die Residuallast verändert, wenn die erneuerbare Erzeugung nicht ausreicht, um den gesamten Verbrauch zu decken. Vor allem in Zeiten, in denen die Erneuerbare-Energie-Produktion schwankt, zeigt sich die Notwendigkeit, zusätzliche flexiblere Stromquellen oder Speichersysteme zu integrieren.

Wenn viel Wind weht und die Sonne scheint, ist die Residuallast gering oder kann sogar negativ werden. Das bedeutet, dass mehr erneuerbarer Strom erzeugt wird, als verbraucht wird. In solchen Fällen kann es passieren, dass erneuerbare Anlagen abgeregelt werden müssen, um das Netz stabil zu halten. An Tagen mit wenig Wind oder wenig Sonneneinstrahlung steigt die Residuallast, weil konventionelle Kraftwerke den fehlenden Strom ausgleichen müssen. Die Residuallast ist nicht überall gleich, sondern variiert regional und saisonal. Im Sommer gibt es mehr Solarstrom, im Winter ist die Windeinspeisung oft höher. In manchen Regionen kann es vorkommen, dass zu bestimmten Zeiten mehr Strom erzeugt als verbraucht wird, andere Gebiete sind währenddessen gleichzeitig auf zusätzliche Stromlieferungen angewiesen.

Sowohl der Stromverbrauch als auch die erneuerbare Erzeugung schwanken stark. Deswegen ist es schwierig, die Residuallast genau vorherzusagen. Netzbetreiber müssen sehr flexibel reagieren und jederzeit dafür sorgen, dass Erzeugung und Verbrauch ausgeglichen bleiben. In Zukunft sollen Speichertechnologien, smarte Netze und bessere Lastprognosen helfen, die Residuallast besser zu steuern und das Stromnetz zu stabilisieren.

Die Residuallast beeinflusst auch den Strommarkt. Wenn erneuerbare Energien viel Strom liefern und die Residuallast niedrig ist, sinken die Strompreise an der Börse, manchmal auch bis in den negativen Bereich. Wenn die Residuallast hoch ist, weil wenig Wind- und Solarstrom verfügbar ist, steigen die Preise, weil teurere konventionelle Kraftwerke einspringen müssen.

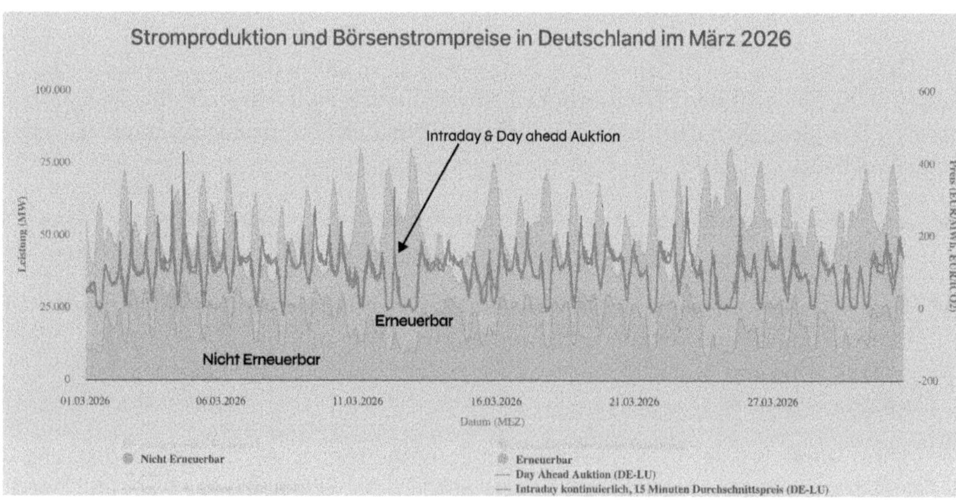

Abbildung 4.5: Stromproduktion und Börsenstrompreise in Deutschland im März, 2026, Quelle: `Energy-Charts.info`, Abrufdatum: 12.04.26

Abbildung 4.5 zeigt die Stromerzeugung und die Börsenstrompreise in Deutschland über den Verlauf einer Woche. Auf der horizontalen Achse ist die Zeit dargestellt, auf der linken vertikalen Achse die erzeugte elektrische Leistung. Die Flächendarstellung ist in zwei Bereiche unterteilt. Ein heller Grauton steht für die Stromerzeugung aus erneuerbaren Energien, ein dunklerer Grauton (unterste Ebene) für die nicht erneuerbaren, konventionellen Kraftwerke. Zusätzlich ist eine Linie eingezeichnet, die den Strompreis an der Börse zeigt.

In Zeiträumen, in denen der helle Flächenanteil groß ist, also viel Strom aus erneuerbaren Quellen zur Verfügung steht, fällt die Residuallast niedrig aus. In diesen Phasen müssen nur wenige konventionelle Kraftwerke eingesetzt werden. Entsprechend sinkt auch der Strompreis, das zeigt sich in der nach unten verlaufenden Preiskurve.

Umgekehrt wird die Residuallast größer, wenn die erneuerbare Stromerzeugung gering ist. Dann wächst der dunkle Flächenanteil deutlich an. Mehr konventionelle Kraftwerke werden benötigt, um den Strombedarf zu decken, und der Strompreis steigt. Die Grafik verdeutlicht damit, dass nicht der gesamte Strombedarf allein entscheidend für den Preis ist, sondern vor allem die Höhe der Residuallast.

Die Darstellung macht deutlich, wie stark Stromerzeugung aus erneuerbaren Energien, Residuallast und Strompreise miteinander verknüpft sind. Mit einem steigenden Anteil erneuerbarer Energien schwankt die Residuallast stärker im Zeitverlauf. Diese Schwankungen prägen zunehmend die Preisbildung am Strommarkt und erhöhen die Bedeutung von flexiblen Kraftwerken, Speichern und einer aktiven Steuerung von Angebot und Nachfrage.

Noch einmal zusammengefasst:

Eine positive Residuallast bedeutet, dass der Stromverbrauch größer ist als die Einspeisung aus erneuerbaren Energien. In diesem Fall müssen konventionelle Kraftwerke oder Speicher den fehlenden Strom liefern, um den Bedarf zu decken.

BEISPIEL

Bei einem windstillen, bewölkten Abend im Winter nutzen Haushalte Licht, Heizungen und Elektrogeräte. Gleichzeitig steht nur wenig erneuerbarer Strom aus beispielsweise Wind und Solar zur Verfügung. In diesem Fall müssen zum Beispiel Gaskraftwerke, Wasserkraftwerke oder Batteriespeicher den restlichen Strom liefern.

Eine negative Residuallast tritt auf, wenn die Einspeisung aus erneuerbaren Energien höher ist als der aktuelle Strombedarf. Das bedeutet, dass mehr Strom aus erneuerbaren Energien produziert wird, als verbraucht werden kann.

BEISPIEL

An einem sonnigen, windreichen Wochenendtag im Sommer produzieren Solar- und Windkraftanlagen große Mengen an Strom. Der Verbrauch ist eher gering, weil viele Betriebe geschlossen sind und die Menschen Ausflüge in die Natur unternehmen. Dadurch entsteht ein Überschuss an erneuerbarem Strom, der gespeichert, exportiert oder in manchen Fällen sogar abgeregelt werden muss.

Beispiel: Last im deutschen Stromnetz nach Erzeugern

Abbildung 4.6 zeigt die Nettostromerzeugung in Deutschland für die 11. Kalenderwoche 2025 mit der Aufschlüsselung nach Energieträgern. Die Daten basieren auf energetisch korrigierten Werten und zeigen die Leistung in Megawatt (MW) über mehrere Tage hinweg.

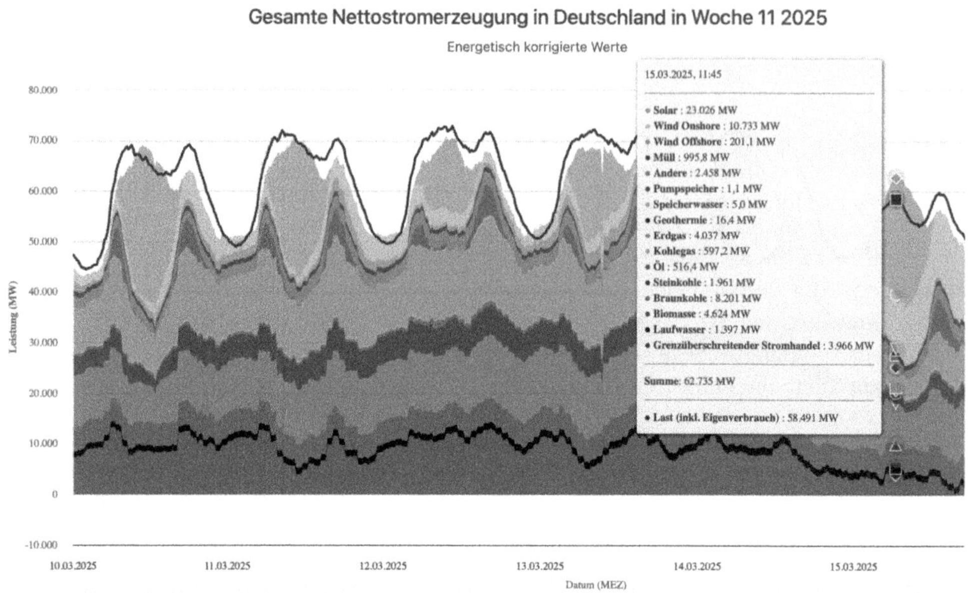

Abbildung 4.6: Nettostromerzeugung in Deutschland in Woche 11 2025, Quelle: `Energy-Charts.info`, Abrufdatum: 20.03.26

Hier eine Interpretation der Grafik:

- ✔ Der Gesamtstromverbrauch (Last inkl. Eigenverbrauch) schwankt über den Tagesverlauf zwischen etwa 45.000 MW und 75.000 MW.
- ✔ Die Grundlast wird hauptsächlich durch Braunkohle, Laufwasser und Biomasse bereitgestellt.
- ✔ Die Mittellast wird durch Steinkohle, Erdgas und teils durch Pumpspeicher ergänzt.
- ✔ Die Spitzenlast wird durch Pumpspeicherkraftwerke und Gaskraftwerke gedeckt.
- ✔ Erneuerbare Energien decken bei optimalen Bedingungen schon die Hälfte der Last im Netz (zum Beispiel in der Abbildung am 15.03.)

Windenergie (Onshore & Offshore):

- ✔ Starke Schwankungen im Verlauf der Woche.
- ✔ Offshore-Windkraft zeigt eine stärkere Einspeisung als Onshore-Windkraft.
- ✔ An einigen Tagen trägt Wind erheblich zur Stromerzeugung bei, an anderen ist der Beitrag geringer, wodurch fossile Kraftwerke mehr leisten müssen.

Solarenergie:

- ✔ Solar spielt nachts keine Rolle. Das wird durch die Nullwerte während der Nachtstunden deutlich.

✔ Die Produktion steigt tagsüber an, vor allem an sonnigen Tagen.

✔ Um den 15.03.2025 herum ist eine hohe Einspeisung am Tag erkennbar.

Laufwasser & Biomasse:

✔ Diese Quellen liefern kontinuierlich Strom, jedoch in einem geringeren Umfang.

Um die wochenaktuelle Stromzusammensetzung in Deutschland zu überprüfen, können Sie dies unter der folgenden Website nachlesen: `energy-charts.info`.

In Abbildung 4.7 sehen Sie einen interessanten Vergleich zu Abbildung 4.6: Hier wird die Woche 11, 2015 abgebildet, also zehn Jahre zuvor. Im Jahr 2015 wurde ein Großteil der Last durch Kohle und Kernenergie gedeckt. Strom aus erneuerbaren Energien wurde im Gegensatz zu 2025 relativ wenig eingespeist.

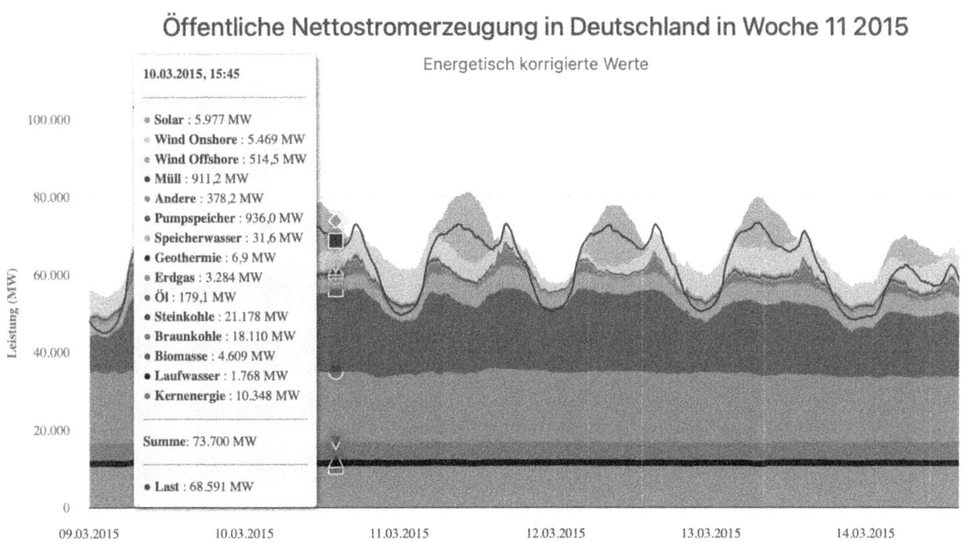

Abbildung 4.7: Nettostromerzeugung in Deutschland in Woche 11 2015, Quelle: `Energy-Charts.info`, Abrufdatum: 20.03.26

Warum verschiedene Energiequellen notwendig sind

Der Strombedarf schwankt über den Tag hinweg. Deswegen müssen verschiedene Kraftwerke gezielt hoch- oder heruntergefahren werden. Erneuerbare Energien allein reichen heute noch nicht aus, um jederzeit eine stabile Versorgung zu garantieren. Daher sind konventionelle Kraftwerke als derzeitige Lösung für die Grund-, Mittel- und Spitzenlast zusätzlich in Gebrauch. Welche Energiequellen zum Einsatz kommen und wie sie kombiniert werden, hängt vor allem von folgenden Faktoren ab:

1. **Flexibilität und Netzstabilität**

   Kein einzelner Kraftwerkstyp kann alle Schwankungen im Stromnetz ausgleichen. Grundlastkraftwerke allein wären zu unflexibel, Spitzenlastkraftwerke sind zu teuer, um sie dauerhaft zu betreiben.

2. **Wirtschaftlichkeit**

   Kraftwerke müssen nicht nur zuverlässig, sondern auch wirtschaftlich arbeiten. Grundlastkraftwerke sind günstig im Betrieb, aber wenig flexibel. Spitzenlastkraftwerke sind teuer, aber aufgrund ihrer hohen Flexibilität notwendig für kurzfristige Engpässe.

3. **Erneuerbare Energien und Speicher**

   Mit dem zunehmenden Ausbau von Wind- und Solarenergie wird es immer wichtiger, die zusätzlich notwendige Last neben erneuerbaren Energien (siehe Residuallast) durch flexible Speicherlösungen und Lastmanagement auszugleichen. Erneuerbare Energien sind wetterabhängig und deswegen braucht das Netz zusätzliche Kraftwerke, um den fehlenden Strom bereitzustellen, wenn Wind und Sonne nicht ausreichen.

Weil das Stromnetz stabil bleiben muss, müssen verschiedene Energiequellen kombiniert werden, die die Last kontinuierlich ausgleichen.

In Zukunft wird es immer wichtiger, Spitzenlasten durch smarte Netze, Lastverschiebung und neue Speichertechnologien auszugleichen. Ziel ist es, eine zuverlässige und bezahlbare Stromversorgung zu gewährleisten, ohne dass teure Spitzenlastkraftwerke ständig einspringen müssen.

Was den globalen Energiebedarf treibt

Die weltweite Nachfrage nach Energie verändert sich nicht zufällig, sondern sie wird von grundlegenden Entwicklungen angetrieben.

Die wichtigsten Faktoren der langfristigen Energienachfrage sind:

- ✔ Wirtschaftswachstum (BIP)
- ✔ Bevölkerungswachstum
- ✔ Steigender Pro-Kopf-Energieverbrauch
- ✔ Energieintensität der Wirtschaft
- ✔ Digitalisierung und Rechenzentren

Energie und das BIP

Die Energiebranche spielt eine sehr wichtige Rolle für die gesamte Wirtschaft. Fast alle Produkte und Dienstleistungen brauchen Energie, um hergestellt oder bereitgestellt zu werden. Steigende Energiekosten wirken sich deswegen nicht nur auf einzelne Haushalte, sondern auf die gesamte Wirtschaft und damit auch die Inflationsraten aus.

Ein Beispiel dafür ist das Bruttoinlandsprodukt (BIP). Es zeigt, wie groß die wirtschaftliche Leistung eines Landes ist, also wie viel innerhalb eines Jahres produziert und verkauft wurde. Je mehr Güter und Dienstleistungen hergestellt werden, desto mehr Energie wird in der Regel benötigt, zum Beispiel für Maschinen, Transport oder digitale Infrastruktur. In Deutschland hatte die Energiebranche in den Jahren 2018 bis 2020 einen Anteil von ca. 16 bis 17 Prozent am gesamten BIP. Der Wert über diese Jahre ist relativ stabil. Das bedeutet, dass ungefähr jeder sechste Euro der deutschen Wirtschaftsleistung aus dem Bereich Strom und Gas kam. Auch wenn er im Jahr 2020 leicht zurückging, zeigt das deutlich, wie groß die Bedeutung der Energie für die Wirtschaft ist.

Bevölkerungswachstum und wirtschaftliche Entwicklung

Die Weltbevölkerung wächst und bis 2050 werden voraussichtlich fast zehn Milliarden Menschen auf der Erde leben. Gleichzeitig steigt in vielen Ländern der Lebensstandard. Wenn Menschen mehr Geld zur Verfügung haben, steigt auch ihr Energieverbrauch, zum Beispiel durch mehr Konsum, Reisen und den Einsatz technischer Geräte.

Der weltweite Energieverbrauch nimmt deshalb seit vielen Jahren stetig zu. Große Krisen wie die Finanzkrise 2008 oder die Corona-Pandemie 2020 konnten diese Entwicklung nur kurzfristig bremsen. Danach stieg der Energiebedarf wieder an. Zwischen 2011 und 2021 wuchs der globale Energieverbrauch im Durchschnitt um etwa 1,3 Prozent pro Jahr.

Ein großer Teil dieses Energieverbrauchs entfällt auf wenige Länder. Allein die USA und China sind zusammen für rund 42 Prozent der weltweiten Energienachfrage verantwortlich (Stand 2022). Deutschland hat daran einen Anteil von etwa zwei Prozent, ganz Europa einschließlich der Türkei kommt auf rund 13 Prozent.

Nach wie vor wird der größte Teil der weltweiten Energie durch fossile Brennstoffe gedeckt. An erster Stelle steht Öl, gefolgt von Kohle und Erdgas. Erneuerbare Energien wie Solar- und Windkraft wachsen zwar stark, machen bislang jedoch nur einen vergleichsweise kleinen Teil des Gesamtverbrauchs aus. Auch Kernenergie und Wasserkraft tragen zur Versorgung bei, liegen aber ebenfalls deutlich hinter den fossilen Energieträgern.

Umso wichtiger ist es, den steigenden Energiebedarf künftig möglichst klimafreundlich und effizient zu decken. Die Herausforderung besteht nicht nur darin, ausreichend Energie bereitzustellen, sondern dies auch nachhaltig zu tun.

Energieverbrauch pro Kopf

Der Energieverbrauch pro Kopf unterscheidet sich weltweit stark und zeigt, wie ungleich Energie genutzt wird. Während einige Regionen einen sehr hohen Verbrauch haben, liegt er in anderen deutlich darunter.

In Nordamerika ist der durchschnittliche Energieverbrauch pro Person nach wie vor am höchsten. Im Jahr 2019 lag er bei rund 217 Gigajoule (GJ) pro Jahr. Zwar ist dieser Wert seit den 2000er-Jahren leicht rückläufig, bleibt aber deutlich über dem globalen Durchschnitt.

Auch in den Ländern der ehemaligen Sowjetunion (CIS) war der Energieverbrauch pro Kopf früher sehr hoch. Nach dem Zerfall der Sowjetunion Anfang der 1990er-Jahre ging er jedoch deutlich zurück und hat sich seitdem auf einem mittleren Niveau stabilisiert. Europa zeigt ebenfalls einen rückläufigen Trend: Seit etwa 2006 sinkt der durchschnittliche Verbrauch pro Kopf, zuletzt lag er bei rund 100 GJ pro Jahr.

In anderen Regionen hingegen steigt der Energieverbrauch pro Person. In der Asien-Pazifik-Region und im Nahen Osten nimmt er seit Jahren zu. Das hängt eng mit wirtschaftlichem Wachstum und steigendem Wohlstand zusammen. Der Verbrauch liegt zwar noch unter dem westlichen Niveau, nähert sich diesem jedoch zunehmend an.

Ganz anders ist die Situation in Afrika: Dort ist der Energieverbrauch pro Kopf seit Jahrzehnten sehr niedrig und liegt aktuell bei etwa 14 GJ pro Person und Jahr. Damit verbrauchen Menschen in Afrika im Durchschnitt nur einen Bruchteil der Energie, die beispielsweise in Nordamerika genutzt wird.

Der globale Durchschnitt lag im Jahr 2020 bei etwa 71 GJ pro Person und Jahr. Insgesamt ist der Pro-Kopf-Verbrauch zuletzt leicht zurückgegangen, vor allem aufgrund sinkender Werte in Europa und Nordamerika. Gleichzeitig steigt der Energiebedarf in vielen aufstrebenden Regionen weiter an. Trotz dieser Entwicklungen haben noch immer viele Hundert Millionen Menschen weltweit nur eingeschränkten Zugang zu moderner Energie.

Energieintensität der Wirtschaft

Zwischen 1990 und 2025 hat sich der Energieverbrauch in Deutschland enorm verändert. Insgesamt ist der sogenannte Primärenergieverbrauch, also die gesamte inländisch genutzte Energiemenge vor Umwandlung in Strom, Wärme oder Kraftstoffe, in diesem Zeitraum um 29,2 Prozent gesunken: von circa 14.905 Petajoule auf 10.553 Petajoule. Die Gründe dafür sind folgende: Einerseits gab es einen Rückgang von Verbrauch und Verlusten im Energiesektor, zum Beispiel durch effizientere Kraftwerke und Umwandlungsanlagen. Andererseits blieb die nicht-energetische Nutzung (zum Beispiel Einsatz von Erdöl in der chemischen Industrie zur Herstellung von Kunststoffen) weitgehend stabil. Auf der anderen Seite ist der Endenergieverbrauch, also die Energiemenge, die tatsächlich bei den Endnutzern (Haushalten, Industrie, Verkehr und Dienstleistungen) ankommt, ebenfalls zurückgegangen.

Interessant ist die Entwicklung in den einzelnen Verbrauchssektoren:

- ✔ **Private Haushalte** verbrauchten 2025 etwa genauso viel Energie wie 1990. Trotz effizienterer Geräte und besserer Dämmung wurde dieser Effekt offenbar durch größere Wohnflächen und mehr Elektrogeräte kompensiert.
- ✔ In der **Industrie (Herstellung/Gewerbe)** sank der Energieverbrauch deutlich. Das ist auf Effizienzsteigerungen, Strukturwandel und moderne Produktionstechnologien zurückzuführen.

- ✔ Der **Verkehrssektor** blieb fast konstant, trotz aller Bemühungen zur Effizienzsteigerung. Das liegt auch daran, dass der Individualverkehr in dieser Zeit zugenommen hat.
- ✔ Besonders stark sank der Energieverbrauch im Bereich **Dienstleistungen, Handel und Gewerbe** – vermutlich ebenfalls durch Digitalisierung, effizientere Gebäude und Energieeinsparmaßnahmen.

Im Jahr 2024 sank der Primärenergieverbrauch in Deutschland auf 10.478 Petajoule (PJ), was einem Rückgang von 1,3 Prozent gegenüber dem Vorjahr entspricht. Dieser Wert markiert den niedrigsten Stand seit der Wiedervereinigung.

⚠ Der Rückgang darf allerdings nicht vorschnell als Erfolg der Energiewende interpretiert werden. Er ist vor allem auf eine schwache Konjunktur, hohe Energiepreise und eine mildere Witterung zurückzuführen.

Abbildung 4.8 zum Energieverbrauch pro Kopf macht Unterschiede auf der Welt besonders anschaulich. Sie zeigt, wie ungleich Energie weltweit genutzt wird. In wohlhabenden Industrieländern wie den USA, Kanada, Australien oder Teilen Europas ist der Energieverbrauch pro Person sehr hoch. In vielen Ländern Afrikas und Südasiens dagegen ist er extrem niedrig. Diese Unterschiede spiegeln nicht nur den jeweiligen Lebensstandard wider, sondern auch den Zugang zu Energie, die Wirtschaftsstruktur und den Grad der Industrialisierung. Während ein hoher Pro-Kopf-Verbrauch häufig mit Komfort, Mobilität und industrieller Produktion einhergeht, bedeutet ein sehr niedriger Verbrauch oft eingeschränkte Entwicklungsmöglichkeiten. Für die zukünftige Energienachfrage ist das entscheidend: Steigt der Lebensstandard in Ländern mit bislang geringem Energieverbrauch, wird auch ihr Energiebedarf deutlich wachsen. Die globale Energiewende steht damit vor der doppelten Herausforderung, steigende Nachfrage in vielen Regionen zu decken und gleichzeitig den Energieverbrauch in hoch entwickelten Ländern effizienter und klimafreundlicher zu gestalten.

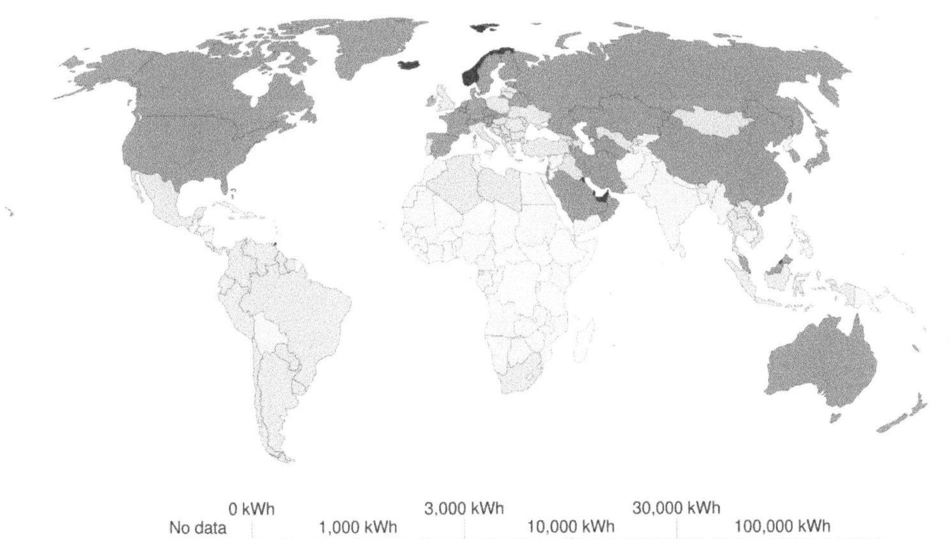

Abbildung 4.8: Energieverbrauch pro Person auf der Welt 2023, Quelle: https://commons.wikimedia.org/wiki/File:Energy_use_per_person.svg, CC-BY SA 3.0

IN DIESEM KAPITEL

Übertragungsnetz und Verteilnetz

Der Aufbau des Stromnetzes

Das europäische Stromnetz

Große Stromprojekte in Deutschland

Kapitel 5
Das Stromnetz – die Infrastruktur der Stromübertragung

In Deutschland gibt es verschiedene Arten von Netzen für unterschiedliche Energieträger:

- ✔ Das **Stromnetz** transportiert elektrische Energie von Erzeugern (zum Beispiel Kraftwerken, Wind- und Solaranlagen) zu Verbrauchern. Das **Gasnetz** transportiert Erdgas (und perspektivisch zunehmend auch Biomethan/Wasserstoff-Beimischungen) vom Einspeisepunkt zu Verbrauchern (zum Beispiel Heizanlagen).
- ✔ **Wärmenetze** (Fern-/Nahwärme) versorgen Gebäude mit heißem Wasser (seltener Dampf) für Heizung und Warmwasser.
- ✔ Und die **Öl- und Kraftstoffleitungen**, zum Beispiel für Raffinerien oder Flughäfen.

In diesem Kapitel geht es um die Stromnetze.

Wie funktioniert das Stromnetz?

Strom fließt wie selbstverständlich aus der Steckdose. Bevor er dort ankommt, hat er eine weite Reise hinter sich. Die elektrische Energie wird in Windparks an der Nordsee, in Solaranlagen auf Dächern im ganzen Land oder in Kraftwerken erzeugt, manchmal Hunderte

Kilometer entfernt vom Ort des Verbrauchs. Strom lässt sich allerdings nur begrenzt speichern, deswegen muss er genau im richtigen Moment dorthin transportiert werden, wo er gebraucht wird. Dafür gibt es das Stromnetz: eine Infrastruktur, die Produktion und Verbrauch in Echtzeit verbindet.

Technisch gesehen ist das Stromnetz in mehrere Ebenen unterteilt:

- ✔ **Höchstspannungsleitungen** sind quasi die Autobahnen des Stromnetzes: Sie transportieren große Strommengen über weite Entfernungen.
- ✔ **Hoch- und Mittelspannungsleitungen** übernehmen wie Landstraßen die Verteilung in Regionen, Städte und Ortsteile
- ✔ **Niederspannungsnetze** entsprechen den Ortsstraßen und bringen den Strom bis zur Steckdose, direkt in Wohnungen, Läden und Büros.

Das Stromnetz übernimmt den Transport des Stroms, ist aber auch dafür verantwortlich, dass das gesamte System stabil funktioniert. Damit elektrische Geräte zuverlässig laufen, müssen bestimmte Werte eingehalten werden: Die Spannung muss passen (zum Beispiel 230 Volt im Haushalt), die Frequenz muss konstant bei 50 Hertz bleiben, und Stromerzeugung und Stromverbrauch müssen jederzeit im Gleichgewicht sein.

Gerät dieses Gleichgewicht aus der Balance, kann es zu Spannungsschwankungen oder sogar zu großflächigen Stromausfällen kommen. Aus diesem Grund wird das Stromnetz rund um die Uhr überwacht. Netzbetreiber greifen dabei ständig ein und setzen technische Maßnahmen ein, um die Stabilität zu sichern. Diese Maßnahmen nennt man *Systemdienstleistungen*. Sie stellen sicher, dass Spannung und Frequenz stabil bleiben, Engpässe ausgeglichen werden und Störungen schnell behoben werden können (siehe Kapitel 6).

Früher kam Strom in der Regel aus großen Kraftwerken. Heute sieht das anders aus: Tausende kleine Anlagen speisen Strom ein, zum Beispiel Solaranlagen, Windräder oder Blockheizkraftwerke. Gleichzeitig entstehen, wie auch in der Vergangenheit, immer wieder neue Stromverbraucher. Aktuell wächst ihre Zahl und Bedeutung sehr stark, zum Beispiel durch Elektroautos, Wärmepumpen oder energieintensive Rechenzentren. Das Stromnetz muss sich an all diese Veränderungen anpassen, es muss flexibler, intelligenter und leistungsfähiger werden. Darum sind Netzausbau und Smart Grids zurzeit in aller Munde. Das sind intelligente Stromnetze, die erkennen, wann und wo Energie gebraucht oder eingespeist wird, und automatisch darauf reagieren können (siehe Kapitel 8).

Der Aufbau des Stromnetzes: Die vier Spannungsebenen

In Deutschland gibt es vier Spannungsebenen: Die höchste Spannung beträgt 380 Kilovolt (380.000 Volt), die niedrigste 230 Volt. Das ist die Spannung, die in deutschen Haushalten an Steckdosen anliegt.

Spannung beschreibt dabei, wie stark der elektrische »Druck« ist, der den Strom antreibt, ähnlich wie der Wasserdruck in einer Leitung. *Stromstärke* hingegen gibt an, wie viel Strom tatsächlich fließt, also die Menge an »Elektrizität« pro Sekunde.

Hohe Spannungen machen es möglich, große Mengen Strom über weite Strecken zu transportieren, ohne dass dabei viel Energie verloren geht. Der Grund dafür liegt im Zusammenspiel von Spannung, Stromstärke und Leistung. Für die gleiche übertragene Leistung gilt: Je höher die Spannung, desto geringer ist die benötigte Stromstärke bei gleichbleibender Energiemenge. Da die Stromstärke maßgeblich für die Höhe der Wärmeverluste ist, wird diese möglichst minimiert. Deshalb wird für den Transport über große Entfernungen mit sehr hohen Spannungen gearbeitet. Diese sind allerdings technisch aufwendig, da sie stärkere Leitungen, gute Isolierung und größere Sicherheitsabstände erfordern. Aus diesem Grund wird die Spannung im Stromnetz immer nur so hoch gewählt wie nötig und anschließend wieder schrittweise reduziert.

Das Höchstspannungsnetz (380/220 kV)

Das Höchstspannungsnetz wird auch Übertragungsnetz genannt und ist für die Fernübertragung von Strom zuständig. Hier fließt Strom über große Distanzen, zum Beispiel speisen Offshore-Windparks in der Nordsee ihre Energie dort ein. Wegen der hohen Spannung kann der Strom effizient landesweit und international verteilt werden. Dadurch kann der Strom durch ganz Deutschland bis zu einem Industriezentrum in Süddeutschland transportiert werden. Diese »Stromautobahnen« verbinden große Kraftwerke, Konverterstationen und Netzregionen miteinander. Das deutsche Übertragungsnetz ist ca. 36.000 Kilometer lang und wird von vier Unternehmen betrieben: TenneT TSO, 50Hertz Transmission, Amprion und TransnetBW.

Das Hochspannungsnetz (110 kV)

Das Hochspannungsnetz gehört, so wie die nachgelagerten Netzebenen, zum Verteilnetz. Es verbindet den landesweiten Stromtransport mit der regionalen Stromverteilung. In Umspannwerken wird die Spannung dazu zunächst von 380 oder 220 Kilovolt auf 110 Kilovolt reduziert, bevor der Strom regional verteilt wird.

An das Hochspannungsnetz sind vor allem große Industrieanlagen, Stadtwerke und größere Kraftwerke wie Wasserkraft- oder Solarparks angeschlossen. Windparks im Binnenland speisen ihren Strom auch auf dieser Spannungsebene ein.

Man kann das Hochspannungsnetz daher als Verbindung zwischen der »Stromautobahn« und dem örtlichen Verteilnetz verstehen.

Das Mittelspannungsnetz (1–30 kV)

Das Mittelspannungsnetz ist die nächste Ebene unter dem Hochspannungsnetz und verteilt den Strom in der Region. Es versorgt ganze Stadtteile, ländliche Gemeinden und Gewerbegebiete. Dabei treten nur geringe Energieverluste auf.

Das Netz verbindet Umspannwerke mit den örtlichen Netzstationen. Außerdem speisen hier viele kleinere Stromerzeuger ein, zum Beispiel Photovoltaikanlagen auf Firmendächern, Biogasanlagen oder Windräder.

Man kann das Mittelspannungsnetz mit einer gut ausgebauten Landstraße vergleichen, die viele Orte mit dem überregionalen Stromnetz verbindet. Es sorgt dafür, dass Strom nicht nur zentral verteilt wird, sondern auch flexibel und dezentral erzeugt und genutzt werden kann. Mit einer Länge von mehreren Hunderttausend Kilometern gehört es zu den dichtesten Teilen des Stromnetzes in Deutschland.

Die Niederspannungsebene (230–400 Volt, technisch bis 1 kV)

Auf der Niederspannungsebene wird Strom mit der niedrigsten Spannung transportiert, in der Regel mit 230 Volt / 400 Volt (einphasig / dreiphasig). Rein technisch reicht sie bis 1 Kilovolt. In Haushalten kommen davon allerdings nur 230 Volt (beziehungsweise 400 Volt bei Drehstrom) an Steckdosen an. Der Strom kommt zuvor aus dem Mittelspannungsnetz und wird in Ortsnetzstationen heruntertransformiert. Von dort aus fließt er durch ein dichtes Netz aus Leitungen in Straßen, Wohnviertel und Gebäude.

Über diese Netzebene sind Haushalte und kleine Unternehmen an das Stromnetz angeschlossen und nutzen den Strom. Gleichzeitig speisen immer mehr private Solaranlagen auf Einfamilienhäusern ihren selbst erzeugten Strom in das Netz ein.

Dadurch fließt der Strom auf dieser Ebene nicht mehr nur in eine Richtung. Das Niederspannungsnetz wird zunehmend bidirektional, da Strom sowohl verbraucht als auch ins Netz eingespeist wird.

Abbildung 5.1 zeigt, wie das deutsche Stromnetz aufgebaut ist und wie der Strom seinen Weg von den großen Kraftwerken bis in die Steckdosen der Haushalte findet. Es besteht aus sieben Netzebenen, die sich durch ihre Spannungsebenen und Aufgaben unterscheiden (siehe Abbildung 5.2).

Ganz oben steht die Netzebene 1, das Übertragungsnetz. Hier fließt Strom mit sehr hoher Spannung von 380 oder 220 Kilovolt (kV). Diese Spannungsebene wird für den Transport großer Energiemengen über weite Strecken genutzt. Einspeisepunkte sind vor allem große Kraftwerke wie Kohle-, Kern- oder Wasserkraftwerke sowie Offshore-Windparks. Über dieses Netz wird Strom auch importiert oder exportiert.

In der Netzebene 2 wird der Strom mithilfe von Transformatoren auf niedrigere Spannungen gebracht. So kann er in die nachfolgenden Netzebenen weitergeleitet werden.

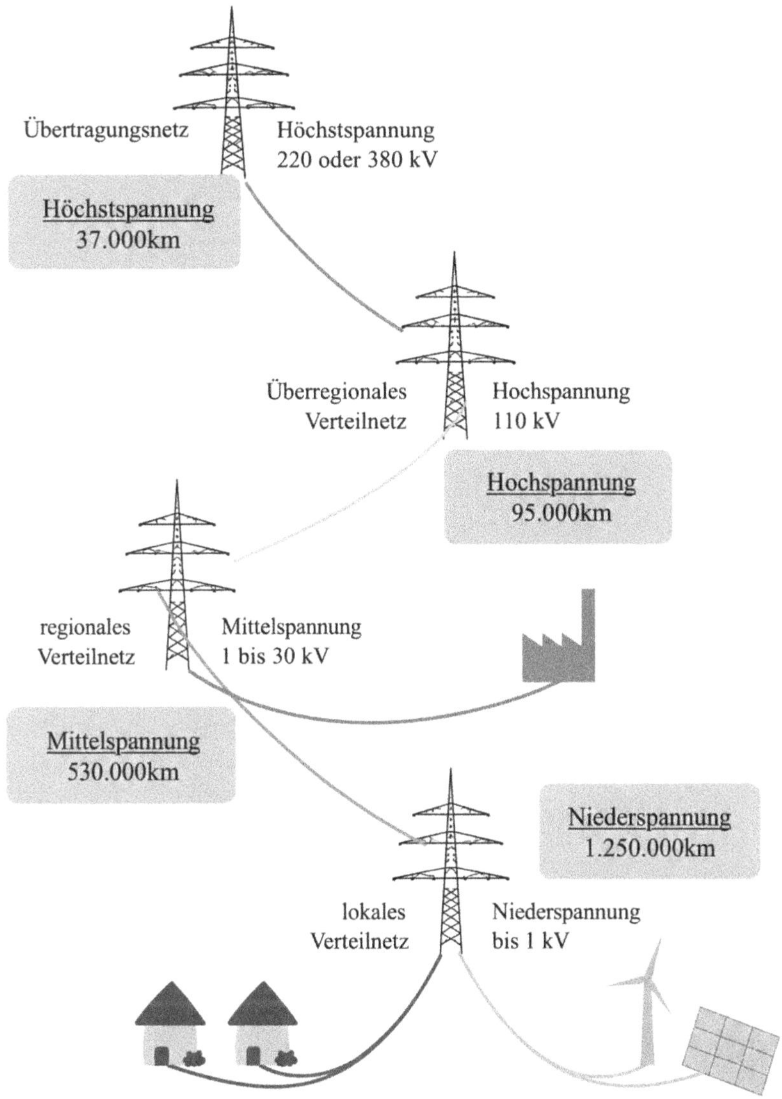

Abbildung 5.1: Spannungsebenen

Die Netzebene 3 umfasst das Hochspannungsnetz mit einer Spannung von 110 Kilovolt. Auf dieser Ebene speisen unter anderem Gas- und Wasserkraftwerke Strom ein. Gleichzeitig werden große Industrieanlagen versorgt, die einen hohen Energiebedarf haben. Außerdem findet hier der Ausgleich von Strom zwischen verschiedenen Regionen statt.

Über weitere Transformatoren (Netzebene 4) gelangt die Energie in die Mittelspannungsebene (Netzebene 5) mit einer Spannung von meist 10 bis 30 Kilovolt. Diese Ebene umfasst vor allem regionale Verteilnetze, in denen Windparks, Solaranlagen oder Stromspeicher einspeisen. Von hier aus wird auch Industrie und Gewerbe mit Strom versorgt.

Nach einer weiteren Spannungsumwandlung (Netzebene 6) folgt die Niederspannungsebene (Netzebene 7). Sie versorgt die Haushalte, kleinere Betriebe und öffentliche Einrichtungen mit einer Spannung von 230 Volt / 400 Volt (einphasig / dreiphasig). Hier kommen auch Photovoltaikanlagen auf Dächern, kleine Windräder, Blockheizkraftwerke und Stromspeicher ins Spiel, die Strom lokal erzeugen und nutzen.

DAS DEUTSCHE STROMNETZ

Netzebenen und Stromfluss

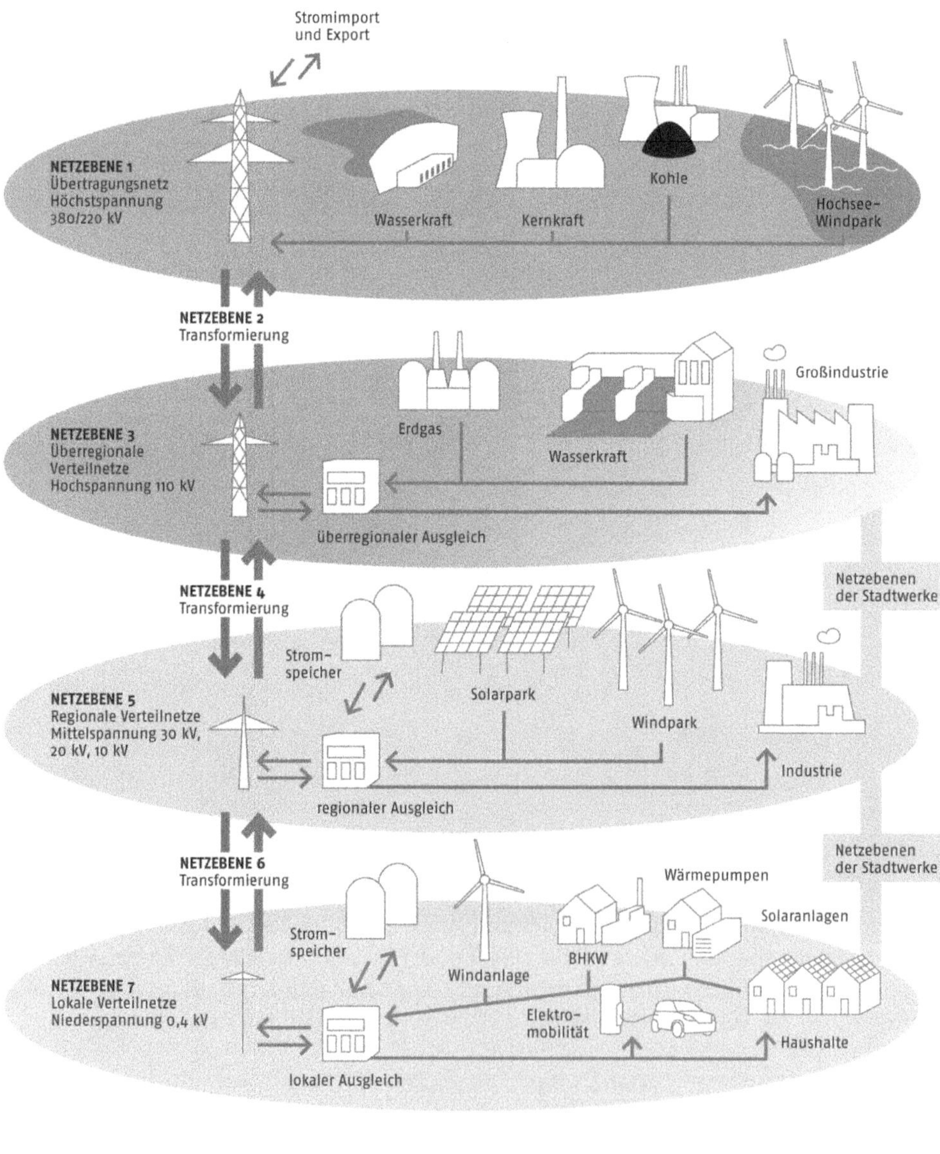

Quelle: Verband kommunaler Unternehmen (VKU), Mai 2015 © VKU

Abbildung 5.2: Verschiedene Netzebenen, Quelle: Verband kommunaler Unternehmen (VKU), Mai 2015

Die Pfeile im Bild zeigen den Richtungsfluss der Energie, vom Erzeuger über die verschiedenen Netzebenen bis hin zum Endverbraucher. Gleichzeitig kann Strom aber auch zurück ins Netz gespeist werden, zum Beispiel wenn Haushalte oder Betriebe mit eigener Solaranlage mehr Energie produzieren, als sie selbst verbrauchen. Strom fließt nicht mehr nur in eine Richtung, sondern immer mehr auch dezentral und in beide Richtungen. Damit entwickelt sich das frühere Einbahn-Stromnetz Schritt für Schritt zu einem intelligenten und flexiblen System, dem sogenannten *Smart Grid*.

Wichtige technische Bestandteile des Stromnetzes

Ein stabiles Stromnetz benötigt verschiedene technische Anlagen und Knotenpunkte. Sie verbinden die unterschiedlichen Spannungsebenen, steuern den Stromfluss und sorgen für einen sicheren Betrieb des Systems. Zu den wichtigsten Einrichtungen zählen die Umspannwerke.

Umspannwerke: Spannungsebenen verbinden, Energie verteilen

Da Strom auf unterschiedlichen Spannungsebenen transportiert wird, sind Umspannwerke notwendig. Sie sind wichtige Knotenpunkte im Stromnetz und verbinden die verschiedenen Spannungsebenen miteinander. Mithilfe von Transformatoren wird die Spannung so angepasst, dass der Strom in das nächste Netz weitergeleitet werden kann. Außerdem ermöglichen Umspannwerke, dass große Stromerzeuger, zum Beispiel Windparks, an das Übertragungsnetz angeschlossen werden. Sie sorgen dafür, dass die erzeugte Energie zuverlässig verteilt wird.

Umspannwerke gibt es für jede Netzebene:

- ✔ Die Höchstspannungs-Umspannwerke
  - verbinden 380 kV mit 220 kV
  - sind Teil des Übertragungsnetzes
  - schalten riesige Strommengen zwischen Regionen
  - Ein Beispiel: der Knotenpunkt zwischen den Nord-Süd-Trassen und dem regionalen Netz
- ✔ Die Hochspannungs-Umspannwerke
  - verbinden 220/110 kV und 30/20/10 kV
  - dienen der Übergang vom Höchst-/Hochspannungs- zum Mittelspannungsnetz
  - speisen Städte, Industrieanlagen und große Gewerbegebiete
- ✔ Die Mittel-/Niederspannungs-Umspannwerke (Ortsnetzstationen)
  - wandeln typische Mittelspannungen (10 oder 20 kV) auf 400/230 V

- versorgen Haushalte, Schulen, Büros
- Kompaktbauweise, oft in Trafohäuschen, Kellern oder an Straßenrändern

Umspannwerke haben unterschiedliche Funktionen im Netz:

✔ **Einspeise-Umspannwerke** sind der Startpunkt für den Weg des Stroms durchs Netz. Sie nehmen die Energie auf, die zum Beispiel in Kraftwerken, Windparks oder großen Solaranlagen erzeugt wird. Danach wird die Spannung erhöht, sodass der Strom verlustarm weitergeleitet werden kann, zum Beispiel ins Hochspannungs- oder Übertragungsnetz. Auf diese Weise sorgen Einspeise-Umspannwerke dafür, dass erzeugter Strom ins Stromnetz eingespeist und weiterverteilt werden kann.

✔ **Netzknoten-Umspannwerke** sorgen dafür, dass Strom fließt und das Netz stabil bleibt. Die Spannung muss stabil bleiben, es darf keine Schwankungen geben, auch bei plötzlichen Änderungen im Netz, zum Beispiel durch einen starken Anstieg der Einspeisung aus Wind- oder Solaranlagen. In diesem Fall muss schnell reagiert werden. Dafür sind diese Anlagen technisch aufwendig ausgestattet. Neben Transformatoren haben sie regelbare Schaltanlagen, Systeme zur Spannungsregelung und oft auch Geräte zur Blindleistungskompensation (siehe Kapitel 6), also zur Feinjustierung der Netzstabilität. Manche Standorte werden sogar mit Speichern kombiniert, um Energie gezielt puffern zu können.

✔ **Verteil-Umspannwerke** leiten den Strom in lokale Netze weiter. Sie übernehmen den Strom aus dem Hochspannungsnetz und transformieren ihn auf Mittelspannung. Von dort aus wird er weiter über das regionale Verteilnetz in Wohngebiete, Gewerbegebiete oder kleinere Städte geleitet. Die Hauptaufgabe dieser Umspannwerke ist die reine Verteilung und Weitergabe von Energie auf viele kleinere Verbraucher.

Umspannwerke lassen sich auch nach ihrer Bauweise unterscheiden, abhängig davon, wie viel Platz zur Verfügung steht, wo sie eingesetzt werden und mit welcher Spannung sie arbeiten.

In Abbildung 5.3 sehen Sie den schematischen Aufbau einer Hochspannungs-Umspannstation, wie sie in der elektrischen Energieübertragung vorkommt. Auf der linken Seite ist ein Leistungstransformator dargestellt. Seine Aufgabe besteht darin, elektrische Energie von einer Spannungsebene auf eine andere zu transformieren, also beispielsweise von Mittelspannung (ca. 20 Kilovolt) auf Hochspannung (zum Beispiel 110 Kilovolt) oder umgekehrt. An den oberen Anschlüssen des Transformators treten die Hochspannungsleitungen aus, die über Isolatoren sicher mit den nachfolgenden Schaltfeldern verbunden sind. Die seitlichen Rippen oder Kühleinheiten dienen der Wärmeabfuhr, da sich Transformatoren im Betrieb stark erwärmen.

In der Mitte des Bildes sind mehrere Schaltfelder mit Hochspannungs-Isolatoren zu sehen, die auf stabilen Gestellen montiert sind. Sie übernehmen die Aufgabe, die einzelnen Stromkreise voneinander zu trennen, zu schützen und zu steuern. In diesen Bereichen befinden sich wichtige technische Komponenten wie Trennschalter, mit denen Leitungen zu Wartungszwecken spannungsfrei geschaltet werden können, und auch Leistungsschalter, die bei Kurzschluss oder Überlast automatisch auslösen.

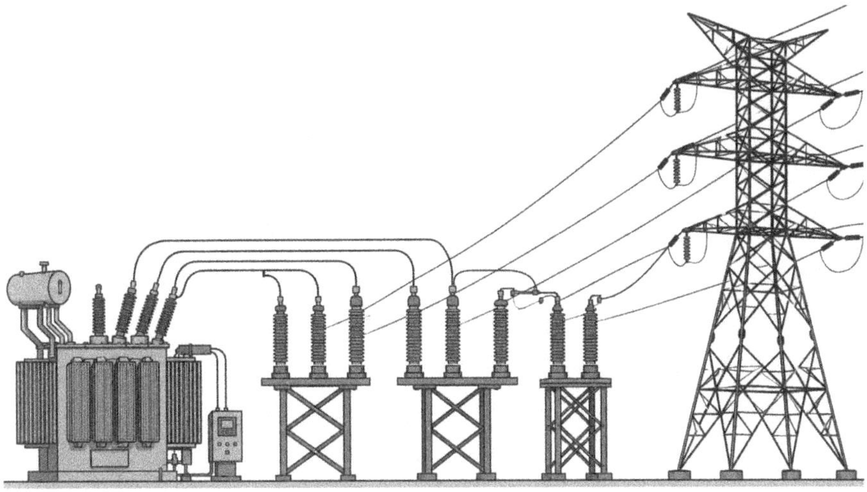

Abbildung 5.3: Hochspannungs-Umspannwerk mit Transformator, Hochspannungsanlagen, Stromübertragungsmast

Ergänzt wird die Anlage durch Mess- und Schutzgeräte, die kontinuierlich überwachen, ob Spannung und Strom im sicheren Bereich liegen. Auf der rechten Seite ist ein Hochspannungsmast mit mehreren Traversen zu sehen. Von den Isolatoren der Schaltanlage führen Freileitungen zu diesem Mast und weiter in das überregionale Stromnetz. Die Isolatoren verhindern, dass die elektrische Energie in die metallene Maststruktur übertritt, und tragen dazu bei, die hohen Spannungen sicher zu führen. Über solche Leitungen wird Strom mit Spannungen von bis zu 380 Kilovolt über weite Entfernungen transportiert.

Es gibt unterschiedliche Arten von Umspannwerken, die je nach Einsatzort und Spannungsebene genutzt werden:

- ✔ **Freiluft-Umspannwerke** stehen oft auf großen Flächen, die Technik ist offen sichtbar (siehe Abbildung 5.4). Sie werden vor allem bei hohen Spannungen eingesetzt, weil sie viel Platz brauchen und die Technik auf diese Weise besser gekühlt werden kann. Ein Vorteil ist der einfachere Zugang für Wartung und Reparatur. Allerdings sind sie wetteranfällig und benötigen viel Fläche.

- ✔ **Kompakt- oder Innenraum-Umspannwerke** gibt es in Gebäuden oder kleinen Stationen. Sie werden vor allem in Städten und bei Mittel- oder Niederspannung verwendet. Ihr Vorteil ist die platzsparende Bauweise und der Schutz vor Witterungseinflüssen.

Konverterstationen bei HGÜ-Projekten

Konverterstationen spielen eine wichtige Rolle bei der Hochspannungs-Gleichstrom-Übertragung (HGÜ). Sie wandeln Wechselstrom (AC, englisch »alternating current«) in Gleichstrom (DC, »direct current«) um und umgekehrt. Diese Technik wird vor allem bei neuen Stromtrassen eingesetzt, zum Beispiel beim SuedLink oder SuedOstLink. Ziel ist es, große Mengen an Windstrom vom Norden in den Süden Deutschlands zu transportieren.

Abbildung 5.4: Hochspannungs-Umspannwerk mit Transformatoren und Übertragungsleitungen (© designermetin, stock.adobe.com)

Im normalen Stromnetz wird Strom als *Wechselstrom* transportiert, weil sich seine Spannung mithilfe von Transformatoren einfach erhöhen oder verringern lässt und er dadurch effizient über große Entfernungen übertragen werden kann. Die Richtung des Stromflusses ändert sich 50-mal pro Sekunde. Das nennt man eine Frequenz von 50 Hertz. Diese Form ist ideal für die Verteilung über kürzere Strecken und wird seit Jahrzehnten erfolgreich genutzt, vom Kraftwerk bis zur Steckdose zu Hause.

Wenn Strom allerdings über Hunderte Kilometer transportiert werden muss, zum Beispiel von Windparks an der Nordsee bis nach Bayern, stößt Wechselstrom an seine Grenzen. Hier kommt *Gleichstrom* ins Spiel. Der fließt konstant in eine Richtung und genau das macht ihn auf langen Strecken energieeffizienter. Es geht weniger Strom auf dem Weg verloren und mehr Leistung kann über dieselbe Leitung transportiert werden.

Konverterstationen übernehmen eine Schlüsselrolle, sodass es funktioniert: Am Anfang der Leitung wird Wechselstrom in Gleichstrom umgewandelt. Am Ende wird er wieder zurückverwandelt, um den Strom ins normale Stromnetz einzuspeisen.

Freileitungen vs. Erdkabel

Strom kann entweder über Leitungen auf Masten (Freileitungen) oder unterirdisch (Erdkabel) transportiert werden:

- ✔ **Freileitungen** sind günstiger, schneller zu errichten und leichter zu warten, vor allem bei Höchstspannung über Land.
- ✔ **Erdkabel** sind wettergeschützt, stören das Landschaftsbild weniger, sind aber viel teurer und schwerer zu reparieren.

Freileitungen (siehe Abbildung 5.5) kennen Sie aus ländlichen Gegenden: Das sind hohe Masten aus Stahl, Beton oder Holz, an denen große Leitungen hängen. Sie eignen sich sehr gut bei Höchst- und Hochspannungsleitungen, wenn viel Strom über weite Strecken transportiert werden muss, zum Beispiel von Windparks im Norden in den Süden Deutschlands. Ihr großer Vorteil im Vergleich zu Erdkabeln ist, dass sie relativ günstig und schnell zu bauen sind. Sie lassen sich außerdem leicht warten und reparieren. Auf der anderen Seite greifen sie stark ins Landschaftsbild ein und sind wetteranfällig, zum Beispiel bei Schnee oder Stürmen.

Abbildung 5.5: Freileitungen (© peterschreiber.media, stock.adobe.com)

Im Niederspannungsbereich sind Freileitungen in Deutschland fast komplett verschwunden. Die Masten, die es noch gibt, bestehen meist eher aus Holz und ganz selten noch aus Beton.

Stromleitungen müssen nicht zwingend über Masten durch die Landschaft geführt werden. Sie können auch unterirdisch verlegt werden, man spricht dann von *Erdkabeln* (siehe Abbildung 5.6). Sie bestehen aus mehreren Schichten, darunter ein leitender Kern (meist aus Kupfer oder Aluminium), Isolationsmaterialien und Schutzschichten – sie haben einen größeren Querschnitt als Freileitungen. Dadurch geht beim Transport weniger Energie verloren. Außerdem liegen Erdkabel geschützt unter der Erde und sind von außen nicht sichtbar, sodass sie das Landschaftsbild nicht beeinträchtigen. Durch die Einbettung ins Erdreich ist jedoch die Wärmeabfuhr schlechter als bei Freileitungen, was die übertragbare Leistung begrenzt. Für die Verlegung muss ein ca. zwei Meter tiefer Graben ausgehoben werden. Alternativ werden Erdkabel bei geschlossener Verlegeweise im sogenannten Bohrverfahren durch die geschlossene Erddecke auf eine Länge von bis zu 1000 m getrieben.

Der Bau von Stromleitungen via Erdkabel kostet circa vier- bis sechsmal so viel wie von Freileitungen. Trotzdem werden sie in vielen Fällen bevorzugt, vor allem dort, wo Freileitungen stören würden oder das Kabel sehr geschützt sein soll.

Abbildung 5.6: Verlegung von Erdkabeln für eine Trasse für Hochspannungsleitungen (© Countrypixel, `stock.adobe.com`)

Ungefähr 90 Prozent aller Stromerdkabel liegen in der Nähe von Wohngebieten und Verbrauchern und sind im Niederspannungsbereich. In der Hoch- und Höchstspannung liegt ihr Anteil aktuell nur bei rund zehn Prozent, allerdings wachsend.

Ein wichtiger Wendepunkt war das Jahr 2015: Seitdem gilt für zentrale Netzausbauprojekte wie SuedLink oder SuedOstLink ein gesetzlich festgelegter Erdkabelvorrang. Vor allem beim Bau von neuen Gleichstromleitungen sollen Erdkabel eingesetzt werden, auch wenn das mit Milliarden an Mehrkosten verbunden ist. Diese zusätzlichen Ausgaben werden über den Strompreis auf alle Verbraucherinnen und Verbraucher umgelegt.

In Tabelle 5.1 sehen Sie noch einmal die Eigenschaften von Freileitungen versus Erdkabeln zusammengefasst.

	Freileitung	Erdkabel
Hauptsächlicher Einsatzbereich	Höchst- und Hochspannung	Mittel- und Niederspannung, immer mehr Höchst- und Hochspannung
Investitionskosten	ca. 1 bis 2 Millionen Euro pro Kilometer	ca. 4 bis 12 Millionen Euro pro Kilometer
Lebensdauer	ca. 80 Jahre	ca. 60 Jahre
Flächenbedarf Boden	Gering: nur punktuelle Eingriffe (zum Beispiel Mastfundamente)	Hoch: durchgehende Nutzung der Trasse beim Verlegen
Auswirkung auf Gewässer	gering	erhöht
Anschlussfähigkeit Erneuerbare-Energien-Anlagen	Der Anschluss von Wind- oder Solaranlagen ist technisch gut etabliert. Einspeisepunkte und Umspannwerke können vergleichsweise einfach angebunden und erweitert werden.	Der Anschluss erfolgt ebenfalls über Umspannwerke, ist jedoch meist aufwendiger. Zusätzliche technische Anforderungen, Planungsschritte und höhere Kosten machen den Ausbau komplexer.

Tabelle 5.1: Freileitungen vs. Erdkabel

Höchst- und Hochspannungsstrommasten

Bei der Planung neuer Freileitungen steht immer im Vordergrund, Eingriffe in Natur und Umwelt so gering wie möglich zu halten. Zum Beispiel spielen folgende Faktoren bei der Wahl des Strommastes eine Rolle:

- ✔ geschützte Lebensräume
- ✔ Bodenbeschaffenheit
- ✔ Gewässer
- ✔ das Landschaftsbild
- ✔ die Nähe zu Wohngebieten

Deshalb gibt es verschiedene Mastbauformen, die sich in ihrer Bauhöhe, Breite und Leitungsanordnung unterscheiden.

In Deutschland begegnet man vor allem drei Haupttypen:

- ✔ dem Donaumast,
- ✔ dem Tonnenmast und
- ✔ dem Einebenenmast.

Sie unterscheiden sich in ihrer Höhe und der Anzahl und Länge der Traversen. Je nach Bedarf lassen sich diese Typen auch miteinander kombinieren, zum Beispiel als »Doppeltonnenmast« oder »Donau-Einebenenmast«. Die verschiedenen Typen sehen Sie in Abbildung 5.7.

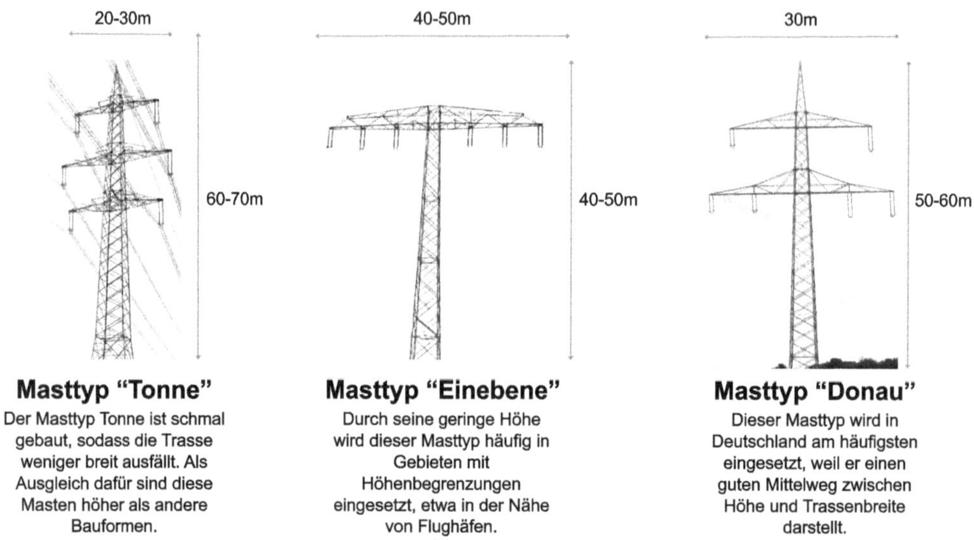

Abbildung 5.7: Verschiedene Masten, Quellen: `https://commons.wikimedia.org/wiki/File:2016_Hessen_Ost_Mast_114_Kirberg.jpg` (CC BY-SA 3.0), `https://de.wikipedia.org/wiki/Einebenenanordnung#/media/Datei:Hochspannungsmast_in_DDR_Bauweise.jpg` (CC BY-SA 4.0), `https://de.wikipedia.org/wiki/Donaumast#/media/Datei:Strom Trasse_3968.jpg` (CC BY-SA 4.0)

Was ist ein Drehstromsystem?

In Europa wird elektrische Energie meist als Drehstrom übertragen. Dabei fließen drei Wechselströme, die jeweils zeitlich leicht versetzt sind. Durch diesen Versatz (man nennt es *Dreiphasen-Wechselstrom*) bleibt die Gesamtleistung konstant und der Strom kann effizienter übertragen werden. Drehstrom sorgt dafür, dass Motoren gleichmäßig laufen, Transformatoren besser arbeiten und Verluste im Netz geringer sind. In Haushalten wird daraus der normale 230-Volt-Wechselstrom abgeleitet, den Sie an der Steckdose nutzen.

Netzbetreiber und Regelzonen – Wer kümmert sich um das deutsche Stromnetz?

In Deutschland teilen sich zwei Arten von Netzbetreibern die Verantwortung dafür, dass der Strom zuverlässig fließt: Die *Übertragungsnetzbetreiber* (ÜNB) kümmern sich um die großen Stromautobahnen, also die Leitungen, über die Strom über weite Strecken durchs Land transportiert wird.

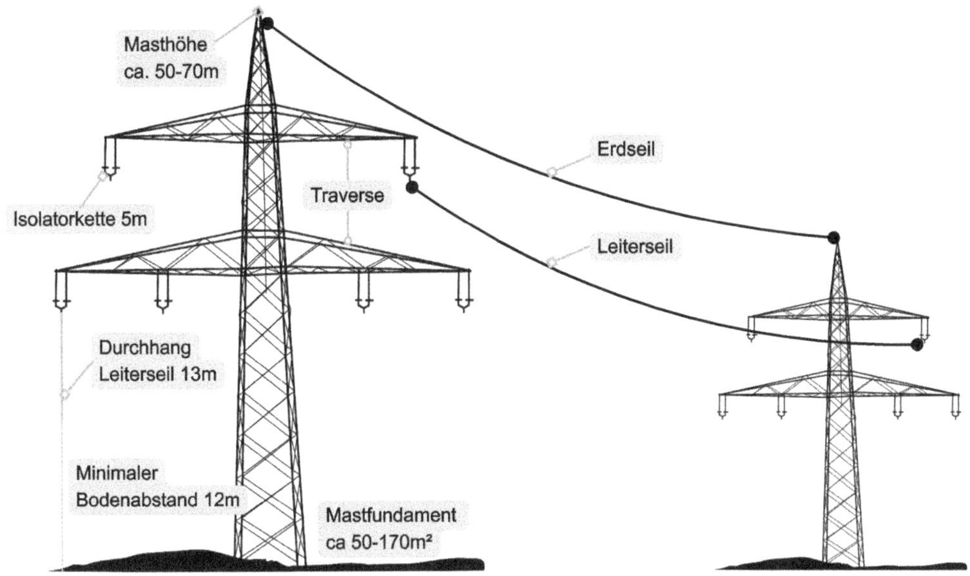

Abbildung 5.8: Aufbau eines Donaumasts

Die *Verteilnetzbetreiber* (VNB) übernehmen den regionalen Teil des Stromtransports. Sie bringen den Strom über weitverzweigte Netze bis zu Haushalten, Unternehmen und Gewerbebetrieben, zum Beispiel durch Netzbetreiber wie Netze BW oder zahlreiche Stadtwerke. Die Verteilnetze schließen sich an das Übertragungsnetz an und bilden die Verbindung zwischen überregionalem Stromtransport und lokaler Versorgung.

Betreiber können Stromnetze nicht einfach nach Belieben aufbauen. Deshalb zählen Stromnetze als sogenannte *natürliche Monopole*. Um faire Bedingungen zu schaffen, werden sie von der Bundesnetzagentur überwacht. Zusätzlich gibt es die Vorgabe, dass der Betrieb der Stromnetze und der Verkauf von Strom voneinander getrennt sein müssen, dazu haben Sie in Kapitel 1 schon etwas gelesen. Diese Trennung wird *Unbundling* genannt und soll verhindern, dass Netzbetreiber sich selbst oder einzelne Anbieter bevorzugen.

In den meisten europäischen Ländern gibt es nur einen Übertragungsnetzbetreiber, der das Höchstspannungsnetz verwaltet. Deutschland ist hier eine Ausnahme: Hier teilen sich vier Betreiber, nämlich Amprion, 50Hertz Transmission, TenneT und TransnetBW diese Aufgabe. Jeder von ihnen ist für eine eigene Regelzone, also einen geografisch klar abgegrenzten Bereich in Deutschland zuständig (siehe Abbildung 5.9). In ihrer Regelzone sorgen sie dafür, dass das Netz stabil bleibt und Strom sicher fließt.

Insgesamt umfasst das deutsche Höchstspannungsnetz ca. 39.000 Kilometer Leitungslänge. Es ist zusätzlich mit dem Europäischen Verbundsystem ENTSO-E verbunden, damit Strom auch grenzüberschreitend transportiert werden kann.

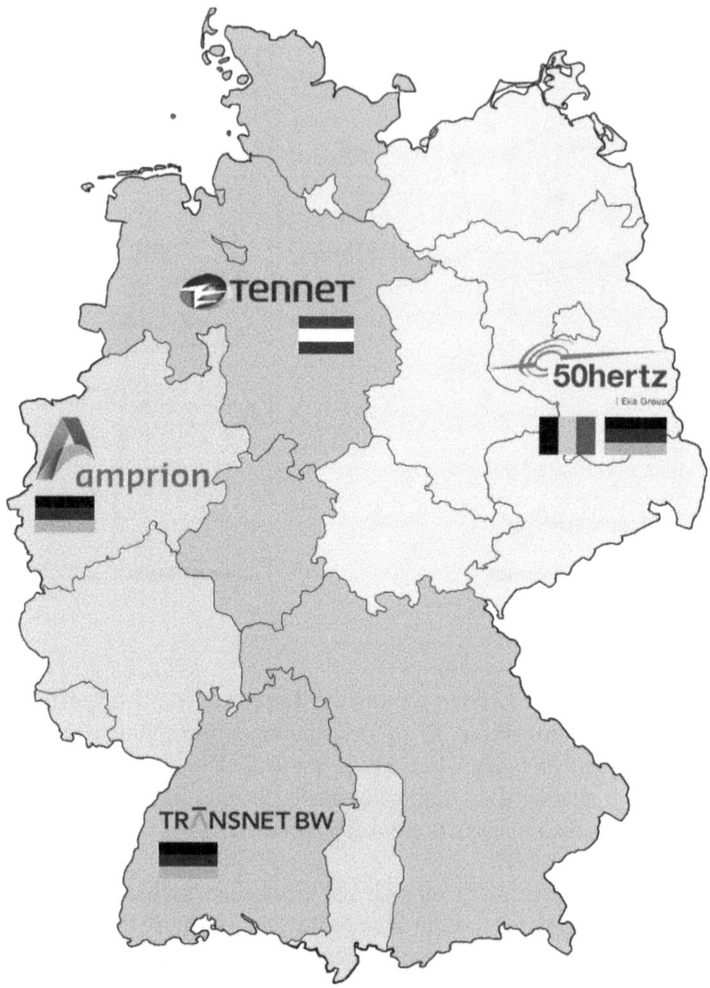

Abbildung 5.9: Regelzonen in Deutschland, Quelle: https://commons.wikimedia.org/wiki/File:Regelzonen_mit_%C3%9Cbertragungsnetzbetreiber_in_Deutschland.png (CC BY-SA 3.0)

Abbildung 5.10 zeigt die europäischen Verbundsysteme als klar voneinander abgegrenzte Flächen. Das kontinentaleuropäische Verbundnetz ist als zusammenhängender Bereich dargestellt und umfasst große Teile Mittel-, West-, Süd- und Osteuropas. Daneben sind weitere, räumlich getrennte Verbundsysteme erkennbar, darunter das nordische Netz in Skandinavien sowie die eigenständigen Netze von Großbritannien und Irland. Jedes dieser Verbundsysteme wird synchron betrieben, das heißt, innerhalb eines Systems herrscht an jedem Ort die gleiche Netzfrequenz. Dadurch sind alle angeschlossenen Erzeuger und Verbraucher eng miteinander gekoppelt und Abweichungen an einer Stelle wirken sich auf das gesamte Verbundnetz aus.

Die Übertragungsnetzbetreiber müssen laut § 11 des Energiewirtschaftsgesetzes (EnWG) dafür sorgen, dass der Strom in ihren Regelzonen und auf ihrer verantwortlichen Spannungsebene koordiniert fließt. Um Engpässe oder Störungen zu vermeiden, greifen sie aktiv ins Netzgeschehen ein, zum Beispiel mit Regelleistung, die Schwankungen im Stromangebot ausgleicht (siehe Kapitel 6), oder anderen Systemdienstleistungen.

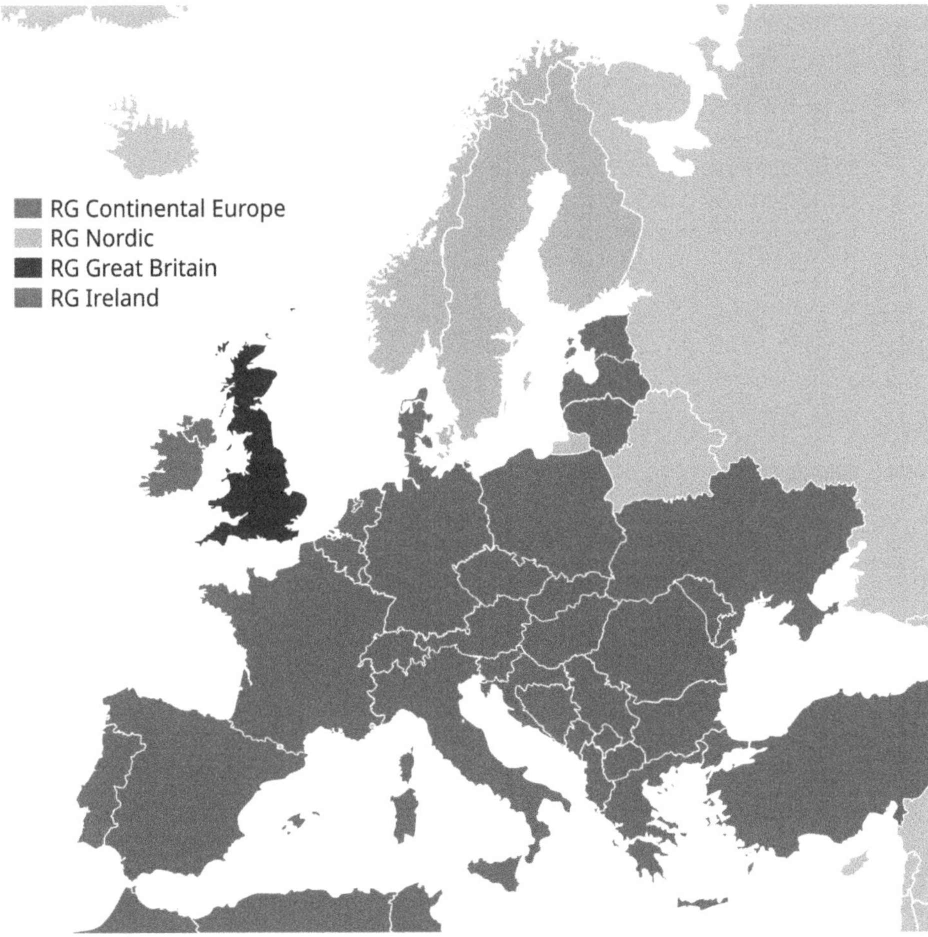

Abbildung 5.10: Europäisches Verbundnetz, Quelle: `https://commons.wikimedia.org/wiki/File:European_electricity_grid.svg`

Wichtig ist außerdem, dass Stromerzeugung und Stromverbrauch jederzeit im Gleichgewicht sind. Dafür gibt es sogenannte *Bilanzkreise* (siehe Kapitel 6), in denen eingespeister und verbrauchter Strom übereinstimmen müssen. Wenn es ein Ungleichgewicht gibt, müssen die ÜNB dafür sorgen, dass es durch bestimmte Maßnahmen wieder ausgeglichen wird. Neben dem eigentlichen Stromtransport sind die Übertragungsnetzbetreiber auch für den Ausbau und die Instandhaltung der Infrastruktur verantwortlich. Dazu gehören unter anderem die Erneuerung von Leitungen, der Bau von Umspannwerken und das Verlegen von Seekabeln.

Die Verteilnetzbetreiber übernehmen dagegen den Betrieb, die Wartung und den Ausbau der Hoch-, Mittel- und Niederspannungsnetze. Über diese Netze gelangt der Strom vom regionalen Umspannwerk zu Haushalten, Betrieben und kleineren Industrieanlagen. Gleichzeitig binden sie eine wachsende Zahl dezentraler Stromerzeuger in ihre Netze ein. Damit bilden die Verteilnetze eine wichtige Schnittstelle für die sogenannte *Sektorkopplung* (siehe Kapitel 11), also die Verbindung von Strom, Wärme und Verkehr. Ziel ist es, verschiedene Energiebereiche besser miteinander zu verknüpfen und Energie insgesamt effizienter zu nutzen.

BEISPIEL

Photovoltaikanlagen auf Hausdächern, kleinere Windräder oder Biogasanlagen sind typische Beispiele für solche dezentralen Erzeuger. Auch neue Verbraucher wie Wallboxen für Elektroautos oder Wärmepumpen werden von den Verteilnetzbetreibern technisch in die Netze eingebunden.

Viele kleinere Städte betreiben ihre eigenen kommunalen Stadtwerke, die gleichzeitig Verteilnetzbetreiber sind. Das führt dazu, dass es in Deutschland 866 Verteilnetzbetreiber gibt, im Gegensatz zu nur vier Übertragungsnetzbetreibern (ÜNBs) – allein Bayern hat 220 Verteilnetzbetreiber.

In Tabelle 5.2 sehen Sie einige Beispiele für Verteilnetzbetreiber in unterschiedlichen Bundesländern.

Name	Region/Zuständigkeit
Netze BW GmbH	Baden-Württemberg (größter VNB in Deutschland)
Westnetz GmbH	Nordrhein-Westfalen, Rheinland-Pfalz
E.DIS Netz GmbH	Brandenburg, Mecklenburg-Vorpommern
Bayernwerk Netz GmbH	Bayern
SWM Infrastruktur GmbH & Co. KG (Stadtwerke München)	München und Umgebung
N-ERGIE Netz GmbH	Nürnberg und Umgebung
Avacon Netz GmbH	Niedersachsen, Sachsen-Anhalt
Stromnetz Berlin GmbH	Berlin
Hamburg Netz GmbH	Hamburg

Tabelle 5.2: Beispiele Verteilnetzbetreiber Deutschland

Was ist der Unterschied zwischen Energieübertragung und Verteilung?

Der Unterschied zwischen Energieübertragung und Energieverteilung liegt hauptsächlich in der Spannungsebene, der Entfernung und dem Zweck innerhalb des Stromnetzes:

- ✔ Die **Energieübertragung** ist der Transport von Strom über weite Strecken, zum Beispiel vom Kraftwerk in Norddeutschland zu Industriebetrieben in Süddeutschland.

  Energieübertragung = »Stromautobahn«

- ✔ Die **Energieverteilung** bringt den Strom von regionalen Umspannwerken zu den Haushalten, Geschäften und kleinen Betrieben.

  Energieverteilung = »Strom-Zubringerstraße« bis zur Steckdose

Strom fließt nicht direkt von der Erzeugung zur Steckdose, sondern ist über viele Ebenen im Netz verteilt, muss transformiert und geregelt werden. Kleine Kraftwerke speisen zum Beispiel häufig auf der Niederspannungsebene ins Stromnetz ein, große Kraftwerke auf Höchstspannung. Große Verbraucher, wie zum Beispiel die Bahn, Großindustrie oder Großstädte, entnehmen wiederum aus dem Hochspannungsnetz, nachdem der Strom aus der Höchstspannung auf eine niedrigere Spannungsebene transformiert wurde.

Beispiel: Ein Offshore-Windpark in der Nordsee des ÜNB TenneT

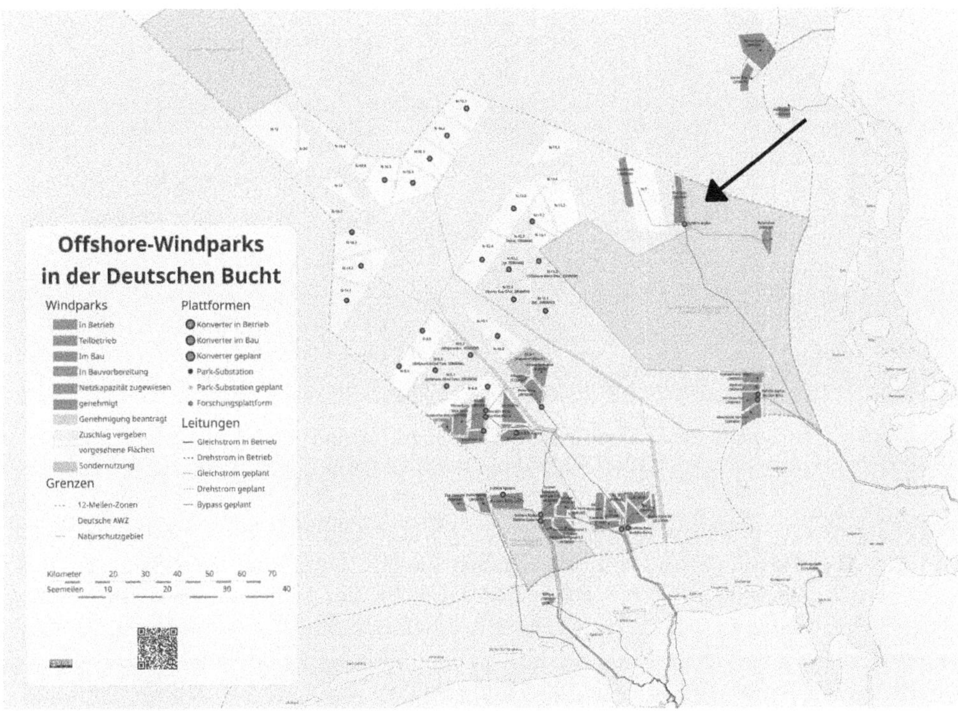

Abbildung 5.11: Stromübertragung von Offshore-Windparks an die Küste am Beispiel DanTysk (siehe Pfeil), Quelle: `https://commons.wikimedia.org/wiki/File:Karte_Offshore-Windparks_in_der_Deutschen_Bucht.svg` (CC BY-SA 4.0)

Der Übertragungsnetzbetreiber TenneT betreibt Netzanbindungen wie »SylWin1«, um Strom aus Offshore-Windparks zuverlässig an Land zu bringen. Sie verbindet mehrere Windparks in der Nordsee mit dem deutschen Stromnetz. Mit 160 Kilometern Seekabel ist SylWin1 das am weitesten von der Küste entfernte Projekt von TenneT. Insgesamt misst die Leitung bis zur Konverterstation in Büttel (Schleswig-Holstein) 205 Kilometer. Seit 2015 transportiert SylWin1 bis zu 864 Megawatt Windstrom ans Festland. Die Windparks Sandbank, DanTysk und Butendiek haben jeweils eigene Umspannwerke (siehe Abbildung 5.12). Dort wird die Spannung auf 155 Kilovolt erhöht. Anschließend bündelt sich der Strom der drei Windparks in der Offshore-Konverterstation SylWin alpha.

Abbildung 5.12: HGÜ-Konverterstation (Beispielfoto), Quelle: Gunnar Richter, https://commons.wikimedia.org/wiki/File:20100810_Baltic1_Umspannwerk.jpg, CC BY-SA 3.0

In der HGÜ-Konverterplattform (siehe Abbildung 5.12) erfolgt die Umwandlung von Wechselstrom in Gleichstrom. Strom kann als Gleichstrom effizienter über lange Strecken übertragen werden. Bei Gleichstrom wechselt der Strom bei der Übertragung seine Richtung nicht, bei Wechselstrom schon. Deswegen entstehen bei der Übertragung mit Wechselstrom höhere Stromwärmeverluste. Zukünftig sollen Windparks direkt an Konverterplattformen angeschlossen werden (66 kV Direktanschluss), wodurch die separate Umspannstation entfällt, ähnlich einer Mehrfachsteckdose, an die mehrere Windparks gleichzeitig angeschlossen werden.

Über das Seekabel SylWin1 wird der Strom anschließend 1,5 bis 3 Meter tief unter dem Meeresboden zur Onshore-Konverterstation weitertransportiert. Um die von den Windkraftanlagen erzeugte Energie zur Onshore-Konverterstation in Büttel zu transportieren, muss eine Strecke von 205 Kilometern überbrückt werden: 160 Kilometer Seekabel und 45 Kilometer Landkabel.

An Land angekommen, wird der Gleichstrom in einer Konverterstation wieder in Wechselstrom umgewandelt und auf 380 kV transformiert (siehe Abbildung 5.13). Das angeschlossene Umspannwerk überträgt den Strom dann über Höchstspannungsleitungen von TenneT weiter zu den Verbrauchszentren im Süden und Westen Deutschlands. Dort wird die Energie erneut in Umspannwerken heruntertransformiert und in die regionalen Verteilnetze eingespeist.

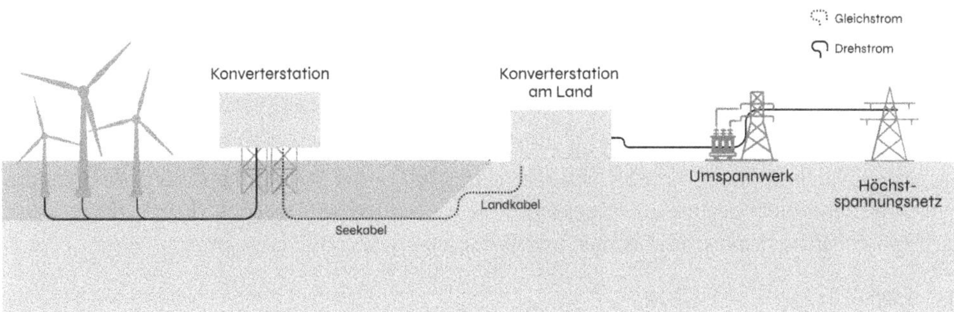

Abbildung 5.13: Links: Windpark mit Umspannwerk und Offshore-Konverterstation, rechts: Onshore-Konverterstation und Onshore-Umspannwerk

Am Ende der Leitung übernehmen Verteilnetzbetreiber die Aufgabe, den Strom aus den Umspannwerken weiterzuleiten. Sie sorgen dafür, dass der Strom aus dem »Stromautobahnnetz« bei den Haushalten, Betrieben und öffentlichen Einrichtungen zuverlässig ankommt. Der Verantwortungsbereich des ÜNB endet mit dem Umspannwerk des VNB.

Intelligente Stromnetze (Smart Grid)

Die Art und Weise, wie Strom erzeugt und verbraucht wird, verändert sich grundlegend. Früher erzeugten große Kraftwerke den Strom zentral, heute stammt ein wachsender Anteil aus dezentralen Quellen wie Wind- und Solaranlagen. Diese speisen wetterabhängig Strom ins Netz ein und stellen das Stromsystem vor neue Herausforderungen.

Gleichzeitig steigt der Strombedarf, etwa durch Wärmepumpen, Elektroautos und digitale Anwendungen. Viele dieser Verbraucher nutzen Strom zeitgleich, wodurch hohe Lastspitzen entstehen können. Ohne zusätzliche Steuerung würde das Stromnetz dadurch stark belastet.

Um diese Entwicklungen zu bewältigen, wird das Stromnetz zunehmend intelligent gesteuert. Man spricht von *Smart Grids* – intelligenten Stromnetzen, die Erzeugung, Verbrauch und Netzbetrieb besser aufeinander abstimmen.

Ein Smart Grid, also ein intelligentes Stromnetz, kann nicht nur Strom transportieren, sondern auch in Echtzeit kommunizieren und reagieren. Es verbindet Erzeugung, Netzbetrieb, Speicherung und Verbrauch über digitale Technologien miteinander. Das Ziel ist es, ein flexibleres, effizienteres und stabileres Stromsystem zu schaffen (Weiteres folgt in Kapitel 8).

Wie das europäische Energienetz funktioniert

Es braucht eine gute Zusammenarbeit zwischen vielen Institutionen, von der EU-Kommission bis zu den Netzbetreibern vor Ort. Nur dann kann in Europa Strom sicher, effizient und grenzüberschreitend fließen. Ziel ist ein gemeinsamer europäischer Strommarkt mit fairen Regeln, verlässlicher Infrastruktur und echter Verbindung zwischen den Ländern.

✔ **Ebene 1: Die EU-Politik**

Auf europäischer Ebene geben das Europäische Parlament, der Rat der Europäischen Union und die Europäische Kommission, insbesondere die Generaldirektion Energie, die Richtung vor. Sie sorgen für einen rechtlichen Rahmen und beschließen zum Beispiel den TYNDP (Ten-Year Network Development Plan, also Zehn-Jahres-Netzentwicklungsplan) oder verabschiedeten die TEN-E-Verordnung (Trans-European Networks for Energy). Diese legt fest, welche Leitlinien es für die europäische Energie-Infrastruktur gibt. Basierend auf dem TYNDP wird entschieden, welche Projekte besonders wichtig sind, um Europas Stromnetze enger zu verknüpfen. Diese Projekte bekommen dann den Status »PCI« (Project of Common Interest) oder »PMI« (Project of Mutual Interest), also Projekte von gemeinsamem beziehungsweise beiderseitigem Interesse.

✔ **Ebene 2: Die EU-Governance**

TEN-E liefert die Grundlagen für die Arbeit von zwei weiteren zentralen Einrichtungen auf EU-Governance-Ebene: ACER (Agentur für die Zusammenarbeit der Energieregulierungsbehörden) und ENTSO-E (der Verband der europäischen Übertragungsnetzbetreiber).

ACER sorgt dafür, dass die Regeln in allen Ländern einheitlich angewendet werden, und liefert dementsprechend Leitlinien an ENTSO-E.

ENTSO-E plant, wie sich das Netz in Zukunft entwickeln soll, zum Beispiel mit dem TYNDP, dem Zehnjahresplan für das Stromnetz.

✔ **Ebene 3: Die nationale Umsetzung**

Die eigentliche Umsetzung passiert in den Mitgliedstaaten. Dort gibt es nationale Regulierungsbehörden (zum Beispiel die Bundesnetzagentur in Deutschland) und Übertragungsnetzbetreiber (ÜNB) wie TenneT, Amprion oder 50Hertz. ACER kontrolliert die nationalen Behörden. Die ÜNB setzen die Vorgaben in konkrete Projekte um und bauen zum Beispiel neue Leitungen oder Konverterstationen, die als PCI/PMI eingestuft sind. Die ÜNB sind Mitglied im ENTSO-E.

Das Europäische Verbundnetz

In Europa wird Strom nicht mehr nur innerhalb der Landesgrenzen erzeugt und verbraucht. Stattdessen sind die Stromnetze der meisten europäischen Länder über sogenannte

Interkonnektoren miteinander verbunden, also über große grenzüberschreitende Leitungen. Beispiele sind:

- ✔ **ALEGrO** zwischen Belgien und Deutschland
- ✔ **NordLink** zwischen Deutschland und Norwegen
- ✔ **Celtic Interconnector** (wird 2027 fertiggestellt und 2028 in Betrieb genommen) zwischen Frankreich und Irland

Viele dieser Leitungen werden als »Projects of Common Interest (PCI)« eingestuft, also als Vorhaben von gemeinsamem europäischem Interesse. Sie profitieren von vereinfachten Genehmigungen und EU-Fördermitteln.

Gleichzeitig gleichen sich die Preise nach und nach europaweit an. Das Ganze nennt sich europäischer Strombinnenmarkt. Das bringt viele Vorteile:

- ✔ **Versorgungssicherheit:** Wenn in einem Land ein Kraftwerk ausfällt, können Nachbarländer einspringen und kurzfristig Strom liefern.
- ✔ **Effizienz:** Strom kann dort erzeugt werden, wo er am günstigsten produziert wird, zum Beispiel Windstrom in Dänemark oder Solarstrom in Spanien, und über weite Strecken dorthin transportiert werden, wo er gebraucht wird.
- ✔ **Flexibilität:** Gerade in Zeiten von Wetterabhängigkeit durch Wind- und Solarenergie ist es hilfreich, dass sich Last und Erzeugung über viele Länder hinweg ausgleichen lassen.
- ✔ **Klimaschutz:** Ein gemeinsamer Strommarkt erleichtert die Integration von erneuerbaren Energien, indem Strom aus Wind und Sonne europaweit handelbar und nutzbar gemacht wird.

Die Europäische Union fördert diese Entwicklung bereits seit vielen Jahren. Ziel ist es, den Stromhandel zwischen den Mitgliedstaaten zu erleichtern, den Wettbewerb zu stärken und langfristig eine sichere, bezahlbare und klimafreundliche Stromversorgung zu gewährleisten. Mit der Einführung der Marktliberalisierung wurde der Energiemarkt in Deutschland geöffnet. Strom galt nun als handelbare Ware und konnte auch über Ländergrenzen hinweg gekauft und verkauft werden. Weitere Hintergründe dazu wurden bereits in Kapitel 1 erläutert. Dabei zeigte sich schnell, dass ein funktionierender Stromhandel nur möglich ist, wenn Netzbetreiber nicht gleichzeitig als Stromanbieter auftreten. Andernfalls könnte der Wettbewerb verzerrt werden. Aus diesem Grund führte die Europäische Union im Jahr 2003 die Entflechtungsregeln, das sogenannte Unbundling, ein. Netzbetreiber sollten unabhängig von Stromanbietern arbeiten.

Abbildung 5.14 zeigt den grenzüberschreitenden Stromhandel zwischen den europäischen Ländern in der Kalenderwoche 4, 2026. Dargestellt ist jeweils, ob ein Land mehr Strom exportiert oder importiert hat. Länder mit einem Überschuss haben mehr Strom ausgeführt, Länder mit einem Defizit entsprechend mehr Strom aus dem Ausland bezogen. Länder mit hohem Exportüberschuss haben normalerweise viel verfügbare Stromerzeugung oder günstige Produktionsbedingungen. Dazu zählen vor allem Länder mit einem hohen Anteil erneuerbarer Energien oder großer Kraftwerkskapazität. Länder mit Importüberschüssen sind stärker auf Stromzuflüsse aus dem Ausland angewiesen, zum Beispiel weil die eigene Erzeugung in dieser Woche nicht ausreicht oder Strom im Ausland günstiger verfügbar ist.

Man erkennt, dass Strom in Europa ständig über Ländergrenzen hinweg fließt. Einige Länder liefern Strom an ihre Nachbarn, andere sind zeitweise auf Importe angewiesen. Je nach Wetterlage, Strombedarf und Kraftwerksverfügbarkeit kann sich die Rolle eines Landes schnell ändern, vom Exporteur zum Importeur oder umgekehrt. Die Grafik macht deutlich, dass kein Land für sich allein arbeitet. Besonders in Zeiten mit viel lokalem Wind- oder Sonnenstrom kann überschüssige Energie exportiert werden, während bei geringerer Erzeugung Strom aus dem Ausland hilft, Engpässe zu vermeiden. Strom wird dort genutzt, wo er gerade gebraucht wird, unabhängig von nationalen Grenzen.

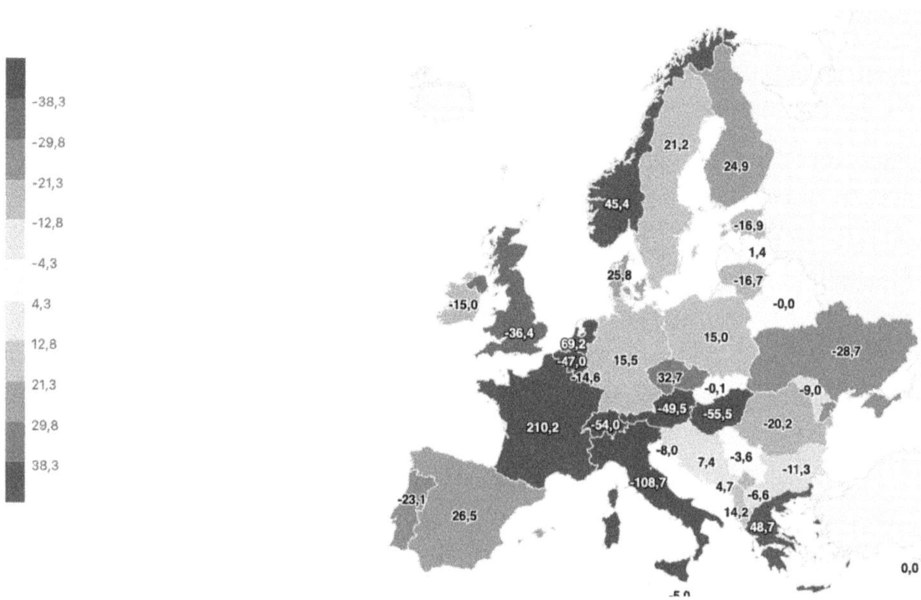

Abbildung 5.14: Grenzüberschreitender Stromhandel in GWh, Woche 4, 2026, Quelle: `Energy-Charts.info`, Abrufdatum: 05.04.26

Seit 2005 kontrolliert die Bundesnetzagentur, dass der Strommarkt fair bleibt. Sie sorgt zum Beispiel dafür, dass alle Anbieter gleichberechtigt Zugang zum Stromnetz erhalten. 2009 wurde die Liberalisierung auf die nächste Stufe gehoben. Die Netzbetreiber mussten nun vollständig von den Stromkonzernen getrennt werden. Gleichzeitig entstanden die zwei Organisationen: ACER und ENTSO-E.

Diese Zusammenarbeit sorgt dafür, dass Europas Stromnetze synchron laufen, dass Stromflüsse abgestimmt werden und dass der Ausbau europaweit geplant wird, zum Beispiel mit dem TYNDP, dem Zehnjahresplan für das europäische Netz.

Das klingt alles ganz schön kompliziert – also warum dieser Aufwand? Ein wichtiger Grund ist der Klimaschutz: Bis 2050 will die EU klimaneutral sein (und bis 2030 die CO_2-Emissionen um mind. 55 Prozent gegenüber 1990 senken). Ein großer Teil des Stroms soll dann aus erneuerbaren Energien stammen. Ein starkes, intelligentes und grenzüberschreitend geplantes Netz ist notwendig. Und das europäische Verbundsystem macht das möglich. Es transportiert Windstrom aus der Nordsee nach Süddeutschland, Sonnenstrom aus Spanien nach Skandinavien und gleicht Schwankungen im Netz in Echtzeit aus.

Aber Klimaschutz ist nicht der einzige Grund für diese enge Zusammenarbeit. Auch ohne Klimaziele hätte sich ein europäisches Verbundnetz entwickelt, weil es die Versorgungssicherheit deutlich erhöht. Länder können sich gegenseitig unterstützen, wenn es zu Engpässen oder Ausfällen kommt.

Zudem wird das gesamte Stromsystem in Europa zentral koordiniert: In sogenannten *Regional Coordination Centern (RCCs)* wird der Netzbetrieb über Ländergrenzen hinweg abgestimmt. Europa ist dafür in mehrere Regionen aufgeteilt, in denen jeweils ein RCC die Zusammenarbeit der Übertragungsnetzbetreiber organisiert.

Ein Beispiel ist das RCC »TSCNET«, das unter anderem Netzbetreiber aus Deutschland, Frankreich, Österreich und weiteren Ländern koordiniert. Dadurch wird sichergestellt, dass Stromflüsse effizient gesteuert und Engpässe frühzeitig erkannt werden.

Die Karte in Abbildung 5.15 zeigt Europa und seine wichtigsten Stromtrassen, die das kontinentale europäische Verbundnetz bilden. Über das gesamte Gebiet ziehen sich dicht verzweigte Linien, die die Höchstspannungs- und Übertragungsleitungen darstellen.

Unter dem angegebenen Link in der Bildunterschrift können Sie sich digital durch das Stromnetz klicken.

Es ist Folgendes zu erkennen:

- ein besonders dichtes Netz in Mitteleuropa – vor allem in Deutschland, Frankreich, Italien und den Benelux-Ländern
- lang gestreckte Haupttrassen, die Skandinavien, das Baltikum und Osteuropa mit Zentraleuropa verbinden
- mehrere Verbindungen über das Meer, zum Beispiel zwischen Großbritannien, Skandinavien und Kontinentaleuropa, die die Stromnetze über Seekabel koppeln
- dünnere oder weniger Linien in Südosteuropa, Spanien und Nordafrika, was auf geringere Netzdichte hinweist

Die Karte verdeutlicht, dass fast alle europäischen Länder (außer Island) elektrisch miteinander verbunden sind. Energie wird grenzüberschreitend ausgetauscht, Windstrom aus dem Norden und Solarstrom aus dem Süden.

Abbildung 5.15: ENTSO-E-Karte – Europäisches Verbundsystem, Quelle: `https://www.entsoe.eu/data/map/`

Der *Konsolidierungsgrad* beschreibt, wie stark die Netzlandschaft in einem Land konzentriert oder zersplittert ist.

In manchen Ländern gibt es nur wenige große Netzbetreiber, die große Gebiete versorgen (zum Beispiel Frankreich oder Großbritannien).

In anderen Ländern, wie Deutschland, ist das Netz in viele kleinere regionale Betreiber aufgeteilt, oft Stadtwerke oder kommunale Energieversorger.

Stromgebotszone – Was ist das?

Eine Gebotszone ist ein geografisch abgegrenztes Gebiet, zum Beispiel ein ganzes Land oder ein Teil davon, in dem der gleiche Strompreis für den Großhandel gilt.

Der Strompreis schwankt natürlich ständig, je nach Angebot (zum Beispiel Wind, Sonne) und Nachfrage (zum Beispiel viele Haushalte, Industrie). Aber innerhalb einer Gebotszone wird je Marktzeitintervall nur ein Preis festgelegt, der dann für die gesamte Zone gilt. Das bedeutet, ob der Strom gerade in Norddeutschland oder Süddeutschland erzeugt wird, macht für den Preis keinen Unterschied, solange beides innerhalb derselben Zone liegt. Es wird nicht regional unterschieden, sondern netztechnische Engpässe innerhalb der Zone werden ignoriert.

Warum ist das so? Der Stromhandel funktioniert in Europa über börsliche Auktionen. Erzeuger und Verbraucher geben dort ihre Gebote ab, also zu welchem Preis sie verkaufen oder kaufen möchten.

In jeder Gebotszone wird ein einheitlicher sogenannter Marktpreis ermittelt, bei dem sich Angebot und Nachfrage treffen.

Die Schraffierungen zeigen, wie stark der Stromverteilnetzbetrieb in einem Land konsolidiert ist, das heißt, wie viele VNBs es gibt und wie viel Marktanteil die größten davon haben. Die weißen Zahlen in den schwarzen Quadraten zeigen, wie viele Marktgebiete beziehungsweise Gebotszonen es pro Land gibt. Oft ist das ein Marktgebiet pro Land, in wenigen Fällen sind es mehrere (zum Beispiel Norwegen, Schweden, Italien).

Strompreiszonensplit

In Deutschland gilt bisher ein einheitlicher Strompreis für den gesamten Großhandelsmarkt. Und das egal, ob der Strom in Schleswig-Holstein oder in Bayern gehandelt wird. Genau das könnte sich in Zukunft ändern: Die europäische Regulierungsbehörde ACER hat 2022 vorgeschlagen, Deutschland in mehrere Stromgebotszonen aufzuteilen, je nachdem, wie stark Angebot und Nachfrage örtlich voneinander abweichen.

Der Vorschlag kommt nicht aus dem Nichts. In den letzten Jahren hat sich das deutsche Stromsystem stark verändert:

- ✔ Im Norden wird sehr viel erneuerbare Energie erzeugt, vor allem durch Windkraft an Land und auf See.
- ✔ Im Süden hingegen sitzen viele der großen Stromverbraucher, zum Beispiel Industriezentren in Bayern oder Baden-Württemberg.
- ✔ Gleichzeitig hinkt der Netzausbau hinterher. Der grüne Strom aus dem Norden kann nicht immer vollständig dorthin geleitet werden, wo er gebraucht wird.

Dadurch entstehen sogenannte *Netzengpässe*. Um diese zu vermeiden, müssen die Übertragungsnetzbetreiber in das Marktgeschehen eingreifen: Windräder im Norden werden abgeregelt, Kraftwerke im Süden müssen hochgefahren werden (siehe Redispatch, Kapitel 6). Diese Redispatch-Maßnahmen sind teuer. 2022 verursachten sie ca. 33 Terawattstunden an Verschiebungen im Stromnetz.

Bei einer Aufteilung Deutschlands in zwei oder mehr Strompreisgebiete würden regionale Preisunterschiede sichtbar werden:

- ✔ Im Norden könnte Strom günstiger werden, weil dort mehr erneuerbare Energie erzeugt als verbraucht wird.
- ✔ Im Süden würden die Preise wahrscheinlich steigen, weil dort mehr Nachfrage und weniger lokale Erzeugung vorhanden ist.

Solche Preisunterschiede könnten Anreize setzen, Stromverbrauch und Stromerzeugung besser aneinander anzugleichen, zum Beispiel durch Speicher, steuerbare Verbraucher oder neue Erzeugungsanlagen in der Nähe großer Verbrauchszentren. Und teure Netzmaßnahmen könnten dadurch reduziert werden.

Was zeigen Erfahrungen aus dem Ausland? Das Analyseinstitut THEMA Consulting hat im Auftrag von Agora Energiewende untersucht, wie sich ähnliche Preiszonentrennungen in Skandinavien ausgewirkt haben, ein gutes Beispiel, weil dort die Situation vergleichbar ist: Auch in Norwegen, Schweden, Finnland und Dänemark gibt es große Unterschiede zwischen Stromerzeugung und Verbrauch in den Regionen. Das Ergebnis ist gemischt:

Positive Effekte:

- ✔ **Weniger Netzengpässe:** Die Kraftwerke fahren dort hoch, wo Strom gebraucht wird, automatisch, ohne Eingriffe der Netzbetreiber.
- ✔ **Weniger »Ringflüsse«:** Strom nimmt keine Umwege mehr über Nachbarländer (wie es bei Deutschland oft der Fall ist), um zurück zum eigentlichen Verbrauchsgebiet zu gelangen.
- ✔ **Verbraucher reagieren** auf die Preise und senken ihren Verbrauch, wenn der Strom teurer wird.

Herausforderungen:

- ✔ **Schwache kurzfristige Handelsmärkte:** In Skandinavien ist es schwieriger, spontane Stromschwankungen auszugleichen, weil sich zu wenige Händler finden.
- ✔ **Unsicherheit bei langfristigen Preisabsicherungen** (Terminmarkt): Stromanbieter können Preise schlechter kalkulieren, weil weniger Angebot und Nachfrage aufeinandertreffen.

Investitionen in neue Kraftwerke (Erzeuger) oder Industrieanlagen (Verbraucher) orientieren sich grundsätzlich auch an Strompreisen. Allerdings sind sie in der Praxis bisher nicht stark in unterschiedliche Preiszonen gewandert. Der Strompreis ist nur ein Faktor von vielen: Infrastruktur, Arbeitskräfte, Genehmigungen und weitere Standortvorteile spielen ebenso eine Rolle.

Ob Deutschland in Zukunft in mehrere Strompreisgebiete aufgeteilt wird, ist noch offen. Die deutschen Übertragungsnetzbetreiber arbeiten derzeit an einer Untersuchung, dem sogenannten *Bidding Zone Review*. Diese Analyse soll zeigen, ob es sinnvoll wäre, Deutschland und Luxemburg, die derzeit eine gemeinsame Strompreiszone bilden, in mehrere Regionen mit eigenen Strompreisen zu unterteilen. Hintergrund: Die europäischen Netzbetreiber prüfen regelmäßig, ob die heutigen Stromgebotszonen, also die Gebiete mit einem einheitlichen Strompreis, noch angemessen sind. Denn durch den Ausbau der erneuerbaren Energien entstehen neue Stromflüsse, und das kann zu Netzengpässen führen. Eine Aufteilung in kleinere Preiszonen könnte helfen, solche Engpässe und Preisschwankungen besser in den Griff zu bekommen.

In ersten Modellrechnungen zeigte sich: Eine Aufteilung Deutschlands in fünf Preiszonen könnte theoretisch wirtschaftliche Vorteile bringen, mit einem möglichen Wohlfahrtsgewinn von ca. 250 bis 340 Millionen Euro pro Jahr. Das klingt viel, ist aber im Verhältnis zu den gesamten Stromsystemkosten eher gering.

Wichtig ist, dass diese Ergebnisse nur auf Simulationen beruhen, also auf rechnerischen Annahmen. Bevor eine politische Entscheidung getroffen wird, müssen viele andere Punkte geprüft werden, zum Beispiel die Stabilität des Netzes, die Kosten einer Umstellung, die Folgen für den Stromhandel und die Frage, ob regionale Preisunterschiede überhaupt gewünscht sind. Außerdem stammen viele Daten der Analyse noch aus dem Jahr 2019. Entwicklungen wie neue Stromtrassen oder der Ausbau der erneuerbaren Energien sind darin noch nicht berücksichtigt. Deshalb halten die Übertragungsnetzbetreiber die bisherigen Ergebnisse für nicht robust genug, um jetzt schon eine Aufteilung zu empfehlen.

Ihr Fazit ist, dass auch, wenn eine Aufteilung rechnerisch Vorteile bringen könnte, im Moment mehr Gründe dafür sprechen, die bestehende gemeinsame Strompreiszone von Deutschland und Luxemburg vorerst beizubehalten, zumindest, bis neue Daten und genauere Analysen vorliegen.

Systemdienstleistungen: Wie Netzbetreiber das Stromnetz stabilisieren

Aus verschiedenen Gründen kommt es ständig zu kleinen Ungleichgewichten zwischen Erzeugung und Verbrauch im Stromnetz. Menschen schalten Geräte ein und aus, der Wind weht mal stärker, mal schwächer, Kraftwerke melden Störungen. Das europäische Verbundnetz ist zwar so groß und eng gekoppelt, dass sich vieles gegenseitig ausgleicht, aber ohne Eingriffe geht es dennoch nicht.

Diese Aufgaben sind wichtig, damit das Stromsystem funktioniert, und daher auch gesetzlich geregelt. Die übergeordnete Koordination der Kraftwerksleistungen muss der Übertragungsnetzbetreiber übernehmen. Die Koordinationsmechanismen werden als *Systemdienstleistungen* bezeichnet.

Damit die Stromversorgung stabil bleibt, müssen Frequenz, Spannung und Leistung ständig im richtigen Bereich liegen. Das passiert nicht von selbst, sondern erfordert ständige Anpassungen durch Systemdienstleistungen. Eine der wichtigsten dieser Dienstleistungen ist die Regelleistung. Wenn es zu einem Blackout kommt, helfen diese Dienste dabei, das Netz schnell wieder zum Funktionieren zu bringen.

Netzstabilität: Frequenz, Spannung und Last

Störungen im Stromnetz zeigen sich auf unterschiedliche Weisen, zum Beispiel:

- **Frequenzschwankungen:** Die Netzfrequenz kann man sich wie einen »Pulsschlag« im Stromnetz vorstellen. Im Normalbetrieb sind das genau 50,0 Hz (wie bereits oben beschrieben). Das zeigt an, dass Erzeugung und Verbrauch von Strom im Netz im Gleichgewicht sind. Abweichungen auch schon um ein Zehntel Hertz alarmieren die Netzregelung. Wenn zu wenig Strom produziert wird, sinkt die Frequenz (Unterfrequenz). Das führt dazu, dass in einigen Kraftwerken mehr Strom erzeugt werden muss oder der Stromverbrauch reduziert wird. Erstes nennt man positive Regelenergie. Erst greift die Primärregelung (ab ca. 49,8 Hz), danach kommt die Sekundär- und Minutenreserve bei stärkeren Abweichungen (siehe späterer Abschnitt). Wenn die Netzfrequenz noch weiter absinkt, also unter 49,0 Hz, starten automatische Letztmaßnahmen. In mehreren Stufen werden Verbraucher netzseitig abgeschaltet, zum Beispiel Stromabnahme von Speicheranlagen, um das Gleichgewicht zwischen Erzeugung und Verbrauch wieder herzustellen. Den Prozess nennt man *Lastabwurf*. Andersrum kann es auch vorkommen, dass zu viel Strom ins Netz eingespeist wird. Dann steigt die Frequenz (Überfrequenz). Bei Überfrequenz (zu viel Einspeisung) wird die Stromproduktion (Einspeiseleistung) in einigen Kraftwerken gedrosselt, man spricht von negativer Regelenergie. Das ist aber in großem Stil nicht einfach, weil sich zum Beispiel Kohlekraftwerke sehr langsam drosseln lassen (siehe »Kraftwerkstypen und Funktionsweise«, Kapitel 6). Alternativ wird mehr Strom verbraucht, zum Beispiel durch das Einschalten großer Verbraucher (zum Beispiel Pumpspeicher). Frequenzschwankungen betreffen immer das gesamte verbundene Netz: Sinkt die Frequenz in Portugal, dann zeitgleich auch in Polen. Im Alltag merken wir davon meist nichts, aber schon geringe Abweichungen der Netzfrequenz können Geräte beeinträchtigen, automatische Regelungen in Kraftwerken auslösen, Schutzmechanismen aktivieren und im Extremfall sogar großflächige Stromausfälle verursachen.

- ✔ **Spannungsschwankungen:** Die Netzspannung muss stabil gehalten werden (Erinnerung aus Teil I: in Deutschland zum Beispiel 230 Volt in Steckdosen, 110 kV, 220 kV oder 380 kV auf den Hochspannungsleitungen). Wenn die Spannung zu stark schwankt, flackern Lampen oder empfindliche Geräte können Schaden nehmen. Gründe sind zum Beispiel lokale Ungleichgewichte von Blindleistung, also eine ungleiche Verteilung von Strom, der nicht in nutzbare Leistung umgesetzt wird und deshalb das Netz lokal belastet (dazu später mehr). Oder plötzliche Laständerungen auf einer bestimmten Leitung. Die Frequenz ist überall gleich, aber die Spannung kann an verschiedenen Orten unterschiedlich vom Soll abweichen. Bei leichteren Spannungsschwankungen reagieren die Netzbetreiber durch eine manuelle Blockade der Traforegelung. Das ist ein gezielter Eingriff des Netzbetreibers, um zu verhindern, dass sich ein Trafo bei Netzstörungen automatisch weiter in eine ungünstige Richtung verstellt. Das passiert bei Unterspannung, also die Spannung zu niedrig ist. Und auch bei Überspannung, also einer zu hohen Spannung im Netz.

- ✔ **Lastschwankungen** sind Veränderungen der abgenommenen Leistung im Netz (oder auch der eingespeisten, zum Beispiel bei erneuerbaren Energien). Lastsprünge treten beispielsweise ein bei: Tag/Nacht-Unterschieden, Werktag vs. Wochenende, plötzlichen Ereignissen (zum Beispiel wenn in der Halbzeitpause eines Fußballspiels Millionen von Wasserkochern eingeschaltet werden). Solche Leistungsschwankungen müssen ausgeglichen werden, damit sie nicht zu Frequenz- oder Spannungsproblemen führen. Die Netzbetreiber prognostizieren den Lastverlauf zwar so gut wie möglich im Voraus, aber Abweichungen lassen sich nie ganz vermeiden. Einige Kraftwerkstypen und Speicher (Batterien und Pumpspeicher) halten deswegen Reserveleistung bereit, um die Lastschwankungen auszugleichen.

Ein stabiles Stromnetz braucht konstante 50 Hz Frequenz. Schwankungen entstehen, wenn:

- ✔ zu wenig Strom produziert wird → Frequenz sinkt.
- ✔ zu viel Strom produziert wird → Frequenz steigt.

Diese ständigen Veränderungen müssen im Sekundentakt ausgeglichen werden. Ohne die Systemdienstleistungen, die diese Schwankungen auffangen, käme es ständig zu Störungen im Stromnetz bis hin zu großflächigen Stromausfällen, wie es zum Beispiel im April 2025 in Spanien und Portugal passiert ist.

Stabile Netze und hohe Versorgungssicherheit in Deutschland

Obwohl erneuerbare Energien in den letzten Jahren stark ausgebaut wurden, hat sich die Zuverlässigkeit der Stromversorgung in Deutschland verbessert. Seit dem Jahr 2000 sind die Stromausfälle sogar zurückgegangen. Daten des VDE und der Bundesnetzagentur bestätigen, dass Deutschland weiterhin zur internationalen Spitze gehört, wenn es um Netzstabilität geht. Der sogenannte SAIDI-Wert misst die durchschnittliche Stromunterbrechung pro Verbraucher und liegt in Deutschland sehr niedrig. Nur wenige Länder, wie zum Beispiel Dänemark schneiden besser ab, da dort unter anderem durch einen höheren Anteil an Erdverkabelungen im Verteilnetz die Wetteranfälligkeit geringer ist und das Netz bereits frühzeitig auf einen hohen Anteil an Einspeisung durch EE-Anlagen angepasst wurde.

Für ein zukünftiges Energiesystem mit hohem Anteil erneuerbarer Quellen braucht es keine dauerhaft laufenden Kraftwerke mehr, wie sie früher für die sogenannte »Grundlast« zuständig waren. Flexible Kraftwerke werden immer wichtiger, die dann einspringen, wenn Wind und Sonne nicht genug Strom liefern. Erinnerung aus Teil I: Diese Anlagen nennt man Residuallastkraftwerke. Sie decken die Residuallast, das ist der Teil des Strombedarfs, der nicht durch erneuerbare Energien abgedeckt werden kann. Sie springen nur bei Bedarf ein und sind an die schwankende Einspeisung erneuerbarer Energien anpasst.

Gaskraftwerke werden häufig als Residuallastkraftwerke eingesetzt und sie müssen nicht ständig laufen. Der Zukunftsfahrplan ist: Sie sollen künftig mit klimafreundlichen Energieträgern wie grünem Methan oder Wasserstoff betrieben werden. Laut Christoph Kost vom Fraunhofer-Institut für Solare Energiesysteme (ISE) bleiben die Kosten für solche Backup-Kapazitäten im Gesamtsystem überschaubar.

Weil der Anteil von erneuerbaren Energien im Stromnetz ständig wächst und sich die Energiewirtschaft aktuell in einer Übergangsphase befindet, stellt das für fossile Kraftwerke eine Herausforderung dar:

- ✔ Erstens, sie werden weniger oft eingesetzt und verlieren wegen weniger Volllaststunden ihre Wirtschaftlichkeit.

- ✔ Zweitens, sie sind weniger flexibel und können sich somit nicht an die wechselnde Einspeiseleistung erneuerbarer Energien anpassen (sie können ihre Leistung oft nur langsam verändern und nicht »einfach so« ein- und ausgeschaltet werden).

In solchen Fällen müssen Windkraftanlagen abgeschaltet oder überschüssiger Strom zu sehr niedrigen Preisen ins Ausland verkauft werden, nur um das Netz stabil zu halten. In der Zukunft wird es nicht mehr die Grundlast, sondern die Residuallast (siehe Kapitel 3) sein, die entscheidend ist.

Netzdienlichkeit der Kraftwerke

Nicht jedes Kraftwerk liefert nur Strom, wie Sie bereits schon wissen. Einige spielen auch eine wichtige Rolle für die Stabilität des Stromnetzes und werden deswegen als »netzdienlich« bezeichnet. Das bedeutet, dass diese Anlagen dabei helfen, das Netz stabil und sicher zu halten. Ein netzdienliches Kraftwerk übernimmt Aufgaben wie:

- ✔ die Frequenzhaltung, bei der die Netzfrequenz stabil gehalten wird
- ✔ die Spannungshaltung, beispielsweise durch die Bereitstellung von Blindleistung (siehe Abschnitt »Spannungshaltung: Blindleistung«). Sie ist notwendig, um die Spannung im Netz konstant zu halten.
- ✔ Zusätzlich sorgen sie für Netzstabilität und Synchronisation. Dadurch gerät das Netz nicht aus dem Takt.
- ✔ Sollte es zu einem Ausfall kommen, helfen diese Kraftwerke auch beim sogenannten Schwarzstart, also dem Wiederaufbau des Netzes nach einem Stromausfall (siehe Abschnitt »Versorgungs-Wiederaufbau: Schwarzstartfähigkeit«).

Kraftwerke liefern die notwendigen Systemdienstleistungen, um die Stabilität des Stromnetzes zu sichern. Diese Dienstleistungen werden durch die Netzbetreiber organisiert, koordiniert und gegebenenfalls durch den Einkauf von flexiblen Leistungseinheiten (wie netzdienlichen Kraftwerken) ergänzt. Beide arbeiten also Hand in Hand, um das Stromnetz rund um die Uhr stabil zu halten.

Die vier Kategorien der Systemdienstleistungen

Wie reagiert das Stromnetz, wenn plötzlich eine große Leistung wegfällt, zum Beispiel ein großes Kraftwerk ausfällt oder eine Industrieanlage auf einen Schlag ihren Verbrauch erhöht? Dafür gibt es ein mehrstufiges Sicherheitssystem durch den VDE (Verband der Elektrotechnik, Elektronik und Informationstechnik). Der VDE ist eine der wichtigsten Organisationen in Deutschland, wenn es um elektrische Sicherheit geht. Um das Netz zu stabilisieren, braucht es eine präzise Abstimmung von Stromerzeugung und Stromverbrauch. Netzbetreiber überwachen deswegen in Echtzeit, wie viel Strom gerade verbraucht wird, und steuern bei Bedarf nach.

Die Systemdienstleistungen werden in vier Bereiche unterteilt: Frequenzhaltung, Spannungshaltung, Versorgungswiederaufbau und Betriebsführung (siehe Abbildung 5.16). Die Kosten für diese Dienste werden über die Netzentgelte abgedeckt, also über die Gebühren, die alle Stromverbraucher:innen über ihre Stromrechnung mitzahlen.

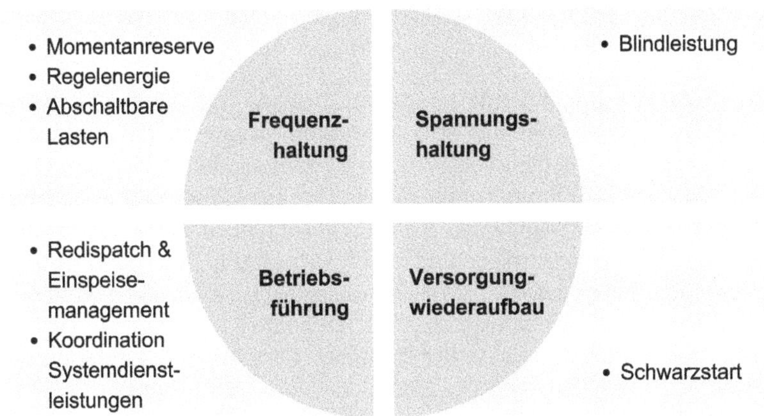

Abbildung 5.16: Systemdienstleistungen Übertragungsnetzbetreiber

Was das alles im Detail bedeutet, lesen Sie im Verlauf dieses Kapitels.

Systemdienstleistungen und die Koordination der Kraftwerke sind Aufgabe von Netzbetreibern (Übertragungsnetzbetreiber und Verteilnetzbetreiber – siehe Teil III).

Ein Kraftwerk ist netzdienlich, wenn es über die reine Stromproduktion hinaus auch folgende Dinge leisten kann:

Frequenzhaltung: Momentanreserve und Regelleistung

Einige Kraftwerke passen laufend ihre Einspeisung an, um Erzeugung und Verbrauch im Gleichgewicht zu halten. Diese Kraftwerke laufen im Lastfolgebetrieb. Bei kleinsten Frequenzabweichungen regeln sie ihre Leistung automatisch hoch oder runter. Ohne netzdienliche Kraftwerke ist eine sichere Stromversorgung nicht möglich.

Ein Kraftwerk ist im Lastfolgebetrieb, wenn es nicht nur konstant Strom liefert (wie Grundlastkraftwerke), sondern aktiv auf Verbrauchsschwankungen reagiert. Je besser ein Kraftwerk im Lastfolgebetrieb arbeiten kann, desto wertvoller ist es für die Netzführung. Vor allem Gaskraftwerke und Pumpspeicher gelten hier als Spitzenreiter.

Momentanreserve: Die träge Soforthilfe

Bevor die Regelleistung einsetzt, wirkt die Momentanreserve. Das ist die schnelle Energie, die große Generatoren durch ihre Drehbewegung (bildlich Schwungräder) abgeben, wenn ein Stromnetz ein bisschen aus dem Gleichgewicht gerät. Sie geben dem Netz durch ihre

Massenträgheit eine erste sofortige Stabilisierung, ohne dass Elektronik eingreifen muss. Sinkt zum Beispiel schlagartig die Frequenz, weil irgendwo Leistung fehlt, dann drehen die schweren Generatoren minimal langsamer und geben dadurch kinetische Energie ans Netz ab. Stellen Sie sich vor, dass die Turbine für einen kurzen Moment »mit anschiebt«, ohne dass jemand etwas tun muss. Diese Trägheitsreserve passiert automatisch in Bruchteilen einer Sekunde. Sie begrenzt die Geschwindigkeit des Frequenzabfalls und verschafft den aktiven Regelsystemen Zeit, zu reagieren.

Früher war die Momentanreserve im Stromnetz quasi im Überfluss vorhanden: In Zeiten, als fast nur große konventionelle Kraftwerke das Netz versorgten, hingen überall schwere drehende Massen am Netz, die im Ernstfall Energie puffern konnten. Heute wird diese sofortige Trägheit seltener. Warum? Weil immer mehr Erzeugung aus Wind- und Solaranlagen kommt, die nicht durch große Schwungmassen ans Netz gekoppelt sind. Photovoltaikanlagen haben gar keine rotierenden Teile im Netz, und Windturbinen sind meist über leistungselektronische Umrichter angeschlossen, die die mechanische Trägheit der Rotoren nicht direkt ans Stromnetz weitergeben. Ohne konventionelle Kraftwerke fehlt dem Stromnetz also ein wichtiger Frequenzstabilisator: die Masse der Turbinen. Die gesamte »Drehmoment«-Reserve im System nimmt ab, je mehr klassische Kraftwerke vom Netz gehen.

Die Netzbetreiber beobachten diesen Rückgang der Momentanreserve mit Aufmerksamkeit. Es werden Lösungen gesucht, um die fehlende Trägheit zu ersetzen. Eine Möglichkeit sind große Schwungradspeicher, also Maschinen mit schweren rotierenden Massen, die synchron ans Netz gekoppelt sind und nur als Stabilisierungselement dienen. Diese können wie künstliche Turbinen Energie aufnehmen und abgeben, ohne selbst dauerhaft Strom zu erzeugen. Eine andere Lösung ist die Programmierung von synthetischer Trägheit in Windparks: Die Umrichter der Windräder erkennen einen Frequenzabfall und speisen für wenige Sekunden automatisch zusätzliche Leistung aus der Rotationsenergie der Turbine ein (was die Rotoren minimal abbremst). Batteriespeicher können blitzschnell reagieren und so einen Teil der Momentanreserve ersetzen. Das steht aber alles noch am Anfang.

Momentanreserve erfordert rotierende Massen → Erneuerbare (PV, Wind) können das nicht, es sei denn über spezielle Netzregelung (virtuelle Trägheit, künstlich simuliert).

Regelleistung

Regelleistung ist quasi wie ein »Notarzt« im Energiesystem. Für größere oder länger andauernde Schwankungen stellen Kraftwerke Regelleistung in verschiedenen Stufen bereit, von sofortiger Reaktion in Sekundenbruchteilen bis zu Minuten.

Regelleistung ist die Reserveleistung, die Kraftwerke, Speicher oder flexible Verbraucher bereitstellen, um Schwankungen im Stromnetz auszugleichen. Sie wird eingesetzt, wenn Erzeugung und Verbrauch nicht mehr exakt übereinstimmen, und hält so die Netzfrequenz stabil bei 50 Hz.

Um das zu leisten, müssen Kraftwerke lastfolgebetriebfähig sein, das heißt, sich nach Bedarf flexibel hoch- und runterregeln lassen.

Die Regelleistung ist in drei Stufen unterteilt:

- ✔ **Primärregelleistung** springt innerhalb von Sekunden ein, automatisch. Sie ist die schnellste Form der Netzstabilisierung. Diese Reaktion erfolgt dezentral wie ein physikalischer Reflex: Jeder Generator mit Turbine merkt, wenn der »Takt« langsamer oder schneller wird, und passt seine Leistung sofort an. Bei Frequenzabfall erhöhen sie die Einspeisung (sofern sie noch Leistungsreserve haben oder indem ihre rotierende Masse etwas Energie abgibt), bei Frequenzanstieg drosseln sie entsprechend. Die volle Primärreserve-Leistung muss binnen 30 Sekunden abrufbar sein und wird üblicherweise für maximal 5–15 Minuten bereitgestellt, danach wird es durch die Sekundärleistung abgelöst. Primärregelleistung wird von nahezu allen großen Kraftwerken erbracht, die mit Teillast laufen, zum Beispiel Gaskraftwerke oder Wasserkraftwerke. Die Primärregelung erfolgt europäisch synchronisiert (im ENTSO-E-Verbundnetz), nicht lokal. Jede Anlage hilft mit, unabhängig davon, wo im Netz das Ungleichgewicht entstanden ist.

- ✔ **Sekundärregelleistung** kommt frühestens ab 30 Sekunden hinzu und übernimmt die Arbeit. Die Sekundärleistung folgt auf die Primärreserve und übernimmt innerhalb von fünf Minuten die Feineinstellung. Anders als die Primärregelung (dezentral) wird die Sekundärregelung zentral durch den lokalen Übertragungsnetzbetreiber gesteuert, in Deutschland zum Beispiel durch 50Hertz, TenneT, Amprion oder TransnetBW (typischerweise regional in der Regelzone, wo das Defizit auftrat). Sekundärregelleistung wird oft von schnell regelbaren Kraftwerken bereitgestellt: zum Beispiel Pumpspeicherkraftwerke, die sehr schnell aus dem Stillstand hochfahren können, oder flexible Gaskraftwerke und Gasturbinen. Auch große Batteriespeicher oder Lastenmanagement (Großverbraucher, die sich kurzzeitig abstellen lassen) kommen immer häufiger zum Einsatz. Die Sekundärregelung bringt die Netzfrequenz wieder präzise auf 50 Hz zurück und übernimmt damit die Arbeit der Primärregelleistung, die zuvor nur die erste Stabilisierung vorgenommen hat. Sie kann typischerweise bis zu 15 Minuten oder länger aufrechterhalten werden, bis andere Maßnahmen greifen.

- ✔ **Minutenreserve** muss innerhalb von 15 Minuten vollständig abrufbar sein, zum Beispiel durch flexible Kraftwerke oder Speicher. Diese Reserve kommt ins Spiel, wenn eine Leistungsabweichung länger andauert oder größerer Ausgleich nötig ist. Hierbei werden zusätzliche Kraftwerkskapazitäten hochgefahren oder Lasten abgeregelt. Beispielsweise können Gasturbinen, die im Stand-by laufen, innerhalb weniger Minuten auf Volllast gehen, oder es werden Reserve-Kraftwerke (auch kleinere Anlagen) zugeschaltet. Sogar Notstromaggregate oder große Dieselgeneratoren können Teil der Minutenreserve sein, ebenso das gezielte *Hochfahren von Verbrauchern* (was kontraintuitiv klingt, aber Großverbraucher können vertraglich vereinbart zusätzliche Last aufnehmen, um Überschüsse abzunehmen). Die Minutenreserve sorgt dafür, den Zustand des Netzes wieder längerfristig zu stabilisieren, bis der Normalbetrieb durch planmäßige Kraftwerksfahrpläne wiederhergestellt ist oder zum Beispiel Stromimporte das Loch füllen. Sie wirkt in beide Richtungen, sie kann fehlende Leistung ausgleichen, indem zusätzliche Erzeuger zugeschaltet werden. Oder sie reduziert Überschüsse, indem Anlagen gedrosselt beziehungsweise zusätzliche Lasten zugeschaltet werden.

Stellen Sie sich das wie ein Notfallteam vor: Einer löscht sofort den Brand, einer übernimmt nach ein paar Minuten die Kontrolle, und einer kommt, um die Situation dauerhaft zu stabilisieren.

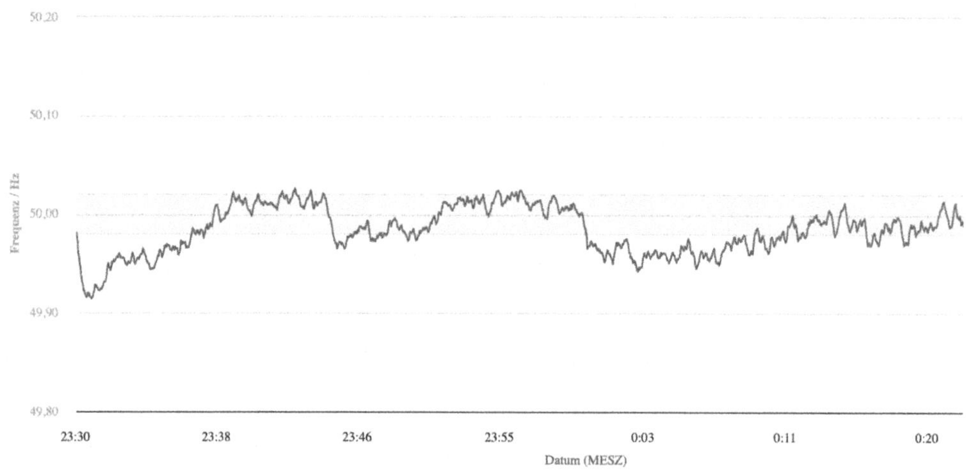

Abbildung 5.17: Messung der Netzspannung und -frequenz am 10.04.2026 und potenzielle Bereitstellung von Reserveleistung, Quelle: `Energy-Charts.info`, Abrufdatum: 12.04.26

Abbildung 5.17 zeigt den zeitlichen Verlauf der Netzfrequenz im Stromnetz. Auf der horizontalen Achse ist die Zeit dargestellt (23.30 bis 0.20 Uhr), auf der vertikalen Achse die Frequenz in Hertz. Der Sollwert der Netzfrequenz liegt bei 50 Hertz, um den herum sich die tatsächliche Frequenz bewegt. Die Kurve verdeutlicht, dass die Netzfrequenz nicht konstant ist, sondern im laufenden Betrieb leicht schwankt. Diese Abweichungen entstehen, weil Stromerzeugung und Stromverbrauch niemals exakt im Gleichgewicht sind. Solche Schwankungen sind bis zu einem gewissen Grad zulässig und stellen keinen Störfall dar. Um den Sollwert herum ist ein Toleranzbereich definiert, innerhalb dessen keine Regelmaßnahmen erforderlich sind. Erst wenn die Frequenz diesen Bereich nach oben oder unten verlässt, greifen automatische Regelmechanismen ein. In der Abbildung ist zu erkennen, dass bei größeren Abweichungen die Primärregelung aktiviert wird. Sie wirkt kurzfristig entgegen und stabilisiert die Frequenz wieder in Richtung des Sollwerts. Die Darstellung macht deutlich, dass die Netzfrequenz kontinuierlich überwacht und geregelt wird. Selbst bei kurzfristigen Ungleichgewichten sorgt das Zusammenspiel von Erzeugung, Verbrauch und Regelenergie dafür, dass das Stromnetz stabil bleibt und zuverlässig betrieben werden kann.

Wer liefert die Regelleistung/Regelenergie?

1. **Gaskraftwerke (GuD und Gasturbinen):** Sie sind ideal für Regelleistung. Sie lassen sich schnell hoch- und runterfahren, haben kurze Anlaufzeiten und moderne Steuerungstechnik. Diese Kraftwerke sind quasi die »Sprinter« im Netz.

2. **Pumpspeicherkraftwerke:** Sie funktionieren wie riesige elektrische Akkus: Wasser wird bergauf gepumpt, bei Bedarf lässt man es abwärtsfließen, das treibt Turbinen an. Sie fungieren auch als große Energiespeicher beziehungsweise Puffer im Stromnetz.

3. **Biomassekraftwerke:** Diese Kraftwerke verbrennen organisches Material (zum Beispiel Holzreste, Biogas) und treiben damit Dampfturbinen an. Sie sind gut als ergänzende Regelleistung im dezentralen Netz, also in Stromnetzen, in denen viele kleine Erzeuger Strom einspeisen.

4. **Kohlekraftwerke** sind nur bedingt geeignet: Sie sind träge und brauchen lange Anfahrzeiten, sind aber bei stabiler Leistung gut regelbar.

5. **Windkraft & Photovoltaik:** Wind- und Solaranlagen können theoretisch Regelleistung bereitstellen, aber nur unter bestimmten Bedingungen: wenn sie mit smarter Leistungselektronik ausgestattet sind, wenn sie nicht gerade 100 Prozent einspeisen (also nicht vollständig ausgelastet sind oder über Flexibilität, zum Beispiel Speicher, verfügen) und wenn genug Sonne oder Wind vorhanden ist. Aktuell werden sie noch selten aktiv für Regelleistung eingeplant. Allerdings können Windparks auch bei voller Auslastung ihre Leistung gezielt reduzieren und so negative Regelleistung bereitstellen.

6. **Batteriespeicher** spielen eine immer wichtigere Rolle für die Bereitstellung von Regelleistung. Sie können sehr schnell reagieren und sowohl positive als auch negative Regelleistung bereitstellen. Durch ihr netzdienliches Verhalten gewinnen sie perspektivisch weiter an Bedeutung im Stromsystem. Zudem fungieren sie als Puffer, indem sie überschüssige Energie aufnehmen und bei Bedarf wieder abgeben.

Je schneller ein Kraftwerk reagieren und genau dosiert einspeisen kann, desto besser eignet es sich für Regelleistung. Vor allem jetzt, wo mehr Wind- und Solarstrom eingesetzt wird, wird diese Fähigkeit immer wichtiger, um das Netz stabil zu halten. Traditionell stammen diese Leistungen von flexiblen konventionellen Anlagen wie Gas- und Pumpspeicherkraftwerken oder großen Dampfkraftwerken im Teillastbetrieb. Seit einigen Jahren beteiligen sich auch Batteriespeicher und flexible Industrieprozesse am Regelleistungsmarkt (siehe »Virtuelles Kraftwerk«, Kapitel 4).

Viele Kraftwerksbetreiber halten dazu Kapazitäten bereit, die im Bedarfsfall abgerufen werden. In Deutschland liegen die Vorhalteleistungen für Primärregelung oft im niedrigen Gigawatt-Bereich (typisch ca. 0,5 GW), für Sekundärregelung um ein bis zwei GW und für Minutenreserve auch ein bis zwei Gigawatt. Vergleicht man das mit einer Spitzenlast von über 80 GW, ist es ein relativ kleiner Anteil, aber wichtig für die Versorgungssicherheit.

Abbildung 5.18 zeigt schematisch, wie verschiedene Regelmechanismen im Stromnetz zeitlich aufeinanderfolgen, um Ungleichgewichte zwischen Stromerzeugung und Stromverbrauch auszugleichen. Auf der horizontalen Achse ist die Zeit dargestellt, auf der vertikalen Achse die bereitgestellte Leistung. Gleich nach einer Störung wirkt erst die Momentanreserve. Durch die rotierenden Massen großer Kraftwerke wird eine plötzliche Änderung der Netzfrequenz kurzfristig abgefedert. Diese Wirkung setzt sofort ein, kann allerdings nur für sehr kurze Zeit helfen. Nach wenigen Sekunden übernimmt die Primärregelung. Sie reagiert automatisch und dezentral und stellt innerhalb von ca. 30 Sekunden zusätzliche Leistung bereit oder reduziert sie. Ziel der Primärregelung ist es, die Netzfrequenz zu stabilisieren, nicht jedoch, sie genau auf den Sollwert zurückzuführen. Danach greift die Sekundärregelung, die innerhalb weniger Minuten einsetzt. Die Sekundärregelung sorgt dafür, dass die Netzfrequenz wieder näher an den Sollwert herangeführt wird und die Primärregelung entlastet werden kann.

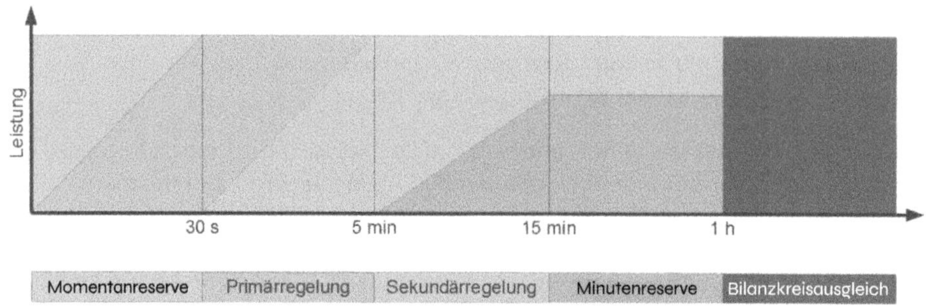

Abbildung 5.18: Zeitlicher Einsatz der Regelleistungsarten – vereinfachte Darstellung, Quelle: `https://de.wikipedia.org/wiki/Regelleistung_(Stromnetz)#/media/Datei:Schema_Einsatz_von_Regelleistung.png` (CC BY-SA 3.0)

Nach ca. 15 Minuten kommt die Tertiärregelung (Minutenreserve) zum Einsatz. Auf längere Sicht erfolgt schließlich der Bilanzausgleich. Dieser stellt sicher, dass die eingespeiste und die verbrauchte Energiemenge innerhalb der Bilanzkreise wieder übereinstimmen (Genaueres siehe Kapitel 9).

Spannungshaltung: Blindleistung

Wenn man über Strom redet, denken die meisten an das, was beim Verbraucher ankommt, also zum Beispiel Licht, das leuchtet, oder eine Waschmaschine, die läuft. Das ist der Teil des Stroms, der wirklich Arbeit verrichtet. In der Fachsprache heißt das die *Wirkleistung.*

Im Stromnetz gibt es noch eine zweite Form: die *Blindleistung.* Sie wird nicht verbraucht, aber sie ist unverzichtbar, damit der Strom überhaupt beim Verbraucher ankommt.

Einfach ausgedrückt:

- ✔ **Wirkleistung:** der Strom, den Ihr Gerät wirklich nutzt
- ✔ **Blindleistung:** der Strom, der hilft, die Spannung im Netz stabil zu halten

Blindleistung ist elektrische Leistung, die ständig zwischen Generator und Verbraucher hin- und herpendelt, ohne in nutzbare Arbeit umgesetzt zu werden. Im Wechselstromnetz baut ein Generator 50-mal pro Sekunde ein Magnetfeld auf und wieder ab. Die Energie, die zum Aufbau des Feldes nötig ist, wird beim Abbau wieder ins Netz zurückgegeben. Diese hin- und herschwingende Leistung nennt man Blindleistung. Sie leuchtet keine Lampe und treibt keinen Motor direkt an (deswegen »blind« beziehungsweise nicht sichtbar in Form von Arbeit). Aber sie ist unentbehrlich, um überhaupt elektrische Energie übertragen zu können.

Warum ist sie so wichtig?

- ✔ Sie hält die Spannung aufrecht.
- ✔ Ohne genug Blindleistung kann es zu Spannungsabfällen oder Netzinstabilitäten kommen.
- ✔ Sie muss regional vor Ort bereitgestellt werden und kann nicht beliebig weit transportiert werden.

Die Leitungen und Transformatoren im Stromnetz müssen so dimensioniert sein, dass sie neben der nutzbaren Leistung auch diese pendelnde Blindleistung übertragen können. Wenn *zu wenig* Blindleistung im Netz ist, sackt die Spannung ab. Die elektromagnetischen Felder sind dann zu schwach, um überall die benötigte Volt-Zahl bereitzustellen. Ist *zu viel* Blindleistung unterwegs, steigen die Spannungen örtlich an und zugleich sinkt die Transportfähigkeit für Wirkleistung. In dem Fall wird Blindleistung aus dem Netz genommen oder kompensiert.

Übrigens können moderne Windenergieanlagen und Solar-Wechselrichter auch Blindleistung bereitstellen. Auch nachts, wenn keine Sonne scheint, kann ein Solarwechselrichter rein als Blindleistungskompensator betrieben werden. Das ist gut, denn mit dem Ausbau von Wind und Sonne braucht es neue Quellen für Blindleistung.

Kraftwerke sorgen mit Blindleistung dafür, dass die Netzspannung im Sollbereich bleibt. Sie können dazu entweder zusätzliche Blindleistung einspeisen oder überschüssige aufnehmen. Ohne diese Unterstützung würden weite Teile des Netzes unter Spannungsproblemen leiden. Das sorgt dafür, dass die Spannung im Netz nicht abfällt oder zu hoch wird.

Allerdings sind nicht alle Kraftwerke oder Stromerzeuger in der Lage, Blindleistung zu erzeugen oder aufzunehmen, weil das davon abhängt, wie sie technisch ans Stromnetz angeschlossen sind. Klassische Kraftwerke wie Kohle-, Gas- oder Wasserkraftwerke hängen mit einem großen Generator direkt am Netz. Dieser erzeugt automatisch ein magnetisches Feld und damit auch Blindleistung.

Bei vielen erneuerbaren Anlagen funktioniert das anders. Photovoltaik und viele Windkraftanlagen sind über elektronische Umrichter angeschlossen. Diese trennen den Generator vom Netz, sodass kein natürliches magnetisches Feld entsteht. Wenn diese Anlagen Blindleistung bereitstellen sollen, muss sie künstlich durch die Leistungselektronik erzeugt werden und das können ältere Anlagen oft noch nicht.

1. Die **klassischen Kraftwerke** (zum Beispiel Kohle, Gas, Wasser, Kernkraft) erzeugen Wirkleistung und gezielt Blindleistung.
2. **Windkraft- und Photovoltaikanlagen** können auch Blindleistung bereitstellen. Voraussetzung ist aber, dass sie mit der nötigen Leistungselektronik ausgestattet sind (zum Beispiel Netz-Wechselrichter). Gerade ältere Anlagen haben diese Technik oft leider nicht.

In technisch aktuellen Anlagen ist Blindleistungsbereitstellung **zunehmend vorgeschrieben**, damit sie zum Netzbetrieb beitragen können.

Versorgungs-Wiederaufbau: Schwarzstartfähigkeit

Ein flächendeckender Stromausfall ist eine große Herausforderung für das Stromnetz.

Stromausfall vs. Blackout

Stromausfälle entstehen, wenn Erzeugung und Verbrauch nicht mehr im Gleichgewicht sind oder wenn Netzkomponenten wie Leitungen, Transformatoren oder Schaltanlagen gestört werden. Bei lokalen Störungen greifen zunächst automatische Schutz- und Abschaltmechanismen, die verhindern sollen, dass sich ein Fehler ausbreitet (zum Beispiel durch das Abschalten betroffener Leitungsabschnitte). Solche Ausfälle können die Netzbetreiber oft schnell durch Umschaltungen oder Reparaturen beheben.

Ein großflächiger Stromausfall, quasi ein echter Blackout, hat jedoch eine völlig andere Qualität. Hier bricht die Spannung im gesamten Netzbereich zusammen, weil beispielsweise keine ausreichende Einspeisung oder keine stabile Netzstruktur mehr vorhanden ist. In diesem Zustand kann das Netz nicht einfach wieder »zugeschaltet« werden. Stattdessen muss es nach festen energiewirtschaftlichen Verfahren schrittweise neu hochgefahren werden. Dafür sind schwarzstartfähige Kraftwerke notwendig, die ohne externe Stromversorgung anlaufen können und nach und nach weitere Kraftwerke und Netzabschnitte zuschalten, bis ein stabiler Netzverbund wiederhergestellt ist.

Damit ermöglichen sie, dass das Netz als »Initialzündung« schrittweise wieder aufgebaut werden kann. Zu den schwarzstartfähigen Kraftwerken zählen Wasserkraftwerke, Gasturbinenkraftwerke oder Batteriespeicher. Sie speisen zuerst ein, um andere Kraftwerke langsam wieder hochzufahren.

Damit ein Kraftwerk schwarzstartfähig ist, braucht es:

- ✔ eigene Hilfsenergiequellen (zum Beispiel Batterien oder kleine Notstromaggregate)
- ✔ automatisierte Steuerungssysteme
- ✔ idealerweise die Fähigkeit, kontrolliert Spannung ins Netz zu bringen, ohne dass es gleich wieder zusammenbricht

Generell sind diese Kraftwerkstypen für ihre Fähigkeit zum Schwarzstart bekannt:

- ✔ **Wasserkraftwerke:** Ein Wasserkraftwerk (Laufwasserkraft oder Speicherkraftwerk) kann oft einfach durch Öffnen der Turbinenzufuhr anlaufen. Ein kleiner Teil des erzeugten Stroms deckt den Eigenbedarf der Anlage, der Rest wird ins Netz gespeist und schon läuft das Kraftwerk autark.
- ✔ **Pumpspeicherkraftwerke:** Sie sind im Prinzip auch Wasserkraftwerke. Im Schwarzstartfall können sie wie ein normales Wasserkraftwerk turbinengetrieben Strom liefern, sofern ausreichend Wasser im oberen Teil vorhanden ist (das Pumpen kommt erst später wieder zum Einsatz, um Wasser zurück nach oben zu fördern).

- ✔ **Gasturbinenkraftwerke und Dieselgeneratoren:** Sie können oft mit einer Batterie oder einem Druckluft-Starter in Gang gesetzt werden. Sie sind ideal, um ein schwarzes Netz wieder zu beleben, weil sie innerhalb von wenigen Minuten Strom liefern können.
- ✔ **Batteriespeicher-Anlagen:** Eine Batterie braucht zwar selbst keine Anfahrenergie (sie liefert ja Energie), aber die Leistungselektronik und Steuerung müssen in der Lage sein, ohne Netz eine stabile Wechselspannung mit 50 Hz bereitzustellen. Einige Batteriespeicher-Projekte wurden bereits so ausgelegt, dass sie schwarzstartfähig sind.

Nicht schwarzstartfähig sind große Kern- oder Kohlekraftwerke. Deren Eigenbedarf (zum Beispiel für Kühlpumpen, Brennstoffförderung, Erregersysteme) ist so groß, dass sie ohne externe Versorgung nicht in Gang kommen. Atomkraftwerke haben hohe Anforderungen an Sicherheit und Steuerung und dürfen zum Beispiel nur unter definierten Bedingungen hochgefahren werden. Diese Kraftwerke werden im Wiederanlauf eines Netzes erst dann zugeschaltet, wenn schwarzstartfähige Anlagen ihnen Starthilfe geben können.

Wie läuft ein Schwarzstart ab?

1. Ein schwarzstartfähiges Kraftwerk wird manuell oder automatisch gestartet.
2. Es versorgt erst einmal nur ein kleines Netzgebiet (»Inselnetz«).
3. Schrittweise werden weitere Kraftwerke und Netzteile synchronisiert.
4. Nach und nach wird das gesamte Netz wieder hochgefahren, das kann Stunden bis Tage dauern.

Zum Glück musste ein Schwarzstart in Mitteleuropa nur selten in großem Maßstab durchgeführt werden. Aber die Netzbetreiber halten immer eine bestimmte Anzahl von schwarzstartfähigen Anlagen bereit und testen diese regelmäßig, um für den Ernstfall gewappnet zu sein.

Betriebsführung: Dispatch, Redispatch und Redispatch 2.0 (Netzengpassmanagement)

Damit Strom zu jeder Zeit bereitsteht, müssen wirtschaftliche und technische Anforderungen miteinander in Einklang gebracht werden. Kraftwerksbetreiber planen ihre Anlagen nach Marktpreisen und Netzbetreiber achten darauf, dass diese Einsatzplanung das Netz nicht überlastet. Aus dieser doppelten Verantwortung entsteht das Zusammenspiel aus Dispatch, Redispatch und Redispatch 2.0.

Der Dispatch

Der Begriff *Dispatch* (deutsch »Abfertigen, Ausliefern«) bezeichnet in diesem Zusammenhang die Einsatzplanung von Kraftwerken durch den Kraftwerksbetreiber. Der Zweck des Dispatchs ist es, die in betriebswirtschaftlicher Hinsicht möglichst lukrative Fahrweise des eigenen Kraftwerksparks umzusetzen. Dazu wird der Einsatz aller verfügbaren Kraftwerke unter Berücksichtigung der variablen Kosten des Kraftwerkseinsatzes (dominant sind bei fossilen Kraftwerken regelmäßig die Kosten des Brennstoffs) und unter Berücksichtigung der zu erwartenden Preises am jeweiligen Absatzmarkt geplant. Das Ergebnis des Dispatchs ist die Allokation der verfügbaren Kraftwerksleistung in räumlicher, zeitlicher und gradueller Hinsicht; ein sogenannter Fahrplan. Das graduelle Kriterium benennt, mit welcher Last (100 Prozent = Volllast, kleiner als 100 Prozent = Teillast) ein Kraftwerk fahren soll.

Alle Kraftwerksbetreiber sind verpflichtet, diesen Fahrplan mit den von ihnen am Folgetag zu produzierenden Strommengen beim jeweiligen Übertragungsnetzbetreiber (ÜNB) anzumelden. Dazu übermitteln sie bis zu einem gewissen Zeitpunkt, in Deutschland ist 14:30 Uhr des Vortages üblich, den Fahrplan aller eigenen Kraftwerke an den ÜNB, in dessen Regelzone sich die jeweiligen Kraftwerke befinden. Aus der Summe aller Fahrpläne in allen Regelzonen ergibt sich der Dispatch im gesamten Verbundnetz für den Folgetag. Während bei fluktuierenden erneuerbaren Energien wie Photovoltaik und Windenergie der Fahrplan für den Folgetag auf der Auswertung von Wetterprognosen und Anlagenverfügbarkeiten basiert, sind regelbare erneuerbare Energien wie Wasserkraft in der Lage, den Einsatz der eigenen Kraftwerke für die Zukunft zu planen.

Der Übertragungsnetzbetreiber (ÜNB) überwacht fortlaufend die Belastung der Stromleitungen und prüft, ob es an bestimmten Punkten des Netzes zu einer Überlastung kommen könnte. Solche Engpässe entstehen, weil die physikalische Transportkapazität einzelner Leitungen begrenzt ist. Wird absehbar, dass diese Grenzen überschritten würden, greift der ÜNB ein, um die Netzsicherheit zu gewährleisten.

In einem System mit mehr erneuerbaren Energie treten solche Situationen häufiger auf. Wind- und Solaranlagen speisen witterungsabhängig ein, und ihre tatsächliche Einspeisung weicht oft von den Prognosen ab, auf denen die Fahrpläne der Kraftwerke beruhen. Der Dispatch bestimmt die wirtschaftliche Einsatzplanung für den Markt. Währenddessen muss der Netzbetreiber aber sicherstellen, dass der resultierende Stromfluss auch tatsächlich transportiert werden kann und dem Bedarf entspricht.

Wenn es durch unerwartete Wetteränderungen oder hohe Einspeisung in bestimmten Regionen zu drohenden Leitungsüberlastungen kommt, werden sogenannte *Redispatch-Maßnahmen* notwendig. Flexible Kraftwerke werden dann hoch- oder heruntergefahren, und bei Bedarf können auch Wind- und PV-Anlagen abgeregelt werden. Auf diese Weise bleibt das elektrische System stabil, obwohl die Erzeugung nicht vollständig planbar ist.

Diese Anpassungen bedeuten, dass manche Kraftwerke im Netz gedrosselt werden. Andere in entfernteren Netzbereichen werden hochgefahren, um das Netz auszugleichen.

Früher haben große Kohle- und Atomkraftwerke viele dieser Aufgaben fast nebenbei übernommen. Sie liefen rund um die Uhr, hatten große Schwungmassen und konnten zur Stabilisierung von Spannung und Frequenz beitragen.

Aber heute sieht es anders aus: Mit dem Ausbau der erneuerbaren Energien verschwinden viele dieser »Stabilisatoren«. Wind- und Solaranlagen speisen zwar viel Strom ein, aber sie sind nicht automatisch netzdienlich, zumindest nicht ohne Unterstützung durch Speicher, intelligente Steuerung oder spezielle Technik.

Redispatch

In Regionen mit hohem Energiebedarf, insbesondere in großen Städten und Industriezentren, wird häufig vergleichsweise wenig Strom aus erneuerbaren Energiequellen erzeugt. Demgegenüber stehen Regionen mit deutlich höherem Erzeugungspotenzial, etwa im Norden Deutschlands, wo aufgrund günstiger Windverhältnisse große Mengen Strom aus Windenergie produziert werden, die den lokalen Bedarf teilweise übersteigen.

Ein Ausgleich zwischen diesen Regionen findet bereits heute statt: Strom wird über das Übertragungsnetz von Erzeugungs- in Verbrauchsregionen transportiert, unter anderem über bestehende Nord-Süd-Verbindungen. Um diese Transporte künftig zuverlässiger und in größerem Umfang zu ermöglichen, wird das Netz derzeit durch zusätzliche Leitungen wie SuedLink sowie weitere Nord-Süd-Korridore ausgebaut.

Dennoch stößt das Stromnetz dabei an Grenzen. Die Übertragungskapazität einzelner Leitungen ist begrenzt, sodass es bei hoher Auslastung zu Engpässen kommen kann. Im Extremfall können solche Überlastungen die Stabilität des Netzes beeinträchtigen.

Hier kommt *Redispatch* ins Spiel. Redispatch bedeutet:

Kraftwerke werden gezielt hoch- oder runtergefahren, nicht weil der Strom gebraucht wird, sondern um das Netz zu entlasten (siehe Abbildung 5.19). In der Mitte der Darstellung ist ein temporärer Engpass im Stromnetz zu sehen, zum Beispiel eine überlastete Leitung. Links und rechts davon befinden sich zwei Kraftwerke, die über das Übertragungsnetz miteinander verbunden sind.

Der Übertragungsnetzbetreiber steuert die Leistung der Kraftwerke gezielt. Bei Kraftwerk 1 wird die Erzeugung reduziert (»fährt runter«), während Kraftwerk 2 seine Leistung erhöht (»fährt hoch«). Auf diese Weise wird der Stromfluss im Netz umgelenkt und der Engpass entlastet. Durch das gezielte Hoch- und Herunterfahren von Kraftwerken sorgt der Übertragungsnetzbetreiber dafür, dass das Stromnetz stabil bleibt und die Versorgungssicherheit gewährleistet ist.

Man könnte sagen: »Wir haben genug Strom, aber an der falschen Stelle.«

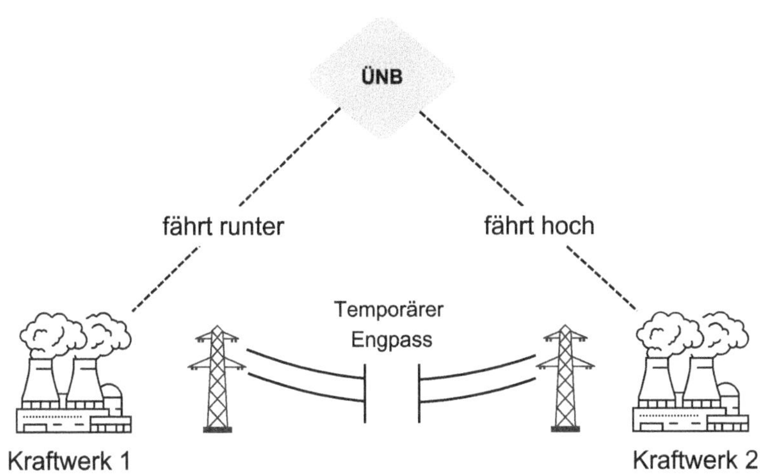

Abbildung 5.19: Beispiel Redispatch

Redispatch 2.0 – Die neue Version seit 2021

Früher wurden nur große Kraftwerke in den Redispatch einbezogen. Seit Oktober 2021 gibt es *Redispatch 2.0.* Jetzt werden auch diese Energiequellen involviert:

- ✔ **Windräder & Solaranlagen** (mit einer installierten Leistung ab 100 kW)
- ✔ **KWK-Anlagen** mit installierter Leistung $\geq$ 100 kW
- ✔ **Kleinere Anlagen unter 100 kW,** in definierten Ausnahmefällen

Das Erneuerbare-Energien-Gesetz (EEG) legt fest, dass Strom aus erneuerbaren Quellen, wie Wind, Sonne oder Biomasse vorrangig ins Netz eingespeist werden muss. Erneuerbare Energie soll nicht einfach abgeschaltet werden, wenn das Netz voll ist, außer es geht wirklich nicht anders. Deshalb dürfen Netzbetreiber erneuerbare Kraftwerke nur dann reduzieren, wenn es mindestens zehnmal günstiger ist, als ein konventionelles Kraftwerk zu regeln. KWK-Anlagen (zum Beispiel Blockheizkraftwerke) dürfen schon dann geregelt werden, wenn es fünfmal günstiger ist.

Der Begriff *Redispatch* bezeichnet die nachträgliche Änderung der geplanten Kraftwerkseinsätze (auch Dispatch genannt). Dabei passieren Eingriffe der Netzbetreiber in die Einsatzplanung von Kraftwerken, um Stromtransportengpässe im Übertragungsnetz zu beseitigen. Bei drohender Überlastung von Leitungen werden Kraftwerke vor dem Engpass heruntergeregelt und gleichzeitig hinter dem Engpass andere Kraftwerke hochgefahren.

So funktioniert Redispatch 2.0:

1. Netzbetreiber sehen eine Überlastung kommen

   zum Beispiel durch Windstrom im Norden, der nicht vollständig nach Süden transportiert werden kann.

2. Sie greifen ein:

   - Im Norden: Drosselung von Windkraftanlagen oder fossilen Kraftwerken
   - Im Süden: Hochfahren konventioneller Kraftwerke, zum Beispiel Gaskraftwerke oder Wasserkraft

3. Der Strom wird dort erzeugt, wo er gebraucht wird und die Stromleitungen werden entlastet.

Das Ziel ist die Netzsicherheit.

Bei Redispatch-Maßnahmen werden oft zwei geografisch voneinander entfernte Kraftwerke parallel gesteuert, sie bilden ein »Kraftwerkspaar«. Das Kraftwerk, das vor einem Engpass im Netz liegt, bekommt die Anweisung, seine Einspeisung zu reduzieren. Gleichzeitig wird ein anderes Kraftwerk, das hinter dem Engpass steht, dazu aufgefordert, mehr Strom zu produzieren. So bleibt die insgesamt produzierte Strommenge gleich, aber sie wird strategisch anders verteilt, um Engpässe zu verhindern.

Die Situation verschärft sich durch zwei Entwicklungen:

- ✔ Im Norden wachsen die Einspeisekapazitäten weiter durch neue Windparks bei geringem regionalem Verbrauch.
- ✔ Im Süden fallen konventionelle Kraftwerke nach und nach weg, zum Beispiel durch den Kohle- oder Atomausstieg bei hohem regionalem Verbrauch.

Das Ganze kostet natürlich Geld, denn Betreiber der »gedrosselten« Anlagen wollen für den entgangenen Gewinn entschädigt werden. Diese Kosten werden über die Netzentgelte auf alle Stromverbraucher umgelegt, auch auf Ihre Stromrechnung.

Müssen Wind-, Solar- oder andere EE-Anlagen zur Entlastung des Netzes abgeregelt werden, wird dieser Vorgang als *Einspeisemanagement* bezeichnet.

Wenn es zum Beispiel ein Überangebot von Windstrom im Norden von Deutschland gibt und Engpässe in der Nord-Süd-Übertragung, werden konventionelle Kraftwerke im Süden Deutschlands dazu angehalten, zusätzlich Strom zu erzeugen, um einen Mangel auszugleichen (positiver Redispatch). Diese Mehrerzeugung wird vom Netzbetreiber bezahlt, auf Basis der angegebenen Kosten (Brennstoff, CO_2 etc.). Umgekehrt werden zum Beispiel Kohle- oder Windkraftanlagen im Norden abgeregelt (negativer Redispatch) und erhalten eine Entschädigung für entgangene Einspeisung.

Vor allem flexible Gaskraftwerke (die schnell regelbar sind) werden bei Engpässen gerne eingesetzt und erhalten eine Vergütung. Die Bundesnetzagentur berichtete, dass die Kosten für Engpassmanagement (Redispatch, Einspeisemanagement) in den letzten Jahren Hunderte Millionen Euro pro Jahr betrugen. Letztendlich ist das Geld, das anteilig an die beteiligten Kraftwerksbetreiber fließt (und über Netzentgelte oder Umlagen von Verbrauchern getragen wird).

Viele erneuerbare Anlagen müssen und mussten technisch erst nachgerüstet werden, um fernsteuerbar und für Redispatch geeignet zu sein. Direktvermarkter wie virtuelle Kraftwerks-Betreiber haben das oft übernommen und bieten den Service an.

Regelenergie und Redispatch haben unterschiedliche Aufgaben. Regelenergie wird eingesetzt, um kurzfristige Abweichungen zwischen Stromerzeugung und -verbrauch auszugleichen. Redispatch dient dazu, Engpässe im Stromnetz oder lokale Spannungsprobleme zu vermeiden. Dabei wird keine zusätzliche Energie erzeugt. Stattdessen wird die Stromerzeugung räumlich verschoben. Anlagen an einer Stelle fahren ihre Leistung herunter, während andere Anlagen an einem besser geeigneten Ort hochgefahren werden. Insgesamt bleibt die erzeugte Energiemenge gleich.

Kapazitätsmechanismen

Kapazitätsmechanismen sind marktliche Instrumente, mit denen sichergestellt wird, dass ausreichend Erzeugungsleistung für die Zukunft verfügbar bleibt, auch wenn sie aktuell nicht gebraucht wird. Sie gehören nicht zu den Systemdienstleistungen. Die Mechanismen gibt es in vielen europäischen Ländern wie beispielsweise Italien, Belgien, Frankreich und Polen. In Deutschland wird über die Einführung eines Kapazitätsmarkts diskutiert. Die Idee ist, dass Kraftwerksbetreiber Zahlungen für das Bereithalten von Stromerzeugungskapazität erhalten, auch wenn sie in einem bestimmten Moment keinen Strom produzieren. Das hilft den Betreibern, ihre Fixkosten zu decken, die entstehen, auch wenn ihre Kraftwerke nicht ständig laufen.

Im »Energy-only«-Markt dagegen werden Kraftwerke nur für den tatsächlich produzierten Strom bezahlt, ohne zusätzliche Zahlungen für das Bereithalten der Kapazität.

Es gibt verschiedene Modelle von Kapazitätsmechanismen:

- ✔ **Kapazitätsmärkte:** Kraftwerksbetreiber bieten ihre Leistung an, die sie im Notfall bereithalten können. Der Staat oder Netzbetreiber zahlt ihnen dafür, dass sie jederzeit einsatzbereit sind, auch wenn sie gerade keinen Strom erzeugen.
- ✔ **Strategische Reserven:** In manchen Ländern werden Reservekraftwerke außerhalb des Marktes gehalten, die bei Bedarf genutzt werden können.
- ✔ **Kapazitätszahlungen per Gesetz:** Die Zahlungen werden gesetzlich festgelegt und stellen sicher, dass Kraftwerke ihre Kapazität bereitstellen können, auch wenn sie diese nicht immer nutzen.

Die Kapazitätsmechanismen sollen in erster Linie die Stromversorgung sicherstellen, in zweiter Linie die Flexibilitätsleistungen der Kraftwerke incentivieren. Es soll immer genug Leistung vorhanden sein, auch wenn die Stromproduktion durch erneuerbare Energien wie Wind und Sonne schwankt.

Ist das Stromnetz fit für die Energiewende?

Früher waren viele Kraftwerke nahe beim Verbraucher, zum Beispiel großen Industrieparks, aufgebaut. Heute hat es sich gewandelt. Viele große Windparks stehen im Norden, wo viel Wind weht (zum Beispiel Offshore), aber ein Großteil des Stromverbrauchs findet im Süden statt. Das bestehende Stromnetz war nicht darauf ausgelegt, diese großen Strommengen über weite Strecken zu transportieren. Deswegen muss das Stromnetz entsprechend mitwachsen, damit die Energiewende funktioniert.

Dazu kommt, dass das konservative Stromnetz für eine unidirektionale Energieerzeugung ausgelegt war, also: vom Kraftwerk zu Übertragungsnetz zu Verteilnetz zum Verbraucher. Es gab keine Rückspeisung der Energie aus den unteren Ebenen zurück ins Netz, wie es heute mit PV-Anlagen der Fall ist. Verbraucher, also Haushalte und Unternehmen waren bislang reine Konsumenten und haben Strom nicht selbst produziert. Durch die Energiewende gewinnt die dezentrale Stromerzeugung kleiner Kraftwerke immer mehr an Bedeutung (zum Beispiel Photovoltaik auf Dächern, Windräder in Dörfern und Speicher wie Batterien, E-Autos, die zurück ins Netz einspeisen können). Das alles erfordert eine intelligente Steuerung durch Smart Grids.

Aktuell ist das aber nur eingeschränkt möglich. Um sicherzustellen, dass Strom aus erneuerbaren Energien auch bei zukünftig weiter steigender Produktion zuverlässig dorthin gelangt, wo er benötigt wird (zum Beispiel aus dem windreichen Norden in den industriestarken Süden), müssen in Deutschland mehrere Tausend Kilometer Stromtrassen ausgebaut und optimiert werden. Das sind große Energie-Infrastrukturprojekte, die eine wichtige Rolle bei der Energiewende spielen. Was macht diese Projekte so besonders? Alle diese Großprojekte kosten sehr viel Geld, haben komplexe Genehmigungsverfahren und benötigen eine enge Abstimmung zwischen Behörden, Netzbetreibern und Bürger:innen. Um die Akzeptanz in der Bevölkerung zu erhöhen, werden die neuen Leitungen außerdem weitgehend als Erdkabel verlegt. Das macht den Bau zwar aufwendiger und teurer, vermeidet aber sichtbare Trassen und mindert die Eingriffe in die Landschaft. Für die Umsetzung dieser neuen Stromautobahnen wird in der Regel die sogenannte *HGÜ-Technologie* verwendet.

HGÜ bedeutet Hochspannungs-Gleichstrom-Übertragung – sie ist sehr effizient für lange Distanzen. Ihr Vorteil liegt darin, dass bei dieser Übertragungsart deutlich weniger Energieverluste entstehen als bei herkömmlichen Wechselstromleitungen. Dafür ist der Bau von HGÜ-Leitungen durch die an beiden Enden benötigten Konverterstationen und die komplexe Leistungselektronik teurer.

SuedLink – Die Nord-Süd-Verbindung

SuedLink ist das größte Netzausbauprojekt in Deutschland. Es soll Windstrom von Schleswig-Holstein bis nach Bayern und Baden-Württemberg transportieren, über 700 Kilometer. Durch den starken Ausbau der Windenergie im Norden entsteht dort häufig mehr Strom, als regional gebraucht wird. Gleichzeitig ist der Strombedarf in Süddeutschland hoch, insbesondere seit dem Ausstieg aus der Kernenergie. SuedLink soll diese Lücke schließen und einen sicheren Transport erneuerbarer Energie von Nord nach Süd ermöglichen. Genutzt wird die Hochspannungs-Gleichstrom-Übertragung (HGÜ), die es ermöglicht, große Strommengen über weite Strecken besonders verlustarm zu transportieren.

- ✔ Länge: ca. 700 km
- ✔ Start- und Zielpunkte: Wilster (Schleswig-Holstein) nach Bergrheinfeld (Bayern) und Großgartach (Baden-Württemberg)
- ✔ Technik: erdverlegtes HGÜ-Kabel
- ✔ Betreiber: TenneT & TransnetBW
- ✔ Geplanter Betrieb: ab 2028

Hier finden Sie den Verlauf der Stromautobahnen interaktiv: `https://www.stromautobahn.de/news/themen/trassenkarte/`

`https://www.netzausbau.de/karte`

SuedOstLink – Strom von Osten in den Süden

Ein weiteres Großprojekt ist der SuedOstLink. Die Leitung verbindet Mecklenburg-Vorpommern über einen Netzanknüpfungspunkt in Sachsen-Anhalt mit Bayern und ergänzt den SuedLink um eine zusätzliche Verbindung für erneuerbaren Strom. Auch hier kommt HGÜ-Technik zum Einsatz.

- ✔ Länge: ca. 580 km
- ✔ Verlauf: von Klein Rogahn (Mecklenburg-Vorpommern) über Wolmirstedt (Sachsen-Anhalt) zur Umspannstation Isar in Bayern (Quelle: `https://www.tennet.eu/de/projekte/suedostlink`)
- ✔ Technik: ebenfalls HGÜ, Erdkabel
- ✔ Betreiber: 50Hertz & TenneT
- ✔ Fertigstellung: ab ca. 2028 geplant

Ultranet

Im Gegensatz zu SuedLink und SuedOstLink nutzt das Projekt Ultranet schon vorhandene Stromtrassen. Es kombiniert Wechsel- und Gleichstrom auf denselben Masten, was ein technisches Novum in Deutschland ist. Ultranet verbindet Nordrhein-Westfalen mit Baden-Württemberg.

- ✔ Länge: ca. 340 km
- ✔ Verlauf: Osterath (NRW) nach Philippsburg (BW)
- ✔ Technik: Freileitung beziehungsweise teilweise auch Hybridgestänge (kombinierte Leitungen auf bestehender Trasse), dadurch bessere Ausnutzung bestehender Infrastruktur
- ✔ Betreiber: Amprion und TransnetBW
- ✔ Fertigstellung: ab Ende 2026 geplant (Quelle: `https://www.amprion.net/Netzausbau/Unsere-Projekte/Ultranet/`)

A-Nord – Verbindung zur Nordsee

Das Projekt A-Nord transportiert Strom von der Nordseeküste ins westliche Nordrhein-Westfalen. Genutzt wird eine Erdkabeltrasse als Hochspannungs-Gleichstrom-Übertragung (HGÜ).

- ✔ Länge: Gesamtlänge ca. 300 km
- ✔ Verlauf: Emden Ost (NS) nach Osterath (NW)
- ✔ Technik: Erdkabelvorhaben
- ✔ Betreiber: Amprion
- ✔ Fertigstellung: ab ca. 2027 geplant (Quelle: `https://www.amprion.net/Netzausbau/Unsere-Projekte/A-Nord/`)

Ultranet und A-Nord gehören beide zum »Korridor A«, einem Stromtrassenprojekt der Energiewende in Deutschland. Sie sind technisch und geografisch miteinander verbunden. A-Nord endet in Osterath (Nordrhein-Westfalen), hier kommt der Windstrom von der Nordseeküste (Emden) ins Binnenland. Ultranet startet in Osterath und führt weiter nach Süden bis Philippsburg (Baden-Württemberg).

IN DIESEM KAPITEL

Thermische Kraftwerke

Nicht-thermische Kraftwerke

Wie diese Kraftwerke funktionieren

Kapitel 6
Die Rolle von Kraftwerken im Energiesystem

Energie kann in ihrer ursprünglichen Form oft nicht direkt genutzt werden und muss erst einmal in eine für den Verbraucher geeignete Form umgewandelt werden (siehe Kapitel 2). Kraftwerke übernehmen diese Aufgabe, indem sie verschiedene Primärenergieträger wie Kohle, Erdgas, Wind oder Sonne (beziehungsweise Solarstrahlung) in elektrische Energie oder Wärme umwandeln. Sie bilden das Fundament der Stromversorgung und stellen sicher, dass jederzeit genügend nutzbare Energie zur Verfügung steht.

Die Erzeugung von Strom funktioniert auf unterschiedliche Weise. Fossile Kraftwerke erzeugen durch die Verbrennung von beispielsweise Kohle oder Erdgas Wärme, die eine Dampfturbine antreibt. Eine Turbine wandelt thermische Energie in mechanische Rotationsenergie um. Ein der Turbine nachgeschalteter Generator wandelt die mechanische Energie schließlich in elektrische Energie um (elektromagnetische Induktion). Kraftwerke, die Wärmeenergie zur Stromerzeugung nutzen, werden als thermische Kraftwerke bezeichnet.

Die meisten Kraftwerke auf Basis der erneuerbaren Energien nutzen natürliche Prozesse wie Wind- oder Sonnenkraft, um Strom ohne Verbrennungsprozesse zu gewinnen (Nicht-thermische Kraftwerke).

Kernkraftwerke hingegen setzen zunächst thermische Energie durch die Spaltung von Atomkernen frei. Diese wird – wie in fossilen Kraftwerken – über einen Dampfprozess in mechanische Rotationsenergie einer Turbine und anschließend, mittels eines Generators, in elektrische Energie umgewandelt. Jede dieser Technologien hat spezifische Eigenschaften, die darüber entscheiden, wann und wie sie eingesetzt werden.

Nach der Erzeugung wird der Strom in das öffentliche Stromnetz eingespeist und über ein verzweigtes Leitungssystem zu Haushalten, Unternehmen und der Industrie transportiert (siehe Kapitel 5). Dahinter steckt eine präzise Planung, die sicherstellt, dass zu jeder Tageszeit genau die benötigte Menge an Strom verfügbar ist. Große Industrieunternehmen haben zum Teil eigene Kraftwerke und produzieren dort zum Beispiel aus Erdgas Strom und Dampf für die industriellen Prozesse. Hauptaufgabe dieser Kraftwerke ist nicht die Einspeisung in das öffentliche Netz, sondern die günstige Bereitstellung von Nutzenergie.

Kraftwerke dienen der Umwandlung von Energie in elektrischen Strom. Es wird grundsätzlich zwischen thermischen und nicht-thermischen Kraftwerken unterschieden. Thermische Kraftwerke nutzen Wärme zur Stromerzeugung und nicht-thermische Kraftwerke generieren Strom durch direkte mechanische oder physikalische Prozesse. In Abbildung 6.1 sehen Sie, welche Kraftwerke jeweils unter die verschiedenen Kraftwerkstypen fallen.

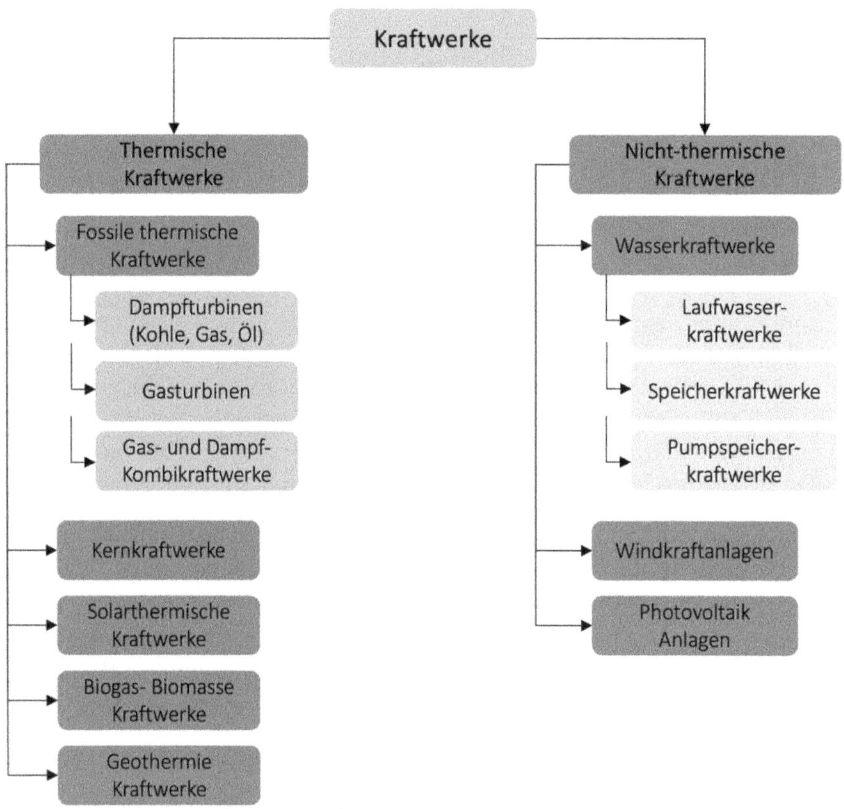

Abbildung 6.1: Thermische und nicht-thermische Kraftwerke

Thermische Kraftwerke

Thermische Kraftwerke haben den Vorteil, dass viele von ihnen steuerbar sind: Durch Kontrolle der Wärmezufuhr lässt sich die Stromproduktion an den Bedarf anpassen (mit Einschränkungen: Manche reagieren schneller, andere benötigen Zeit zum Hochfahren). Sie können oft große Leistungen bereitstellen und waren historisch die Hauptstütze der Stromnetze. Ihre Wirtschaftlichkeit hängt sowohl vom Preis des Brennstoffs und dem Wirkungsgrad der Anlage als auch von den erzielbaren Stromerlösen am Markt ab.

Thermische Kraftwerke erzeugen Strom, indem sie einen Energieträger verbrennen oder Wärme aus anderen Quellen nutzen, um Energie zu erzeugen.

Hohe Brennstoffkosten (wie bei Öl oder Gas) erfordern effiziente Anlagen oder kürzere Einsatzgebiete (zum Beispiel schnelles Einspringen bei Lastspitzen, auch Spitzenlast genannt). Günstigere Energieträger (wie früher Kohle) können über lange Zeiträume durchlaufen, um die hohen Fixkosten zu decken. Umweltseitig sind thermische Kraftwerke – wenn sie fossile Brennstoffe nutzen – Hauptverursacher von CO_2-Emissionen und Luftschadstoffen in der Energiewirtschaft, trotz Filtertechnik (Staubabscheider, Rauchgasentschwefelung, -entstickung).

Thermische Kraftwerke aus erneuerbaren Energieträgern (Biomasse, Geothermie, solarthermisch) reduzieren diese Probleme. Leider bringen sie aber eigene Herausforderungen mit sich hinsichtlich Ressourcen, Standorten oder Planbarkeit.

Thermische Kraftwerke arbeiten mit verschiedensten Ressourcen:

- ✔ Kohle
- ✔ Gas
- ✔ Gas und Dampf
- ✔ Solarthermie
- ✔ Biogas und Biomasse
- ✔ Kernenergie
- ✔ Geothermie

Diese Kraftwerkstypen werden im Folgenden einzeln vorgestellt.

Kohlekraftwerke

Kohlekraftwerke erzeugen Strom, indem sie Kohle (Steinkohle oder Braunkohle) in einem Kessel verbrennen. Die entstehende Verbrennungswärme erhitzt Wasser, das zu Dampf wird. Dieser Dampf treibt eine Turbine an, die mit einem Generator verbunden ist und so elektrischen Strom erzeugt. Nach dem Durchlaufen der Turbine wird der Dampf abgekühlt und wieder in den Kreislauf eingespeist, oft durch Kühlsysteme wie Flüsse, Kühltürme oder Fernwärmenetze.

Kohlekraftwerke haben über viele Jahre hinweg eine wichtige Rolle in der Stromversorgung gespielt, weil Kohle relativ günstig und weitverbreitet ist. Braunkohlekraftwerke können zuverlässig große Mengen Strom liefern und sind somit in der Lage, den konstanten Grundlastbedarf zu decken. Also den Strom, der rund um die Uhr benötigt wird.

Kohlekraftwerke sind sehr umweltschädlich, denn die Verbrennung von Kohle setzt große Mengen an CO_2 frei. Für jede erzeugte Megawattstunde Strom entstehen bei der Verbrennung von Steinkohle ca. 0,77 Tonnen CO_2, bei Braunkohle sogar 0,87 Tonnen. Neben CO_2 werden auch Schadstoffe wie Schwefeldioxid (SO_2), Stickoxide (NO_x) und Feinstaub freigesetzt, die die Luft verschmutzen und gesundheitliche Probleme verursachen können.

Sie sind teuer in der Anschaffung und haben eine lange Lebensdauer von über vierzig Jahren. Sie wurden traditionell für den Grundlastbetrieb mit hohen Volllaststunden konzipiert. Im Vergleich zu Gas- und insbesondere Gasturbinenkraftwerken sind sie deutlich weniger flexibel und reagieren langsamer auf Laständerungen. Vor allem die zunehmende Nutzung erneuerbarer Energien stellt Kohlekraftwerke daher vor Herausforderungen. Wind- und Solarenergie schwanken je nach Wetter, weshalb flexible Kraftwerke notwendig sind, die sich schnell hoch- oder herunterfahren lassen. Kohlekraftwerke sind hierfür weniger geeignet, weil sie für einen konstanten Betrieb ausgelegt sind.

Durch die hohen CO_2-Emissionen und politisch gesetzte Klimaziele werden Kohlekraftwerke schrittweise vom Netz genommen oder durch umweltfreundlichere Technologien ersetzt. In Deutschland gibt es einen Kohleausstiegsplan, der vorsieht, dass Steinkohle- und Braunkohlekraftwerke bis spätestens 2038 abgeschaltet werden.

BEISPIEL

Das Kohlekraftwerk Werdohl-Elverlingsen war über Jahrzehnte ein wichtiger Bestandteil der regionalen Energieversorgung. Im Jahr 2008 befand sich die Anlage noch im regulären Betrieb als Steinkohlekraftwerk. Im Zuge der Energiewende und veränderter wirtschaftlicher Rahmenbedingungen wurde das Kraftwerk jedoch 2014 stillgelegt. Seit 2018 wird der Standort als Batteriespeicherkraftwerk genutzt und trägt damit zur Stabilisierung des Stromnetzes sowie zur Integration erneuerbarer Energien bei.

Abbildung 6.2: Kohlekraftwerk Werdohl-Elverlingsen 2008, Quelle: Dr. G. Schmitz, `https://commons.wikimedia.org/wiki/File:Coal-fired_power_station_Werdohl_Elverlingsen_Germany.jpg` (CC BY-SA 3.0)

Eine Technologie, die helfen könnte, die Emissionen von Kohlekraftwerken zu verringern, ist CCS (Carbon Capture and Storage). Dabei wird das CO_2 aus den Abgasen abgeschieden und sicher gespeichert. Diese Technologie könnte Kohlekraftwerke umweltfreundlicher machen, aber es gibt noch viele technische, wirtschaftliche und sicherheitstechnische Herausforderungen.

In Tabelle 6.1 sehen Sie einen Vergleich von Steinkohle- und Braunkohlekraftwerken.

Kraftwerk	**Steinkohlekraftwerk (800 MW)**	**Braunkohlekraftwerk (1.000 MW)**
Wirkungsgrad	46 %	45 %
CO_2-Emissionen	0,77 t/MWh	0,87 t/MWh
Volllaststunden	6.000 h	7.000 h
Flexibilität	Mittel	Gering
Betriebskosten	75 €/MWh	65 €/MWh
Stromgestehungskosten (LCOE)	100 €/MWh	95 €/MWh

Tabelle 6.1: Vergleich Steinkohle- vs. Braunkohlekraftwerke Hinweis: Alle Zahlen sind nur illustrativ und können in der Realität stark variieren.

BEISPIEL

Volllaststunden sind eine Kennzahl, die angibt, wie lange eine Stromerzeugungsanlage mit ihrer vollen (installierten) Leistung laufen müsste, um die tatsächlich erzeugte Strommenge eines Jahres zu erzeugen.

Formel:

Volllaststunden = Jahreserzeugung (in kWh) ÷ installierte Leistung (in kW)

Stellen Sie sich vor, Sie haben einen Wasserhahn, der maximal zehn Liter pro Minute liefern kann. Das ist Ihre installierte Leistung, also das Maximum.

Jetzt messen Sie, dass an einem Tag insgesamt 300 Liter Wasser aus dem Hahn kamen.

Die Frage ist: Wie lange hätte der Hahn laufen müssen, um diese 300 Liter zu liefern, wenn er dauerhaft auf voller Stärke (10 Liter/Minute) gelaufen wäre?

Sie rechnen:

300 Liter ÷ 10 Liter/Minute = 30 Minuten

→ Das sind Ihre Volllaststunden (in diesem Fall: 30 Minuten auf voller Power).

Exkurs: Der Unterschied zwischen Betriebskosten und Stromgestehungskosten

Betriebskosten sind die laufenden Kosten, die direkt mit dem Betrieb eines Kraftwerks verbunden sind. Darin enthalten sind

- ✔ Brennstoffkosten (zum Beispiel Kohle)
- ✔ Wartung und Reparaturen
- ✔ Personal- und Verwaltungskosten
- ✔ Abgaben für CO_2-Emissionen (CO_2-Zertifikate)

Nicht enthalten sind

- ✔ Investitionskosten für den Bau des Kraftwerks
- ✔ Abschreibungen und Zinsen

Beispiel:

Ein Braunkohlekraftwerk hat Betriebskosten von 65 €/MWh. Das bedeutet, dass das Kraftwerk 65 € aufwenden muss, um eine Megawattstunde Strom zu produzieren, wenn man nur die laufenden Kosten betrachtet.

Die *Stromgestehungskosten (LCOE)* sind die Gesamtkosten der Stromproduktion, berechnet über die gesamte Lebensdauer des Kraftwerks. Darin enthalten sind

- ✔ alle Betriebskosten (siehe oben)
- ✔ Investitionskosten für Bau und Infrastruktur
- ✔ Abschreibungen über die Nutzungsdauer
- ✔ Zinsen für Kredite
- ✔ Kosten für Stilllegung oder Rückbau

Was ist der Zweck?

LCOE zeigt die echten, langfristigen Kosten pro Megawattstunde und ermöglicht den Vergleich zwischen verschiedenen Kraftwerkstypen.

Beispiel:

Das gleiche Braunkohlekraftwerk hat Stromgestehungskosten von 95 €/MWh. Das bedeutet, dass nicht nur die Betriebskosten von 65 €/MWh, sondern auch die langfristigen Investitions- und Finanzierungskosten mit eingerechnet werden.

Kohlekraftwerke verdienen Geld durch den Dauerbetrieb, indem sie über viele Stunden hinweg Strom verkaufen. Ihre Marge entsteht, wenn der Börsenpreis die variablen Kosten (Brennstoff und CO_2-Zertifikate) übersteigt. Eine hohe Auslastung ist wichtig, um die notwendigen Erlöse zu erzielen. Kohlekraftwerke setzen also auf Masse: Sie erzeugen viele

Stunden Strom und nehmen kontinuierlich Geld ein. Je länger sie mit positiver Marge laufen, desto besser für den Betreiber. In Phasen hoher Stromnachfrage, zum Beispiel an kalten Wintertagen oder abends, wenn viele Verbraucher gleichzeitig Strom nutzen, steigen die Strompreise oft an. Liegen die Preise über den variablen Erzeugungskosten, können Kohlekraftwerke zusätzliche Gewinne erzielen. Allerdings können hohe CO_2-Kosten und der Konkurrenzdruck durch erneuerbare Energien vor allem an sonnenreichen oder windigen Tagen die Gewinne schmälern. In solchen Phasen kann es vorkommen, dass Kohlekraftwerke nicht kostendeckend oder sogar nur noch mit negativer Marge betrieben werden können.

Kohlekraftwerke haben historisch eine große Rolle gespielt. Dennoch nimmt ihre Bedeutung in Deutschland seit vielen Jahren ab. Ihr Anteil an der gesamten Stromerzeugung in Deutschland ist von ungefähr 50 Prozent im Jahr 2000 auf 21,4 Prozent 2024 zurückgegangen. Der Trend setzt sich fort: Durch den gesetzlichen Kohleausstieg sollen alle Kohlekraftwerke spätestens 2038 vom Netz gehen, in einigen Bundesländern deutlich früher. Trotzdem übernehmen sie heute noch eine wichtige Funktion als gesicherte Leistung, zum Beispiel in Zeiten geringer Einspeisung aus Wind- und Solarenergie oder bei hoher Stromnachfrage im Winter.

Gasturbinenkraftwerke

Ein Gasturbinenkraftwerk (GT-Kraftwerk) erzeugt Strom, indem eine oder mehrere Gasturbinen als Antrieb für einen Generator genutzt werden. Dabei wird komprimierte Luft mit Erdgas oder Öl vermischt und in einer Brennkammer bei über 1200 °C verbrannt. Die dabei entstehenden heißen Verbrennungsgase dehnen sich aus und treiben die Turbine an. Diese treibt wiederum sowohl den Kompressor zur Luftverdichtung als auch den Generator zur Stromerzeugung an. Die Abgase verlassen die Turbine noch mit über 500 °C, was eine theoretische Weiternutzung der Restwärme ermöglicht.

Moderne Gasturbinenkraftwerke erreichen je nach Größe der Turbine Wirkungsgrade von bis zu 40 Prozent. Das bedeutet, dass 40 Prozent der eingesetzten Energie in Strom umgewandelt werden. Der Rest geht in Form von Abwärme verloren. Bei einigen Anlagen wird ein Teil der Abwärme in Wärmenetzen genutzt. Wegen dieser vergleichsweisen überschaubaren Effizienz werden sie selten zur Grundlastversorgung eingesetzt, sondern hauptsächlich als schnell regelbare Spitzenlastkraftwerke. Sie lassen sich innerhalb weniger Minuten hochfahren und sind daher ideal, um kurzfristige Nachfragespitzen oder Schwankungen bei Wind- und Solarstrom auszugleichen.

Ein Gasturbinenkraftwerk verfügt über eine Leistung von ca. 100 MW und läuft ungefähr 2.000 Stunden pro Jahr im Volllastbetrieb. Die Investitionskosten liegen bei ungefähr 0,6 Mio. €/MW, was vergleichsweise günstig ist. Die Betriebskosten hingegen sind mit ca. 100 €/MWh recht hoch – hauptsächlich aufgrund der hohen Brennstoffkosten von Erdgas. Zusätzlich erhöhen die CO_2-Emissionskosten die variablen Erzeugungskosten deutlich. Die CO_2-Emissionen liegen bei rund 0,50 Tonnen pro Megawattstunde (t/MWh). Damit verursachen sie weniger Emissionen als Kohlekraftwerke, tragen aber dennoch spürbar zur Klimabelastung bei. Die Stromgestehungskosten (LCOE) liegen bei ca. 130 €/MWh. Das macht Gasturbinenkraftwerke teurer als viele andere Stromerzeugungsarten.

Die größte Stärke von Gasturbinenkraftwerken liegt in ihrer sehr hohen Flexibilität. Sie können extrem schnell gestartet und abgeschaltet werden und sind somit eine wichtige Ergänzung zu wetterabhängigen erneuerbaren Energien. Wenn Wind- oder Solarstrom kurzfristig nicht ausreichen, springen sie ein und sorgen für Netzstabilität. Aufgrund der hohen Betriebskosten und CO_2-Emissionen sind sie allerdings nicht für den Dauerbetrieb geeignet. Zukünftig könnten sie durch den Einsatz von anderen CO_2-neutralen Brennstoffen klimafreundlicher werden.

Hier noch einmal als kurze Übersicht:

- ✔ Leistung: 100 MW
- ✔ Nutzungsdauer: 30 Jahre
- ✔ Investitionskosten: 0,6 Mio. €/MW
- ✔ Volllaststunden pro Jahr: 2.000 h
- ✔ Wirkungsgrad: 40 Prozent
- ✔ CO_2-Emissionen: 0,50 t/MWh (Brennstoff: Erdgas)
- ✔ Betriebskosten: 100 €/MWh
- ✔ Stromgestehungskosten (LCOE): 130 €/MWh
- ✔ Flexibilität: sehr hoch (schnell start- und abschaltbar)
- ✔ Einsatzbereich: Spitzenlastkraftwerk, Backup für erneuerbare Energien
- ✔ Nachteil: hohe Brennstoffkosten, CO_2-Emissionen

Gaskraftwerke erzielen ihre Erlöse vor allem in Phasen hoher Strompreise sowie durch die Bereitstellung von Regelenergie. Ihr Geschäftsmodell basiert darauf, Strom genau dann zu liefern, wenn er gebraucht und teuer bezahlt wird. Wenige Volllaststunden im Jahr können ausreichen, wenn diese lukrativ sind.

GuD-Kraftwerke

Ein GuD-Kraftwerk (Gas-und-Dampf-Kombikraftwerk) kombiniert zwei verschiedene Prozesse zur Stromerzeugung und erreicht dadurch eine höhere Effizienz als Kohle- oder Gasturbinenkraftwerke. Erst wird eine Gasturbine betrieben, bei der Erdgas verbrannt wird. Es werden heiße Abgase mit Temperaturen von über 500 °C erzeugt. Diese heißen Abgase werden nicht einfach ungenutzt abgeführt, sondern in einem Abhitzekessel weiterverwendet, um Dampf zu erzeugen. Der Dampf wird genutzt, um eine Dampfturbine anzutreiben, die auch Strom erzeugt. Diese Kombination von Gas- und Dampfturbine erlaubt einen elektrischen Wirkungsgrad von bis zu 58 Prozent. Das ist deutlich höher ist als bei reinen Gasturbinenkraftwerken oder Kohlekraftwerken.

GuD-Kraftwerke sind sehr effizient und haben geringere Emissionen. Kohlekraftwerke stoßen ca. 0,77–0,87 t CO_2/MWh aus, bei einem GuD-Kraftwerk liegt es nur bei 0,35 t CO_2/MWh. Sie werden in der Regel mit Erdgas beziehungsweise Methan betrieben. Deswegen sind GuD-Kraftwerke heute meistens noch nicht CO_2-frei. Sie können aber zukünftig mit grünem Wasserstoff oder auch heute schon mit Biomethan betrieben werden und damit ihren CO_2-Fußabdruck weiter reduzieren. Sie sind quasi die Brückentechnologie im Übergang zu einer nachhaltigen Energieversorgung.

Ein typisches GuD-Kraftwerk hat eine elektrische Leistung von 400 MW und läuft ca. 4.000 Stunden im Jahr unter Volllast. Die Investitionskosten liegen bei ca. 1,4 Mio. Euro pro Megawatt (€/MW). Die Betriebskosten betragen ca. 70 €/MWh, die Stromgestehungskosten (LCOE) ca. 95 €/MWh. Das macht GuD-Kraftwerke wirtschaftlich konkurrenzfähig, gleichzeitig haben sie auch niedrigere CO_2-Emissionen im Vergleich zu Kohlekraftwerken.

GuD-Kraftwerke bieten eine mittlere Flexibilität: Sie können schneller starten als Kohlekraftwerke, erreichen die maximale Leistung aber langsamer als reine Gasturbinenkraftwerke, weil das Anfahren der Dampfturbine ein träger Prozess ist, da das Wasser in den Rohrleitungen zunächst vollständig verdampfen muss. Der reine Gasturbinenteil ist genauso schnell hochgefahren wie ein reines Gasturbinenkraftwerk. Damit sind sie gut geeignet für den Einsatz in der Mittellastversorgung oder als Ersatz für auslaufende Kohlekraftwerke. Gerade weil erneuerbare Energien wetterabhängig einspeisen, sind flexible Kraftwerke wie GuD-Anlagen wichtig für die Netzstabilität.

Hier noch einmal zusammengefasst:

- ✔ Leistung: 400 MW
- ✔ Nutzungsdauer: 30 Jahre
- ✔ Investitionskosten: 1,4 Mio. €/MW
- ✔ Volllaststunden pro Jahr: 4.000 h
- ✔ Wirkungsgrad: 58 Prozent
- ✔ CO_2-Emissionen: 0,35 t/MWh (Brennstoff: Erdgas)
- ✔ Betriebskosten: 70 €/MWh
- ✔ Stromgestehungskosten (LCOE): 95 €/MWh
- ✔ Flexibilität: mittel (schneller als Kohle, langsamer als reine Gasturbinen)
- ✔ Einsatzbereich: Mittellastkraftwerk, Ersatz für Kohlekraftwerke
- ✔ Vorteil: hohe Effizienz, niedrigere Emissionen als Kohlekraftwerke
- ✔ Nachteil: abhängig von Gaspreisen, nicht vollständig CO_2-frei

Kurzer Exkurs: Raffinerien

Eine Raffinerie ist kein Kraftwerk, aber sie stellt Brennstoffe für thermische Kraftwerke bereit (siehe Abbildung). Raffinerien liefern Brennstoffe (zum Beispiel Diesel, Schweröl, Gas) an thermische Kraftwerke, die daraus Strom und Wärme erzeugen. Andersrum nutzen sie häufig thermische Kraftwerke zur Energieversorgung, vor allem zur Erzeugung von Prozessdampf und Eigenstrom. Nicht-thermische Energiequellen spielen bisher eine untergeordnete Rolle, gewinnen aber im Zuge der Dekarbonisierung an Bedeutung.

Erdöl ist ein Rohstoff, der in Raffinerien verarbeitet wird, um viele Produkte herzustellen. In einem Destillationsverfahren wird Rohöl erhitzt und in verschiedene Bestandteile, je nach Siedetemperatur, getrennt.

Eines der leichtesten Produkte ist Flüssiggas (LPG), das als Brennstoff für Haushalte, zum Kochen und Heizen oder auch als Autogas genutzt wird. Außerdem entsteht Leichtbenzin (Naphtha), das vor allem in der chemischen Industrie als Grundstoff für Kunststoffe, Lösungsmittel und Farben dient.

Ein großer Teil des Erdöls wird zur Herstellung von Kraftstoffen verwendet. Dazu gehören Benzin, Diesel und Kerosin.

Neben Kraftstoffen liefert Erdöl auch Industrieprodukte: Schmieröl und Wachs. Dann wird ein weiteres Endprodukt produziert: Bitumen. Es wird vor allem im Straßenbau für die Herstellung von Asphalt benötigt.

Zusätzlich werden aus Erdöl viele weitere Stoffe hergestellt, die als Rohstoffe für andere Industriezweige genutzt werden, zum Beispiel zur Produktion von Kunststoffen, Reinigungsmitteln, Lacken oder Chemikalien.

Solarthermische Kraftwerke

Solarthermische Kraftwerke (englisch: CSP – *Concentrating Solar Power*) nutzen die Energie der Sonnenstrahlung, um Strom zu erzeugen. Sie funktionieren ähnlich wie Dampfkraftwerke, nur ohne fossile Brennstoffe. Spiegel bündeln das Sonnenlicht, erhitzen damit eine Flüssigkeit und erzeugen Dampf, der eine Turbine antreibt. Ein Wärmespeicher (beispielsweise mit geschmolzenem Salz) sorgt dafür, dass auch bei wenig Sonne oder nach Sonnenuntergang weiter Strom produziert werden kann.

Solarthermische Kraftwerke (siehe Abbildung 6.3) bieten einen großen Vorteil gegenüber anderen erneuerbaren Energien: Sie können dank integrierter Wärmespeicher auch nach Sonnenuntergang oder bei Bewölkung Strom liefern. Das macht sie zu einer guten Ergänzung neben fluktuierenden Energien wie Wind- und Photovoltaik. Der erzeugte Strom kann als Ergänzung sowohl zur Deckung der Grundlast als auch der Spitzenlast beitragen, je nach Auslegung und Speichergröße.

Abbildung 6.3: Solarthermisches Kraftwerk (© Shaid, stock.adobe.com)

Ein typisches solarthermisches Kraftwerk hat eine elektrische Leistung von ca. 50 MW und hat zwischen etwa 20° und 35° nördlicher Breite ungefähr 4.000 Volllaststunden im Jahr. Die Nutzungsdauer liegt bei ungefähr 40 Jahren. Zwar sind die Investitionskosten mit 5,5 Mio. €/MW derzeit noch hoch, doch sinkende Kosten für Wärmespeicherung und technologische Weiterentwicklungen verbessern die Wirtschaftlichkeit kontinuierlich. Die Betriebskosten sind mit nur 10 €/MWh sehr gering, und die CO_2-Emissionen mit 0,03 t/MWh fast vernachlässigbar. Die Stromgestehungskosten (LCOE) liegen aktuell bei ca. 150 €/MWh. Solarstrom aus CSP-Anlagen kann maßgeblich zu einer stabilen Stromversorgung beitragen und ist an passenden Standorten konkurrenzfähig mit fossilen Energien. Vor allem, weil die Speicherung von Wärme 80 bis 90 Prozent günstiger ist als die Speicherung von Strom.

Wegen ihrer Wärmespeicher können solarthermische Kraftwerke flexibler eingesetzt werden als Photovoltaikanlagen. Wenn die Solarstrahlung nicht ausreichen sollte, kann optional eine Zusatzfeuerung mit erneuerbaren oder fossilen Brennstoffen eingesetzt werden. Damit sind sie auch bei sogenannten *Dunkelflauten* (kein Wind, keine Sonne) einsatzbereit.

Solarthermische Kraftwerke brauchen viel Fläche für ihre Spiegelanlagen. Am besten lassen sie sich dort einsetzen, wo ohnehin kaum Vegetation vorhanden ist, etwa in Wüsten oder Steppengebieten. Geeignete Standorte zeichnen sich durch wenig Geländesteigung, eine vorhandene Netzinfrastruktur, eine gesicherte Wasserversorgung sowie ein geringes Risiko für Naturkatastrophen aus.

Noch einmal kurz zusammengefasst:

- ✔ Leistung: 50 MW
- ✔ Nutzungsdauer: 40 Jahre
- ✔ Investitionskosten: 5,5 Mio. €/MW

- ✔ Volllaststunden pro Jahr: 4.000 h
- ✔ Wirkungsgrad: hängt von der Bauart ab, ca. 15–25 Prozent
- ✔ CO_2-Emissionen: 0,03 t/MWh (fast emissionsfrei)
- ✔ Betriebskosten: 10 €/MWh (sehr gering)
- ✔ Stromgestehungskosten (LCOE): 150 €/MWh
- ✔ Flexibilität: mittel (dank Wärmespeicher besser als Photovoltaik)

Biogas-/Biomassekraftwerke

Ein Biogas-/Biomassekraftwerk (siehe Abbildung 6.4) nutzt organische Materialien wie Pflanzenreste, Holz, Gülle oder andere biologische Abfälle, um daraus Energie in Form von Strom und Wärme zu erzeugen.

Abbildung 6.4: Biomasseheizkraftwerk Ramingdorf bei Steyr mit einer elektrischen Leistung von 5,7 MW und einer thermischen Leistung von 17 MW, Quelle: Sensenschmied, `https://de.wikipedia.org/wiki/Biomasseheizkraftwerk#/media/Datei:Biomassekraftwerk_mit_Lager.jpg` (CC BY-SA 3.0)

Was ist eigentlich der Unterschied zwischen Biogas- und Biomassekraftwerken?

Für den Betrieb von *Biogaskraftwerken* wird organisches Material in einem Fermenter unter Ausschluss von Sauerstoff von Mikroorganismen zersetzt.

Biomassekraftwerke verbrennen feste organische Brennstoffe wie Holzpellets, Stroh oder landwirtschaftliche Reststoffe. Die dabei entstehende Wärme erzeugt in der Regel Wasserdampf, der eine Dampfturbine antreibt und so Strom produziert. In einigen Anlagen wird jedoch nicht Wasser, sondern organische Arbeitsmedien eingesetzt. Solche Systeme werden als *ORC-Anlagen* (Organic Rankine Cycle) bezeichnet und ermöglichen ebenfalls die Umwandlung von Wärme in elektrische Energie. Viele Anlagen nutzen zusätzlich Kraft-Wärme-Kopplung (KWK), um auch die Wärme wirtschaftlich zu verwerten, zum Beispiel in Fernwärmenetzen oder Industrieprozessen.

Biomassekraftwerke erreichen in der Regel deutlich höhere Leistungen, die je nach Anlagentyp von mehreren Megawatt bis in den zweistelligen Megawattbereich reichen können.

Der elektrische Wirkungsgrad liegt bei 30–40 Prozent, die Gesamteffizienz (mit KWK) kann bis zu 90 Prozent betragen, wenn die anfallende Abwärme ganzjährig genutzt werden kann. Die CO_2-Emissionen liegen, abhängig von Brennstoffart und Logistik, zwischen 0,03 und 0,10 t/MWh, weil nur so viel CO_2 freigesetzt wird, wie vorher durch Pflanzen gebunden wurde.

Der Preis für die organischen Rohstoffe (Biomasse) hängt von zwei Faktoren ab:

1. **Produktionskosten**

   - Biomasse kann entweder sehr günstig sein (zum Beispiel Gülle) oder teuer (zum Beispiel Energiepflanzen wie Mais).
   - Wenn der Betreiber des Biogaskraftwerks gleichzeitig der Biomasse-Lieferant ist (zum Beispiel ein Landwirt), basiert die Kostenberechnung oft direkt auf den Produktionskosten.
   - In einigen Fällen dienen auch biogene Rest- und Abfallstoffe als Brennstoff (braune Tonne, Altholz), die zusätzliche Einnahmen für das Kraftwerk generieren, da die Entsorgung vergütet wird.

2. **Einnahmen des Kraftwerks**

   - Falls die Biomasse von einem externen Anbieter geliefert wird, orientiert sich der Preis häufig an der Kraftwerkvergütung.
   - In einigen Fällen wird der Preis für Biomasse auch indirekt durch Energiepreise (zum Beispiel Strom- oder Ölpreise) beeinflusst. Hintergrund ist, dass steigende Energiepreise die Erlöse des Kraftwerks erhöhen und damit eine höhere Zahlungsbereitschaft für Brennstoffe ermöglichen. Dadurch kann sich ein Zusammenhang zwischen Biomassepreisen und allgemeinen Energiemärkten ergeben.

Hier noch einmal zusammengefasst:

✔ Nutzungsdauer: 20–30 Jahre

✔ Investitionskosten: 3–6 Mio. €/MW (variiert je nach Technologie und Rohstoffquelle)

✔ Volllaststunden pro Jahr: 4.000–7.500 h (je nach Brennstoffversorgung)

- Wirkungsgrad: Elektrisch: 30–40 Prozent, Gesamt (mit Kraft-Wärme-Kopplung): bis zu 90 Prozent
- CO_2-Emissionen: 0,03–0,10 t/MWh (nahezu klimaneutral, abhängig von Brennstoffquelle und Logistik)
- Betriebskosten: 20–50 €/MWh (abhängig von Biomassekosten und Wartung)
- Stromgestehungskosten (LCOE): 80–150 €/MWh (stark variierend je nach Förderungen, Biomassepreise und Wärmeerlösen)
- Flexibilität: hoch (kann unabhängig von Wetterverhältnissen betrieben werden)

Geothermische Kraftwerke

Ein Geothermiekraftwerk (Abbildung 6.5) nutzt die Erdwärme, um Strom zu erzeugen. Dazu wird heißes Thermalwasser, das sich in Tiefen zwischen 0 und 5000 Metern befindet, an die Oberfläche gepumpt.

Abbildung 6.5: Rohrleitungen und Dampf eines Geothermiekraftwerks; das Kraftwerk befindet sich auf der Halbinsel Reykjanes in Island (© zicksvift, stock.adobe.com)

Geothermiekraftwerke laufen aus Effizienzgründen oft im Dauerbetrieb. Dadurch sind sie ideal geeignet für die Grundlastversorgung – weniger für kurzfristige Lastanpassungen. Weil sie sehr regelmäßig einspeisen können, tragen sie wesentlich zur Netzstabilität bei. Sie können auch wetterabhängige Schwankungen anderer Energieerzeuger ausgleichen.

Ein Geothermiekraftwerk hat eine elektrische Leistung von ca. 5 MW und eine Lebensdauer von ungefähr 25 Jahren. Mit bis zu 8.000 Volllaststunden pro Jahr ist die Auslastung sehr hoch, fast schon Grundlastniveau. Die Investitionskosten sind mit ungefähr 13 Mio. €/MW nicht niedrig, aber der Vorteil ist, dass fast keine direkten Brennstoffkosten anfallen. Aber Achtung, der elektrische Wirkungsgrad liegt bei rund zehn Prozent, weil nur ein Teil der Erdwärme in nutzbare Energie umgewandelt werden kann. Die Stromgestehungskosten (LCOE) liegen bei ca. 250 €/MWh.

Hier noch einmal zusammengefasst:

- ✔ CO_2-Emissionen: 0 t/MWh (nahezu emissionsfrei)
- ✔ Betriebskosten: 20–50 €/MWh (kein Brennstoff erforderlich)
- ✔ Stromgestehungskosten (LCOE): 250 €/MWh (noch relativ hoch)
- ✔ Flexibilität: niedrig (kontinuierlicher Betrieb, nicht schnell regelbar)

Sind die Bohrungen erst abgeschlossen, liefern Geothermiekraftwerke kontinuierlich Strom und oft auch Wärme. Die laufenden Kosten bleiben überschaubar, da hauptsächlich Pumpen und Technik betrieben werden müssen. Entsprechend fließt ein großer Teil der Einnahmen in die Deckung der Investitions- und Fixkosten. Nach einigen Jahren, wenn die Anlage abgeschrieben ist, arbeitet sie sehr kostengünstig weiter und die Stromverkaufs-Einnahmen werden zu Gewinn. Wegen der geringen Betriebskosten liefern die erzeugten kWh am besten durch Einspeisevergütungen oder Marktpreise stabile Einnahmen. Viele Betreiber kombinieren zudem die Stromproduktion mit dem Verkauf von Wärme, um zusätzliche und stabile Einnahmequellen zu erschließen.

In Regionen mit passenden geologischen Bedingungen, zum Beispiel in vulkanisch aktiven Gebieten oder tief liegenden, warmen Gesteinsschichten können Geothermiekraftwerke eine echte Alternative zu fossilen Grundlastkraftwerken sein.

Kernkraftwerke oder nukleare Kraftwerke

Die Technologie von Kernkraftwerken war über Jahrzehnte ein wichtiger Bestandteil der Grundlastversorgung, bis Deutschland am 15. April 2023 endgültig aus der Kernenergie ausgestiegen ist. Ursprünglich war das Aus für Ende 2022 geplant, aber wegen der Energiekrise wurde die Laufzeit um dreieinhalb Monate verlängert.

Kernkraftwerke liefern über viele Stunden hinweg zuverlässig große Mengen Strom, unabhängig von Wind oder Sonne. Je nach Auslegung erreicht ein einzelner Reaktorblock elektrische Leistungen von etwa 1.000 bis 1.600 MW. An einem Standort können mehrere Blöcke installiert sein, bei einer Lebensdauer von bis zu 50 Jahren und einem Wirkungsgrad ca. 35 Prozent. Die Brennstoffkosten sind gering und das macht den Betrieb wirtschaftlich, auch wenn es sehr hohe Baukosten und lange Planungs- und Genehmigungszeiten gibt.

Ein Kernkraftwerk verdient Geld durch den langfristigen und kontinuierlichen Stromverkauf, zum Beispiel über Großhandelsmärkte oder Direktverträge. Sie produzieren möglichst konstant, auch bei niedrigen Preisen, um Stillstand zu vermeiden. Bei neuen Reaktoren in Europa geht man von Stromgestehungskosten von circa 100 Euro pro Megawattstunde aus.

Ihr Vorteil ist, dass die reinen Erzeugungskosten pro elektrischer kWh niedrig sind (Uran ist ergiebig und relativ billig pro Energieeinheit). Das bedeutet, sobald ein Kernkraftwerk am Netz ist, bietet es seinen Strom sehr preisgünstig an, es gehört in der Merit Order (siehe Kapitel 7) zu den billigen Anbietern und wird fast immer abgerufen, solange Nachfrage vorhanden ist. Dadurch läuft es sehr viele Stunden im Jahr und kassiert für jede produzierte kWh den Marktpreis. Da es kaum Brennstoffkosten hat, ist fast der gesamte Erlös ein Beitrag zur Deckung der Fixkosten. Durch die hohe Auslastung über viele Jahre rechnet sich das Modell – sofern keine ungeplanten Ausfälle auftreten. Für Atomkraftwerke ist außerdem typisch, dass sie oft über laufzeitvertragsähnliche Modelle ihr Einkommen sichern. Beispielsweise können sie Strom Jahre im Voraus zu fixierten Preisen an große Abnehmer verkaufen (Industrie, Stadtwerke). So haben sie Planungssicherheit und können Schulden für den Kraftwerksbau tilgen.

Kernkraftwerke laufen fast durchgehend, ca. 7.800 Stunden pro Jahr unter Volllast.

Die größte Herausforderung bleibt die sichere Lagerung radioaktiver Abfälle über viele Jahrtausende. Der Rückbau der Anlagen ist technisch aufwendig, aber unumkehrbar eingeleitet. Deutschland gehört mit dem Atomausstieg zu den wenigen Industrieländern, die sich vollständig von der Kernenergie verabschiedet haben.

Hier noch einmal zusammengefasst:

- ✔ Leistung: ca. 1.000–1.600 MW (pro Reaktorblock)
- ✔ Nutzungsdauer: bis zu 50 Jahre
- ✔ Investitionskosten: ca. 7 Mio. €/MW
- ✔ Volllaststunden pro Jahr: 7.800 h
- ✔ Wirkungsgrad: ca. 35 Prozent
- ✔ CO_2-Emissionen: 0 t/MWh (keine direkten Emissionen)
- ✔ Betriebskosten: ca. 10 €/MWh
- ✔ Stromgestehungskosten (LCOE): ca. 100 bis 150 €/MWh (Neubauten in Europa)
- ✔ Flexibilität: gering bis mittel (bedingt regelbar)
- ✔ Endlagerung: Radioaktiver Abfall muss über 10.000 Jahre sicher verwahrt werden.

Nicht-thermische Kraftwerke

Nicht-thermische Kraftwerke erzeugen Strom ohne den Umweg über Wärme. Statt etwas (wie klassische Kraftwerke) zu verbrennen, nutzen sie direkt die Ressourcen der Natur, nämlich Wind, Wasser oder Sonnenlicht. Wind- und Wasserkraftwerke nutzen die Bewegung von Luft oder Wasser, um einen Generator anzutreiben. Ein großer Vorteil dieser erneuerbaren Quellen ist, dass Wind, Sonne und Wasser kostenlos verfügbar sind: Sie stellen keine Rechnung. Dadurch fallen im Betrieb nur wenig Kosten an.

Leider ist der Bau solcher Anlagen oft noch teuer, zum Beispiel wegen der aufwendigen Technik und der Anbindung an das Stromnetz. Und weil Wind und Sonne nicht immer gleichmäßig vorhanden sind, schwankt die Stromproduktion ständig. Deswegen gilt es, noch einige Herausforderungen für das Stromsystem zu lösen. Für den Ausgleich dieser Schwankungen werden flexible Kraftwerke, Stromspeicher oder intelligente Netze benötigt.

Auch wenn es diese Schwierigkeiten gibt, sind Wind- und Solarenergie wirtschaftlich immer attraktiver geworden. Die Kosten pro erzeugter elektrischer Kilowattstunde, auch Stromgestehungskosten genannt, sind in den letzten Jahren stark gesunken. Genauso schneiden nicht-thermische Kraftwerke auf ökologischer Seite sehr gut ab: Im Betrieb verursachen sie keine Treibhausgase oder andere Luftschadstoffe. Beim Bau gibt es dennoch Eingriffe in die Natur, zum Beispiel durch den Flächenverbrauch für Windräder oder Solarfelder. Insgesamt spielen sie aber die entscheidende Rolle in der Energiewende. Begleitend muss der Ausbau von Stromspeichern und Netzinfrastruktur vorangetrieben werden, um das volle Potenzial nutzen zu können.

Laufwasserkraftwerke

Laufwasserkraftwerke (siehe Abbildung 6.6) erzeugen Strom, indem sie sich die natürliche Strömung von Flüssen zunutze machen. Es ist eine der ältesten und bewährtesten Formen der Stromproduktion, vor allem in Regionen mit ausreichender Fließgeschwindigkeit und Höhenunterschieden.

Abbildung 6.6: Laufwasserkrafwerk (© fototrm12, stock.adobe.com)

Ihre Leistung hängt von der Wasserführung ab und kann bei Niedrigwasser sinken. Ihr Wirkungsgrad ist mit rund 94 Prozent außergewöhnlich hoch (sie haben mit den höchsten Wirkungsgraden aller Kraftwerke), weil kaum Energieverluste bei der Umwandlung entstehen. Es entstehen also weder Abwärme noch CO_2-Emissionen im Betrieb. Deshalb sind sie ein wichtiger Baustein für eine klimafreundliche und stabile Stromversorgung. In einigen Ländern mit vielen Flüssen und Bergen, wie zum Beispiel Österreich und Norwegen, decken Wasserkraftwerke einen großen Teil der Stromversorgung ab.

Die Leistung von Laufwasserkraftwerken variiert stark und reicht von wenigen Hundert Kilowatt bis zu über 100 MW, abhängig von Standort und Flussgröße. Sie können über 80 Jahre und mehr betrieben werden. Die Baukosten sind mit rund drei Millionen Euro pro Megawatt zwar nicht ganz niedrig, aber dafür sind die laufenden Kosten sehr gering. Das Wasser, das im Zusammenspiel mit einem natürlichen Gefälle als Primärenergiequelle dient, ist kostenlos und steht fast immer zur Verfügung. Dadurch sind die Stromgestehungskosten mit ca. 80 Euro pro Megawattstunde vergleichsweise günstig, vor allem, wenn das Kraftwerk über viele Jahre zuverlässig einspeist. Verdient wird durch den Verkauf des erzeugten Stroms, zum Beispiel direkt an der Strombörse, über PPAs oder über das Marktprämienmodell. Weil Laufwasserkraftwerke wetterunabhängig und gleichmäßig arbeiten, lassen sich die Einnahmen gut kalkulieren. Natürlich hängt die tatsächliche Strommenge auch vom Wasserstand ab: In regenreichen Zeiten wird mehr produziert, in Dürrephasen weniger. Trotzdem liefern gut gelegene Anlagen im Jahresdurchschnitt stabile und gut planbare Erträge.

Ein *Power Purchase Agreement* (PPA) ist ein langfristiger Stromliefervertrag, bei dem ein Unternehmen Strom direkt von einem Kraftwerksbetreiber zu einem fest vereinbarten Preis kauft.

Laufwasserkraftwerke liefern konstant Strom, können aber nicht spontan hoch- oder runterregeln. Ihre Leistung hängt direkt vom Fluss des Wassers ab. Das macht sie ungeeignet für den schnellen Ausgleich von Stromspitzen. Dafür sind sie hervorragend für die Grundlastversorgung geeignet. Gerade in Zeiten, in denen Wind und Sonne nur unregelmäßig Strom liefern, sind sie ein stabiler Rückhalt im Netz. Eingesetzt werden sie vor allem in Regionen mit ausreichend Wasser und Fließgeschwindigkeit – denn ohne starken Fluss gibt es auch keine Energie.

Aus ökologischer Sicht bringen Laufwasserkraftwerke sowohl Vorteile als auch Herausforderungen mit sich. Auf der positiven Seite stehen ihre klimafreundliche Stromerzeugung, ganz ohne CO_2-Emissionen, und ihre lange Lebensdauer. Kritisch gesehen werden Eingriffe in Flussökosysteme: Turbinen behindern oft die Fischwanderung und Stauwerke verändern den natürlichen Flussverlauf. Auch die Sedimentierung und die Landschaftsveränderung durch Wehre oder Kanäle sind Herausforderungen. In Deutschland sind die besten Standorte bereits genutzt, deswegen ist der weitere Ausbau begrenzt.

Hier noch einmal zusammengefasst:

- ✔ Leistung (Kapazität): 50 MW
- ✔ Nutzungsdauer: 80 Jahre

- Investitionskosten: 3 Mio. €/MW
- Volllaststunden pro Jahr: 4.000 h
- Wirkungsgrad: ca. 94 Prozent
- CO_2-Emissionen: 0 t/MWh
- Betriebskosten (Brennstoff, CO_2 etc.): 5–20 €/MWh (abhängig von Alter, Standort, Turbinentyp, Wartungszustand)
- Stromgestehungskosten (LCOE): 80 €/MWh
- Flexibilität: gering

Pumpspeicherkraftwerke

Pumpspeicherkraftwerke (siehe Abbildung 6.7) funktionieren als große Stromspeicher: Sie speichern Energie, indem sie Wasser in ein höher gelegenes Becken pumpen, und geben sie wieder ab, wenn das Wasser zurück ins Tal fließt. Dabei wird Strom erst genutzt und anschließend erzeugt. Streng genommen sind Pumpspeicherkraftwerke keine Stromerzeuger im klassischen Sinn, weil sie selbst keinen Primärenergieträger nutzen. Sie lagern nur erzeugten Strom zwischen, gelten aber dennoch energiewirtschaftlich als Kraftwerksart.

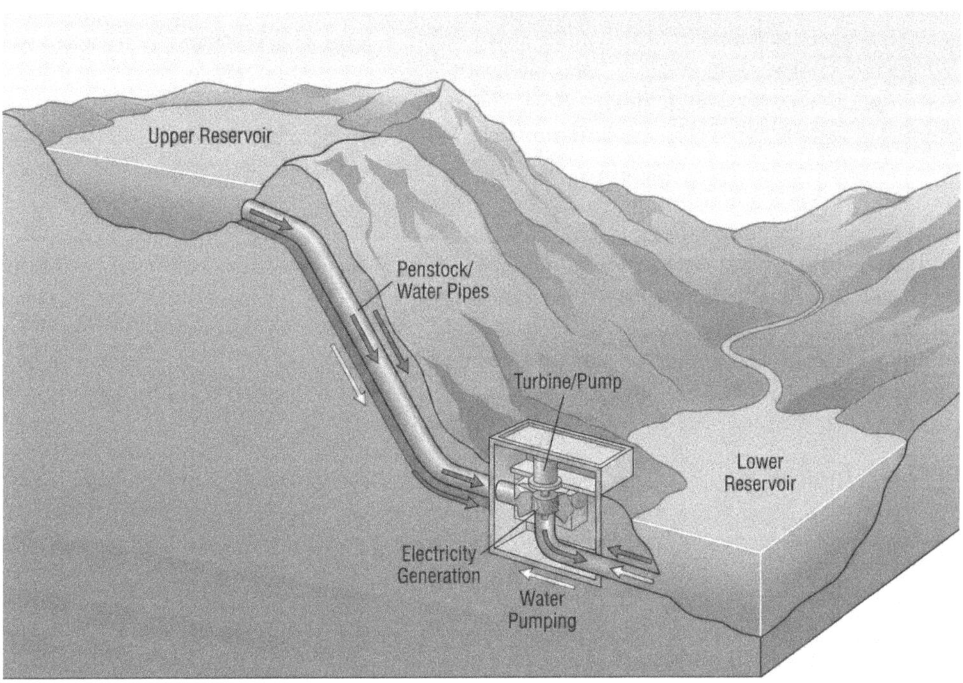

Abbildung 6.7: Pumpspeicherkraftwerk (© mostafa mohamed, stock.adobe.com)

Pumpspeicherkraftwerke sind quasi große »Batterien« aus Wasser und Schwerkraft und helfen dabei, das Stromnetz stabil zu halten. Vor allem, wenn viel Strom aus erneuerbaren Energien wie Wind und Sonne kommt. Wenn überschüssiger und günstiger Strom, zum Beispiel aus Wind- oder Solaranlagen, im Netz vorhanden ist, wird Wasser aus einem tiefer gelegenen Becken in ein höher gelegenes Reservoir gepumpt. Bei Bedarf, also wenn der Strombedarf steigt oder die Einspeisung aus erneuerbaren Quellen sinkt, wird das Wasser wieder abgelassen. Im Abfluss wird es durch Turbinen geleitet, die über Generatoren Strom erzeugen.

Sie arbeiten also nicht kontinuierlich wie ein klassisches Kraftwerk, sondern nur gezielt in den Momenten, in denen sie gebraucht werden. Sie sind ruckzuck einsatzbereit, können innerhalb von Minuten hoch- oder runterfahren. Dadurch sind sie sehr flexibel und ideal zur Bereitstellung von Regelenergie oder zur Abdeckung kurzfristiger Nachfragespitzen.

Deutsche Pumpspeicherkraftwerke verfügen typischerweise über Leistungen zwischen etwa 200 und 1.000 MW; viele Anlagen liegen im Bereich von 300 bis 600 MW. Die Baukosten belaufen sich dabei auf ungefähr 1 Million Euro pro Megawatt, relativ günstig im Vergleich zu anderen Großkraftwerken. Die Betriebskosten hängen vom Strompreis ab, weil sie selbst Energie zum Hochpumpen verbrauchen. Die Stromgestehungskosten ohne die eingekaufte Energie liegen bei ca. 120 €/MWh. Mit einer Lebensdauer von ca. 80 Jahren oder sogar mehr sind sie einer der langlebigsten Teilnehmer der Energiewirtschaft.

Im Jahr kommt ein Pumpspeicherkraftwerk auf ungefähr 1.000 Volllaststunden, weil es nur zeitlich begrenzt einspeist. Moderne Pumpspeicherkraftwerke erreichen einen Gesamtwirkungsgrad von bis zu 80 Prozent. Ein Teil der Energie geht zwar verloren, trotzdem gehören Pumpspeicher zu den effizientesten Speicherlösungen für Strom über einen längeren Zeitraum. Die eigentlichen Kosten sind stark abhängig vom Strompreis, denn das Kraftwerk muss den Strom zum Hochpumpen einkaufen. Geld verdienen Pumpspeicherkraftwerke durch Arbitrage: Ist Strom in ausreichenden Mengen vorhanden, zum Beispiel wenn tagsüber viel Sonne scheint oder Wind weht, ist dieser oft im Einkauf günstig. Diese Zeit nutzen Pumpspeicherkraftwerke, um Wasser in das Oberbecken zu pumpen. Wenn der Strompreis steigt, weil die Nachfrage wächst und diese beispielsweise abends nicht mehr durch erneuerbare Energien bedient werden kann, lassen sie das Wasser ab. In einem Pumpspeicherkraftwerk wird die Lageenergie von Wasser in Strom umgewandelt. Der Strom wird meist dann verkauft, wenn die Preise hoch sind. Der Gewinn entsteht durch die Preisdifferenz minus den Verlusten.

BEISPIEL

Früher lohnte es sich, nachts billig Kern- und Kohlestrom zu »speichern« und tagsüber teuren Mittagsstrom abzugeben. Heute kann es sich lohnen, in den Mittags-Solarspitzen billig zu pumpen und in den abendlichen Lücken zu liefern.

Netzbetreiber nutzen Pumpspeicherkraftwerke häufig zur Bereitstellung von Regelenergie. Allein dafür, dass sie in Bereitschaft sind und schnell hochfahren könnten, erhalten sie eine Vergütung – ähnlich wie Gaskraftwerke im Regelenergiemarkt. Je nach Land profitieren sie außerdem von reduzierten Netzentgelten, da sie als Speicher gelten. Ihr wichtigstes Einnahmefeld bleibt jedoch der Stromhandel, bei dem sie von Preisunterschieden am Markt profitieren. Pumpspeicherkraftwerke zählen zu den flexibelsten Anlagen im Stromsystem. Sie können innerhalb weniger Minuten reagieren und eignen sich deshalb besonders gut, um kurzfristige Schwankungen im Netz auszugleichen. Das ist der Fall, wenn ein Windpark plötzlich ausfällt oder die Nachfrage unerwartet ansteigt. Aus diesem Grund spielen sie eine große Rolle bei der Bereitstellung von Regelenergie (Kapitel 7).

Vor allem wenn viele erneuerbare Energien in das Stromnetz einspeisen und der Strompreis stark schwankt, ist der Einsatz von Pumpspeicherkraftwerken ideal geeignet. Allerdings brauchen sie geeignete Standorte mit großen Höhenunterschieden zwischen Ober- und Unterbecken. Und davon gibt es in Deutschland nur eine begrenzte Anzahl.

Pumpspeicher erzeugen selbst keine CO_2-Emissionen, sie speichern nur, was zuvor aus anderen Quellen erzeugt wurde. Deshalb zählen sie als klimafreundlich. Umweltfragen stellen sich vor allem beim Bau, wenn in die Landschaft eingegriffen wird: Es müssen große Becken angelegt werden. Und die ökologischen Auswirkungen auf Fließgewässer oder Tierwanderungen müssen geprüft werden. Viele der guten Standorte sind schon bebaut oder stehen unter Schutz, deshalb ist der Ausbau in Deutschland aktuell eher begrenzt.

Hier noch einmal zusammengefasst:

- ✔ Leistung / Kapazität: 200–1000 MW
- ✔ Nutzungsdauer: 80 Jahre
- ✔ Investitionskosten: 1 Mio. €/MW
- ✔ Volllaststunden pro Jahr: 1.000 h
- ✔ Wirkungsgrad: bis zu 80 Prozent
- ✔ CO_2-Emissionen: 0 t/MWh
- ✔ Betriebskosten: 5 bis 15 €/MWh. Der mit Abstand größte Kostenfaktor ist allerdings der Strom, der zum Hochpumpen des Wassers benötigt wird. Je nach Marktpreisen und Wirkungsgrad liegen diese variablen Kosten insgesamt bei 40 bis 80 €/MWh.
- ✔ Kapitalkosten (ohne Strom): 120 €/MWh
- ✔ Flexibilität: hoch

Windenergieanlagen (Onshore)

Eine Onshore-Windkraftanlage wird an Land errichtet, im Gegensatz zu Offshore-Windkraftanlagen, die auf dem Meer installiert sind. Wenn der Wind weht, beginnen sich die Rotorblätter zu drehen und ein Generator wandelt diese Bewegung in elektrische Energie um, ohne fossile Brennstoffe oder schädliche Emissionen. Häufig werden Windkraftanlagen in Windparks gebündelt, die über ein gemeinsames Umspannwerk mit dem Stromnetz verbunden sind.

Windkraftanlagen, ob an Land oder auf See, haben hohe Baukosten, aber sehr geringe Betriebskosten. Denn Wind ist kostenlos, und solange er weht, drehen sich die Rotoren und erzeugen Strom. Außerdem liefern Windräder sauberen Strom, solange der Wind weht. Und der weht in Deutschland oft genug, vor allem im Norden und auf Anhöhen. Deshalb sind Windanlagen für eine klimafreundliche Stromversorgung grundsätzlich geeignet.

Die Leistung einer durchschnittlichen Windkraftanlage liegt bei ungefähr sechs Megawatt. In der Regel bleibt eine Windenergieanlage für 20 bis 30 Jahre in Betrieb, bevor sie demontiert wird. Ein Großteil der verbauten Materialien lässt sich wiederverwenden. Häufig werden an bestehenden Standorten, die bereits für Windkraftanlagen genutzt werden, neue, leistungsfähigere Modelle installiert. Dieser Prozess wird *Repowering* genannt. Die Baukosten eines Onshore-Windrads belaufen sich auf rund 1,4 Millionen Euro pro Megawatt, was ca. acht Millionen Euro pro Anlage entspricht. Je nach Standort und Windverhältnissen kann eine Windkraftanlage zwischen 2.000 und 4.000 Volllaststunden pro Jahr erreichen.

Die Stromgestehungskosten liegen im Durchschnitt bei ca. 50 €/MWh. Das macht Onshore-Wind zu einer kostengünstigen Stromquelle. Die Einnahmen der Windkraftanlage resultieren aus jeder erzeugten Kilowattstunde, die entweder durch Marktprämien, Direktvermarktung, PPAs oder früher durch garantierte Einspeisevergütungen erzielt wird. Je konstanter und stärker der Wind weht, desto effizienter arbeitet die Anlage.

Die Hauptquelle der Einnahmen von Windparks ist der Verkauf des erzeugten Windstroms. Auch hier gab und gibt es oft staatlich garantierte Vergütungen pro kWh, wie Einspeisevergütungen oder Marktprämien.

Windparks werden manchmal abgeregelt, wenn mehr Strom produziert wird, als das Netz aufnehmen kann. Zum Beispiel passiert das an sehr wind- oder sonnenreichen Tagen mit geringer Nachfrage. Dann müssen Anlagen zwischenzeitlich ihre Leistung drosseln, um das Stromnetz zu stabilisieren. Wenn Windkraftanlagen abgeregelt werden, entsteht den Betreibern ein wirtschaftlicher Nachteil, weil sie geplanten Strom nicht einspeisen dürfen. In Deutschland sieht das Erneuerbare-Energien-Gesetz (EEG) vor, dass die Betreiber bis zu einem gewissen Anteil entschädigt werden. Die Kosten für die Entschädigung werden vom Netzbetreiber getragen. Letztlich landen sie über die Netzentgelte bei den Stromverbrauchern.

Die Flexibilität der Stromproduktion ist begrenzt, weil sie vollständig vom Wind abhängt. Windanlagen können zwar abgeregelt werden, aber nicht auf Knopfdruck mehr Strom produzieren. Deshalb ist die Kombination mit Speichern oder anderen flexiblen Energiequellen sehr wichtig, sodass eine stabile Versorgung gewährleistet werden kann.

Windräder arbeiten emissionsfrei und relativ leise im Vergleich zu fossilen Kraftwerken. Es gibt allerdings immer wieder Diskussionen um das Landschaftsbild, Lärm, Schlagschatten und Tierschutz. Die Standorte werden sorgfältig ausgewählt. In einigen Bundesländern gelten landesrechtliche Mindestabstände zur Wohnbebauung, teils um 1.000 Meter oder mehr. In anderen Bundesländern gibt es keine festen Abstände; dort sind vor allem die immissionsschutzrechtlichen Lärmgrenzwerte maßgeblich.

Die Standorte sollen möglichst windreich, aber mit Rücksicht auf Menschen, Natur und Abstandsvorgaben sein.

Hier noch einmal zusammengefasst:

- ✔ Größe / Leistung (Einzelanlage): 4,5–6 MW
- ✔ Nutzungsdauer: 30 Jahre
- ✔ Investitionskosten: 1,4 Mio. €/MW
- ✔ Volllaststunden pro Jahr: 2.000–4.000 h
- ✔ Wirkungsgrad (Leistungsbeiwert bei Windanlagen): 40–50 Prozent
- ✔ CO_2-Emissionen im Betrieb: 0 t/MWh
- ✔ Betriebskosten: 8–20 €/MWh
- ✔ Stromgestehungskosten (LCOE): zwischen 43 und 92 €/MWh
- ✔ Flexibilität: gering – abhängig von Windverfügbarkeit

Installierte Leistung vs. Stromerzeugung

Die installierte Leistung eines Kraftwerks beschreibt die maximale elektrische Leistung, die das Kraftwerk unter idealen Betriebsbedingungen erzeugen kann. Hat eine Windkraftanlage eine installierte Leistung von fünf Megawatt (MW), bedeutet das, dass sie bei optimalen Windverhältnissen genau diese Leistung liefern kann. Ist der Wind jedoch schwächer, sinkt auch die tatsächliche Leistung entsprechend.

Die tatsächlich erzeugte elektrische Energie ergibt sich aus dem Produkt der aktuellen Leistung und der Zeit, über die sie erbracht wird. Läuft eine Anlage mit 5 MW über eine Stunde hinweg mit voller Leistung, erzeugt sie fünf Megawattstunden (MWh) Strom, das deckt ungefähr den Jahresstrombedarf von zwei durchschnittlichen Haushalten. In der Praxis schwankt die Windstärke im Jahresverlauf, wodurch sich auch die abgegebene Leistung ständig verändert. Um den Ertrag verschiedener Kraftwerke vergleichbar zu machen, wird angenommen, dass der gesamte erzeugte Strom bei Volllast entstanden ist. Daraus lässt sich die Volllaststundenzahl (siehe Seite 75) berechnen. Über die Volllaststundenzahlen können nun die einzelnen Kraftwerkstypen miteinander verglichen werden.

Ein Beispiel: Windkraftanlagen an Land mit insgesamt 55,1 GW installierter Leistung erzeugen jährlich 103,2 Terawattstunden (TWh) Strom, Photovoltaikanlagen mit 53,3 GW Leistung kommen hingegen nur auf 50,5 TWh. Daraus ergeben sich rund 1.620 Volllaststunden für die Onshore-Windkraft und circa 1.000 für Photovoltaik in Deutschland. Das zeigt: Der Anteil von Wind- und Solarenergie an der installierten Leistung ist höher als ihr Anteil an der tatsächlichen Stromerzeugung.

Basiskraftwerke wie Atom- oder Braunkohlekraftwerke erreichen deutlich höhere Volllaststunden als Spitzenlastkraftwerke wie zum Beispiel Gasturbinen. Bei Wind- und Solaranlagen hängen die Volllaststunden stark vom Wetter ab – also von der Menge an Wind und Sonneneinstrahlung – und sind daher naturgemäß geringer als bei

Kraftwerken mit Brennstoffen, die jederzeit verfügbar sind. Offshore-Windkraftanlagen haben wegen stabilerer Windverhältnisse höhere Volllaststunden als Anlagen an Land. Solaranlagen erreichen im Sommer durch mehr Sonnenstunden mehr Volllaststunden als im Winter.

Offshore-Windfarms

Offshore-Windkraftanlagen stehen nicht an Land, sondern draußen auf dem Meer. Der größte Vorteil dieser Anlagen sind die besseren Windverhältnisse. Über dem Meer weht der Wind häufig stärker und gleichmäßiger als an Land. In ca. 60 Metern Höhe liegt die durchschnittliche Windgeschwindigkeit bei rund 8,5 m/s, moderne Anlagen reichen sogar deutlich höher und nutzen noch stärkere Winde in über 130 Metern Höhe.

Da die Meeresoberfläche glatter ist als das Land, weht der Wind dort gleichmäßiger und ruhiger. Das wirkt sich positiv auf den Betrieb der Anlagen aus. Offshore-Windräder können entweder niedriger gebaut werden und trotzdem ähnlich viel Strom erzeugen wie Anlagen an Land oder sie liefern bei gleicher Höhe deutlich mehr Energie. Durch diese guten Windbedingungen erreichen Offshore-Windparks bis zu 4.500 Volllaststunden im Jahr. Damit zählen sie zu den leistungsstärksten erneuerbaren Energiequellen und spielen eine wichtige Rolle für eine klimaneutrale Stromversorgung.

Die Stromgestehungskosten von Offshore-Windkraftanlagen liegen bei ca. 90 €/MWh. Trotz der hohen Investitionskosten von rund 2,5 Millionen Euro pro installierter Megawattleistung lässt sich dieser Wert durch die hohe Stromausbeute erklären. Eine Offshore-Windkraftanlage hat eine Leistung von 15 MW und eine durchschnittliche Nutzungsdauer von 30 Jahren. Der Wirkungsgrad liegt bei ca. 40–50 Prozent und dadurch sind sie eine sehr zuverlässige Quelle für erneuerbare Energie. Ansonsten sind die Einnahmequellen sehr ähnlich zu den Onshore-Windfarmen.

Offshore-Windanlagen produzieren im Schnitt mehr und gleichmäßiger Energie als Onshore-Anlagen. Ansonsten ist auch der Einsatzbereich sehr ähnlich (siehe oben).

Offshore-Standorte bringen auch einige Herausforderungen mit sich. Ein großer Nachteil ist die schwere Zugänglichkeit. Die Anlagen müssen in der Regel mit dem Schiff erreicht werden, Wartungen sind nur bei ruhigem Wetter möglich. Die Logistik ist entsprechend aufwendig, genauso wie die Anbindung an das Stromnetz. Dadurch, dass Windparks oft viele Kilometer vom Festland entfernt sind, sind spezielle Infrastrukturen wie Umspannplattformen und Seekabel notwendig, um die erzeugte Energie an Land zu bringen.

Aus wirtschaftlichen und technischen Gründen werden Offshore-Windkraftanlagen in der Regel nicht einzeln gebaut, sondern in großen Windparks gebündelt. So können Wartung, Netzanschluss und Betrieb effizienter organisiert werden.

Hier noch einmal zusammengefasst:

- Leistung (pro Anlage): 15 MW
- Nutzungsdauer: 30 Jahre
- Investitionskosten: 2,5 Mio. €/MW
- Volllaststunden pro Jahr: 4.500 h
- Wirkungsgrad (Leistungsbeiwert bei Windanlagen): 40–50 Prozent
- CO_2-Emissionen: 0 t/MWh
- Betriebskosten; zwischen 6 bis 25 €/MWh, je nach Standort, Größe der Anlage und Technologiegeneration
- Stromgestehungskosten (LCOE): 90 €/MWh
- Flexibilität: gering (abhängig vom Wind)

PV-Anlagen

Moderne PV-Anlagen können mittlerweile im zweistelligen Megawattbereich Leistung erzeugen und leisten einen wichtigen Beitrag zur Stromversorgung, sei es auf Hausdächern oder in großen Solarparks.

Abbildung 6.8: Solarfeld (© protectnature, stock.adobe.com)

Photovoltaikanlagen sind vergleichsweise einfach aufgebaut. Sie kommen im Betrieb ohne Brennstoffe und ohne Personal aus und verursachen während der Stromerzeugung keine CO_2-Emissionen. Das macht sie zu einer umweltfreundlichen Art, Strom zu erzeugen. Zwar benötigen Solaranlagen relativ viel Fläche, allerdings lassen sie sich gut in bestehende Strukturen integrieren, beispielsweise auf Dächern, an Fassaden oder auf Flächen, die landwirtschaftlich kaum genutzt werden. Durch einen Quadratmeter Photovoltaik-Modulfläche können aktuell bis zu 250 Watt elektrischer Leistung erzeugt werden.

Typische PV-Freiflächenanlagen in Deutschland haben eine Nennleistung von ca. 20 MW und eine Lebensdauer von rund 30 Jahren. Die Investitionskosten sind im Vergleich zu anderen Technologien relativ niedrig, bei ungefähr 500.000 € pro MWp. Jedoch ist die durchschnittliche Auslastung mit ca. 1.000 Volllaststunden pro Jahr deutlich geringer als bei Wind- oder Wasserkraftanlagen. Der Strom, der von Photovoltaikanlagen erzeugt wird, schwankt im Laufe des Jahres je nach Sonneneinstrahlung. Im Frühjahr steigt die Erzeugung deutlich an, im Sommer erreicht sie ihren Höhepunkt, während sie im Herbst und Winter wieder stark abnimmt. Vor allem in den Wintermonaten fällt die Stromproduktion deutlich unter den Jahresdurchschnitt. Diese saisonalen Schwankungen sind typisch für Solarenergie und zeigen, dass Photovoltaik allein keine durchgehend zuverlässige Stromquelle für das ganze Jahr darstellt.

Was ist das Geschäftsmodell? Wie auch bei den Windkraftanlagen haben die Betreiber von PV-Anlagen früher feste Einspeisevergütungen erhalten. Als Erinnerung: Sie bekommen einen festen Betrag für jede Kilowattstunde Strom, die sie ins Netz einspeisen. Heutzutage wird Solarstrom zunehmend auch direkt am Markt verkauft. Betreiber größerer Anlagen können ihren Strom an der Börse handeln oder über Stromabnahmeverträge (PPA – Power Purchase Agreements) an Unternehmen oder Ökostromanbieter verkaufen.

Dabei spielt die Tageszeit eine Rolle, weil Solarstrom nur tagsüber produziert wird. Interessanterweise hat die zunehmende Menge an eingespeistem Solarstrom die Strompreisstruktur verändert. Früher war Strom mittags teurer, weil die Nachfrage in dieser Zeit am höchsten war und es kaum Solarstrom gab, der diese Last hätte abfangen können. Deshalb mussten teurere Kraftwerke zugeschaltet werden und das ließ die Preise steigen. Heute kann der Preis aber durch den massiven Solarstrom, der mittags ins Netz eingespeist wird, stark sinken. Dies wird als *Merit-Order-Effekt* bezeichnet, Solarstrom verdrängt teurere Stromerzeugungskapazitäten, was den Preis drückt (siehe »Merit Order«, Kapitel 7).

Die Flexibilität von PV-Anlagen ist gering: Strom wird nur produziert, wenn die Sonne scheint. Und das schränkt ihre Grundlastfähigkeit stark ein. Um eine verlässliche Versorgung sicherzustellen, muss PV daher mit Speichern oder flexiblen Kraftwerken kombiniert werden.

Hier noch einmal zusammengefasst:

- ✔ Leistung (Kapazität): 20 MW
- ✔ Nutzungsdauer: 30 Jahre
- ✔ Investitionskosten: 0,5 Mio. €/MW
- ✔ Volllaststunden pro Jahr: 1.000 h

- Wirkungsgrad: ca. 20 Prozent
- CO_2-Emissionen: 0 t/MWh
- Betriebskosten (Brennstoff, CO_2 etc.): 0 €/MWh
- Stromgestehungskosten (LCOE): 50 €/MWh
- Flexibilität: gering

Zusammenfassung der Kraftwerke und Einsatzbereiche

In Tabelle 6.2 finden Sie noch einmal eine Zusammenfassung aller Unterschiede und Gemeinsamkeiten von thermischen und nicht-thermischen Kraftwerken.

Kriterium	Thermische Kraftwerke	Nicht-thermische Kraftwerke
Energiequelle	Wärme aus fossilen Brennstoffen, Biomasse, Geothermie oder Solarthermie	Natürliche und mechanische Energiequellen (Wasser, Wind, Sonnenlicht)
Funktionsweise	Wärme erzeugt Dampf oder Gas, das eine Turbine antreibt, um Strom zu erzeugen.	Direkt umgewandelte Energie ohne Wärmestufe (Windkraft, Photovoltaik)
Kraftwerkstypen	Kohlekraftwerke, Gaskraftwerke, Geothermie, Biomasse, Kernkraftwerke, Solarthermie	Wasserkraftwerke, Windkraftanlagen, Photovoltaikanlagen
Wirkungsgrad	30–60 % (bis zu 90 % mit Kraft-Wärme-Kopplung)	15–50 % (Photovoltaik ca. 20 %, Windkraft bis zu 50 %)
Flexibilität	Meist regelbar (Gaskraftwerke hoch flexibel, Kohlekraftwerke träge)	Teilweise wetterabhängig, Wind- und Solarenergie schwankend
Eignung für Grundlast	Ja (zum Beispiel Kohlekraftwerke, Geothermie)	Eingeschränkt (Wasserkraft kann Grundlast liefern, Wind und Solar nur bedingt)
Eignung für Spitzenlast	Ja (vor allem Gasturbinenkraftwerke, Biomassekraftwerke)	Ja (Pumpspeicherkraftwerke, Batteriespeicher für Solar und Wind)
CO_2-Emissionen	Hoch bei fossilen Kraftwerken, gering bis null bei erneuerbaren thermischen Anlagen	Keine direkten Emissionen
Umwelt Auswirkungen	Luftverschmutzung, Wassernutzung, Flächenverbrauch (bei Kohle, Biomasse)	Eingriffe in Landschaft, Materialbedarf für Speicher (zum Beispiel Lithium)
Standort-Abhängigkeit	Abhängig von Brennstoffverfügbarkeit oder geologischen Gegebenheiten (Geothermie)	Starke Abhängigkeit von natürlichen Gegebenheiten (Sonne, Wind, Flüsse)
Investitionskosten	Hohe Anfangskosten, aber konstante Stromproduktion	Hohe Anfangskosten für Wind- und Solaranlagen, geringe Betriebskosten

Kriterium	Thermische Kraftwerke	Nicht-thermische Kraftwerke
Betriebskosten	Variabel, abhängig von Brennstoffpreisen (niedrig bei Geothermie)	Sehr niedrig (Wartung, keine Brennstoffkosten)
Zukunftsaussichten	Rückgang fossiler Kraftwerke, Wachstum bei Geothermie & Biomasse	Starker Ausbau durch erneuerbare Energien und Speichertechnologien

Tabelle 6.2: Thermische vs. nicht-thermische Kraftwerke

Thermische Kraftwerke sind steuerbar und wichtig für die Netzstabilität. Nicht-thermische Kraftwerke sind klimafreundlich, aber wetterabhängig. Kraftwerke tragen zur Netzstabilität bei, indem sie Frequenzschwankungen ausgleichen. Speicher werden immer wichtiger.

Kraftwerke müssen heute schnell auf Angebot & Nachfrage reagieren können. Aber nicht alle Kraftwerke sind gleich flexibel. Ihre Hochfahrzeiten unterscheiden sich teilweise stark voneinander. Weitere Einflussfaktoren sind unter anderem die Größe der Anlage und ob es sich um einen Kaltstart handelt oder ein Start aus dem Bereitschaftsbetrieb (siehe Tabelle 6.3).

Kraftwerkstyp	Hochfahrzeit (von 0 auf 100 %) – hängt von vielen Faktoren ab!	Flexibilität (Hinweis: Häufige Taktung reduziert Wirtschaftlichkeit bei Kraftwerken, die normalerweise im Volllastbetrieb laufen!)	Lastfolgebetrieb (Hinweis: häufiges Takten = mehr Verschleiß bei Kraftwerken, die eigentlich im Volllastbetrieb laufen)
Braunkohlekraftwerk	9–15 Stunden	Sehr träge	Begrenzt möglich, träge Regelung
Steinkohlekraftwerk	2–8 Stunden	Eher träge	Begrenzt
Kernkraftwerk	2 Tage bis eine Woche	Extrem träge	Kaum möglich, nur Grundlast
Gaskraftwerk (GuD)	Ca. 15 Minuten	Sehr flexibel	Sehr gut geeignet
Gasturbinenkraftwerk	5–15 Minuten	Flexibel	Sehr gut geeignet
Biomassekraftwerk	15–180 Minuten	Mittelmäßig flexibel	Eingeschränkt möglich
Laufwasserkraftwerk	Praktisch keine	Nicht flexibel: liefern Grundlast	Schlecht regelbar
Pumpspeicherkraftwerk	100 Sekunden	Extrem flexibel	Ideal für schnelle Lastwechsel
Batteriespeicher (siehe Kapitel 9)	Praktisch keine	Sofort verfügbar (aber noch zu wenige Speicher)	Optimal, sekundengenau
Windkraft (onshore/offshore)	Abhängig vom Wind	Gering (wetterabhängig)	Nur mit technischer Aufrüstung
Photovoltaik (PV)	Abhängig vom Licht	Gering (wetterabhängig)	Nur mit technischer Aufrüstung

Tabelle 6.3: Flexibilitätsvergleich Kraftwerkstypen

Ein *Kaltstart* bedeutet, dass ein Kraftwerk vollständig heruntergefahren ist und wieder komplett neu angefahren werden muss. Das dauert deutlich länger, weil erst alle Systeme (Kessel, Turbinen, Leitungen) auf Betriebstemperatur gebracht werden müssen. Ein Start aus dem Bereitschaftsbetrieb geht viel schneller: Das Kraftwerk läuft dabei im »Stand-by-Modus«, ist warmgehalten und kann innerhalb kurzer Zeit hochfahren. Allerdings verbraucht dieser Bereitschaftszustand Energie und verursacht Kosten, weshalb er nur eingesetzt wird, wenn schnelle Reaktion wichtig ist.

Mit dem wachsenden Anteil erneuerbarer Energien ändern sich auch die Anforderungen an das Stromsystem und an die Kraftwerke. Vor allem die Fähigkeit, flexibel auf Schwankungen zu reagieren, wird immer wichtiger. Daraus ergeben sich folgende Punkte:

- ✔ Kohlekraftwerke sind oft zu langsam, um kurzfristig zu reagieren.
- ✔ Gaskraftwerke & Speicher werden daher immer wichtiger.
- ✔ Erneuerbare Energien brauchen flexible Kraftwerke, die Schwankungen ausgleichen können.
- ✔ Erneuerbare Energien müssen mit netzdienlicher Technik ergänzt werden (Batterien, Smart Grids).
- ✔ Flexible Gaskraftwerke & Speicher ersetzen träge Kohlekraftwerke.

Kraftwerke sind mehr als nur Maschinen. Sie sind Teil des Energiemarkts, und ihre Technik entscheidet darüber, wie sie betrieben werden:

- ✔ **Große Grundlastkraftwerke** wie Kohle- oder Kernkraftwerke laufen im Dauerbetrieb und verkaufen konstant hohe Strommengen, um ihre Fixkosten zu decken.
- ✔ **Flexible Gaskraftwerke** (und früher auch Ölkraftwerke) halten sich bereit, um bei hoher Nachfrage (»Spitzenlast«) einzuspringen und hohe Preise am Markt zu erzielen.
- ✔ **Erneuerbare Energien** wie Wind- und Solarenergie haben kaum Betriebskosten und verdienen mit jeder eingespeisten Kilowattstunde – häufig durch staatlich garantierte Vergütung (zum Beispiel Marktprämie).
- ✔ **Pumpspeicherkraftwerke** profitieren von Preisschwankungen und betreiben Stromhandel (Arbitrage).
- ✔ **Geothermieanlagen** liefern gleichmäßig und zuverlässig über das Jahr verteilt, mit konstanten Erträgen.

Trotz dieser Unterschiede arbeiten alle innerhalb desselben Marktsystems, sie bieten Strom an und erhalten Geld pro verkaufter Kilowattstunde. Durch den Merit-Order-Mechanismus (siehe Teil III) speisen immer erst die günstigsten Kraftwerke in das Netz ein. Der Preis wird vom teuersten noch benötigten Kraftwerk bestimmt.

Virtuelle Kraftwerke aus erneuerbaren Energien (EE)

Strom kommt nicht nur aus einem großen Kraftwerk. Immer mehr Strom wird dezentral erzeugt, auf Hausdächern, in Biogasanlagen, in kleinen Windparks oder in Batterien. Diese einzelnen Anlagen sind oft zu klein, um im großen Strommarkt oder beim Netzausgleich eine Rolle zu spielen, zumindest auf sich allein gestellt.

Ein virtuelles Kraftwerk ist ein Zusammenschluss vieler dezentraler Erzeuger, Speicher und Verbraucher zu einem gesteuerten Verbund, der am Markt wie ein großes Kraftwerk agiert (siehe Abbildung 6.9). Betreiber wie Next Kraftwerke, Statkraft oder Lichtblick bündeln zum Beispiel viele Biogasanlagen, Windparks, PV-Anlagen, Batteriespeicher und regelbare Industrieprozesse in einer digitalen Leitstelle. Dieses Aggregat kann koordiniert Strom einspeisen oder zurückhalten und so auf Preissignale reagieren.

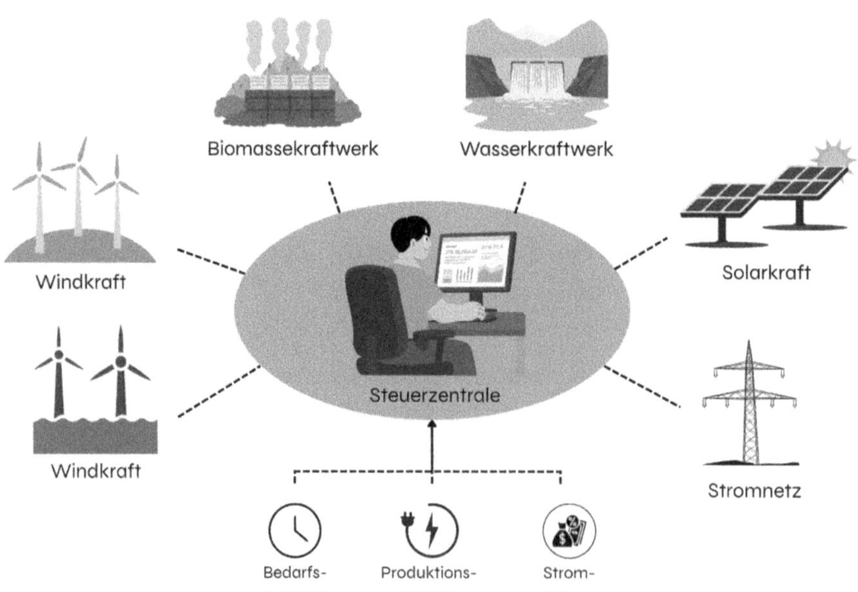

Abbildung 6.9: Zusammenschluss dezentraler Anlagen zum virtuellen Kraftwerk

Teilnehmer des virtuellen Kraftwerks können also sein:

- ✔ Solaranlagen
- ✔ Windräder
- ✔ Biogasanlagen
- ✔ Batteriespeicher
- ✔ Blockheizkraftwerke
- ✔ sogar steuerbare Verbraucher (zum Beispiel Kühlhäuser, Wärmepumpen)

Diese Anlagen werden über das Internet oder eine zentrale Steuerungsplattform miteinander verbunden (siehe Abbildung 6.9). Alle Anlagen in einem virtuellen Kraftwerk werden digital ferngesteuert. Eine zentrale Software überwacht:

1. Wer gerade wie viel Strom erzeugt
2. Wo Strom gebraucht wird
3. Wann es sinnvoll ist, Strom zu speichern oder abzurufen

Wenn mehrere Energieanlagen miteinander vernetzt sind, können sie sich im Verbund sinnvoll ergänzen. Ein Beispiel ist die Kombination aus Solar- und Windkraft: Wenn Solaranlagen vor allem tagsüber und bei Sonnenschein Strom liefern, erzeugen Windräder hauptsächlich bei stürmischem Wetter Energie. Wenn beide Energiequellen miteinander verbunden sind, kann die jeweils andere einspringen, wenn eine ausfällt. Bei gleichzeitigem Stromüberschuss besteht zudem die Möglichkeit, überschüssige Energie in Speichern zwischenzulagern.

Gerade weil Wind und Sonne nicht dauerhaft zuverlässig zur Verfügung stehen, ist es wichtig, dass auch steuerbare Anlagen, wie Biogasanlagen, kleine Wasserkraftwerke oder Blockheizkraftwerke, Teil des virtuellen Kraftwerks sind. Sie sorgen dafür, dass auch dann Strom bereitgestellt werden kann, wenn weder Sonne scheint noch Wind weht. Je mehr unterschiedliche Anlagen eingebunden werden, desto besser kann das System Schwankungen ausgleichen und desto effizienter funktioniert das virtuelle Kraftwerk insgesamt.

Nach außen verhält sich das virtuelle Kraftwerk wie ein großes Kraftwerk, es kann am Strommarkt teilnehmen, Regelenergie liefern oder auf Signale der Netzbetreiber reagieren. Seine Vorteile sind, dass es

- ✔ viele kleine Anlagen koordinieren kann
- ✔ flexibel und schnell steuerbar ist
- ✔ hilft, Netzstabilität zu sichern
- ✔ Regelleistung bereitstellt (zum Beispiel bei Redispatch oder Frequenzabweichungen)
- ✔ dazu beiträgt, weniger fossile Kraftwerke im Hintergrund bereithalten zu müssen

Virtuelle Kraftwerke machen das Stromsystem smarter, dezentraler und stabiler, ohne neue Großkraftwerke bauen zu müssen.

Virtuelle Kraftwerke erzielen ihre Einnahmen ähnlich wie große Kraftwerke. Der Unterschied ist, dass sie diese Erlöse nicht mit einer einzelnen Anlage erwirtschaften, sondern mit vielen kleinen, zusammengeschalteten Anlagen. Dazu gehören Einnahmen aus der Direktvermarktung am Strommarkt, Vergütungen für bereitgestellte Flexibilität sowie Erlöse aus Netzdienstleistungen. Ein Hauptgrund für die Existenz virtueller Kraftwerke ist, kleineren Anlagen (< 1 MW) den Zugang zu Märkten zu ermöglichen, die Mindestangebotsgrößen haben. So war bis vor wenigen Jahren eine einzelne Biogasanlage mit 500 kW Leistung nicht in der Lage, am Minutenreservemarkt teilzunehmen, der damals 5 MW Mindestleistung erforderte. In einem Pool können jedoch viele Kleinanlagen gemeinsam bieten. Next Kraftwerke berichtet, dass Betreiber dezentraler Anlagen ohne Pooling kaum Markteintrittschancen im Regelenergiemarkt hätten, durch die Vernetzung im virtuellen Kraftwerk können aber selbst kleine Blockheizkraftwerke (BHKW) und Notstromaggregate Regelleistung anbieten und Erlöse erwirtschaften.

Durch die Teilnahme an einem virtuellen Kraftwerk entstehen neue Einnahmemöglichkeiten. Ein Biogas-BHKW kann flexibel eingesetzt werden, zum Beispiel dann, wenn Strompreise hoch sind oder Regelenergie gebraucht wird. Dafür erhalten die Betreiber zusätzliche Erlöse. Das virtuelle Kraftwerk optimiert zentral die Einsatzpläne nach Wirtschaftlichkeit. Typischerweise erhalten die Betreiber der dezentralen Assets eine Garantievergütung (zum Beispiel den normalen Marktpreis beziehungsweise EEG-Prämie) plus eine Flexibilitätsprämie oder Gewinnbeteiligung für bereitgestellte Mehr- oder Mindereinspeisung. Das virtuelle Kraftwerk selbst verdient an einer Marge oder Beteiligung an den Zusatzerlösen.

Kraft-Wärme-Kopplung

Jede Umwandlung ist mit Verlusten verbunden. Ein großer Teil der Energie geht in Form von Wärme verloren, vor allem bei der Verbrennung fossiler Energieträger. Das nennt man *Umwandlungsverluste.* Deshalb sind moderne Kraftwerke darauf ausgelegt, diese Verluste zu minimieren, zum Beispiel durch Kraft-Wärme-Kopplung, bei der die entstehende Wärme zusätzlich für Heizzwecke genutzt wird. Bei der Kraft-Wärme-Kopplung (KWK) wird die bei der Stromproduktion entstehende Wärme nicht ungenutzt abgeführt, sondern zum Beispiel zum Heizen von Gebäuden oder als Prozesswärme in der Industrie genutzt. Dadurch lässt sich ein deutlich höherer Gesamtwirkungsgrad erzielen als bei herkömmlichen Kraftwerken, die keine Wärme mitnutzen.

Kraft-Wärme-Kopplung (KWK) bezeichnet die gleichzeitige Erzeugung von mechanischer Energie (meist in Form von Strom) und nutzbarer Wärme in einem einheitlichen thermodynamischen Prozess.

Das Funktionsprinzip von KWK

Kraft-Wärme-Kopplung kann auf unterschiedliche Weise genutzt werden, je nachdem, welche Rolle die Wärme im jeweiligen Anwendungsfall spielt. Dabei lassen sich zwei grundlegende Einsatzformen unterscheiden:

- ✔ In manchen Anwendungen wird Wärme direkt als Endprodukt genutzt, zum Beispiel zum Heizen von Gebäuden oder zur Warmwasserbereitung.
- ✔ In anderen Fällen entsteht Wärme als Nebenprodukt, zum Beispiel in thermischen Kraftwerken oder industriellen Prozessen.

Die häufigste Art der Wärmeerzeugung war lange Zeit die Verbrennung von fossilen Brennstoffen wie:

- ✔ Erdgas: am weitesten verbreitet für Heizungen, effizient und flexibel
- ✔ Heizöl: früher Standard für Ölheizungen, aber zunehmend durch klimafreundlichere Alternativen ersetzt
- ✔ Kohle: vor allem in Kraftwerken zur Strom- und Wärmeerzeugung genutzt, aber klimaschädlich

KWK kann aber auch bei der Verbrennung von Biogas oder Abfällen verwendet werden.

In konventionellen Kraftwerken geht die bei der Stromproduktion entstehende Wärme oft verloren (teilweise muss sie sogar über Kühltürme abgeführt werden). KWK-Anlagen machen diese Abwärme nutzbar und erreichen dadurch deutlich höhere Gesamtwirkungsgrade als getrennte Systeme. Der elektrische Wirkungsgrad eines reinen Stromkraftwerks liegt typischerweise bei 30–60 Prozent. Kombinierte KWK-Anlagen haben Gesamtenergienutzungsgrade von bis zu 85–90 Prozent. Durch die effiziente Doppelnutzung des Brennstoffs spart KWK-Technik je nach Anwendungsfall bis zu ~30 Prozent Primärenergie im Vergleich zur getrennten Erzeugung von Strom und Wärme ein. Gleichzeitig verringert sich der Ausstoß an Kohlendioxid und anderen Schadstoffen, weil weniger Brennstoff für die gleiche Nutzenergiemenge verbrannt werden muss.

KWK-Systeme steigern die Effizienz und reduzieren Emissionen, indem Strom und Wärme dezentral und gekoppelt erzeugt werden.

Abbildung 6.10 zeigt exemplarisch das Prinzip eines Kraft-Wärme-Kopplungswerks (KWK). Ein Kraftwerk generiert gleichzeitig elektrische Energie und thermische Energie (Wärme).

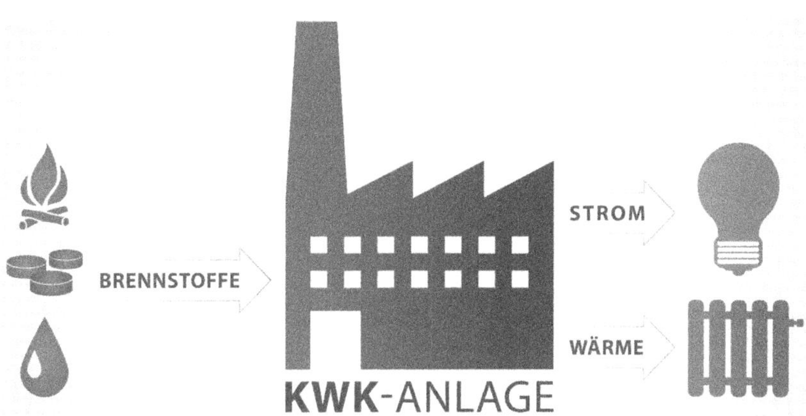

Abbildung 6.10: KWK-Anlage, Funktionsprinzip (© BRN-Pixel, stock.adobe.com)

KWK-Anlagen gibt es in allen Größenordnungen: von wenigen Kilowatt (kW) bis zu mehreren Hundert Megawatt (MW). Große KWK-Anlagen in Form von Heizkraftwerken in Städten oder Industrieanlagen spielen eine wichtige Rolle bei der Energieversorgung ganzer Quartiere oder Werke. Grundsätzlich finden Sie sie:

- ✔ **In der Industrie:** Große KWK-Systeme versorgen Industrieanlagen mit Prozesswärme (zum Beispiel Dampf für chemische Reaktionen, Trocknungsprozesse oder Sterilisation) und Strom. Viele energieintensive Betriebe (Chemiewerke, Raffinerien, Papierfabriken, Lebensmittelindustrie etc.) betreiben eigene Kraft-Wärme-Kopplungsanlagen, um ihren Bedarf effizient zu decken. Dadurch können sie gleichzeitig Produktionsprozesse mit Wärme versorgen und Strom für Fabriken oder Werkstätten bereitstellen. Die KWK steigert hier die Energieeffizienz und senkt die Betriebskosten; überschüssiger Strom kann ins Netz eingespeist werden.
- ✔ **Bei Stadtwerken und in der kommunalen Energieversorgung:** Öffentliche Versorgungsunternehmen setzen KWK-Anlagen in Heizkraftwerken ein, um Strom und Fernwärme zentral zu erzeugen. Solche Heizkraftwerke beliefern ganze Stadtteile mit Wärme (über ein Fernwärmenetz für Raumheizung und Warmwasser) und speisen gleichzeitig Elektrizität ins Stromnetz ein. Ein klassisches Beispiel ist das Heizkraftwerk Berlin-Mitte, das zur Stromproduktion und zur Fernwärmeversorgung des Berliner Regierungsviertels dient. In vielen Städten sind gas- oder kohlebefeuerte Heizkraftwerke Kernbestandteil der Wärmeversorgung. Moderne Anlagen – oft GuD-Kraftwerke – erreichen dabei Gesamtwirkungsgrade von über 80 Prozent und ersetzen separate Kessel und Kraftwerkskapazitäten.
- ✔ **In Gebäuden und Liegenschaften:** KWK-Anlagen werden auch in größeren Gebäudekomplexen oder Liegenschaften eingesetzt, zum Beispiel in Wohnblocks, Wohnsiedlungen, Krankenhäusern, Seniorenheimen, Hochschulcampus oder Kasernen. Hier kommen meist Blockheizkraftwerke im Bereich bis 100 kW elektrisch zum Einsatz, die die entsprechende Liegenschaft intern mit Wärme (Heizung, Warmwasser) versorgen und gleichzeitig Strom für den Eigenbedarf bereitstellen.

In Abbildung 6.11 sehen Sie einen direkten Vergleich, wie Verluste sinnvoll durch Kraft-Wärme-Kopplung kompensiert werden.

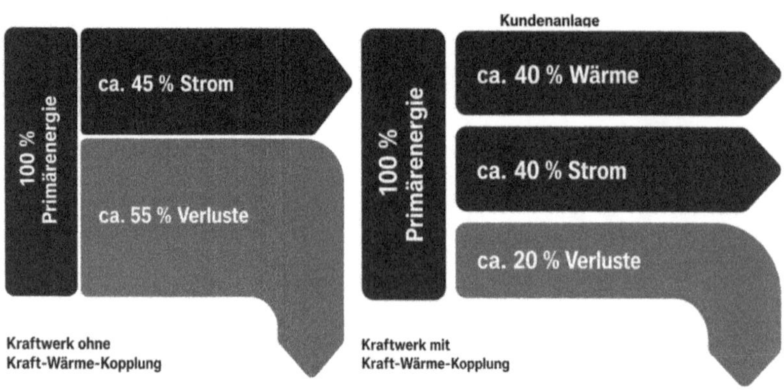

Abbildung 6.11: Energieflussvergleich Kraft-Wärme-Kopplung

Eine Erinnerung aus Teil I: Energie lässt sich weder aus dem Nichts erschaffen noch vollständig vernichten. Dieses grundlegende physikalische Prinzip ist als Erster Hauptsatz der Thermodynamik bekannt.

Etwas präziser ausgedrückt: Die Gesamtmenge an Energie in einem abgeschlossenen System bleibt immer gleich. Sie kann lediglich von einer Form in eine andere umgewandelt werden, zum Beispiel von Wärme in Bewegung oder von elektrischer Energie in Licht.

Kraftwerks-Abwärme als Beispiel-Quelle für Fernwärme

Fernwärme ist vor allem in dicht besiedelten urbanen Räumen eine wichtige Wärmeversorgungsart. Die Wärme wird über ein weitverzweigtes Leitungssystem direkt zu den Verbrauchern transportiert. Zum Beispiel in Wohnungen, Schulen, Krankenhäuser oder öffentliche Gebäude.

Fernwärme kann Wohnhäuser, Gewerbegebäude und Industriebetriebe beheizen, ohne dass diese über eine eigene Heizungsanlage verfügen müssen.

Ein Kraftwerk erzeugt ausschließlich Strom.

Ein Heizwerk erzeugt ausschließlich Wärme (für Fernwärme), keinen Strom, daher ist KWK auch nicht möglich.

Ein Heizkraftwerk (HKW) erzeugt Strom und Wärme gleichzeitig.

Wie oben schon beschrieben, werden im Rahmen der Kraft-Wärme-Kopplung (KWK) gleichzeitig Strom und nutzbare Wärme in einem Heiz- oder Kraftwerk erzeugt. Diese Wärme wird über ein geschlossenes Netz aus gedämmten Rohrleitungen zu den angeschlossenen Haushalten und Gebäuden geleitet. Dort wird sie über eine Übergabestation an das Heizsystem (zum Beispiel Radiatoren oder Fußbodenheizung) und das Warmwasser verteilt. Das abgekühlte Wasser fließt danach wieder zurück zur Erzeugungsanlage und der Kreislauf beginnt von vorn.

Fernwärme kann aus sehr unterschiedlichen Energiequellen stammen:

- ✔ KWK-Anlagen (zum Beispiel mit Erdgas, Biomasse oder Müllverbrennung),
- ✔ Geothermie (Erdwärme),
- ✔ Solarthermie (Großflächen-Kollektoren),
- ✔ Industrielle Abwärme (zum Beispiel von Stahl- oder Chemiebetrieben),
- ✔ oder in Zukunft verstärkt aus Großwärmepumpen und grüner Wasserstoffverbrennung.

In Deutschland wird aktuell der größte Teil der Fernwärme aus fossilen KWK-Anlagen bezogen. Es wird aber zunehmend auf erneuerbare Wärmequellen umgestellt.

Vorteile der Fernwärme:

- **Hohe Energieeffizienz:** Durch die Nutzung von Abwärme und Kraft-Wärme-Kopplung lassen sich Gesamtwirkungsgrade von über 80 Prozent erzielen. Im Vergleich zur getrennten Erzeugung von Strom und Wärme ist dies effizient. Allerdings können elektrisch betriebene Wärmepumpen, insbesondere bei Nutzung erneuerbarer Energien, noch höhere Effizienzen erreichen als Fernwärmenetze mit hohem fossilem KWK-Anteil.
- **Klimaschutz:** Wenn Fernwärme aus erneuerbaren Quellen oder nicht vermeidbarer Abwärme stammt, können CO_2-Emissionen deutlich reduziert werden.
- **Geringer Platzbedarf:** Kein Heizkessel, keine Lagerung von Brennstoffen im Haus nötig
- **Geringe lokale Emissionen:** Kein Schornstein, kein Feinstaub oder NO_x vor Ort
- **Zukunftsfähig:** Bestehende Wärmenetze lassen sich technologisch weiterentwickeln, zum Beispiel durch Absenkung der Vorlauftemperatur oder Einspeisung regenerativer Wärmequellen.

Im Rahmen der Wärmewende wird die Bedeutung der Fernwärme weiterwachsen, vor allem in Städten und Ballungsräumen.

Ähnlich wie die Energiewende, die den Umstieg auf erneuerbare Stromquellen vorantreibt, geht es bei der Wärmewende darum, die Wärmeversorgung in Deutschland und weltweit klimafreundlicher zu gestalten. Dabei sollen erneuerbare Wärmequellen wie Solarthermie, Wärmepumpen und Biomasse genutzt werden, um die CO_2-Emissionen zu senken und die Abhängigkeit von fossilen Brennstoffen wie Öl und Gas zu verringern. Die Wärmewende betrifft viele Bereichn, die gemeinsam daran arbeiten müssen, die Wärmeversorgung klimafreundlicher und nachhaltiger zu gestalten. Zum Beispiel Energieversorger und Infrastruktur, den Bestandsgebäude und Sanierungsfragen, die Industrie und Kommunen.

Die Bundesregierung sieht Fernwärme als einen Schlüssel zur Dekarbonisierung der Wärmeversorgung. Sie eignet sich sehr gut, um erneuerbare Energien effizient zu bündeln und zu verteilen. Großwärmepumpen, Flusswärme und industrielle Abwärme können damit zentral genutzt und einem großen Kundenkreis bereitgestellt werden.

Das Fernwärmesystem besteht aus zwei zentralen Komponenten:

- dem Wärmenetz, das die erzeugte Wärme transportiert
- den Erzeugungsanlagen, die die Wärme bereitstellen
- Hausanschluss- und Übergabestationen (Wärmeübertragerauscher)
- gegebenenfalls. Speicher
- Mess-. Regel- und Pumptechnik

Abbildung 6.12 zeigt das Funktionsprinzip der Fernwärmeversorgung. Links ist ein Kraftwerk dargestellt, das gleichzeitig Strom erzeugt und Wärme bereitstellt. Die erzeugte Wärme wird über einen Wärmespeicher und anschließend durch ein isoliertes Fernwärmenetz (rote Leitung) zum Gebäude transportiert. Dort überträgt ein Wärmeübertrager die Wärme auf das hausinterne Heizsystem sowie auf die Warmwasserbereitung. Das abgekühlte Wasser fließt über die Rücklaufleitung (blau) zurück zum Kraftwerk, wo es erneut erwärmt wird. So veranschaulicht die Grafik den geschlossenen Kreislauf einer modernen Fernwärmeversorgung.

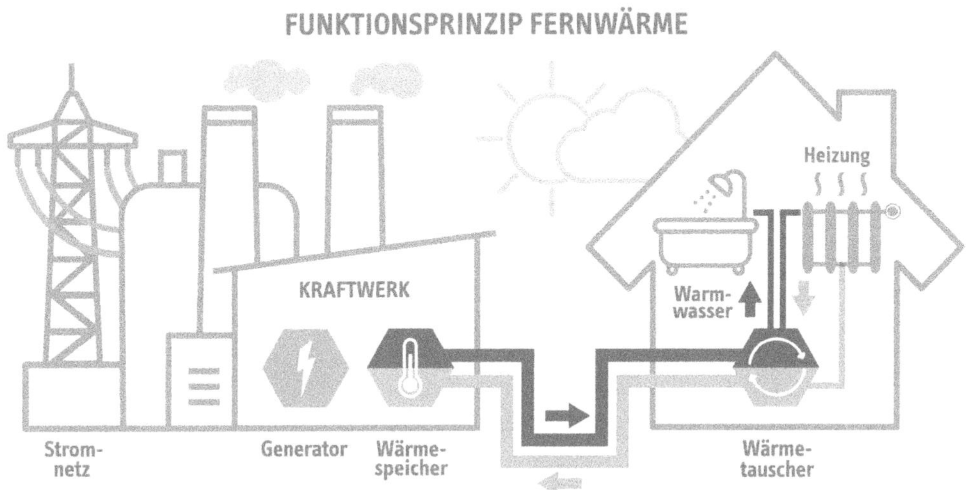

Abbildung 6.12: Funktionsprinzip Fernwärme (© Trueffelpix, stock.adobe.com)

Kraftwerksstandorte in Deutschland

Deutschland hat viele Kraftwerke unterschiedlichster Größe, Technologie und regionaler Verteilung. Um zu verstehen, wo in Deutschland Strom erzeugt wird, welche Kraftwerkstyp dominieren und wie sich die Erzeugungsstruktur verändert, braucht es verlässliche und gut zugängliche Datenquellen. Glücklicherweise gibt es mehrere Plattformen und Karten, auf denen die Standorte von Stromerzeugungsanlagen recherchiert und grafisch dargestellt werden können.

In Deutschland existiert ein breit aufgestellter Kraftwerkspark mit Anlagen unterschiedlichster Größenordnungen und Energiequellen. Laut der offiziellen Kraftwerksliste der Bundesnetzagentur gibt es in dem Verzeichnis ungefähr 2.000 größere Kraftwerke. Wind- und Solaranlagen werden in den Statistiken oft gebündelt und nicht einzeln ausgewiesen. Die gesamte installierte Nettoleistung aller Stromerzeugungsanlagen im Land beträgt rund 252,8 Gigawatt. Davon stammen über 60 Prozent schon aus erneuerbaren Energiequellen (Stand: November 2023). Der Großteil dieser Kraftwerke, egal ob fossil oder erneuerbar, ist im Eigentum von Energieversorgungsunternehmen und ist auf die allgemeine Stromversorgung ausgelegt. Daneben betreiben auch Unternehmen kleinere Anlagen zur Eigenversorgung, zum Beispiel in Form von Blockheizkraftwerken oder firmeneigenen Photovoltaikanlagen.

Stark zugenommen hat in den letzten Jahren die Anzahl privater Solaranlagen mit über hunderttausend Haushalten, die ihren eigenen Strom vom Hausdach aus produzieren.

Auf den Karten in Abbildung 6.13 und Abbildung 6.14 finden Sie eine grafische Darstellung, wo Stromerzeugungsanlagen in Deutschland angesiedelt sind, basierend auf den Daten des Marktstammdatenregisters (MaStR). Diese Datenbank wird von der Bundesnetzagentur (der deutschen »Energieaufsicht«) geführt und erfasst alle registrierungspflichtigen Stromerzeugungsanlagen in Deutschland. Es gibt dort ein breites Netz, vom Großkraftwerk bis zur Dach-PV-Anlage.

Wenn Ihnen die Grafik zu klein ist, können Sie es sich genauer unter folgender Adresse digital ansehen: `Energy-Charts.info`, dann auf den Reiter »Karten« und im Dropdown auf »Infrastruktur und Meteodaten«.

Die dargestellten Kraftwerke wurden nach ihrer Art der Stromerzeugung gruppiert. Dadurch können Sie einen schnellen Überblick über die regionale Verteilung und die technologischen Schwerpunkte im deutschen Stromsystem bekommen.

Die erste Karte zeigt nur Kraftwerke, die auf erneuerbaren Energien basieren. Wenn man die kleinen Zahlen neben den Symbolen betrachtet, wird die Verteilung der Windkraft im Norden und Osten und die dichte Solarstromerzeugung im Süden Deutschlands auffällig. Denn dort ist die Sonneneinstrahlung höher. Biomassekraftwerke verteilen sich eher gleichmäßig über ländliche Regionen. Windkraftanlagen an Land (Onshore) sind mit über 4.100 registrierten Anlagen die mit Abstand häufigste erneuerbare Technologie im Strommix Deutschlands.

Abbildung 6.13: Kraftwerksstandorte mit erneuerbaren Energien Deutschland, Quelle: `Energy-Charts.info`, Abrufdatum: 20.02.26

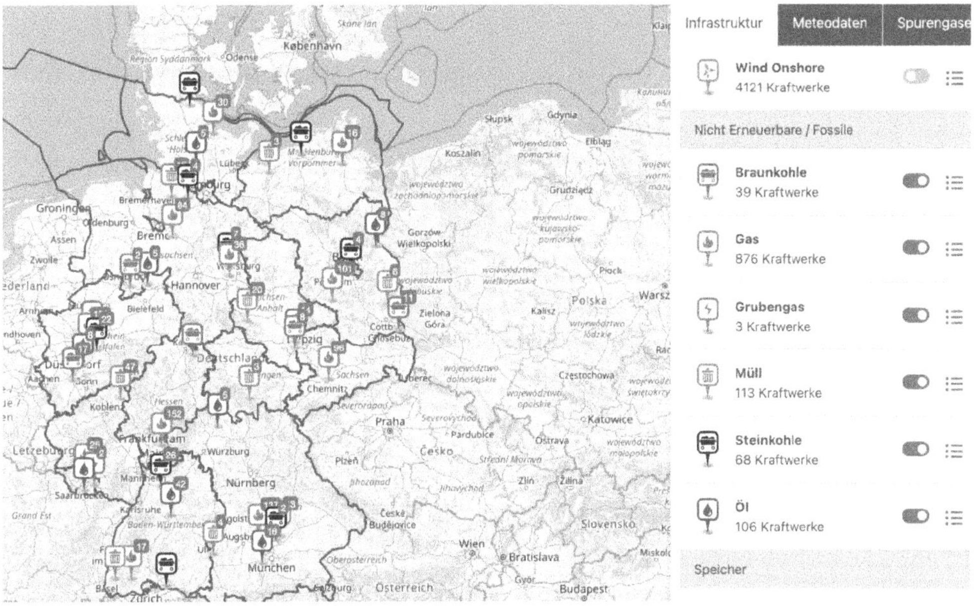

Abbildung 6.14: Kraftwerksstandorte mit fossilen Energien Deutschland, Quelle: `Energy-Charts.info`, Abrufdatum: 20.02.26

Aktiv geschaltet sind in dieser Darstellung:

✔ **Wind Onshore** (4.121 Kraftwerke):

Die mit Abstand am häufigsten vertretene Technologie. Vor allem dichte Cluster sind in Norddeutschland, wo die Windverhältnisse am günstigsten sind.

✔ **Wind Offshore** (1.546 Kraftwerke):

Sichtbar vor allem entlang der Nord- und Ostseeküste, Offshore-Anlagen erzeugen sehr konstant Strom und sind ein wichtiger Teil der Energiewende.

✔ **Solar** (2.254 Kraftwerke):

Flächendeckend über das gesamte Bundesgebiet verteilt – mit Schwerpunkten in Süddeutschland, wo die Sonneneinstrahlung sehr hoch ist.

✔ **Laufwasserkraft** (392 Kraftwerke):

Vor allem in Süddeutschland entlang der Flüsse (Donau, Inn, Isar etc.), weil dort natürliche Höhenunterschiede effizient genutzt werden können.

✔ **Biomasse** (146 Kraftwerke):

In ländlichen Regionen verbreitet, oft in Kombination mit Landwirtschaft oder Nahwärmenetzen.

✔ **Geothermie** (8 Kraftwerke):

Noch selten, mit einigen wenigen Anlagen im Süden Bayerns, dort ist das geothermische Potenzial am größten.

Diese Karte in Abbildung 6.14 zeigt alle Kraftwerke mit nicht-erneuerbaren Energien. Aktiv geschaltet sind in dieser Darstellung:

✔ Gaskraftwerke (876)

✔ Steinkohlekraftwerke (68)

✔ Braunkohlekraftwerke (39)

✔ Ölkraftwerke (106)

✔ Grubengas (3) – Spezialanlagen zur Nutzung von Methan aus ehemaligen Bergwerken

Klassische Kraftwerke erzeugen Strom, aber Speicher übernehmen teils unterstützende und stabilisierende Funktionen im Stromnetz (siehe Abbildung 6.15).

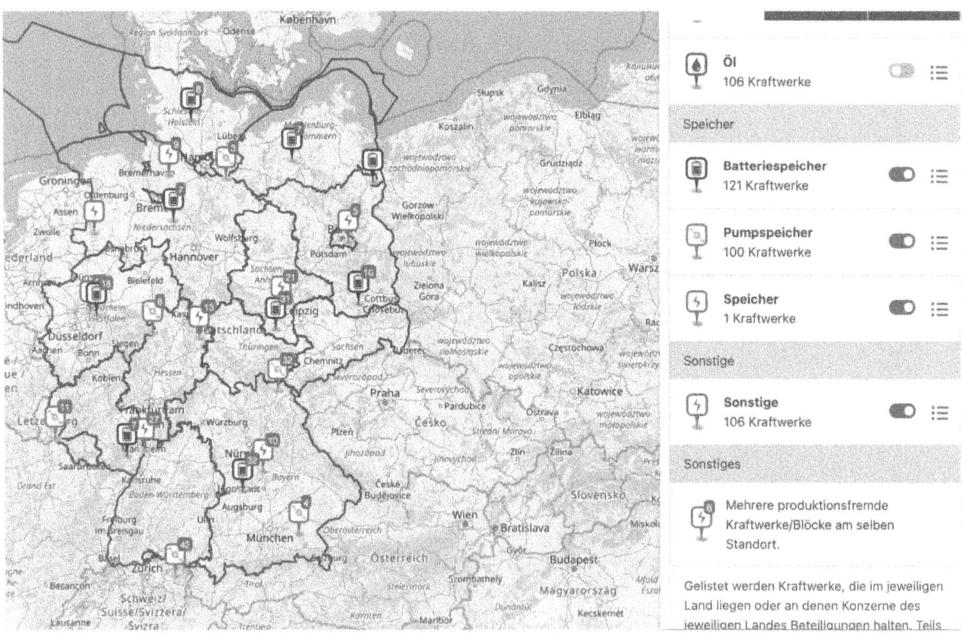

Abbildung 6.15: Speichersysteme, Quelle: `Energy-Charts.info`, Abrufdatum: 20.02.26

Hier sind zu sehen:

✔ **Batteriespeicher** (121 Kraftwerke)

Sie speichern überschüssige Energie und reagieren schnell, zum Beispiel bei viel Wind oder Sonne, und geben sie bei Bedarf wieder ab. Vermehrt in Süd- und Mitteldeutschland zu finden, oft in Verbindung mit PV-Anlagen oder in Industrieparks.

- ✔ **Pumpspeicherkraftwerke** (100 Kraftwerke)

  Die »klassischen Speicher«: Sie pumpen bei Stromüberschuss Wasser bergauf und nutzen es bei Bedarf zur Stromerzeugung. Häufig in bergigen Regionen wie Bayern oder dem Erzgebirge angesiedelt.

Die Rolle von fossilen Kraftwerken wandelt sich vom Energielieferanten hin zum flexiblen Lückenfüller und Stabilisator. Sie müssen vor allem dann Energie bereitstellen, wenn die erneuerbaren Quellen es nicht tun können. Gleichzeitig bleiben sie wichtig, um Momentanreserve, Regelleistung und Schwarzstartleistung (ein Kraftwerk startet ohne die Hilfe von Netzstrom) bereitzustellen. Aktuell gibt es noch nicht genügend andere Technologien, die diese Aufgaben übernehmen können. Man arbeitet daran, dass eines Tages virtuelle Kraftwerke aus vielen kleinen dezentralen Erzeugern und Speichern gemeinsam diese Stabilitätsfunktionen schultern. Virtuelle Kraftwerke sind der erste Schritt, dezentrale Anlagen gemeinsam zu koordinieren, um zum Beispiel Regelleistung bereitstellen zu können.

Kraftwerke und ihr Lastbetrieb

In einem Stromnetz werden verschiedene Kraftwerkstypen je nach Lastbedarf und Wirtschaftlichkeit eingesetzt. Je nachdem, wie hoch der Energiebedarf in einem bestimmten Zeitraum ist und welche Art von Kraftwerken zur Verfügung steht, werden unterschiedliche Kraftwerke für die Stromerzeugung verwendet. Zur Erinnerung an Kapitel 3: Wie sich die Stromlast über einen Tag verteilen kann, sehen Sie in Abbildung 6.16.

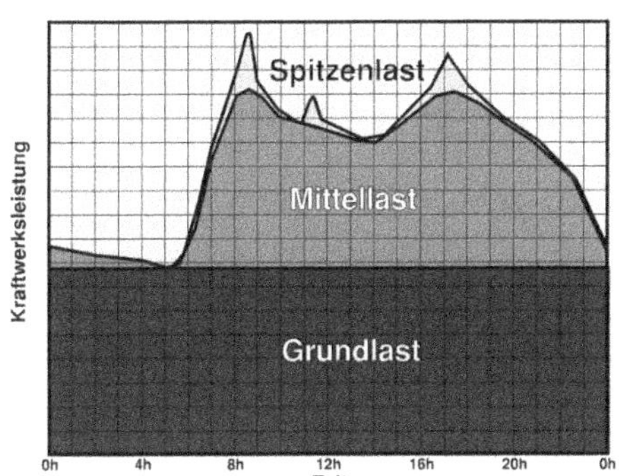

Abbildung 6.16: Verteilung Stromlast über einen Tag, Quelle: `https://de.wikipedia.org/wiki/Datei:Stromnetz_Lastkurve.png`

In Abbildung 6.16 sehen Sie, wie diese Last zum Beispiel durch unterschiedliche Kraftwerke bereitgestellt werden kann. Die Abbildung stellt vereinfacht dar, wie verschiedene Kraftwerksarten über den Verlauf eines typischen Werktags (hier beispielhaft in einer Herbstwoche) eingesetzt werden, um den schwankenden Strombedarf im deutschen Netz zu decken. Die Größenordnung der einzelnen Bereiche orientiert sich dabei an realen Leistungsanteilen.

Zur besseren Übersicht wurden wetterabhängige Erzeugungsformen wie Wind- und Solarenergie in der Darstellung nicht berücksichtigt.

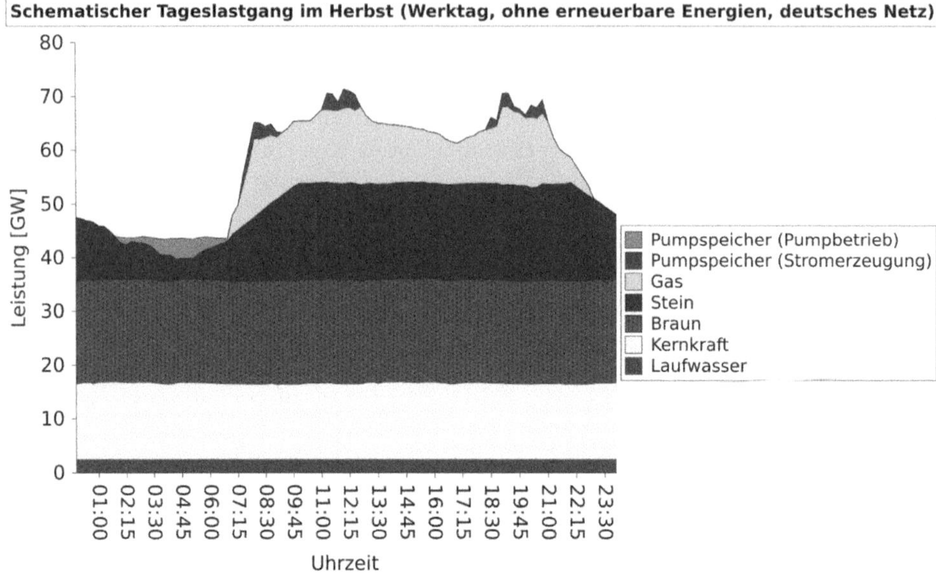

Abbildung 6.17: Bereitstellung der Stromlast durch unterschiedliche Kraftwerkstypen, Quelle: Seisofrei, `https://commons.wikimedia.org/wiki/File:Tagesverlauf_des_Stromverbrauchs.svg` (CC0 1.0)

Früher wurden Kraftwerke anhand ihrer jährlichen Volllaststunden in unterschiedliche Einsatzkategorien eingeteilt. Anlagen mit mehr als etwa 4.000 Betriebsstunden pro Jahr galten als Grundlastkraftwerke, Kraftwerke mit einer Auslastung zwischen rund 1.500 und 4.000 Stunden wurden der Mittellast zugeordnet. Erzeuger, die weniger als etwa 1.500 Volllaststunden erreichten, zählten zur Spitzenlast.

Grundlastkraftwerke

Historisch wurden bestimmte Kraftwerksarten als Grundlastkraftwerke bezeichnet, weil sie technisch für einen kontinuierlichen 24/7-Betrieb ausgelegt waren. Die Grundlastfähigkeit von Kraftwerken ist ein wichtiges Thema der Energiewirtschaft.

Grundlastkraftwerke stehen vor substanziellen Herausforderungen. Mit dem wachsenden Anteil von erneuerbaren Energien im Netz verändert sich die Stromerzeugung deutlich. Die Herausforderung des deutschen Stromnetzes ist, dass es noch auf eine planbare Einspeisung und auf die tatsächlich abgeforderte Last ausgelegt ist. Das war damals kein Problem, denn thermische Kraftwerke (zum Beispiel Kohle oder Kernenergie) haben verlässlich Strom geliefert und sich je nach Bedarf hoch- oder herunterregeln lassen.

Grundlastfähige vs. Grundlastkraftwerke

Auf den ersten Blick klingt beides ähnlich, aber die Begriffe meinen zwei unterschiedliche Dinge.

- *Grundlastfähigkeit* ist ein rein technisches Merkmal. Ein Kraftwerk gilt als grundlastfähig, wenn es unabhängig von Wetter oder Tageszeit durchgehend Strom liefern kann. Also, es läuft stabil, egal ob die Sonne scheint oder der Wind weht.
- *Grundlastkraftwerke* sind Kraftwerke, die wirtschaftlich darauf ausgelegt sind, dauerhaft in Betrieb zu sein. Sie haben oft hohe Fixkosten, aber niedrige Brennstoffkosten. Das macht sie sehr rentabel, wenn sie rund um die Uhr laufen.

Das bedeutet auch, dass nicht jedes grundlastfähige Kraftwerk automatisch ein Grundlastkraftwerk ist. Und nicht jede beliebte Erzeugungstechnologie ist überhaupt grundlastfähig. Wind- und Solaranlagen zum Beispiel sind wetterabhängig und können nicht jederzeit Leistung liefern. Deshalb zählen sie nicht zu den grundlastfähigen Kraftwerken. Offshore-Windparks werden manchmal umgangssprachlich als »grundlastnah« bezeichnet, weil sie vergleichsweise gleichmäßig einspeisen, technisch grundlastfähig sind sie aber trotzdem nicht.

Die Energiewende führt dazu, dass das Konzept der Grundlast überdacht werden muss. Statt wenige große Kraftwerke dauerhaft laufen zu lassen, muss das System flexibler gestaltet werden.

Diese Alternativen gibt es beispielsweise zur klassischen Grundlastversorgung:

- **CO_2-arme Grundlastkraftwerke:** Dazu gehören Geothermiekraftwerke, Erdgas-Kraftwerke mit CO_2-Abscheidung (siehe CCS in Teil IV) oder möglicherweise Kernfusionskraftwerke. Diese Technologien könnten langfristig eine stabile und klimafreundliche Grundversorgung ermöglichen, sind aber aktuell noch wenig im Einsatz.
- **Speicherlösungen:** Batteriespeicher, Pumpspeicherwerke und Wasserstoff könnten helfen, erneuerbare Energie zwischenzuspeichern und bei Bedarf bereitzustellen.
- **Flexibles Lastmanagement:** Statt sich nur an der Erzeugung zu orientieren, könnte der Stromverbrauch intelligenter gesteuert werden, möglicherweise durch variable Stromtarife oder automatisierte Lastverschiebung (siehe Teil III).

Die entscheidende Frage der Zukunft wird sein, wie ein stabiles Stromsystem ohne klassische Grundlastkraftwerke funktionieren kann. Die Energiewende zeigt, dass es nicht nur darum geht, neue Energiequellen zu erschließen, sondern auch darum, das gesamte Netz und den Verbrauch flexibler zu gestalten.

In einem System, in dem Braunkohle die Grundlast, Steinkohle die Mittellast und Gas die Spitzenlast deckt, spielen erneuerbare Energien eine ergänzende und zunehmend ersetzende Rolle. Früher waren fossile Kraftwerke allein für die Stromversorgung verantwortlich, heute übernehmen erneuerbare Energien einen immer größeren Anteil und verändern das gesamte System.

Die Grundlast muss heute nicht mehr zwingend von fossilen Kraftwerken gedeckt werden, die rund um die Uhr laufen. Auch eine kluge Vernetzung erneuerbarer Energien, die sogenannte Sektorkopplung (siehe Kapitel 9), kann langfristig eine stabile Versorgung ermöglichen. Dabei werden zum Beispiel Solaranlagen, Windkraftanlagen, Wärmepumpen, Speichertechnologien und E-Autos zu einem virtuellen Kraftwerk zusammengeschalten. Diese Ansätze stehen zwar noch am Anfang, zeigen aber bereits, dass sich durch die Kombination verschiedener Energiequellen eine verlässliche Stromversorgung aufbauen lässt.

Mittellastkraftwerke

Mittellastkraftwerke decken den Strombedarf ab, der zwischen Grundlast und Spitzenlast liegt. Sie folgen dem typischen Tagesverlauf der Nachfrage, das heißt, morgens steigt der Verbrauch an, mittags bleibt er erhöht und abends kommt es oft zu einer zweiten Lastspitze. In diesen Stunden liefern Mittellastkraftwerke den zusätzlichen Strom, der über die Grundversorgung hinaus benötigt wird.

Sie sind flexibler als Grundlastkraftwerke und können ihre Leistung innerhalb mehrerer Stunden verändern. Deshalb werden sie flexibel über den Tag eingesetzt. Sie müssen nicht so schnell reagieren wie Spitzenlastkraftwerke, weil sich die Mittellast oft langsamer verändert. Sie laufen im Teillastbetrieb. Viele thermische Kraftwerke verlieren bei reduzierter Leistung deutlich an Wirkungsgrad und das wiederum erhöht die Betriebskosten. Gute Mittellastkraftwerke sollten deswegen auch bei geringerer Auslastung noch wirtschaftlich arbeiten können.

Typische Kraftwerke dafür sind:

- ✔ **Steinkohlekraftwerke:** Sie sind zwar nicht die schnellsten, können aber innerhalb einiger Stunden ihre Leistung erhöhen oder senken.
- ✔ **Gas-und-Dampf-Kombikraftwerke (GuD-Kraftwerke):** Sie sind sehr effizient und flexibel, manche können sogar für Spitzenlast genutzt werden.

Mittellastkraftwerke laufen im Jahresverlauf viele Stunden (oft bis zu 4.000 Volllaststunden). Daher sollten die laufenden Kosten als auch die Investitionskosten in einem angemessenen Verhältnis zueinander stehen. Sie sind nicht ständig im Einsatz, aber lange genug, dass Effizienz und Wirtschaftlichkeit entscheidend sind.

Spitzenlastkraftwerke

Sie springen ein, wenn kurzfristig sehr viel Strom benötigt wird. Sehr schnell sind:

- ✔ Pumpspeicherkraftwerke
- ✔ Gasturbinenkraftwerke

Sie können innerhalb von Minuten hochgefahren werden und kurzfristige Schwankungen ausgleichen. Allerdings sind sie teuer im Betrieb und werden nur bei Bedarf eingesetzt.

Steuerbare Kraftwerke wie Gaskraftwerke sind sehr wichtig für die Netzstabilität. Sie erzeugen Strom durch die Verbrennung von Erdgas und zeichnen sich durch ihre hohe Flexibilität aus. Im Vergleich zu Kohlekraftwerken stoßen sie weniger CO_2 aus und können schneller hoch- und heruntergefahren werden. Dadurch eignen sie sich sehr gut für die Abdeckung von Spitzenlasten und als Ergänzung zu erneuerbaren Energien, deren Erzeugung wetterabhängig schwankt. Laut der Kraftwerksstrategie der Bundesregierung sollen Gaskraftwerke bis spätestens 2040 vollständig auf klimafreundlichen Wasserstoff umgerüstet werden. Dieser sogenannte *Fuel Switch* soll dazu beitragen, die Stromerzeugung weiter zu dekarbonisieren und den Einsatz fossiler Brennstoffe vollständig zu beenden.

Solar- und Windenergie kann auch für Lastspitzen genutzt werden, allerdings nur, wenn zu dem Zeitpunkt entweder (1) günstige Wetterbedingungen herrschen, sodass viel Wind- und Sonnenenergie produziert werden kann, oder (2) volle Speicher in ausreichendem Maße existieren.

Teil III
Strommärkte, Energiehandel und Energienachfrage

IN DIESEM TEIL …

Lernen Sie, wie Strom an der Börse und außerbörslich gehandelt und bepreist wird, welche Rolle Prognosen und Beschaffungsstrategien spielen und wie daraus die tatsächlichen Endkundenpreise entstehen.

Zudem wird gezeigt, welche Tarifmodelle es gibt, wie die Abrechnung technisch erfolgt und welche Marktrollen, vom Lieferanten über Netz- und Messstellenbetreiber bis hin zum Endkunden ineinandergreifen.

Sie lernen zudem neue Entwicklungen wie Flexibilitätsvermarktung und Sektorkopplung kennen.

IN DIESEM KAPITEL

Commodity vs. Non-Commodity

Stromhandel

Prognose und Bilanzierung

Merit Order

Kapitel 7
Energiemärkte und Preise – So funktioniert's

Hinter dem Strompreis, den Sie auf Ihrer Rechnung sehen, stecken viele Marktmechanismen, die oft unsichtbar bleiben. Dieses Kapitel gibt Ihnen einen verständlichen Überblick über die wichtigsten Bausteine der Energiemärkte. Von der Frage, wie Strom gehandelt wird, über die Funktionsweise der Handelsplätze bis hin zur Preisbildung nach dem Merit-Order-Prinzip.

Energie als Commodity-Gut vs. Non-Commodity

In der Energiewirtschaft wird vor allem zwischen dem Commodity- und Non-Commodity-Geschäft unterschieden. Der Stromhandel ist zum Beispiel ein wichtiges Element des Commodity-Geschäfts. Non-Commodity umfassen nicht standardisierte Produkte, die über den reinen Strom- oder Gashandel hinausgehen. Dazu zählen zum Beispiel Energiedienstleistungen (wie Flexibilitätsvermarktung und Contracting), Hardware und Lösungen (wie PV-Anlagen und Wärmepumpen) oder digitale Services (wie Energiemanagement-Apps).

Generell, also auch unabhängig von der Energiewirtschaft, sind *Commodities* homogene oder standardisierte Handelswaren. Dazu gehören:

- Metalle (Kupfer, Aluminium, Gold etc.),
- landwirtschaftliche Erzeugnisse (zum Beispiel Soja, Kaffee, Rinder, Weizen etc.) oder auch
- Energie (Rohöl, Heizöl, Strom, Erdgas, Kohle).

Sie werden an der Börse oder außerbörslich (bilateral/OTC) gehandelt, weil sie von vielen Anbietern in gleicher Qualität angeboten werden können. Deshalb spielt bei der Preisbildung oft weniger die »Marke« des Herstellers eine Rolle, sondern vor allem Qualitätsstandard, Menge, Lieferort und Lieferzeitpunkt. Die Standardisierung dieser Güter macht den Handel leichter, weil sie schnell ausgetauscht werden können (Fungibilität).

In der Energiewirtschaft ist das Commodity-Geschäft das Kerngeschäft für viele Energieversorger. Es geht darum, die Kunden mit Energie, vor allem Strom und Gas, zu versorgen. Energie wird als weitgehend standardisierte Handelsware betrachtet (Unterschiede entstehen vor allem über Zeit, Lieferprofil, Vertragsbedingungen und Herkunftsnachweise), die in einem wettbewerblichen Marktumfeld hauptsächlich über Preis und Menge verkauft wird.

Non-Commodity-Produkte sind im Gegensatz dazu nicht oder nur teilweise standardisiert. Dazu zählen alle Angebote, die über die reine Strom- oder Gaslieferung hinausgehen. Energieversorger bauen dieses Angebot gezielt aus, um zusätzliche Einnahmequellen zu erschließen und ihre Kunden langfristig zu binden. Typische Beispiele für Non-Commodity sind:

- ✔ der Verkauf und die Installation von Photovoltaikanlagen und Stromspeichern
- ✔ Ladelösungen für E-Autos und spezielle Ladestrom-Tarife
- ✔ Smart-Home-Anwendungen
- ✔ Energieberatung zur Effizienzsteigerung

Diese Zusatzangebote helfen Versorgern, sich im hart umkämpften Energiemarkt vom Wettbewerb abzuheben und sich als ganzheitlicher Energiedienstleister zu positionieren. In einem liberalisierten Markt, in dem die Margen im klassischen Strom- und Gasgeschäft sinken, gewinnen diese Non-Commodity-Aktivitäten immer mehr an Wichtigkeit.

Trotzdem bleibt das Commodity-Geschäft, also die Versorgung mit Energie, für sie ein wichtiges Standbein.

Strom aus erneuerbaren Quellen wie Windkraft oder Solarenergie wird in der Regel als Commodity betrachtet. Eine Kilowattstunde Strom ist zunächst ein standardisiertes Produkt, unabhängig davon, wie sie erzeugt wurde. Allerdings hat Strom aus Wind und Sonne sehr niedrige variable Erzeugungskosten (kein Brennstoff), aber höhere Investitionskosten, was die Preisbildung am Markt beeinflusst – darauf komme ich beim Merit-Order-Prinzip zurück. Der Unterschied ist jedoch, dass hier keine Energie aus einem Rohstoff erzeugt wird, sondern mithilfe technischer Anlagen. Diese Anlagen, etwa Windräder oder Solarmodule, sind aufwendig und technisch komplex. Zusätzlich braucht es digitale Systeme, um zu steuern, wann und wie viel Strom erzeugt und verteilt wird. Deswegen gibt es in der Produktion deutliche Unterschiede zu anderen Energieträgern.

Die Stromhandelsplätze

Der Zweck des Stromhandels ist es, Strom effizient und bedarfsgerecht zu beschaffen. Strom wird in unterschiedlichen Kraftwerken erzeugt. Sie produzieren für verschiedene Zwecke und zu verschiedenen Zeiten Strom, wie Sie in Teil II bereits gelernt haben. Die erzeugte Energie kann danach über unterschiedliche Wege verkauft werden: einerseits über etablierte Strombörsen oder bilateral zwischen den Marktakteuren (OTC – Over the Counter; siehe den Kasten »OTC-Handel (Over the Counter)«). Oft wird Strom in mehreren Schritten beschafft, bevor er bei Ihnen ankommt, manchmal sogar erst 15 Minuten davor.

Der Stromhandel ist aus mehreren Gründen wichtig. Er sorgt für die Preisfindung und stellt sicher, dass Strompreise transparent und wettbewerbsfähig bleiben. Zum anderen hilft der Stromhandel, Angebot und Nachfrage auszugleichen. Wenn beispielsweise in Zeiten hoher Produktion, zum Beispiel durch Windkraft oder Solaranlagen, Stromüberschüsse entstehen, können sie verkauft werden. Gleichzeitig kann fehlender Strom in Zeiten geringer Erzeugung zugekauft werden. Dadurch steht jederzeit genügend Strom zur Verfügung, um die Nachfrage von Verbrauchern und Unternehmen zu decken.

Auf den Großhandelsmärkten wird Strom normalerweise in Euro pro Megawattstunde (EUR/MWh) gehandelt. Der Strompreis ist sehr volatil und deswegen ist es für Stromlieferanten oder auch produzierende Unternehmen enorm wichtig, hohe Preise im Einkauf zu vermeiden. Ansonsten müssten sie diese an ihre Endkunden weitergeben. Die Folge davon wäre möglicherweise, dass sich ihre Stromkunden andere Stromlieferanten suchen oder Unternehmen sehr hohe Produktionskosten haben, beides gilt es, zu vermeiden. Durch die richtigen Einkaufsstrategien können Preisrisiken reduziert werden.

Aufgrund der Volatilität des Strommarkts ist es wichtig, dass Strom zu unterschiedlichsten Zeitpunkten gekauft und verkauft wird, langfristig und auch kurz vor der Lieferung. Dafür gibt es diese zwei unterschiedlichen Großhandelsmarktplätze: den *Spotmarkt* und den *Terminmarkt*. Kurz: Der Terminmarkt hilft bei Planungssicherheit, der Spotmarkt dient dazu, kurzfristige Abweichungen auszugleichen. Sie unterscheiden sich nach Beschaffungszeitpunkt und Planungssicherheit:

- ✔ Auf dem **Spotmarkt** wird Strom sehr kurzfristig gehandelt (für den nächsten Tag oder sogar für die nächste Stunde »on the spot«). Hier entsteht der Preis direkt aus Angebot und Nachfrage in genau diesem Moment. Deshalb schwanken die Spotmarktpreise stark. Sie können je nach Wetter, Verbrauch oder verfügbaren Kraftwerken sehr hoch oder sehr niedrig ausfallen.
- ✔ Auf dem **Terminmarkt** können langfristige Stromlieferungen zu einem festen vorab vereinbarten Preis getroffen werden. Das vermeidet im definierten Zeitraum zukünftige Preiserhöhungen, umgekehrt kann aber von Preissenkungen auch nicht profitiert werden.

Für den kurzfristigen Stromhandel: Der Spotmarkt (Intraday und Day Ahead)

Die EPEX SPOT (European Power Exchange Spot) ist eine Strombörse für kurzfristigen Stromhandel.

Am Spotmarkt wird Strom entweder am gleichen Tag oder für den Folgetag in stündlichen oder viertelstündlichen Werten gehandelt. Der Strom soll also kurzfristig (heute oder morgen) geliefert werden (bis 15 Minuten vor Auslieferung). Danach ist an der Börse kein Handel mehr möglich. Ab diesem Zeitpunkt muss jede Abweichung zwischen geplanten und tatsächlichen Stromverbrauch über den Bilanzkreis ausgeglichen werden, dadurch entsteht Ausgleichsenergie. (Ausgleichsenergie wird im weiteren Verlauf dieses Kapitels behandelt. Es ist kurzfristig eingesetzter Strom, um das Stromnetz stabil zu halten.)

Der Spotmarkt-Preis spiegelt den aktuellen Strompreis des Tages/der Uhrzeit wider. Der Handel am Spotmarkt erfolgt über Auktionen (Day-Ahead) und kontinuierlichen Handel (Intraday). Anbieter und Nachfrager geben ihre Preise und Mengen für Strom an. Der Preis wird dann durch das Zusammentreffen von Angebot und Nachfrage in einem festgelegten Zeitraum ermittelt (der Preis pro MWh wird für jede Stunde (beziehungsweise Viertelstunde) ermittelt; das Merit-Order-Prinzip erklärt, welches Kraftwerk den Preis setzt).

Die Merit Order legt fest, in welcher Reihenfolge Kraftwerke Strom liefern. Damit wird die Nachfrage mit den jeweils günstigsten verfügbaren Anlagen gedeckt und erneuerbare Energien häufig zuerst eingesetzt, weil sie fast keine zusätzlichen Kosten pro Kilowattstunde haben. Das Merit-Order-Prinzip wird im Laufe von Kapitel 7 genauer erklärt.

Dadurch sind die Preise transparent und die Marktteilnehmer wissen immer, zu welchem Preis Strom gehandelt wird. Es gibt zwei Hauptmärkte an der EPEX Spot:

- ✔ Der **Intraday-Markt** ist für das »Finetuning« des Stromnetzes am gleichen Tag zuständig, zum Beispiel bei schwankender Wind-/Sonneneinspeisung. Wurde vorab zu viel oder zu wenig Strom eingekauft, kann es am gleichen Tag optimiert werden. Es kann wenige Minuten vor Liefertermin noch zu einem Handel kommen.
- ✔ Auf dem **Day-ahead-Markt** wird Strom einen Tag im Voraus gehandelt. Marktteilnehmer melden bis zu einer festen Frist an, wie viel Strom sie für jede Stunde des nächsten Tages kaufen oder verkaufen möchten (diese Daten erhalten sie zum Beispiel auf Basis von Lastprognosen). Wenn die Energiebilanz für morgen überschüssig ist, wenn also zu viel Strom verfügbar ist, verkaufen sie. Wenn zu wenig vorhanden ist, dann kaufen sie Strom nach. Auf dieser Basis wird für jede Stunde ein Preis festgelegt. Der Day-ahead-Markt dient dazu, Erzeugung und Verbrauch frühzeitig zu planen, und bildet die Grundlage für den Stromhandel am Folgetag.

Der Intraday-Markt ergänzt die Day-ahead-Auktion, indem er den Handel fast in Echtzeit ermöglicht. Dort kann Strom in 15-Minuten-Schritten von 15 Uhr am Vortag bis kurz vor der Lieferung gekauft oder verkauft werden. Dadurch können Marktteilnehmer kurzfristig auf Änderungen bei Wetter, Anlagenausfällen oder Nachfrage reagieren und ihre Bilanz entsprechend anpassen. Der Day-ahead-Markt hat eine feste Zeitauktion, beim Intraday-Handel werden die Gebote kontinuierlich abgeglichen. Diese Flexibilität ist für die Integration schwankender erneuerbarer Energien sehr wichtig. Mit der wachsenden Zahl erneuerbarer Energien haben deshalb auch die Preisschwankungen auf dem Spotmarkt zugenommen.

Für den langfristigen Stromhandel: Der Terminmarkt/ Futures-Markt und OTC-Handel

Der Terminmarkt ist der Teil des Stromhandels, in dem Preise und Liefermengen für die Zukunft festgelegt werden. Im Unterschied zum Spotmarkt (Erinnerung, dort wird Strom kurzfristig gehandelt) sichern sich die Marktteilnehmer hier Strommengen für Wochen, Monate oder Jahre im Voraus. Es werden verschiedene Vertragslaufzeiten angeboten, zum Beispiel Monats-, Quartals- oder Jahresverträge. Sie werden oft in Varianten wie Base, Peak oder Offpeak angeboten. Durch die Kombination dieser Produkte können Energieversorger und Großverbraucher ihre Kosten senken und Risiken reduzieren, weil der tatsächliche Lastverlauf besser abbildbar ist. Sie werden lange im Voraus beschafft, um Preise abzusichern und Planungssicherheit zu schaffen.

Base deckt den konstanten Grundverbrauch ab und sorgt für Planungssicherheit. *Peak* wird genutzt, um teure Verbrauchsspitzen abzusichern, statt rund um die Uhr teuren Strom zu beschaffen. *Offpeak* macht es möglich, in Zeiten mit geringer Nachfrage günstiger einzukaufen.

Dafür werden Futures und Forwards genutzt. Mit Futures werden standardisierte Base-, Peak- oder Offpeak-Mengen an der Börse für einen zukünftigen Zeitraum zu einem festen Preis gekauft oder verkauft. Forwards funktionieren ähnlich, werden aber direkt zwischen zwei Vertragspartnern abgeschlossen und können flexibler an den eigentlichen Bedarf angepasst werden.

Der Preis am Terminmarkt richtet sich nicht nach der aktuellen Marktlage, sondern danach, wie sich Angebot, Nachfrage und Kosten künftig entwickeln könnten. Versorger, Industrieunternehmen und Händler nutzen den Terminmarkt vor allem, um Preisrisiken zu reduzieren. Sie können sich frühzeitig einen festen Preis sichern und ihre Kosten besser planen. Der Nachteil dabei ist, dass sie nicht von späteren Preisrückgängen profitieren, wenn sich der Markt günstiger entwickelt.

Terminmarktgeschäfte werden entweder an der Energiebörse, zum Beispiel der European Energy Exchange (EEX), oder direkt zwischen zwei Parteien abgeschlossen. An der Börse werden standardisierten Futures gehandelt, die je nach Produkt entweder physisch geliefert oder finanziell ausgeglichen werden. Außerhalb der Börse findet der OTC-Handel mit Forwards statt. Dort werden individuelle Verträge abgeschlossen. Diese sind flexibel gestaltbar und werden durch bilaterale EFET-Rahmenverträge abgesichert.

OTC-Handel (Over the Counter)

OTC-Geschäfte sind bilaterale Abkommen zwischen zwei Partnern, zum Beispiel großen Energieversorgern, Industrieunternehmen oder Handelsfirmen.

Die Vertragsbedingungen können flexibel auf die Bedürfnisse der Partner zugeschnitten werden. Ein Broker kann vermitteln, muss aber nicht. Die Lieferung und Bezahlung erfolgen zu einem später festgelegten Zeitpunkt. Weil der Preis fest vereinbart wird, bietet der OTC-Handel viel Planungssicherheit, lässt aber keinen Vorteil von späteren Preissenkungen mehr zu.

Der Ablauf im Überblick:

- ✔ Käufer und Verkäufer verhandeln direkt oder über einen Broker.
- ✔ Die Bedingungen (Menge, Laufzeit, Preis) werden vertraglich festgelegt.
- ✔ Ein EFET-Rahmenvertrag (Standardvertrag der European Federation of Energy Traders. Es ist ein standardisierter Vertrag, den zwei Handelspartner verwenden können, um Strom- oder Gasgeschäfte abzuwickeln. Statt jedes Detail neu auszuhandeln, greifen beide auf ein bewährtes Regelwerk zurück) bildet die rechtliche Grundlage und senkt das Risiko für beide Seiten.
- ✔ Lieferung oder finanzieller Ausgleich erfolgt zum späteren Liefertermin.

Das Hauptziel, wenn Teilnehmer an der EEX einkaufen, ist die Preisabsicherung (»Hedging«) und Planungssicherheit für Versorger, Großkunden oder Stadtwerke.

Übrigens: Die EFET vertritt Unternehmen, die mit Energie handeln (zum Beispiel Strom, Gas, Emissionszertifikate). Ziel ist es, den Energiehandel in Europa effizienter, transparenter und rechtssicher zu machen. Die Organisation entwickelt Standardverträge, die von Marktteilnehmern breit genutzt werden.

Was sind Futures und Forwards?

- ✔ **Futures** werden an der Börse gehandelt und sind komplett standardisiert. Sie bieten hohe Transparenz und Liquidität und werden häufig finanziell ausgeglichen, ohne dass Strom tatsächlich geliefert wird.

- ✔ **Forwards** sind individuelle Terminkontrakte (typischerweise OTC-Geschäfte), die direkt zwischen zwei Parteien abgeschlossen werden. Anders als bei standardisierten Börsenprodukten können Preis, Menge und Laufzeit flexibel vereinbart werden. Viele Forwards führen zu einer echten Stromlieferung in der Zukunft. Grundlage ist in der Regel ein EFET-Rahmenvertrag, der die Bedingungen des OTC-Handels regelt.

Die Spotpreise der Zukunft für Strom und Gas lassen sich nicht vorhersagen. Deswegen könnten Energielieferanten nicht einschätzen, wie hoch ihre Marge in der Zukunft mit Strom sein wird. Sie unterliegt den Entwicklungen des Marktes. Der Strom kann in der Zukunft teurer auf dem Spotmarkt sein, als er in der Gegenwart über einen OTC oder Terminhandel abgeschlossen werden kann. In diesem Fall profitiert der Energielieferant, wenn er in der Vergangenheit für einen längeren Zeitraum Energie eingekauft hat. Hat er das jedoch nicht, muss er künftig möglicherweise teurer beschaffen und seine Marge sinkt. Er bekommt weniger Strom für das gleiche Geld. Es kann aber auch genau gegensätzlich laufen, dass der Strompreis in der Zukunft viel günstiger ist als in der Vergangenheit.

> Auch für Kraftwerksbetreiber bedeuten der Einkauf von Gas zur Stromerzeugung und der Verkauf des erzeugten Stroms auf den Spotmärkten große Risiken und Margenschwankungen. Die Lösung ist, den Gaseinkauf als auch den späteren Stromverkauf zu einem früheren Zeitpunkt (»Forward«) festzulegen und damit die zukünftige Bruttomarge abzusichern.

Zunächst sichern Energieversorger ihren erwarteten Strombedarf über den Terminmarkt ab. Dort kaufen sie Strommengen Wochen, Monate oder Jahre im Voraus, um Preisrisiken zu reduzieren und Planungssicherheit zu schaffen. Diese langfristige Beschaffung deckt vor allem den Grundbedarf ihrer Kunden ab, kann jedoch noch nicht alle kurzfristigen Schwankungen berücksichtigen.

Je näher der Lieferzeitpunkt rückt, desto wichtiger wird der Spotmarkt. Am Day-ahead-Markt planen Energieversorger den Strombedarf für den folgenden Tag stundenweise. Auf Basis von Lastprognosen und Wettervorhersagen für Wind- und Solarenergie entscheiden sie, ob sie zusätzliche Strommengen kaufen oder überschüssigen Strom verkaufen. Für jede Stunde des nächsten Tages wird so ein Marktpreis gebildet.

Am eigentlichen Liefertag nutzen Energieversorger den Intraday-Markt, um kurzfristige Abweichungen auszugleichen. Wenn zum Beispiel weniger Wind weht als erwartet oder der Verbrauch höher ausfällt, kann noch bis kurz vor der Lieferung Strom nachgekauft werden. Umgekehrt kann überschüssiger Strom verkauft werden, wenn mehr Energie verfügbar ist als geplant. Abbildung 7.1 macht sichtbar, dass diese Anpassungen immer feiner werden, je näher die tatsächliche Lieferung rückt.

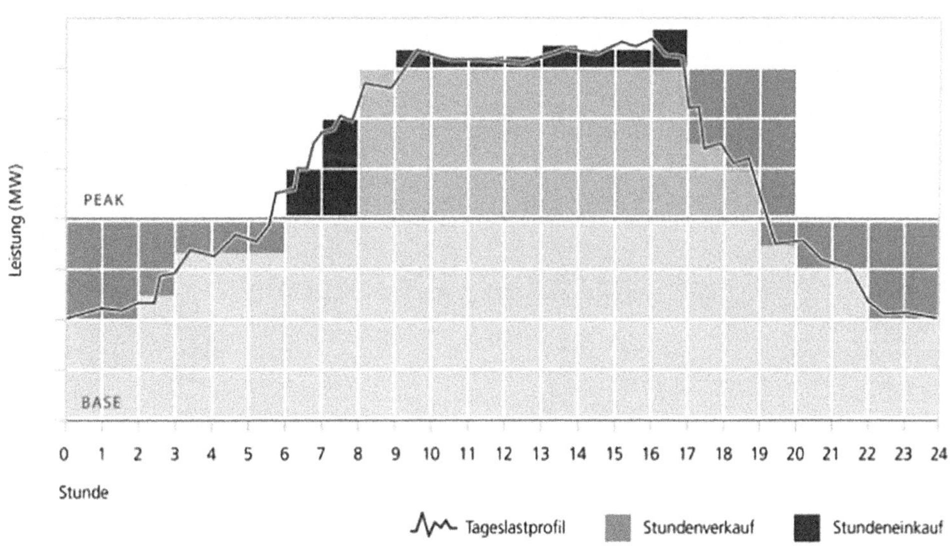

Abbildung 7.1: Lastgang (Stromverbrauch) und Stromhandelsprodukte im Zusammenhang, Quelle: EHA Energie-Handels-Gesellschaft mbH & Co. KG

Sobald der Handel endet, ist kein Markteingriff mehr möglich. Ab diesem Zeitpunkt müssen verbleibende Unterschiede zwischen geplanter und tatsächlicher Strommenge im Bilanzkreis durch das Stromnetz ausgeglichen werden. Diese Aufgabe übernehmen die Übertragungsnetzbetreiber mithilfe von Regelenergie; daraus entsteht Ausgleichsenergie.

Abbildung 7.2 macht sichtbar, wie sich diese im tatsächlichen Stromverbrauch widerspiegelt. Der Lastgang zeigt, wie sich der Strombedarf über 24 Stunden entwickelt, mit einer relativ konstanten Grundlast und deutlich schwankenden Lastspitzen.

Der untere, gleichmäßige Bereich steht für die Grundlast, die typischerweise langfristig über den Terminmarkt abgesichert wird. Die darüber hinausgehenden, stärker schwankenden Anteile des Verbrauchs müssen flexibler beschafft werden, zum Beispiel über den Spotmarkt oder kurzfristige Handelsprodukte. Besonders in den Stunden mit hoher Nachfrage ist es notwendig, zusätzliche Strommengen kurzfristig zuzukaufen.

In Zeiten geringerer Nachfrage kann der Bedarf entsprechend niedriger ausfallen. Die Abbildung verdeutlicht damit anschaulich, wie die zuvor beschriebenen Handelsstrategien direkt mit dem tatsächlichen Stromverbrauch zusammenhängen.

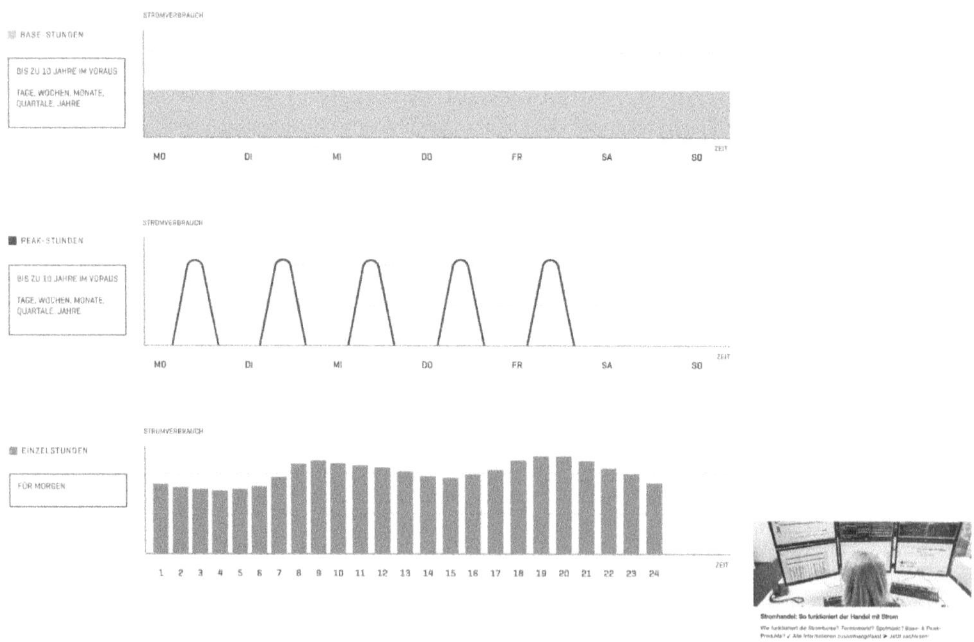

Abbildung 7.2: Handelszeiträume Base und Peak, Quelle: EHA Energie-Handels-Gesellschaft mbH & Co. KG

Der Regelenergiemarkt als zusätzlicher Strommarkt

Um die Schwankungen im Stromnetz auszugleichen, ruft der Übertragungsnetzbetreiber Regelenergie auf. Was unter Regelenergie zu verstehen ist, haben Sie bereits in Kapitel 4, »Systemdienstleistungen« lesen können.

Regelenergie ist die zusätzlich bereitgestellte Energie, die Netzbetreiber einsetzen, um kurzfristige Schwankungen im Stromnetz auszugleichen. Sie wird aktiviert, wenn Erzeugung und Verbrauch nicht mehr im Gleichgewicht sind. Damit sorgt sie dafür, dass die Netzfrequenz stabil bleibt und das Stromsystem zuverlässig funktioniert.

Man unterscheidet grundsätzlich zwischen positiver Regelenergie (mehr Einspeisung beziehungsweise weniger Verbrauch) und negativer Regelenergie (weniger Einspeisung beziehungsweise mehr Verbrauch), je nachdem, was das Netz in einer Situation benötigt.

Deswegen gibt es zusätzlich zum Energiehandel an Spot- und Terminmärkten Regelenergie- beziehungsweise Regelleistungsmärkte. Auf ihnen beschaffen Übertragungsnetzbetreiber (ÜNB) Reserveleistung, um Frequenzabweichungen im Netz auszugleichen und die Versorgungssicherheit in Echtzeit zu gewährleisten. Die vier deutschen Übertragungsnetzbetreiber, 50Hertz, Amprion, TenneT und TransnetBW, organisieren zum Beispiel über eine gemeinsam betriebene Ausschreibungsplattform die Beschaffung von Regelenergie in Deutschland. Der gesamte Prozess erfolgt über eine Ausschreibungsvergabe regelzonenübergreifend und transparent, sodass alle geeigneten Anbieter, egal ob Kraftwerk, Speicher oder Industrieanlage, die gleiche Zugangschancen haben.

Noch einmal im Detail, so ist der Ablauf:

- ✔ Jeder Marktteilnehmer (Stromhändler, Versorger und große Verbraucher) hat einen Bilanzkreis und muss melden, wie viel Energie er in einem bestimmten Zeitraum beschafft und verbraucht. Diese Bilanz muss immer im Gleichgewicht liegen.
- ✔ Die Planung läuft schief. Trotz des Handels auf dem Day-ahead- und dem Intraday-Markt weicht Erzeugung und Verbrauch von der initialen Planung ab.
- ✔ Das Netz muss dennoch stabil bleiben. Der Marktteilnehmer hat sein »Versprechen« nicht eingehalten. Je nach Ausmaß kann das Auswirkungen auf die Netzfrequenz haben. Um das Netz stabil zu halten, muss diese Abweichung innerhalb Sekunden oder Minuten ausgeglichen werden.
- ✔ Dafür halten Kraftwerke, Speicher oder flexible Verbraucher Regelenergie bereit. Sie bieten im Voraus an, ihre Leistung hoch- oder runterzufahren, falls sie gebraucht werden.
- ✔ Die Übertragungsnetzbetreiber rufen diese Leistung ab, sobald eine Abweichung entsteht.
- ✔ Wer Regelenergie bereitstellt, wird dafür bezahlt (für das Bereithalten und den tatsächlichen Einsatz).
- ✔ Dieser Aufwand kostet und wird dem Markteilnehmer als Ausgleichsenergiekosten in Rechnung gestellt.

Abgrenzung Regelenergie und Ausgleichsenergie: *Regelenergie* ist der physische Strom, den die ÜNB aktiv einsetzen, um das Netz stabil zu halten. *Ausgleichsenergie* ist die abrechnungsseitige Folge davon. Das sind die Kosten (oder Erlöse), die in einem Bilanzkreis entstehen, weil Regelenergie für seine Abweichungen eingesetzt wurde. Das Thema wird in einem späteren Abschnitt noch einmal genauer erläutert.

Wer kauft und verkauft den Strom am Strommarkt?

Kraftwerke liefern Strom und bekommen dafür Geld. Genauso wie Bäckereien Brot verkaufen, bieten Kraftwerke elektrische Energie an. Strom kann entweder direkt an große Kunden oder an der Strombörse gehandelt werden, wie Sie vorher bereits lesen konnten.

Der Markt unterteilt sich also in verschiedene Teilnehmer:

1. **Akteure, die für die Energieproduktion, Übertragung und Lieferung systemrelevant sind**

   Das sind die Teilnehmer, die den Strom herstellen, diejenigen, die den Strom zu Endkunden liefern, und die, die die Netze betreiben. Sie haben alle ein großes Ziel, dass die Frequenz bei 50 Hertz bleibt. Dazu gehören:

   - Stromversorger (Stadtwerke, Energieanbieter)

     Diese Unternehmen kaufen Strom auf dem Strommarkt, um ihre Kunden zu beliefern. Sie brauchen regelmäßige Lieferungen und kaufen oft auch langfristig auf dem Terminmarkt ein, um die Stromlieferung preislich abzusichern.

   - Übertragungsnetzbetreiber (ÜNB: TenneT, Amprion, 50Hertz) und Regelleistungsanbieter

     Sie beschaffen Regelenergie/Regelleistung über Ausschreibungen, um ihre Netzstabilität zu gewährleisten. Übertragungsnetzbetreiber sind dafür verantwortlich, dass immer genug Strom im Netz ist und dass die Frequenz im Stromnetz stabil bleibt (siehe Kapitel 5). Bei Bedarf kaufen sie zusätzliche Regelenergie (zum Beispiel über Ausschreibungen) ein, um die Balance zwischen Angebot und Nachfrage im Netz sicherzustellen. Zum Beispiel dann, wenn die Windenergie-Einspeisung niedriger ist als erwartet oder es zu einem plötzlichen Nachfrageschub kommt.

   - Erzeuger und Kraftwerksbetreiber

     Kraftwerksbetreiber verkaufen ihren Strom entweder direkt an große Kunden oder über den Markt. Erinnerung: Dabei wird zwischen zwei Handelsplätzen unterschieden. Auf dem Spotmarkt (zum Beispiel EPEX SPOT) wird Strom kurzfristig für den nächsten Tag oder innerhalb des Tages gehandelt. Auf dem Terminmarkt (zum Beispiel EEX – European Energy Exchange) wird Strom dagegen langfristig im Voraus verkauft. Vor allem dann, wenn Kraftwerksbetreiber mehr Strom erzeugen, als ihre langfristigen Abnehmer benötigen, verkaufen sie die überschüssige Menge kurzfristig am Spotmarkt.

- Speicherbetreiber

  Betreiber von Stromspeichern (Pumpspeicherkraftwerke oder Batteriespeicher) kaufen Strom auf dem Spotmarkt zu niedrigen Preisen (wenn das Angebot groß ist und der Preis sinkt) und verkaufen ihn, wenn die Nachfrage hoch und der Preis gestiegen ist.

2. **Industrielle Großabnehmer**

   Große Unternehmen mit hohem Stromverbrauch, wie die Chemie- oder Metallindustrie, kaufen Strom auf dem Spotmarkt und über Terminkontrakte. Dadurch versuchen sie, ihre Produktionskosten zu stabilisieren.

3. **Diejenigen, die auf dem Strommarkt spekulieren**

   Hedgefonds, Banken und andere Finanzinstitute. Sie spekulieren, indem sie Kontrakte kaufen und verkaufen.

Wie entsteht der Strompreis? Das Merit-Order-Prinzip

Der Strompreis an der Börse wird nicht einfach festgelegt, sondern ergibt sich aus dem Zusammenspiel von Angebot (welche Kraftwerke und Energiequellen liefern wie viel Strom) und Nachfrage. Dabei spielt die Merit Order bei der Preisbildung im europäischen Strom-Großhandel eine wichtige Rolle.

Die *Merit Order* ist im Grunde eine Art Rangliste. In ihr werden alle Kraftwerke danach sortiert, wie teuer es ist, bei ihnen eine weitere Kilowattstunde Strom zu erzeugen, das wird *kurzfristige Grenzkosten* genannt. Ganz vorne stehen die billigsten Kraftwerke, ganz rechts die teuersten. An erster Stelle kommen meist erneuerbare Energien wie Wind- und Solaranlagen. Sie haben fast keine Brennstoffkosten, der Wind weht und die Sonne scheint kostenlos. Danach folgen, je nach Land und Kraftwerkspark, Kernkraftwerke (in Deutschland seit 2022 nicht mehr in Betrieb), dann Kohlekraftwerke und ganz hinten die teuren Gaskraftwerke und Ölkraftwerke.

Wenn Strom gebraucht wird, werden die Kraftwerke in genau dieser Reihenfolge »zugeschaltet«: zuerst die billigsten, dann die nächstteuren, bis genug Strom im Netz ist. Das Kraftwerk, das als letztes noch gebraucht wird, bestimmt den Strompreis für alle, auch für die günstigeren Anlagen davor. Das heißt, alle bekommen den gleichen Preis, auch wenn manche viel günstiger produzieren. Genau deshalb lohnt es sich besonders, effizient und kostengünstig zu sein.

BEISPIEL

Wenn das teuerste eingesetzte Kraftwerk 10 Cent/kWh verlangt, bekommen alle eingesetzten Kraftwerke diesen Preis. Wer billiger produziert, verdient an der Differenz.

Ein Beispiel: Wenn Wind- und Sonnenstrom fast den ganzen Bedarf decken, ist der Strompreis niedrig. Reicht das nicht aus, muss zum Beispiel ein Gaskraftwerk ans Netz. Und weil Gas teuer ist, steigt der Preis für alle Anbieter auf dieses hohe Niveau. Das System führt dazu, dass Kraftwerke mit niedrigen Kosten häufiger zum Einsatz kommen. Teure Kraftwerke kommen nur dann zum Einsatz, wenn sie wirklich gebraucht werden, zum Beispiel bei hoher Nachfrage oder wenn wenig Wind und Sonne da sind. Deshalb werden sie auch Spitzenlastkraftwerke genannt (siehe Kapitel 6).

So sorgt die Merit Order dafür, dass der Strom mit den jeweils günstigsten verfügbaren Kraftwerken produziert wird und trotzdem genug da ist, wenn es darauf ankommt.

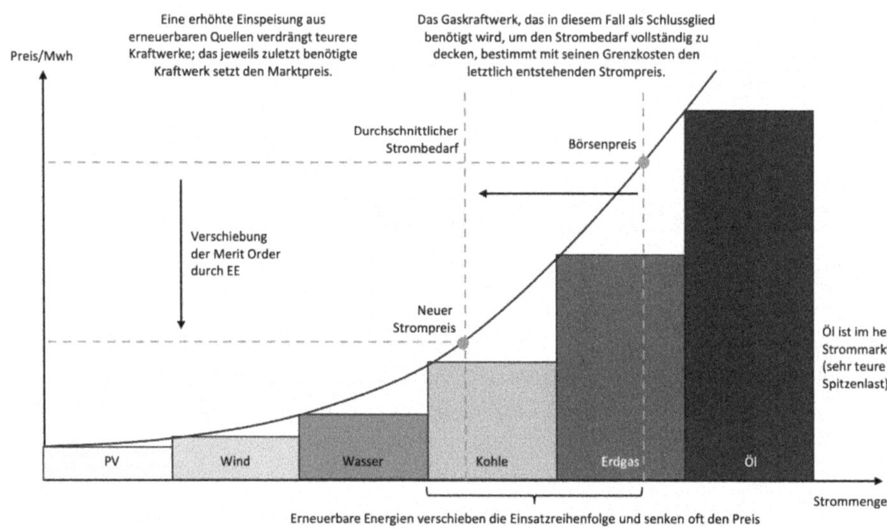

Abbildung 7.3: Merit Order

Die Grafik in Abbildung 7.3 veranschaulicht das Prinzip:

- ✔ Ganz links stehen PV, Wind und Wasserkraft mit null oder sehr geringen Grenzkosten.
- ✔ Auch Atomkraft ist verhältnismäßig günstig (wird aber in Deutschland nicht mehr eingesetzt) – deswegen ist es in der Grafik nicht abgebildet.
- ✔ Weiter rechts folgen konventionelle Kraftwerke mit steigenden Kosten.
- ✔ Die gestrichelten Linien zeigen den Strombedarf (zum Beispiel des nächsten Tages).
- ✔ Das Kraftwerk, das bei der Strombedarfsgrenze gerade noch gebraucht wird (oben ein Gaskraftwerk), hat gewisse Grenzkosten, das ist dann der Strompreis für alle.

Der Stromhandel ist heute europäisch vernetzt. Über Ländergrenzen hinweg werden Übertragungskapazitäten genutzt, um Preisunterschiede auszugleichen. Dadurch nähern sich die Preise in vielen EU-Staaten immer mehr an.

Manche Kraftwerke können dadurch gezielt besser und günstiger betrieben werden, andere werden immer weniger rentabel.

Die CO_2-Bepreisung führt beispielsweise dazu, dass emissionsintensive Kraftwerke (zum Beispiel Kohlekraftwerke) unprofitabler werden. Erneuerbare Energien werden stattdessen durch die fehlenden CO_2-Kosten wettbewerbsfähiger. Dadurch kommt die Energiewende voran und es wird schneller auf umweltfreundlichere Energiequellen umgestiegen.

Wie beeinflusst CO_2-Bepreisung die Wirtschaftlichkeit von Kraftwerken?

- ✔ Kohlekraftwerke müssen für ihre hohen Emissionen CO_2-Zertifikate kaufen, was sie teurer macht.
- ✔ Gaskraftwerke sind weniger stark betroffen, aber auch sie haben CO_2-Kosten.
- ✔ Erneuerbare Energien profitieren von der CO_2-Bepreisung, weil sie emissionsfrei sind und dadurch relativ günstiger werden.
- ✔ Ein hoher CO_2-Preis verschiebt die Merit Order (Reihenfolge, in der Kraftwerke ans Netz gehen) zugunsten emissionsarmer Kraftwerke.

Strombedarfsprognose, H-Profile und Beschaffungsstrategien von Energieversorgern

Stromversorger müssen ihre Kundinnen und Kunden jederzeit zuverlässig versorgen können. Dafür brauchen sie möglichst gute Vorhersagen, wie viel Strom in Zukunft gebraucht wird. Denn Strom kann man nur begrenzt speichern, anders als Gas, Öl oder Kohle. Jede Kilowattstunde muss genau dann produziert werden, wenn sie gerade verbraucht wird.

Wegen dieses Gleichgewichts muss der Versorger genau abschätzen, wie hoch der Bedarf ihrer Kunden in den nächsten Stunden, Tagen und Jahren ausfallen wird.

Lange Zeit war das gar nicht so kompliziert. Für Haushalte reichten sogenannte Standardlastprofile, also typische Verbrauchskurven. Das Bekannteste ist das H0-Profil, das seit Jahrzehnten als Blaupause für den Haushaltsverbrauch dient (siehe Abbildung 7.4). Es beschreibt, wie ein durchschnittlicher Haushalt im Tages- und Jahresverlauf Strom verbraucht. Saisonale Unterschiede wie ein höherer Verbrauch im Winter sind auch darin berücksichtigt. Netzbetreiber nutzen dieses Profil, um abzuschätzen, wie viel Strom Haushalte zu bestimmten Zeiten voraussichtlich benötigen, wenn noch kein intelligenter Zähler installiert ist.

H-Profile

Die H-Profile (»Haushalt«-Profile) sind Teil der Standardlastprofile, die Netzbetreiber einsetzen, um den typischen Stromverbrauch zu berechnen, wenn kein intelligenter Zähler vorhanden ist. Für Haushalte wird dabei typischerweise das H0-Profil verwendet. Daneben existieren weitere Profile für spezielle Verbrauchsarten, zum Beispiel Haushalte mit elektrischen Heizsystemen oder Wärmepumpen.

Zusätzlich gibt es Standardlastprofile für andere Kundengruppen (zum Beispiel Gewerbe und Landwirtschaft), die andere Verbrauchsmuster abbilden.

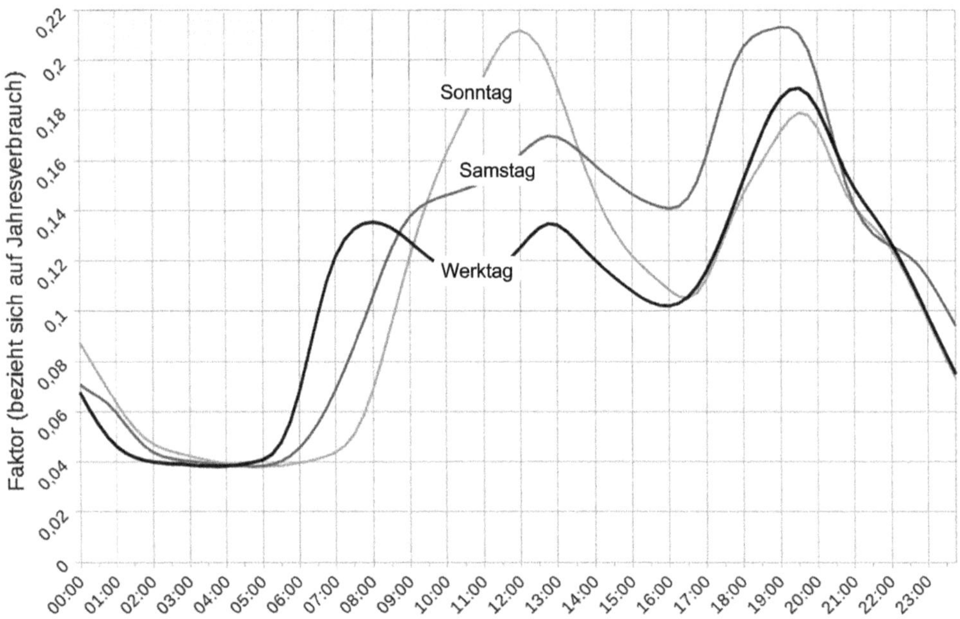

Abbildung 7.4: H0-Profil an Werktagen, Samstag und Sonntag, Quelle: `https://de.wikipedia.org/wiki/Datei:Lastprofil_VDEW_H0_Winter.png`

Abbildung 7.4 zeigt den tageszeitlichen Verlauf des Stromverbrauchs eines durchschnittlichen Haushalts im Winter (bezogen auf den Jahresverbrauch). Dargestellt sind drei Linien, die jeweils den typischen Verbrauchsverlauf an Werktagen, Samstagen und Sonntagen wiedergeben. An Werktagen steigt der Verbrauch morgens deutlich an und erreicht am späten Nachmittag und Abend einen zweiten Höhepunkt.

Am Samstag ist der Tagesverlauf ähnlich, jedoch insgesamt gleichmäßiger und mit einem weniger ausgeprägten Morgenpeak. Der Sonntag weist ein anderes Muster auf: Der Verbrauch bleibt morgens länger niedrig und erreicht seinen höchsten Wert am Abend.

Diese wiederkehrenden Muster bilden die Grundlage für standardisierte Lastprofile wie das H0-Profil, auf das im weiteren Verlauf Bezug genommen wird.

Die Linien zeigen, dass Haushaltsstromverbrauch stark tageszeitabhängig ist. An allen Tagen gibt es zwei typische Spitzenzeiten, morgens und abends, am Abend fällt der Verbrauch oft stärker aus. Werktage, Samstage und Sonntage unterscheiden sich in ihrem typischen Verlauf, vor allem wegen unterschiedlicher Tagesabläufe. Lastprofile sind für Netzbetreiber und Energieversorger wichtig, weil sie helfen, Erzeugung und Verbrauch im Stromnetz besser vorherzusagen und Engpässe zu vermeiden.

H0-Profile sind praktisch und für eine Welt ohne Elektroautos und Wärmepumpen ausreichend. Heute allerdings hinkt dieses Modell der Realität hinterher. Der klassische »Durchschnittshaushalt« existiert kaum noch. Die Kunden, die ihr Elektroauto nachts laden, mittags die eigene Photovoltaikanlage nutzen oder eine Wärmepumpe betreiben, passen in kein Standardprofil mehr.

Bei größeren Kunden, beispielsweise in Industrie und Gewerbe, wird schon lange genauer hingeschaut. Dort misst man im Viertelstunden-Rhythmus den tatsächlichen Verbrauch. Diese Lastgänge auf Basis der *registrierenden Leistungsmessung (RLM)* liefern ein deutlich klareres Bild und erlauben Prognosen, die näher an der Wirklichkeit liegen. Und genau in diese Richtung bewegt sich auch der Haushaltssektor. Indem zunehmend viele digitale Zähler, also *Smart Meter* (siehe Teil IV) verbaut werden, entstehen große Datenmengen, die das Verbrauchsverhalten in einer bislang ungekannten Genauigkeit zeigen.

Ein *Smart Meter* ist ein moderner digitaler Stromzähler, der den Energieverbrauch nicht nur misst, sondern auch automatisch und in kurzen Zeitintervallen an den Netzbetreiber oder Energieversorger übermittelt. Der alte Zähler arbeitet mechanisch, kann nicht kommunizieren und muss einmal im Jahr manuell abgelesen werden. Er zeigt keine zeitlichen Verläufe des Verbrauchs, sondern nur eine einzige Zahl. Durch Smart Meter werden flexible Tarife, Echtzeitinformationen und eine bessere Einbindung in das Stromnetz möglich. Sie schaffen damit Transparenz und unterstützen die Steuerung eines modernen Stromsystems mit immer mehr Strom aus erneuerbaren Energien. So etwas ist mit den alten Zählern nicht möglich.

Es reicht aber nicht, diese Smart-Meter-Daten einfach nur zu sammeln. Die Herausforderung liegt darin, daraus sinnvolle Prognosen abzuleiten. Hier kommen moderne Verfahren ins Spiel, zum Beispiel statistische Modelle, Machine-Learning-Algorithmen, neuronale Netze. Sie versuchen, Muster in historischen Verbrauchsdaten zu finden und sie mit externen Faktoren wie Wetter, Temperatur oder auch dem Wochentag zu kombinieren. Manchmal geht man sogar so weit, Großereignisse wie eine Fußball-WM oder Feiertagseffekte einzubeziehen, weil sie den Strombedarf messbar verändern können. Solche Messungen sind in einem System, das auf Sekundenstabilität angewiesen ist, schlicht notwendig.

Auf Grundlage dieser Prognosen beschaffen die Versorger dann ihre Strommengen am Markt. Dabei stehen unterschiedliche Strategien zur Verfügung. Ein Teil des Bedarfs wird frühzeitig über Terminprodukte gesichert. Sozusagen die »Vorratskammer«, die eine gewisse Grundversorgung garantiert. Diese langfristigen Kontrakte, die ein oder zwei Jahre im Voraus abgeschlossen werden, geben Planungssicherheit. Aber sie binden den Versorger auch an Preise, die im Nachhinein zu hoch wirken können. Daneben gibt es die kurzfristigen

Märkte, den Spotmarkt. Dort kaufen Versorger Strom für den kommenden Tag oder sogar für einzelne Viertelstunden noch kurz vor Lieferung. Das ist flexibler und manchmal auch günstiger, zum Beispiel wenn viel Wind- oder Solarstrom im Netz ist. Die Kehrseite ist das Risiko, denn bei Flaute oder Kältewelle schnellen die Preise in die Höhe.

Wenn es trotzdem zu Abweichungen kommt, bleibt nur der Rückgriff auf die teure Ausgleichsenergie (siehe Kapitel 9). Dort springen Kraftwerke kurzfristig ein und gleichen Fehlmengen aus, allerdings zu hohen Kosten. Kein Versorger möchte zu oft in diese Falle tappen, weshalb die Genauigkeit der Prognosen über Erfolg oder Misserfolg entscheidet.

Typischerweise fahren die meisten Energieversorger eine Mischstrategie. Sie sichern einen Teil ihrer Mengen langfristig ab, um ein stabiles Fundament zu haben, und nutzen den Spotmarkt, um flexibel nachzusteuern. Dieses *strukturierte Beschaffungsmodell* verteilt die Risiken über verschiedene Zeithorizonte. Der Versorger muss also nicht alles auf eine Karte setzen, weder auf den Termin- noch auf den Spotmarkt.

Eine besondere Herausforderung ergibt sich durch die Einführung dynamischer Stromtarife. Seit 2025 sind Anbieter verpflichtet, Tarife anzubieten, deren Preise sich quasi in Echtzeit am Börsenpreis orientieren. Für die Verbraucher gibt das Chancen, denn wer seine Wallbox für das Elektroauto oder die Wärmepumpe zu Zeiten niedriger Preise laufen lässt, kann Geld sparen.

In Abbildung 7.5 sehen Sie einen tagestypischen Verlauf von der Verfügbarkeit von günstigem Strom aus erneuerbaren Energien vs. teuren fossilen Strom. Die dargestellte Kurve zeigt nicht den Stromverbrauch, sondern den Verlauf der Strompreise über den Tag. Solche Preisprofile entstehen an Strombörsen und spiegeln wider, wie Angebot und Nachfrage zu verschiedenen Tageszeiten aufeinandertreffen. Hohe Ausschläge der Kurve deuten auf teuren Strom hin, oft verursacht durch den Einsatz fossiler Kraftwerke. Niedrige Ausschläge zeigen günstige Preisphasen, in denen viel erneuerbare Energie zum Beispiel aus Solar- und Windkraft ins Netz eingespeist wird.

Die waagerechte Linie bei 0 Cent pro Kilowattstunde markiert die Grenze zwischen positiven und negativen Großhandelsstrompreisen. Sinkt der Börsenpreis unter diesen Wert, spricht man von negativen Strompreisen. In solchen Situationen ist das Angebot aus erneuerbaren Energien so hoch und die Nachfrage so gering, dass Kraftwerksbetreiber am Markt sogar Geld zahlen müssen, damit ihnen Strom abgenommen wird. Für private Haushalte bedeutet dies jedoch nicht, dass sie in diesen Phasen Geld für ihren Stromverbrauch zurückerhalten würden. Endkundenpreise sind langfristig kalkuliert und setzen sich aus vielen Bestandteilen zusammen. Endkunden zahlen nicht den Börsenpreis, sondern einen Gesamtstrompreis. Der Strompreis für Haushalte besteht aus vielen Komponenten, zum Beispiel: Netzentgelte, Umlagen und Abgaben, Stromsteuer, Mehrwertsteuer, Grundgebühr, Vertriebskosten, Marge des Versorgers. Diese Bestandteile machen ca. 70–80 Prozent des Endkundenpreises aus. Selbst wenn der reine Börsenstrompreis kurzzeitig negativ ist, bleiben die anderen Preisbestandteile bestehen.

Abbildung 7.5 zeigt, wie stark erneuerbare Energien die Preisdynamik an der Börse beeinflussen, nicht die tatsächlichen Kosten für Verbraucherinnen und Verbraucher.

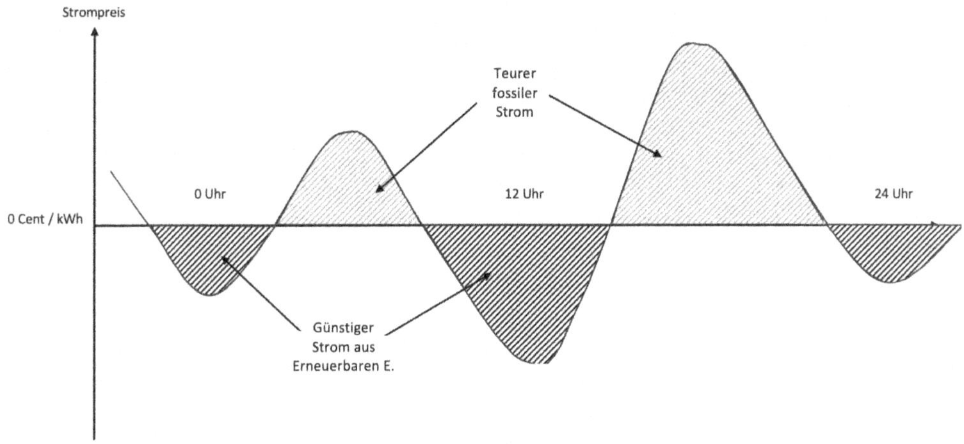

Abbildung 7.5: Tagestypische Verfügbarkeit von günstigem grünem Strom und teurem fossilem Strom an der Strombörse

Für die Versorger allerdings wird die Prognose dadurch schwieriger. Plötzlich verschieben sich Lasten, weil Kunden flexibel reagieren, und damit wird der Strombedarf unplanbarer. Manche Anbieter sehen darin vor allem ein Risiko, andere eine Chance. Wer es schafft, Verbrauch und Beschaffung intelligent zu verknüpfen, beispielsweise über digitale Energiemanagementsysteme, könnte daraus einen Wettbewerbsvorteil ziehen.

Die Stromprognose ist das Herzstück der Beschaffung, wie Sie merken. Fehler wirken sich direkt in der Bilanz aus, entweder durch zu teure Nachbeschaffung oder durch Überschüsse, die mit Verlust weitergegeben werden müssen. Eine gelungene Beschaffungsstrategie gleicht deshalb immer einem Balanceakt zwischen Sicherheit und Flexibilität.

Prognose der kurzfristigen Stromnachfrage

Die Nachfrage nach Strom oder Wärme schwankt ständig, manchmal sogar im Minutentakt. Diese kurzfristige Nachfrage hängt von einigen Faktoren ab, die sich schnell ändern können.

Was beeinflusst also die kurzfristige Nachfrage?

- ✔ **Tageszeit und Wochentag**

  Morgens und abends ist der Stromverbrauch meist höher. An Werktagen wird mehr Energie verbraucht als am Wochenende.

- ✔ **Wetter**

  Vor allem die Temperatur spielt eine große Rolle, zum Beispiel bei Heizung oder Klimaanlage. Aber auch Helligkeit (Lichtbedarf), Wind und Sonneneinstrahlung beeinflussen den Verbrauch.

✔ **Jahreszeit**

Im Winter ist der Energieverbrauch höher (zum Beispiel durch Heizungen), im Sommer steigt er bei starker Nutzung von Klimaanlagen.

✔ **Besondere Ereignisse**

Große Veranstaltungen, wie eine Fußball-WM, Feiertage oder Konzerte beeinflussen den Energieverbrauch oft stark, weil viele Menschen gleichzeitig ähnliche Geräte nutzen (zum Beispiel Fernseher, Licht, Heizungen).

✔ **Preise**

Wenn die Energiepreise plötzlich stark steigen, reagieren viele Menschen und Unternehmen, indem sie kurzfristig weniger verbrauchen.

✔ **Industrieproduktion**

Wenn viel produziert wird, steigt der Energiebedarf. Bei geringerer Auslastung sinkt er entsprechend.

In welchen Zeiträumen wird kurzfristige Nachfrage vorhergesagt? Das sehen Sie in Tabelle 7.1.

Energieart	Prognose Zeitraum
Strom	In Viertelstunden-Schritten (alle 15 Minuten)
Gas/Wärme	In Stunden-Schritten
Öl und Kohle	Täglich oder noch längerfristig

Tabelle 7.1: Prognose Zeitraum nach Energieträger

Um die Energieversorgung zuverlässig planen zu können, nutzen Unternehmen verschiedene Methoden:

✔ **Statistische Modelle**

Sie schauen sich frühere Verbrauchsmuster an und rechnen hoch.

✔ **KI-gestützte Modelle**

Sie analysieren große Datenmengen (Wetter und vergangene Nachfrage) und erkennen Zusammenhänge besser.

✔ **Manuelle Anpassungen der beiden oberen Methoden bei besonderen Events**

Bei besonderen Ereignissen (zum Beispiel ein Fußball-Finale) passen Experten die Prognosen zusätzlich von Hand an, denn solche Details kann kein Computer immer richtig einschätzen.

Haushalte, Industrie, Dienstleistungen, Verkehr und Landwirtschaft unterscheiden sich in ihrem Energietagesprofil deutlich:

- **Industrie**

  In der Industrie beginnt der Energieverbrauch morgens und steigt schnell an. Zwischen etwa 8 Uhr und 17 Uhr liegt der Stromverbrauch besonders hoch. Das ist die typische Arbeitszeit in vielen Produktionsbetrieben. Vor allem Branchen wie Eisen- und Stahlherstellung, Chemie, Zement, Papier und Aluminium tragen deutlich dazu bei. Nach Feierabend sinkt der Verbrauch stark ab und nachts wird vergleichsweise wenig verbraucht (ausgenommen Unternehmen mit Schichtbetrieb).

- **Haushalte**

  In Privathaushalten gibt es einen ganz anderen Rhythmus. Dort gibt es zwei deutliche Verbrauchsspitzen: morgens (ca. 6 bis 9 Uhr) und abends (etwa 17 bis 21 Uhr). Morgens wird viel Strom für Kochen, Licht, Duschen und Heizen gebraucht, abends wieder für Kochen, Fernsehen, Licht und Haushaltsgeräte. In der Nacht ist der Stromverbrauch in Haushalten deutlich niedriger.

- **Dienstleistungssektor**

  In Büros, Geschäften und anderen Dienstleistungsbetrieben steigt der Energiebedarf ab ungefähr 7 Uhr und bleibt tagsüber relativ hoch. Energie wird vor allem für Heizung, Kühlung, Beleuchtung, Reinigung und Bürogeräte benötigt. Mit Geschäftsschluss am frühen Abend nimmt der Verbrauch wieder ab.

- **Verkehr und Landwirtschaft**

  Auch in diesen Bereichen gibt es tägliche Muster: Der Stromverbrauch steigt am Morgen leicht an, wenn die Arbeiten auf Feldern, in Ställen oder im Straßen- und Schienenverkehr beginnen. Er bleibt tagsüber konstant und sinkt am Abend wieder. Insgesamt ist der Energiebedarf hier niedriger als in Industrie oder Haushalten, aber er folgt auch einem klaren Tagesrhythmus.

Wie sich der Strompreis für Endverbraucher zusammensetzt

Der Strompreis, den Endverbraucher bezahlen, setzt sich grundsätzlich aus drei wichtigen Komponenten zusammen:

- dem Energiepreis des Versorgers,
- den Netzentgelten und
- staatlichen Steuern, Umlagen und Abgaben.

Wie stark die einzelnen Bestandteile ins Gewicht fallen, hängt von verschiedenen Faktoren ab, zum Beispiel vom Verbrauchsverhalten, der regionalen Netzstruktur oder den jeweils geltenden gesetzlichen Regelungen. So kann sich die Zusammensetzung des Strompreises je nach Kundengruppe oder Versorgungsgebiet deutlich unterscheiden.

Der Strompreis schwankt im Laufe des Tages, je nachdem, wie viel Strom gerade erzeugt und wie viel verbraucht wird. Diese Schwankungen entstehen zunächst am Strommarkt, also an der Börse. Wenn tagsüber viel Solarstrom verfügbar ist, sind die Preise dort oft niedrig. Am Abend dagegen sinkt das Angebot aus erneuerbaren Energien, während der Verbrauch steigt, die Preise ziehen an.

Für die meisten Haushalte sind diese starken Schwankungen im Alltag kaum spürbar. In klassischen Stromtarifen wird der Preis über längere Zeiträume berechnet und geglättet. Extreme Ausschläge am Strommarkt, zum Beispiel sehr hohe oder sogar negative Preise, kommen deshalb normalerweise nicht direkt bei den Endkunden an.

Anders ist das bei dynamischen Stromtarifen (zumindest der Energieanteil). Hier orientiert sich der Strompreis direkt am Börsenpreis. Wer einen solchen Tarif nutzt, zahlt je nach Tageszeit unterschiedliche Preise und kann davon profitieren, wenn Strom gerade besonders günstig ist.

Abbildung 7.6 zeigt beispielhaft, wie sich der Strompreis am 21. April 2026 über den Tag hinweg verändert hat. Besonders gut erkennt man, dass der Preis am frühen Abend höher liegt als am Mittag. In den Mittagsstunden ist der Strompreis häufig günstiger, weil Solaranlagen dann viel Energie ins Netz einspeisen. In den Sommermonaten kann es sogar zu negativen Strompreisen kommen, vor Steuern, Abgaben und Netzentgelten. Das bedeutet: Verbraucher können dann vom niedrigen Börsenpreis profitieren, wenn sie ihren Verbrauch in diese Zeiten verschieben. In den Morgenstunden steigt der Strompreis wieder an, weil Menschen aufstehen, frühstücken und sich für die Arbeit vorbereiten.

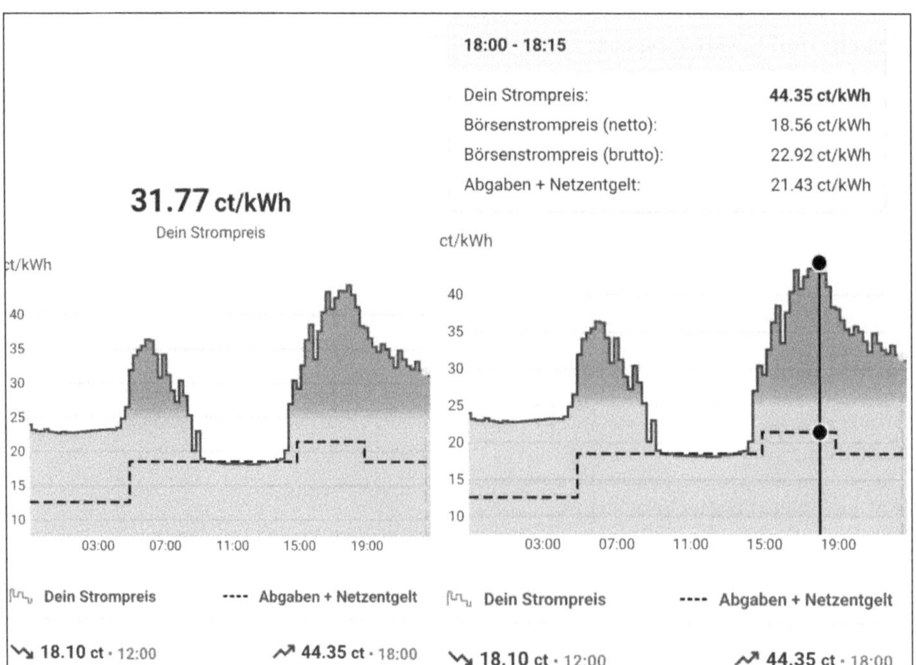

Abbildung 7.6: Strompreis mit und ohne Steuern und Abgaben exemplarisch am 21. April 2026 (viertelstündliche Werte), Quelle: clever-PV GmbH

Die gezeigten Werte stammen aus der EPEX SPOT, der europäischen Strombörse für kurzfristige Handelsgeschäfte (Spotmarkt).

Der Strompreis entsteht beschaffungsseitig durch das Merit-Order-Prinzip, über das Sie weiter oben in diesem Kapitel etwas gelesen haben. Neben dem Beschaffungspreis (Merit Order) setzt sich der Strompreis in Deutschland aus mehreren staatlich regulierten Preisbestandteilen zusammen. Dazu gehören Steuern, Umlagen oder regulierte Entgelte, die per Gesetz vorgegeben oder von der Bundesnetzagentur beaufsichtigt werden.

Abbildung 7.7 zeigt die prozentuale Aufschlüsselung des durchschnittlichen Strompreises inklusive aller Komponenten im Jahr 2025.

Abbildung 7.7: So setzt sich der Strompreis zusammen, Quelle: Lindaholm, `https://commons.wikimedia.org/wiki/File:Strompreiszusammensetzung_2025.jpg` (CC BY-SA 4.0)

Der Gesamtpreis setzt sich aus drei Hauptbestandteilen zusammen:

- ✔ Stromerzeugung (also dem Energiepreis des Versorgers/Lieferantenpreis)
- ✔ Steuern, Abgaben und Umlagen
- ✔ Netzentgelte

Viele dieser Bausteine sieht man auf der Rechnung gar nicht direkt, weil sie im Gesamtpreis »versteckt« sind. Für 2025 ergibt sich nach dem BDEW (Bundesverband der Energie- und Wasserwirtschaft) und der Bundesnetzagentur ein durchschnittlicher Haushaltsstrompreis von 39,8 Cent pro Kilowattstunde.

Der Strompreis hängt also nicht nur von der Beschaffung ab, sondern von vielen einzelnen Bausteinen, die den Gesamtpreis am Ende beeinflussen.

Beschaffung, Vertrieb und Marge

Warum die Strompreise der einzelnen Anbieter so unterschiedlich ausfallen, hat viel mit ihrer Art zu tun, Strom einzukaufen und ihr Geschäft zu organisieren. Jeder Energieversorger hat seine eigene Strategie, wie er Risiken steuert, wann er Strom einkauft und wie seine internen Abläufe aufgebaut sind. All das spiegelt sich am Ende im Preis wider, den Kundinnen und Kunden zahlen.

Der Strommarktpreis selbst schwankt täglich, wie im vorherigen Abschnitt erläutert. Welche Strategie sie wählen, beeinflusst direkt den Preis, den am Ende die Kundinnen und Kunden sehen.

Die Beschaffungsstrategie des Lieferanten

Energieversorger beschaffen Strom auf unterschiedliche Weise, zum Beispiel über langfristige Lieferverträge, am Terminmarkt oder kurzfristig über den Spotmarkt (siehe Abschnitt »Die Stromhandelsplätze« weiter vorn). Wenn ein Versorger es schafft, Strom zu besonders günstigen Konditionen einzukaufen (zum Beispiel weil er frühzeitig auf fallende Großhandelspreise reagiert oder seine Beschaffung über unterschiedliche Zeiträume verteilt), kann er diese Vorteile an seine Kundinnen und Kunden weitergeben. Anbieter, die flexibel sind und den Markt gut beobachten, sichern sich häufig niedrigere Einkaufspreise. Das zahlt sich am Ende aus, weil sie ihren Strom zu günstigeren Konditionen anbieten können als Wettbewerber, die teurer einkaufen mussten.

Energieversorger müssen nicht nur entscheiden, wann sie Strom einkaufen, sondern auch, welche Art von Last sie abdecken möchten. Das zeigt Abbildung 7.8. Zur Erinnerung: Der tägliche Strombedarf lässt sich in verschiedene Lastsegmente unterteilen, eine langfristige Grundlast, eine konstante Mittellast und eine deutlich schwankende Spitzenlast (siehe Kapitel 3). Diese Laststruktur bestimmt, wie ein Versorger seine Beschaffungsstrategie gestaltet:

- ✔ **Grundlast**

  Die Grundlast ist der Strombedarf, der rund um die Uhr anfällt. Sie wird mit preisgünstigen, kontinuierlich arbeitenden Kraftwerken oder standardisierten Baseload-Produkten an der Börse gedeckt. Dieser Teil des Bedarfs ist sehr stabil und lässt sich gut über langfristige Verträge oder den Terminmarkt absichern. Versorger, die früh und günstig langfristig Strom einkaufen, können hier Kosten sparen.

- **Mittellast**

  Mittellast bezeichnet im Stromsystem den Teil der Stromnachfrage, der regelmäßig, aber nicht dauerhaft anfällt. Mittellast wird von Energielieferanten durch eine Mischung aus vorab gesicherten Strommengen am Terminmarkt, kurzfristigen Zukäufen am Spotmarkt und gegebenenfalls eigener Erzeugung und Flexibilitäten beschafft.

- **Spitzenlast (Peakload)**

  Die Spitzenlast variiert stark über den Tag. In den Zeiten hoher Nachfrage müssen Versorger flexibel sein und oft kurzfristig Strom zukaufen, zum Beispiel über den Spotmarkt oder in Form einzelner Stundenkontrakte. Wer den Markt gut beobachtet und schnell reagieren kann, sichert sich häufig bessere Preise.

Einzelstundenkontrakte (auch Hourly Products oder Stundenprodukte) sind Stromhandelsprodukte, die genau eine einzige Stunde abdecken.

Sie werden hauptsächlich im kurzfristigen Handel genutzt (Day-Ahead und Intraday). Damit können Energieversorger exakt die Menge Strom nachkaufen oder verkaufen, die sie für eine bestimmte Stunde noch benötigen, um den tatsächlichen Verbrauch ihrer Kundinnen und Kunden auszugleichen.

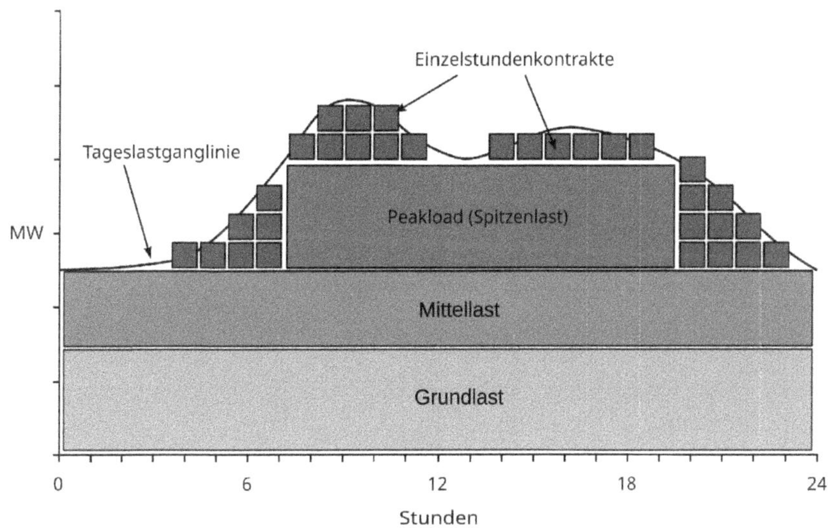

Abbildung 7.8: Die Grafik zeigt schematisch, wie sich der tägliche Stromverbrauch in unterschiedliche Lastsegmente unterteilen lässt und wie Energieversorger diese Lasten am Strommarkt beschaffen, Quelle: Peter Gerstbach, Paeh, `https://commons.wikimedia.org/wiki/File:Stromb%C3%B6rse_stromverbrauch_lastprofil.svg` (CC BY-SA 3.0)

- **Risikoverteilung**

  Ein weiterer Faktor betrifft die Frage, wer die Preis- und Mengenrisiken im Stromhandel trägt, der Versorger oder die Kundschaft. Wenn der Anbieter das Risiko steigender Strompreise übernimmt, wird dieses Risiko in den Tarif eingepreist. Alternativ kann der Lieferant entscheiden, die Preisentwicklung an den Markt weiterzugeben und so den Kundinnen und Kunden das Risiko, aber auch die Chance, schwankender Preise zu übertragen. Zur Absicherung nutzen viele Lieferanten den Terminmarkt, um sich gegen Preisschwankungen abzusichern (Hedging).

- ✔ **Die Kostenstruktur des Lieferanten**

  Darüber hinaus wirkt sich die Effizienz der internen Abläufe auf den Strompreis aus. Unternehmen, die Prozesse wie Bilanzkreismanagement, Abrechnung, Kundenservice oder Marktkommunikation automatisieren und optimieren, können ihre Fixkosten deutlich senken.

  Größere Energieversorger haben zusätzlich den Vorteil von Skaleneffekten. Je mehr Kundinnen und Kunden sie beliefern, desto stärker verteilen sich die Fixkosten auf viele Schultern. Dadurch sinken die durchschnittlichen Kosten pro Haushalt, was ihnen oft ermöglicht, günstigere Preise anzubieten als kleine Anbieter mit weniger Volumen.

- ✔ **Die Unternehmensstrategie des Lieferanten**

  Die grundsätzliche Ausrichtung eines Energieversorgers beeinflusst außerdem den Strompreis. Ein Anbieter, der seinen Marktanteil ausbauen möchte, ist oft bereit, vorübergehend geringere Margen in Kauf zu nehmen, um wettbewerbsfähige Preise anzubieten. Für Kundinnen und Kunden kann das sehr vorteilhaft sein. Vor allem dann, wenn neue Anbieter mit günstigen Tarifen in den Markt starten oder etablierte Versorger ihre Angebote erweitern und Wettbewerbsdruck erzeugen. Welche Preisstrategie ein Unternehmen verfolgt, ist deshalb oft direkt auf der Stromrechnung zu sehen.

Steuern, Abgaben und Umlagen (10,27 ct/kWh)

In diesem Block sind staatlich festgelegte Preisbestandteile enthalten, unter anderem:

- ✔ Mehrwertsteuer (aktuell 19 Prozent),
- ✔ Stromsteuer: Bundessteuer: aktuell 2,05 ct/kWh.
- ✔ KWK-Umlage: Förderung der Kraft-Wärme-Kopplung
- ✔ Offshore-Netzumlage: Entschädigungszahlungen bei Verzögerungen/Fehlern beim Offshore-Netzanschluss
- ✔ Konzessionsabgabe: Stromnetzbetreiber zahlen das an Städte und Gemeinden, um Leitungen im öffentlichen Raum zu verlegen.
- ✔ Umlage nach Strom- und Netzentgeltverordnung: Manche Letztverbraucher können unter bestimmten Voraussetzungen eine individuelle Reduzierung der Netzentgelte beantragen. Vor allem dann, wenn die regulären Entgelte eine unverhältnismäßige finanzielle Belastung darstellen. Dies betrifft vor allem kleinere und mittlere Unternehmen aus dem Gewerbe- oder Industriesektor mit hohem Stromverbrauch.

Seit 2022 ist die EEG-Umlage zwar auf 0 Cent pro Kilowattstunde abgesenkt, aber die damit finanzierte Aufgabe ist nicht verschwunden. Heute wird weiterhin die Förderung erneuerbarer Energien, also zum Beispiel Einspeisevergütungen für Wind- und Solaranlagen, bezahlt. Nur kommt das Geld dafür nicht mehr direkt über den Strompreis von den Endkunden, sondern über den Bundeshaushalt. Was früher über die EEG-Umlage auf der Stromrechnung stand, wird jetzt aus Steuermitteln übernommen.

Diese Steuern und Abgaben sind maßgeblich für die Höhe des Strompreises verantwortlich. Außerdem sorgen sie dafür, dass die Förderung erneuerbarer Energien und die Sicherstellung einer stabilen Stromversorgung finanziert werden.

Netzentgelte

Netzentgelte sind ein fester Bestandteil des Strompreises. Sie fallen für die Nutzung der Stromnetze an und werden von allen gezahlt, die Strom aus dem öffentlichen Netz beziehen. Mit diesen Entgelten finanzieren die Netzbetreiber den Bau, den Betrieb, die Instandhaltung und den Ausbau der Leitungen sowie die dafür notwendige Technik. Auch die sogenannten Systemdienstleistungen, also Maßnahmen zur Stabilisierung des Stromnetzes, werden darüber gedeckt.

Weil Stromnetze in Deutschland als natürliche Monopole gelten, werden die Netzentgelte staatlich reguliert. Die Bundesnetzagentur legt die zulässigen Einnahmen der Netzbetreiber fest, um sicherzustellen, dass die Entgelte zwar kostendeckend, aber nicht überhöht sind.

Für die Endkundinnen und Endkunden setzen sich die Netzentgelte im Wesentlichen aus drei Preisbestandteilen zusammen:

- ✔ **Grundpreis**

  Der Grundpreis ist ein fester Jahresbetrag, der unabhängig vom Stromverbrauch erhoben wird. Er deckt die fixen Kosten, die auch dann entstehen, wenn wenig oder gar kein Strom entnommen wird, zum Beispiel für den Netzanschluss oder administrative Aufwendungen.

- ✔ **Arbeitspreis**

  Der Arbeitspreis wird in Cent pro Kilowattstunde (ct/kWh) berechnet und richtet sich nach der tatsächlich verbrauchten Strommenge. Er bildet den variablen Teil der Netzentgelte und ist für Haushaltskunden meist der wichtigste Kostenfaktor.

- ✔ **Leistungspreis**

  Für größere Verbraucher, vor allem in Industrie und Gewerbe, spielt zusätzlich der Leistungspreis eine Rolle. Er wird in Euro pro Kilowatt (€/kW) berechnet und bemisst sich nach der höchsten gleichzeitig abgenommenen Leistung innerhalb eines bestimmten Zeitraums, oft über 15 Minuten gemessen. Damit soll sichergestellt werden, dass das Netz ausreichend Kapazität für Lastspitzen bereithält. Bei Haushalten ohne Leistungsmessung gibt es keinen Leistungspreis.

Die Höhe der Netzentgelte ist regional sehr unterschiedlich. In ländlichen Gebieten, in denen Stromleitungen weite Strecken überbrücken müssen, sind die Entgelte typischerweise höher als in Ballungsräumen. Das Alter der Netze, der Anteil erneuerbarer Energien im Gebiet und Investitionen in die Netzmodernisierung beeinflussen die Kosten zusätzlich.

Für sehr stromintensive Unternehmen, zum Beispiel aus der Metall-, Chemie- oder Papierindustrie, gibt es gesetzliche Sonderregelungen. Sie können unter bestimmten Voraussetzungen eine teilweise Befreiung von den Netzentgelten beantragen, um die internationale Wettbewerbsfähigkeit dieser Branchen zu sichern.

Messentgelte

Zusätzlich zu den eigentlichen Netzentgelten fallen auch Messentgelte an. Sie decken die Kosten dafür ab, dass Zähler installiert, betrieben und gewartet werden. Also alles, was nötig ist, um den Stromverbrauch korrekt zu messen und die Daten regelmäßig auszulesen und weiterzugeben. Je nach Versorger tauchen diese Kosten direkt auf der Stromrechnung auf oder werden vom Messstellenbetreiber separat in Rechnung gestellt. Auch wenn sie organisatorisch zu den Netzentgelten gehören, werden sie in der Praxis oft als eigener Posten ausgewiesen. Wie hoch die Messentgelte ausfallen, hängt davon ab, welcher Zähler im Haushalt verbaut ist:

- ✔ **Standardzähler** (Ferraris-Zähler oder moderne Messeinrichtungen) verursachen nur geringe jährliche Kosten für Haushaltskunden.
- ✔ **Intelligente Messsysteme** (Smart Meter oder RLM, also registrierende Leistungsmessungen) hingegen sind aufwendiger und mit höheren Entgelten verbunden, da sie zusätzliche Kommunikations- und Datenschnittstellen bereitstellen. In diesen Fällen entstehen zusätzliche Aufwendungen, zum Beispiel für den Betrieb der Kommunikationsinfrastruktur, die für die automatische Datenübertragung benötigt wird.

Für die meisten Haushalte übernimmt der grundzuständige Messstellenbetreiber den Betrieb der Zähler. In den allermeisten Fällen ist das der örtliche Netzbetreiber. Viele Verbraucher bekommen davon wenig mit, weil es automatisch im Hintergrund läuft.

⚠ Der Preis für den Messstellenbetrieb ist gesetzlich geregelt und hängt vom Jahresverbrauch des Kunden sowie der Art des Zählers ab. Für private Haushalte mit einem Verbrauch unter 6.000 kWh im Jahr liegen die Kosten normalerweise zwischen 20 und 40 Euro pro Jahr, bei intelligenten Messsystemen bis zu 100 Euro. Auch unterhalb von 6.000 kWh ist der Einbau eines intelligentes Messsystem (iMSys) auf Wunsch möglich.

Mit dem weiteren Ausbau intelligenter Messsysteme, also moderner Smart Meter, gewinnt der Messstellenbetrieb immer mehr an Bedeutung. Diese neuen Zähler ermöglichen eine viel genauere Erfassung des Verbrauchs und eine automatische Übermittlung der Daten. Das erleichtert die Abrechnung und schafft gleichzeitig die Grundlage für flexible Tarifmodelle, bei denen sich der Strompreis stärker am tatsächlichen Marktpreis orientiert.

Welche Risiken der Stromhandel tragen muss

Wo gehandelt wird, gibt es auch Risiken. Diese können finanzielle Folgen haben oder zu organisatorischen Problemen führen.

Preisrisiko

Energiepreise, vor allem Strompreise, können sich stark verändern. Diese Schwankungen entstehen zum Beispiel durch Wetter, politische Entscheidungen, Nachfrageveränderungen oder Störungen in der Stromproduktion.

Zum Beispiel kauft ein Unternehmen Strom für das nächste Jahr zu einem festen Preis ein. Wenn die Marktpreise später stark fallen, zahlt es zu viel im Vergleich zum aktuellen Marktwert. Umgekehrt kann ein Verkäufer Verluste machen, wenn der Marktpreis später stark steigt.

Was kann man tun? Durch Hedging-Strategien, also Absicherungsgeschäfte, lassen sich solche Preisrisiken minimieren. Dafür wird als Beispiel über Terminbörsen (wie die EEX) ein Gegengeschäft abgeschlossen, das bei ungünstiger Preisentwicklung als Ausgleich dient.

Kreditrisiko oder Gegenparteirisiko

Im Stromhandel schließen Marktteilnehmer Verträge mit anderen Unternehmen. Es kann passieren, dass eine dieser Parteien zahlungsunfähig wird und ihren Verpflichtungen nicht nachkommt, sodass der anderen Partei hohe Verluste entstehen.

Beispiel: Ein Stadtwerk verkauft Strom an ein Industrieunternehmen. Rutscht dieses Unternehmen in die Insolvenz, erhält das Stadtwerk möglicherweise kein Geld mehr. Auch wenn es den Strom schon geliefert hat oder liefern muss.

Wie kann man dagegensteuern? Bei börslichem Handel wird das Risiko durch eine zentrale Gegenpartei (Clearingstelle) übernommen. Im sogenannten OTC-Handel (also außerhalb der Börse) muss das Kreditrisiko selbst bewertet und durch Sicherheiten oder Vertragsklauseln reduziert werden.

Cash-Flow-Risiko oder Liquiditätsrisiko

Auch wenn ein Stromhandelsgeschäft am Ende Gewinn bringt, kann es unterwegs zu Geldproblemen kommen. Das liegt daran, dass man beim Börsenhandel oft Sicherheiten (sogenannte *Margins*) hinterlegen muss.

Wenn sich die Preise stark verändern, verlangt die Börse mehr Geld zur Absicherung. Das kann schnell sehr hohe Summen betreffen.

Ein Beispiel dazu: Ein Händler hat einen Vertrag, der langfristig Gewinn bringt. Aber plötzlich verlangt die Börse mehrere Millionen Euro extra, nur zur Sicherheit. Wenn der Händler das Geld nicht sofort hat, kann es kritisch werden.

Was kann ein Teilnehmer tun? Das Unternehmen muss gut planen und immer genug Geldreserven bereithalten. So kann es auch kurzfristige Forderungen problemlos bezahlen, ohne in Schwierigkeiten zu geraten.

Liquiditätsrisiko

Im Stromhandel geht es oft darum, Verträge zu kaufen oder zu verkaufen. Das funktioniert aber nur gut, wenn es genug andere Marktteilnehmer gibt, die bereit sind, zu kaufen oder zu verkaufen. Wenn das nicht der Fall ist, heißt das Liquiditätsrisiko. Man hat zwar ein Produkt (zum Beispiel Strom für einen bestimmten Zeitraum oder eine bestimmte Region), findet aber keinen Käufer oder nur zu einem sehr schlechten Preis.

Zum Beispiel hat ein Händler Strom gekauft, der nächste Woche in eine bestimmte Region geliefert werden soll. Jetzt möchte er den Vertrag weiterverkaufen, aber gerade interessiert sich niemand für dieses Produkt. Er kann den Vertrag dann nur mit Verlust verkaufen oder gar nicht.

Was kann der Marktteilnehmer tun? Möglichst mit Produkten handeln, die oft gehandelt werden, sogenannte *liquide Produkte*«. Und natürlich gut planen, damit man nicht gezwungen ist, spontan zu verkaufen.

Basisrisiko (Basis Risk), Futures und Hedging

Wenn ein Unternehmen Strom, Gas oder Heizöl verkauft oder einkauft, möchte es vermeiden, dass plötzliche Preisänderungen seine Geschäfte durcheinanderbringen. Dafür nutzt es Futures, das sind Verträge am Terminmarkt, mit denen man den Preis schon heute festlegt, obwohl die Ware erst später geliefert oder abgerechnet wird. Mit einem Future weiß das Unternehmen also (für das abgesicherte Produkt) genau, welchen Preis es später zahlen oder bekommen wird, ganz egal, wie stark der Marktpreis bis dahin steigt oder fällt. Deshalb werden die meisten dieser Geschäfte nicht abgeschlossen, um später wirklich Energie zu liefern, sondern um sich gegen Preisschwankungen abzusichern. Das nennt man Hedging. Futures sind immer gleich aufgebaut (also »standardisiert«) und eignen sich deshalb gut, um Risiken zu reduzieren. Viele Energie-Futures werden am Ende sogar nur finanziell ausgeglichen, ohne dass tatsächlich Strom oder Gas fließen muss. Man vergleicht einfach den vereinbarten Preis mit dem Marktpreis und verrechnet die Differenz.

Der Unterschied zum »normalen« Terminmarkthandel ist, dass es dort oft wirklich darum geht, die Energie zu einem späteren Zeitpunkt zu erhalten oder zu liefern. Beim Hedging mit Futures steht dagegen die Absicherung gegen Preisänderungen im Vordergrund, nicht die tatsächliche Lieferung.

Manchmal gibt es aber keinen passenden Future für das genaue Produkt. Dann nimmt man ein ähnliches Produkt zur Absicherung, in der Hoffnung, dass sich beide Preise ähnlich entwickeln. Und genau hier entsteht das Basisrisiko: Wenn sich die beiden Preise unterschiedlich entwickeln, hilft die Absicherung nicht wie geplant und es kann trotzdem zu Verlusten kommen.

Basisrisiken lassen sich oft nicht vollständig vermeiden. Wichtig ist, sie zu verstehen, zu beobachten und möglichst nah verwandte Produkte zur Absicherung zu nutzen.

Rechtliches Risiko

Im Stromhandel werden oft komplizierte Verträge abgeschlossen, vor allem, wenn es um langfristige Lieferungen geht. Manchmal kommt es allerdings vor, dass solche Verträge nicht wie geplant erfüllt werden können. Das kann zum Beispiel passieren, wenn sich Gesetze ändern, Naturkatastrophen eintreten oder es zu Lieferproblemen kommt. In solchen Fällen ist oft unklar, ob der Vertrag noch gilt und wer am Ende für Schäden haftet.

Um solche Risiken zu verringern, sollten Unternehmen standardisierte Verträge nutzen, zum Beispiel »EFET- oder ISDA-Rahmenverträge«. Sie enthalten klare Regeln für viele Ausnahmesituationen.

Außerdem ist der Handel über die Börse oft rechtlich sicherer, weil dort die Bedingungen für alle Marktteilnehmer einheitlich und transparent sind.

Operationelles Risiko

Fehler im Tagesgeschäft können teuer werden. Dazu gehören einerseits menschliche Probleme, wie zum Beispiel ein Zahlendreher in einem Vertrag, eine verspätete Lieferung oder eine falsche Buchung. Ein Mitarbeiter gibt eine falsche Liefermenge ein, wodurch das Unternehmen Strom zu hohen Preisen zukaufen muss. Aber auch technische Hürden, wie zum Beispiel Ausfälle von Kraftwerken, die zu Lieferengpässen führen können, oder sicherheitsrelevante Herausforderungen, zum Beispiel Cyberangriffe auf die Energieinfrastruktur, können zu Verlusten oder sogar rechtlichen Problemen führen.

Wie kann dieser Aspekt reduziert werden? Durch gute Prozesse, digitale Systeme, klare Rollenverteilungen und das Vier-Augen-Prinzip kann man Fehler deutlich reduzieren. Regelmäßige Schulungen der Mitarbeiter sind auch wichtig.

Politische und regulatorische Risiken

Politische Entscheidungen und neue Gesetze können großen Einfluss auf den Energiehandel haben. Wenn sich zum Beispiel das Steuerrecht ändert oder neue Abgaben eingeführt werden, kann ein eigentlich gut geplantes Geschäft plötzlich weniger Gewinn bringen oder Verluste verursachen. Änderungen bei Förderprogrammen oder gesetzlichen Vorgaben können Auswirkungen auf Handelsstrategien, Projekte oder Investitionen haben. Aus diesem Grund ist ein Regierungswechsel auch enorm entscheidend für die Energiewirtschaft. Energielieferanten verfolgen die politischen Entscheidungen in der Regel sehr engmaschig, um sich frühzeitig auf Änderungen vorzubereiten.

Das Bilanzkreismanagement

Stellen Sie sich einen Bilanzkreis bildlich wie eine Waage vor, auf deren beiden Seiten Erzeugung und Verbrauch im Gleichgewicht gehalten werden (siehe Abbildung 7.9). In einem Stromnetz muss zu jedem Zeitpunkt so viel elektrische Energie eingespeist werden, wie gleichzeitig entnommen wird.

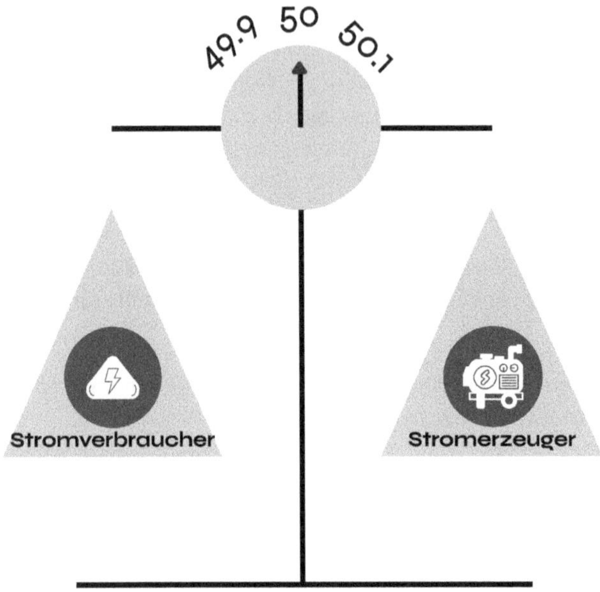

Abbildung 7.9: Ausgeglichene Bilanzkreise

Nur dann bleibt die Netzfrequenz stabil und die Versorgungssicherheit ist gewährleistet (siehe »Systemdienstleistungen«, Kapitel 6). Um dies im liberalisierten Energiemarkt zu erreichen, wurde das System der Bilanzkreise eingeführt. Ein Bilanzkreis ist im Grunde ein virtuelles Energiemengenkonto, in dem alle Einspeisungen (zum Beispiel aus Kraftwerken oder Importen) und Entnahmen (Verbrauch der Kunden oder Exporte) erfasst werden. Dieses Prinzip gibt es sowohl im Strommarkt als auch im Gasmarkt. Im Strommarkt bedeutet das: Für jede Viertelstunde muss der Bilanzkreis im Plan ausgeglichen sein (geplante Einspeisung = geplanter Verbrauch). Abweichungen werden später als Ausgleichsenergie abgerechnet. Im Gasmarkt funktioniert diese Bilanzierung ähnlich, allerdings auf Stunden- beziehungsweise Tagesbasis.

Ein *Bilanzkreis* ist ein Bereich, in dem der Stromverbrauch und die Stromerzeugung (beziehungsweise Einspeisung und Entnahme) eines Unternehmens oder eines Versorgungsgebiets erfasst werden. Jeder Marktteilnehmer (zum Beispiel ein Stromanbieter oder ein Großverbraucher) bewirtschaftet einen eigenen Bilanzkreis (Bilanzkreisverantwortung).

Durch die Bilanzkreis-Systematik wird sichergestellt, dass kein Lieferant mehr Energie verkauft oder liefert, als tatsächlich produziert oder beschafft wurde. Jede Kilowattstunde Strom oder Gas, die an Verbraucher geliefert wird, muss entweder durch eigene Erzeugung oder durch Einkauf an den Energiemärkten gedeckt sein. Der Bilanzkreis bildet so die Schnittstelle zwischen der virtuellen Marktwelt (Handel und Verträge) und der physischen Netzebene (tatsächliche Einspeisung und Entnahme). Man kann sich einen Bilanzkreis vereinfacht wie das Konto eines Stromhändlers vorstellen, auf dem »Soll« (Verbräuche) und »Haben« (Einspeisungen/Einkäufe) immer ausgeglichen sein müssen.

Das Bilanzkreismanagement bündelt alle Maßnahmen, um dieses Konto ausgeglichen zu halten. Das Ergebnis soll sein, dass Einspeisungen und Entnahmen im Bilanzkreis im Fahrplan übereinstimmen.

Die Haupt-Beteiligten im Bilanzkreismanagement sind der Bilanzkreisverantwortliche (BKV) und der Übertragungsnetzbetreiber (ÜNB – der Betreiber des Höchstspannungsnetzes). Der BKV ist oft ein Energieversorgungsunternehmen oder Stromhändler und verwaltet einen oder mehrere Bilanzkreise. Eine oder mehrere Personen sind dafür verantwortlich, Prognosen aufzustellen und den Bilanzkreis ausgeglichen zu halten. Jeder BKV muss mit dem zuständigen ÜNB einen Bilanzkreisvertrag abschließen und ist verpflichtet, seinen Bilanzkreis im Fahrplan im Gleichgewicht zu halten.

Der ÜNB (in Deutschland einer der vier Übertragungsnetzbetreiber) überwacht alle Bilanzkreise in seiner Regelzone (Kapitel 4) und verlangt von den BKV, deren Bilanzkreise ständig auszugleichen. Wenn in einem Bilanzkreis Unterdeckungen oder Überdeckungen auftreten, gleicht der ÜNB diese Differenzen mit Regelenergie aus, um das Gesamtnetz stabil zu halten. Außerdem ist der ÜNB für die Abrechnung der Ausgleichsenergie gegenüber den BKV zuständig.

Differenzen zwischen Fahrplan und Realität werden über Ausgleichsenergie abgerechnet. Liefert ein Bilanzkreis weniger Energie als geplant oder entnimmt mehr, springt der ÜNB ein und gleicht dies durch Regelenergie aus. Die dadurch bereitgestellte Energiemenge wird dem Bilanzkreis als Ausgleichsenergie belastet. Im umgekehrten Fall (ein Bilanzkreis speist mehr ein als vorgesehen oder entnimmt weniger) wird ihm die überschüssige Energiemenge gutgeschrieben. Die Ausgleichsenergie stellt quasi ein Korrektiv dar und gleicht Prognosefehler abrechnungsseitig aus. Ausgleichsenergie ist meist teurer als die vorherige Beschaffung am Markt. Deswegen vermeiden Energielieferanten gerne diese finanziellen »Bestrafungen« für schlechte Prognosen und optimieren ihr Bilanzkreismanagement stetig. Das wiederum kommt dem Netz und der Versorgungssicherheit zugute.

Daneben gibt es die Verteilnetzbetreiber (VNB), die die regionalen Strom- und Gasnetze betreiben. Sie erfassen die Messwerte der Verbrauchs- und Einspeisestellen und stellen diese Daten für die Bilanzierung bereit.

Lieferanten (Energieversorger) und Kraftwerksbetreiber liefern die Energie an Endkunden beziehungsweise erzeugen sie. Sie müssen ihre Entnahmestellen (Kunden) und Einspeisepunkte (Kraftwerke) einem Bilanzkreis zuordnen.

Tabelle 7.2 gibt einen Überblick über die wichtigsten Marktrollen und ihre Aufgaben im Bilanzkreismanagement.

Im Gasmarkt wird anstelle der ÜNB-Bezeichnung der Begriff Marktgebietsverantwortlicher (MGV) verwendet. Die Aufgaben des MGV entsprechen grundsätzlich denen eines ÜNB, allerdings für ein ganzes Gas-Marktgebiet statt für eine Regelzone.

Marktrolle	Aufgaben im Bilanzkreismanagement
Bilanzkreisverantwortlicher (BKV)	Verwaltet den Bilanzkreis; erstellt Prognosen für Verbrauch und Erzeugung; meldet Fahrpläne an den ÜNB; handelt am Markt, um Einspeisungen und Entnahmen auszugleichen; trägt Verantwortung für Abweichungen (Ausgleichsenergie)
Übertragungsnetzbetreiber (ÜNB)	Überwacht die Bilanzkreise in seiner Regelzone; vergleicht gemeldete Fahrpläne mit tatsächlichen Mess-/Lastflussdaten; gleicht Abweichungen kurzfristig mit Regelenergie aus; stellt Ausgleichsenergie bereit und rechnet diese gegenüber den BKV ab
Verteilnetzbetreiber (VNB)	Betreibt regionale Verteilnetze; misst Energieentnahmen und -einspeisungen an Kundenanschlüssen; stellt Messdaten für die Bilanzkreisabrechnung zur Verfügung; gewährleistet den sicheren Netzbetrieb im Verteilnetz
Lieferant / Händler	Beschafft Energie an Börsen oder von Erzeugern und liefert sie an Endkunden; ist entweder selbst BKV oder schließt sich einem BKV an, um die gelieferten Mengen in einem Bilanzkreis zu bilanzieren
Kraftwerksbetreiber / Erzeuger	Produziert Energie (Strom, Gas) und speist sie in das Netz ein; verkauft die erzeugte Energie entweder direkt am Markt oder übergibt sie an einen BKV zur Vermarktung; muss Einspeisepunkte einem Bilanzkreis zuordnen

Tabelle 7.2: Aufgaben im Bilanzkreismanagement

Wie funktioniert das Bilanzkreismanagement im Detail? Die Bewirtschaftung eines Bilanzkreises lässt sich in mehreren Schritten darstellen, die sich täglich wiederholen:

1. **Prognoseerstellung:** Der Bilanzkreisverantwortliche (oft Lieferant) erstellt eine Last- und Erzeugungsprognose für seinen Bilanzkreis. Dabei schätzt er, wie viel seine Kunden in jeder Zeiteinheit (zum Beispiel in kWh pro Viertelstunde) verbrauchen werden und wie viel seine Erzeugungsanlagen einspeisen werden. Diese Prognose stützt sich auf Erfahrungswerte, Wetterdaten (für erneuerbare Energien) und historische Verbrauchsmuster. Für Kleinkunden ohne Echtzeitmessung werden standardisierte Verbrauchskurven genutzt, um deren voraussichtlichen Verbrauch abzubilden. Mehrere kleine Einheiten werden in der Prognose zusammengefasst und der Durchschnittsverbrauch erfasst. Diese standardisierten Verbrauchskurven werden Standardlastprofile genannt, wie bereits in Kapitel 6 erklärt wurde.

2. **Fahrplanmeldung:** Auf Basis der Prognose stellt der BKV einen Fahrplan auf. Dieser enthält für jede Viertelstunde des Folgetags die geplanten Einspeisungs- und Entnahmemengen und Handelsgeschäfte mit anderen Bilanzkreisen. Der Fahrplan wird in einem geregelten elektronischen Prozess an den ÜNB übermittelt. Der ÜNB überprüft, ob der gemeldete Fahrplan in Summe ausgeglichen ist und ob alle bilateralen Handelsgeschäfte von beiden Seiten konsistent gemeldet wurden. Damit liegt vor Beginn des Liefertags für jeden Bilanzkreis ein Versprechen vor, in jeder Zeitperiode gleich viel Energie einzuspeisen wie zu entnehmen.

3. **Lieferung und Monitoring:** Während des Liefertags speisen die Anlagen entsprechend dem Fahrplan Energie ein und die Verbraucher entnehmen Energie. Der ÜNB überwacht in Echtzeit die Gesamtbilanz im Netz. Kommt es zu Abweichungen

zwischen der geplanten und der tatsächlichen Einspeisung oder Last (beispielsweise durch unerwartet hohen Verbrauch oder wetterbedingt schwankende Erzeugung), entsteht ein Ungleichgewicht. Dieses Ungleichgewicht zeigt sich als Frequenzabweichung im Netz und als Bilanzkreisabweichung gegenüber dem Fahrplan.

4. **Eingriff mit Regelenergie:** Der ÜNB greift umgehend ein, falls eine Abweichung auftritt, denn die Netzfrequenz muss stabil gehalten werden. Der ÜNB aktiviert Regelenergie (die zuvor als Regelleistung vorgehalten wurde), um ein Defizit an Energie auszugleichen oder Überschuss aufzunehmen. Auf diese Weise stellt der ÜNB sicher, dass zu jedem Moment die Gesamtbilanz aus Erzeugung und Verbrauch im Netz wieder stimmt. Die eingesetzte Energiemenge, die zur Korrektur verwendet wird, wird den jeweiligen Bilanzkreisen zugeordnet, die das Ungleichgewicht verursacht haben.

5. **Bilanzkreisabrechnung:** Nach Ende des Liefertags werden die tatsächlichen Einspeise- und Entnahmedaten je Bilanzkreis zusammengetragen (Messdaten liefert vor allem der VNB). Der ÜNB vergleicht für jede Viertelstunde den Fahrplan mit der Ist-Einspeisung/Entnahme und ermittelt so die Bilanzkreisabweichung. Diese Abweichungen werden anschließend finanziell ausgeglichen: Der BKV muss für bezogene Mehrmengen zahlen beziehungsweise erhält Gutschriften für nicht genutzte Energieüberschüsse. Die Abrechnung erfolgt zu Ausgleichsenergiepreisen, die in der Regel höher liegen als die normalen Marktpreise. Der ÜNB stellt dem BKV die Kosten für die eingesetzte Ausgleichsenergie in Rechnung.

In seltenen Fällen kann ein BKV eine Gutschrift erhalten, zum Beispiel wenn sein Bilanzkreis mehr Strom einspeist als geplant. Dieser Überschuss muss dann zur Stabilisierung des Netzes beigetragen haben. Dann fließt überschüssige Energie in andere Bilanzkreise und der BKV wird teilweise ein negativer Ausgleichsenergiepreis gutgeschrieben. In der Praxis verursacht eine Prognoseabweichung meistens Mehrkosten für den Verursacher, weil Ausgleichsenergie oft teurer ist als vorheriger Handel am Markt. Daher hat der BKV ein großes Interesse daran, seinen Bilanzkreis möglichst prognosegetreu zu führen.

Ein zuverlässiges Bilanzkreismanagement ist sehr wichtig für die Stabilität des Energiesystems. Denn ohne diesen Mechanismus würden einzelne Teilnehmer immer zu viel oder zu wenig Energie einspeisen, was zu Frequenzschwankungen und im Extremfall zu Versorgungsunterbrechungen führen würde. Zur Erinnerung: Die Netzfrequenz im europäischen Verbundsystem muss konstant bei 50 Hertz gehalten werden (siehe Teil I, Systemdienstleistungen). Schon geringe Abweichungen zwischen Erzeugung und Verbrauch können zu Störungen führen. Durch das Bilanzkreissystem wird Über- und Unterproduktion im Fahrplan größtenteils verhindert. Jede Marktpartei muss für ihr eigenes Gleichgewicht sorgen oder trägt andernfalls die Konsequenzen (Kosten). Damit verteilt das System die Verantwortung für die Netzbalance auf viele Schultern und schafft Anreize, im Plan zu bleiben.

Die Übertragungsnetzbetreiber fungieren als letzte Instanz, um verbleibende Ungleichgewichte auszugleichen. Sie setzen Regelreserven ein, um den Gesamtsaldo aller Bilanzkreise auszugleichen.

Insbesondere mit dem wachsenden Anteil erneuerbarer Energien ist ein gutes Bilanzkreismanagement sehr zentral. Wind- und Solaranlagen speisen je nach Wetterlage unregelmäßig ein, und das macht Prognosen unsicherer.

Durch ständige Prognoseverbesserung, kurzfristigen Handel (zum Beispiel am Intraday-Markt) und Ausgleichsenergie lassen sich auch größere Schwankungen ausgleichen.

Gesetze und Pflichten rund ums Bilanzkreismanagement

In Deutschland sind die Pflichten und Abläufe des Bilanzkreismanagements durch Gesetze und Verordnungen festgelegt. Jeder Lieferant muss die Entnahmen seiner Kunden einem Bilanzkreis zuordnen. Dazu schließt der BKV einen Standard-Bilanzkreisvertrag mit dem ÜNB, der von der Bundesnetzagentur (staatliche Aufsichtsbehörde in Deutschland) vorgegeben ist. Innerhalb Europas vereinheitlichen sich die Vorgaben zunehmend. In allen EU-Mitgliedsstaaten gilt das Prinzip der bilanzkreisverantwortlichen Partei (Balance Responsible Party). Jeder Marktteilnehmer ist damit verpflichtet, seine Einspeisungen und Entnahmen bilanziell abzudecken. Es gibt innerhalb Europas viel grenzüberschreitenden Stromhandel und es muss garantiert werden, dass dieser nach einheitlichen Prinzipien funktioniert. Zum Beispiel gibt es eine EU-weite Richtlinie, der *Network Code on Electricity Balancing*. Er gibt die Leitlinien für das Bilanzkreismanagement und den Ausgleich von Abweichungen vor.

Zusammengefasst: Der BKV versucht, mit einer guten Prognose einen möglichst realistischen Fahrplan aufzustellen. Dieser Fahrplan ist die Grundlage für den operativen Betrieb und den Handel. Während der Lieferung wird kontinuierlich überwacht, ob der Fahrplan eingehalten wird. Kleinere Abweichungen sind normal, aber sie verursachen den Einsatz von Ausgleichsenergie. Jede kWh, die als Ausgleichsenergie bereitgestellt werden muss, bedeutet zusätzliche Kosten für den Verursacher (beziehungsweise entgangene Gewinne, wenn man dafür weniger erhält, als am Markt erzielbar gewesen wäre). Das motiviert alle Akteure, Prognosen und Fahrpläne so präzise wie möglich zu gestalten und bei Bedarf flexibel nachzusteuern.

Für Energieanbieter, wie zum Beispiel Stadtwerke, ist es sehr wichtig, den Stromeinkauf gut zu kalkulieren. Wenn beispielsweise der Strom teuer eingekauft wurde und andere Energielieferanten besser kalkuliert haben, so können sie ihren Stromtarif günstiger anbieten und Kunden wechseln zum günstigeren Angebot.

Ausgleichsenergie

Ausgleichsenergie bezeichnet die Energiemenge, um die der tatsächliche Stromverbrauch oder die tatsächliche Einspeisung eines Bilanzkreises vom vorher prognostizierten Wert abweicht. Idealerweise ist dieses Konto ausgeglichen, das heißt, es wird genauso viel Strom eingespeist und entnommen wie geplant. Kommt es jedoch zu Abweichungen, zum Beispiel weil ein Kraftwerk weniger Strom liefert als angekündigt oder Verbraucher mehr beziehen als erwartet, entsteht Ausgleichsenergie.

Ausgleichsenergie ist kein eigener physischer Stromfluss, sondern ein bilanzielles Konzept im Strommarkt. Es geht vereinfacht ausgedrückt um die nachträgliche Verrechnung der Kosten für die eingesetzte *Regelenergie*, also jener Regelenergie, die der Übertragungsnetzbetreiber bei Ungleichgewichten tatsächlich ins Netz einspeist oder aus dem Netz nimmt, um die Frequenz stabil zu halten. Kurz: Die Regelenergie sorgt für das physische Gleichgewicht im Stromnetz, die Ausgleichsenergie stellt das finanzielle Gleichgewicht zwischen den Bilanzkreisen wieder her.

Regelenergie ist die physisch bereitgestellte Reserve-Energie, die vom ÜNB in Echtzeit eingesetzt wird, um Schwankungen im Netz auszugleichen und die Netzfrequenz auf 50 Hz zu halten. Ausgleichsenergie hingegen ist die abrechnungstechnische Folge dieser Eingriffe: Sie bilanziert im Nachhinein, welcher Bilanzkreis wie viel von der ausgleichenden Energie benötigt oder geliefert hat, und verrechnet die entstandenen Mengen samt Kosten zwischen den Marktakteuren.

Man könnte es auch so ausdrücken: Regelenergie regelt den Stromfluss, Ausgleichsenergie regelt den Geldfluss.

Warum Ausgleichsenergie notwendig ist

In einem idealen System bräuchte man keine Ausgleichsenergie, denn alle Einspeisungen und Entnahmen würden exakt nach Plan erfolgen. Die Realität sieht aber anders aus: Prognosen sind nie perfekt, es gibt immer unvorhergesehene Schwankungen. So kann zum Beispiel ein Windpark bei plötzlich nachlassendem Wind weniger Strom produzieren als geplant oder ein großer Verbraucher schaltet sich unerwartet ein und entnimmt mehr Energie als vorgesehen. Damit das Stromnetz trotzdem stabil bleibt, müssen solche Abweichungen ausgeglichen werden. Hierfür setzen die Übertragungsnetzbetreiber *Regelenergie* ein: kurzfristig abrufbare Reserveleistung, mit der ein momentanes Leistungsdefizit oder -überschuss im Netz ausgeglichen wird. Ohne dieses Eingreifen würde die Netzfrequenz aus dem Takt geraten. *Ausgleichsenergie* wiederum ist notwendig, um diese Eingriffe finanziell abzubilden und die entstehenden Kosten auf die verantwortlichen Akteure zu verteilen. Sie stellt sicher, dass am Ende niemand Energie »geschenkt« bekommt oder das Netz unausgeglichen nutzen kann, ohne dafür aufzukommen.

Wie Ausgleichsenergie entsteht – ein Beispiel

Ausgleichsenergie entsteht immer dann, wenn ein Bilanzkreis von seinem Fahrplan abweicht, also mehr oder weniger Strom fließt als vorher vereinbart. Ein einfaches Beispiel verdeutlicht den Ablauf: Angenommen, ein Kraftwerk meldet für eine Viertelstunde eine Einspeisung von 50 MWh an und verkauft diese Menge an Kunden. Tatsächlich liefert es aber nur 49,5 MWh. Die Verbraucher entnehmen jedoch wie geplant 50 MWh. Dadurch entsteht in dieser Viertelstunde ein Fehlbetrag von 0,5 MWh, es wurde weniger eingespeist als verbraucht. Bildlich ausgedrückt ist die »Waage« zwischen Einspeisung und Verbrauch damit aus dem Gleichgewicht geraten.

Der Übertragungsnetzbetreiber (ÜNB) springt nun ein und steuert *Regelenergie* bei, um die fehlenden 0,5 MWh sofort auszugleichen und das Netz stabil zu halten. Physikalisch fließt damit wieder genau so viel Strom wie benötigt, die Verbraucher merken von alledem nichts und erhalten die volle versprochene Strommenge.

Rein bilanziell ist die Sache aber noch nicht erledigt: Das Kraftwerk hat weniger geliefert als vereinbart und die fehlende Energie wurde von einem anderen Akteur (dem Regelenergie-Anbieter) bereitgestellt. Diese 0,5 MWh werden daher als *Ausgleichsenergie* auf dem Konto des betroffenen Bilanzkreises verbucht. Anders ausgedrückt: Der ÜNB stellt dem Bilanzkreis des Kraftwerks diese nachgelieferte Strommenge in Rechnung. Auf diese Weise wird das Bilanzkonto wieder ausgeglichen, allerdings muss der Verantwortliche des Bilanzkreises die entstandenen Kosten tragen. (Analog würde eine Überlieferung oder geringere Entnahme, also ein Überschuss an Strom als negative Ausgleichsenergie verbucht. In diesem Fall hätte der Bilanzkreis mehr eingespeist als benötigt und erhält im Prinzip eine Gutschrift. Der Mechanismus funktioniert in beide Richtungen.)

Wer für die Ausgleichsenergie bezahlt

Die Übertragungsnetzbetreiber ermitteln für jede Viertelstunde einen Ausgleichsenergiepreis (reBAP = regelzonenübergreifender einheitlicher Bilanzausgleichsenergiepreis), der auf den Kosten der eingesetzten Regelenergie basiert. Dieser Preis kann je nach Situation positiv oder negativ sein und liegt meist über dem normalen Strommarktpreis. Damit werden Abweichungen verursachergerecht bepreist: Hat ein Bilanzkreis zu wenig geliefert oder zu viel verbraucht (Unterdeckung), muss er die fehlende Energie zu diesem Preis zukaufen; hat er umgekehrt mehr eingespeist oder weniger verbraucht als geplant (Überdeckung), erhält er für die Überschussmenge eine Vergütung zum aktuellen Ausgleichsenergiepreis.

Mit anderen Worten, die Kosten für die Netzstabilisierung werden auf die *Verursacher* der Abweichungen umgelegt. Wer das Stromnetz unausgeglichen belastet, muss die entstehenden Kosten tragen, und wer es (zufällig) entlastet, kann sogar Geld dafür erhalten.

Bedeutet das nun, dass jeder Stromkunde selbst Prognosen abgeben und für Abweichungen bezahlen muss? Nein – Privathaushalte und Kleinkunden sind nicht einzeln bilanziert, sondern Teil des Bilanzkreises ihres Energieversorgers. Der Stromanbieter übernimmt vertraglich die Verantwortung für Prognosefehler und trägt die fälligen Ausgleichsenergiekosten. Der Endkunde merkt davon nichts direkt auf der Stromrechnung, denn diese Kosten sind bereits im Liefervertrag beziehungsweise Tarif des Versorgers einkalkuliert.

Unterschätzen Sie die Bedeutung der Ausgleichsenergie nicht! Zwar handelt es sich »nur« um eine bilanziell erfasste Größe, doch die finanziellen Konsequenzen sind potenziell groß und teilweise existenzbedrohend. Der reBAP, also der einheitliche Abrechnungspreis für Ausgleichsenergie, kann in Extremsituationen astronomische Höhen erreichen. In Kälteperioden oder bei plötzlichen Erzeugungsausfällen wurden in der Vergangenheit Preise von mehreren Tausend Euro pro Megawattstunde aufgerufen. Für Energieversorger, die ihre Fahrpläne nicht im Griff haben, kann eine einzige Viertelstunde ausreichen, um ein ganzes Jahresergebnis zu ruinieren.

IN DIESEM KAPITEL

Bezugstarife und Einspeisetarife

Das Stromsee-Modell

Zählertypen

Kapitel 8
Stromtarife und ihre Abrechnung

Strom ist ein standardisiertes Gut, aber die Art und Weise, wie er vertraglich beschafft und abgerechnet wird, unterscheidet sich deutlich von einem Tarif zum nächsten. Hinter jedem Stromvertrag stehen unterschiedliche Preismechanismen, Messkonzepte und Marktrollen. Sie entscheiden darüber, wie flexibel ein Kunde auf Preisänderungen reagieren kann, wie stark er von Schwankungen am Großhandelsmarkt betroffen ist und wie aktiv er seinen Energieverbrauch steuern möchte. Dieses Kapitel erläutert die wichtigsten Vertrags- und Tarifarten im deutschen Strommarkt, sowohl für Haushalts- als auch für Gewerbekunden.

Grundsätzlich lassen sich Stromverträge unterteilen in

- ✔ **Bezugstarife** (Verträge für Strombezug aus dem Netz) und
- ✔ **Einspeisetarife** (Vergütungen für eingespeisten, selbst erzeugten Strom).

Bezugstarife sind im Alltag am relevantesten, da die meisten Verbraucher ihren Strom aus dem öffentlichen Netz beziehen. Hier gibt es verschiedene Vertragsarten: von der Grundversorgung über Festpreisverträge mit Preisgarantie bis zu variablen oder flexiblen Tarifen, die Preise an Markt oder Tageszeiten koppeln. Auch Hoch- und Niedertarif-(HT/NT-)Modelle (mit günstigeren Nachtstrompreisen) gehören dazu. Daneben existieren Sondertarife für bestimmte Zwecke, etwa Ökostrom-Angebote oder Tarife für Wärmepumpen und E-Autos.

Einspeisetarife hingegen regeln die Vergütung, die Erzeuger für ins Netz eingespeisten Strom (zum Beispiel aus Photovoltaik) erhalten, meist auf Basis gesetzlicher Vorgaben wie des EEG.

Bezugstarife

Bezugstarife sind die klassische Form der Stromversorgung für Haushalte: Diese beziehen ihren Strom aus dem öffentlichen Stromnetz, das über das europäische Verbundnetz mit Energie aus unterschiedlichen Erzeugungsarten gespeist wird.

Physikalisch handelt es sich dabei immer um den allgemeinen Strommix, unabhängig davon, ob ein Vertrag als Ökostrom- oder Standardtarif abgeschlossen wird (siehe weiter unten den Abschnitt »Das Stromsee-Modell & Herkunftsnachweise für Ökostrom«).

Für alle Bezugstarife gilt: Der Endpreis setzt sich aus mehreren Komponenten zusammen: den eigentlichen Energiekosten, Netzentgelten, Messkosten sowie verschiedenen Steuern, Abgaben und Umlagen (siehe Kapitel 9). Nachfolgend stelle ich die wichtigsten Bezugstarife im Überblick vor.

Grundversorgung

Die Grundversorgung ist der Basistarif, den der örtliche Grundversorger automatisch bereitstellt, wenn Sie keinen anderen Stromvertrag abgeschlossen haben. Gesetzlich ist geregelt (§ 36 EnWG), dass der jeweils größte Anbieter vor Ort alle Haushaltskunden in Niederspannung zu »allgemeinen Preisen und Bedingungen« beliefern muss.

Ein Grundversorgungsvertrag kommt oft stillschweigend (konkludent) zustande, beispielsweise, wenn Sie in eine neue Wohnung ziehen, den Lichtschalter betätigen und noch keinen anderen Liefervertrag abgeschlossen haben. Typische Grundversorger sind Stadtwerke oder große Energieunternehmen mit historisch gewachsenen Versorgungsgebieten.

Grundversorgungstarife bestehen normalerweise aus einem festen Arbeitspreis pro Kilowattstunde und einem monatlichen oder jährlichen Grundpreis. Es gibt keine zeitabhängige Preisstaffelung, unabhängig von Tageszeit oder Wochentag zahlen Sie den gleichen Arbeitspreis. Die Abrechnung erfolgt häufig jährlich mit monatlichen Abschlagszahlungen. Preisänderungen muss der Versorger öffentlich bekannt geben (zum Beispiel in der Tagespresse oder auf seiner Website) und mit Vorlauf ankündigen.

Ein Vorteil für Verbraucher: Die Grundversorgung ist vertraglich sehr flexibel. Der Kunde kommt ohne bürokratischen Aufwand sofort zu Strom und kann jederzeit kurzfristig wechseln, mit einer Frist von zwei Wochen, es gibt keine feste Mindestvertragslaufzeit. Zudem darf der Grundversorger niemanden grundlos ablehnen und muss zu zumutbaren Preisen liefern.

Die Grundversorgung ist vor allem eine Auffanglösung für Haushalte, die noch keinen anderen Vertrag abgeschlossen haben, etwa bei einem Umzug oder nach einer Lieferanteninsolvenz. Sie eignet sich für Kunden, die maximale Flexibilität wünschen und sich nicht langfristig binden wollen. Preisbewusste Haushalte wechseln jedoch meist bald in einen günstigeren Sondervertrag. Oft gibt es in der Grundversorgung deutlich höhere Kosten als bei Alternativtarifen, keine Neukundenrabatte und die Preise sinken meist langsamer als der Markt. So galt lange: Wer in der Grundversorgung bleibt, zahlt drauf.

Während der Energiekrise 2022/23 gab es Ausnahmen: In einigen Fällen war die Grundversorgung zeitweise günstiger als neu abgeschlossene Sonderverträge. Mittlerweile liegen die Preise jedoch meist wieder spürbar über den günstigsten Angeboten am Markt.

Festpreistarife

Bei einem Festpreistarif (auch Preisgarantie- oder Fixpreis-Tarif genannt) bleibt der vereinbarte Arbeitspreis für eine bestimmte Vertragslaufzeit (12 oder 24 Monate) unverändert. Das bedeutet, dass der Kunde für jede verbrauchte Kilowattstunde denselben Betrag zahlt, unabhängig davon, wie sich die Strompreise am Großhandelsmarkt entwickeln.

Der Versorger sichert diesen Preis in der Regel durch langfristige Beschaffung am Terminmarkt ab und kalkuliert einen Risikoaufschlag ein, um Preissteigerungen während der Laufzeit auszugleichen. Dadurch sind Festpreistarife meist etwas teurer als variable Angebote, bieten aber Planungssicherheit.

Abgerechnet wird wie üblich per Abschlagszahlungen; Preisanpassungen während der Laufzeit finden nicht statt, außer der Anbieter hat sich vertraglich ein Sonderkündigungsrecht bei extremen Marktverwerfungen vorbehalten (was selten ist). Die Flexibilität ist geringer als bei Grundversorgung: Man geht eine feste Bindung ein, erhält dafür aber Planungssicherheit.

Für Verbraucher mit festem Budget oder für solche, die Preisschwankungen vermeiden wollen, ist der Festpreistarif eine gute Wahl. In Phasen starker Marktvolatilität, wie während einer Energiekrise, schützt er vor kurzfristigen Preissprüngen. 2022 zahlten Haushalte im ersten Halbjahr durchschnittlich 37 ct/kWh. Die reinen Strombeschaffungskosten lagen bei 12 ct. Und die Differenz aus Kosten und Preis resultiert aus Vertriebs- und Risikoaufschlägen.

Der Nachteil: Sinken die Marktpreise, profitiert der Kunde nicht davon.

Festpreistarife unterliegen den allgemeinen Verbraucher schützenden Regeln. 2022 wurde die Gesetzeslage verbessert: Nach der ersten Laufzeit dürfen Verträge nicht mehr automatisch um ein volles Jahr verlängert werden, sondern gehen in eine jederzeit kündbare Verlängerung über. Verbraucher können also nach der Mindestlaufzeit mit Monatsfrist aussteigen (ohne in eine neue Jahresbindung zu geraten). Außerdem hat die Bundesregierung im Zuge der Digitalisierung der Energiewende festgelegt, dass ab 2025 alle Versorger auch flexible Tarife anbieten müssen (variable oder dynamische, siehe unten), um Verbrauchern Alternativen zu Festpreisen zu geben.

Variable Tarife

Variable Stromtarife sind Tarife, bei denen sich der Preis pro Kilowattstunde während der Vertragslaufzeit ändern kann. Anders als beim Festpreis ist der Arbeitspreis hier nicht garantiert, sondern wird regelmäßig, oft monatlich oder vierteljährlich, an die aktuellen Marktbedingungen angepasst. Grundlage für diese Preisänderungen sind in der Regel die Beschaffungskosten des Stromanbieters, die wiederum stark vom Börsenstrompreis abhängen. Sinken die Einkaufspreise, reduziert sich der Tarifpreis; steigen sie, wird der Strom entsprechend teurer. Die Preisänderungen erfolgen nach transparenten Kriterien, die im Vertrag festgelegt sind. Viele Anbieter informieren ihre Kunden monatlich über die Preisentwicklung.

Für variable Tarife genügt oft eine moderne Messeinrichtung, weil nur der Gesamtverbrauch für den jeweiligen Abrechnungszeitraum benötigt wird. Die Abrechnung erfolgt typischerweise monatlich oder vierteljährlich nach dem jeweils gültigen Preis.

Variable Tarife eignen sich besonders für Verbraucher, die bereit sind, gewisse Preisschwankungen zu akzeptieren, um von möglichen Preisrückgängen zu profitieren. Sie bieten kürzere Bindungen und sind oft monatlich kündbar. Dadurch eignen sie sich gut für Kunden, die regelmäßig ihre Vertragskonditionen überprüfen.

Zeitabhängige Tarife (HT/NT)

Ein älteres, aber immer noch verbreitetes Preismodell ist die Abrechnung nach Hoch- und Niedertarif (HT/NT). Hier unterscheidet der Versorger zwei feste Preiszonen: tagsüber (Hochtarif) und nachts (Niedertarif). Der Strompreis ist nachts günstiger, weil in dieser Zeit die Netzauslastung aufgrund geringerer Stromnachfrage niedriger ist.

Die Messung erfolgt über einen Zweitarifzähler, der den Verbrauch nach Tageszeiten trennt. Das Modell war ursprünglich dafür gedacht, Nachtspeicherheizungen oder Warmwasserspeicher kostengünstig zu betreiben.

Heute sind HT/NT-Tarife vor allem dort interessant, wo sich der Stromverbrauch zeitlich verschieben lässt, wie zum Beispiel bei Elektroautos oder Wärmepumpen mit Speicher. Allerdings sind die Preiszonen fix definiert und reagieren nicht auf reale Marktschwankungen. Deshalb werden sie zunehmend von dynamischen Tarifen abgelöst.

Dynamische Tarife und weitere Flexibilitätstarife

Dynamische Stromtarife sind die modernste Form der Strompreisgestaltung. Hier richtet sich der Preis direkt nach den aktuellen Börsenpreisen, die im Viertelstundenrhythmus an der EPEX-SPOT-Börse festgelegt werden. Verbraucher zahlen also den Preis, der zum Zeitpunkt ihres tatsächlichen Verbrauchs am Markt gilt. Dynamische Tarife passen sich an Marktpreise, Tageszeiten oder technische Bedingungen an. Das Ziel des Verbrauchers ist,

Strom dann zu verbrauchen, wenn er sehr preiswert oder klimafreundlich verfügbar ist, und den Verbrauch von Strom zu vermeiden, wenn er teuer oder knapp ist.

Voraussetzung für diese Tarife ist ein intelligentes Messsystem (Smart Meter), das den Stromverbrauch zeitgenau erfasst und an den Energieversorger übermittelt. Nur so ist eine 15-Minuten-genaue Abrechnung möglich.

Diese Tarifform eröffnet neue Möglichkeiten: Kunden können gezielt zu günstigen Zeiten Strom nutzen, zum Beispiel wenn mittags viele Solaranlagen einspeisen, oder teure Stunden vermeiden, zum Beispiel abends in Spitzenzeiten. Besonders profitieren Verbraucher mit steuerbaren Großverbrauchsgeräten wie Wärmepumpen, Batteriespeichern oder Elektroautos.

Dynamische Tarife sind ein wichtiger Baustein der Energiewende. Sie fördern eine flexible Lastverlagerung, entlasten das Stromnetz und sorgen dafür, dass Strom dann genutzt wird, wenn er reichlich vorhanden ist. Seit der Novelle des Energiewirtschaftsgesetzes sind Energieversorger verpflichtet, ab 2025 mindestens einen dynamischen Tarif anzubieten. Nutzen können ihn allerdings nur die Kunden, die ein Smart Meter installiert haben.

Dynamische Stromtarife orientieren sich häufig an den viertelstündlichen Preisen der Day-Ahead-Auktion der EPEX-SPOT-Börse (seit 10/2025 Marktstandard). Die Grafik in Abbildung 8.1 zeigt beispielhaft die endgültigen Verbraucherpreise (dargestellt allerdings nur stündlich), also inklusive aller Steuern, Umlagen und Netzentgelte, für den 13. und 14. Februar 2025.

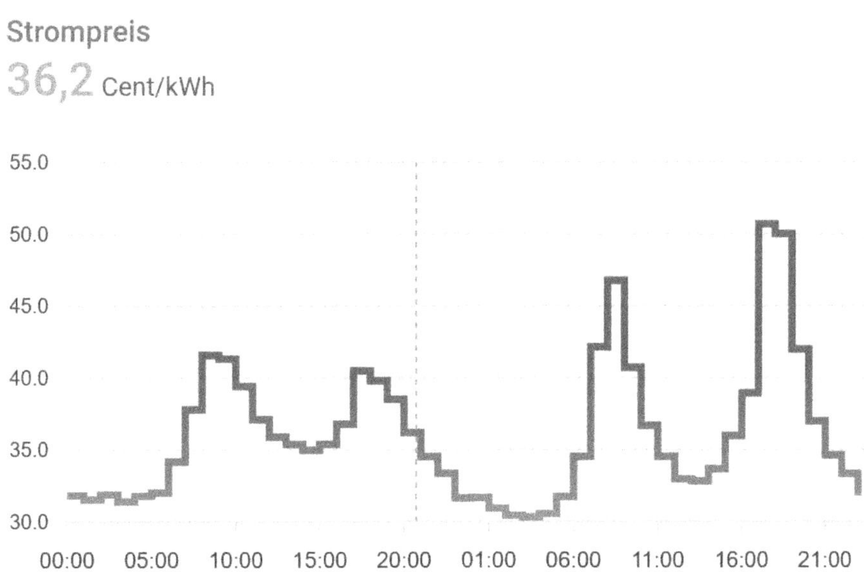

Abbildung 8.1: Dynamische Stromtarife EPEX-orientiert (stündliche Werte), Quelle: Aeroid, https://commons.wikimedia.org/wiki/File:Dynamischer_Strompreis_DE_2025-02-13_204512.png (CC0 1.0)

Variable und dynamische Tarife werden manchmal miteinander verwechselt, unterscheiden sich aber deutlich voneinander:

- **Bei variablen Tarifen** ändert sich der Preis in längeren Intervallen (monatlich oder vierteljährlich) auf der Basis von aktuellen Markt- beziehungsweise Beschaffungskosten. Keine viertelstündlich genaue Abrechnung, kein Smart Meter nötig.
- **Bei dynamischen Tarifen** (im engeren Sinn) ändert sich der Preis in kurzen Intervallen (viertelstündlich) und folgt direkt den Börsenpreisen. Erfordert Smart Meter und oft HEMS (Heimenergiemanagementsystem, siehe Kapitel 9), um den Verbrauch zu steuern.

Netzintegration und Wirtschaftlichkeit

Da Solar- oder Windstrom (beziehungsweise allgemein die meisten erneuerbaren Energien) zu bestimmten Tageszeiten im Überfluss produziert wird, kann es zu **negativen Strompreisen** kommen. Grund dafür ist die unregelmäßige Einspeisung ins Stromnetz. Zu bestimmten Tageszeiten, insbesondere mittags an sonnigen Tagen, kann mehr Solarstrom produziert werden, als verbraucht wird. Da das Stromnetz eine stabile Balance zwischen Erzeugung und Verbrauch benötigt, kann dieser Überschuss zu negativen Strompreisen führen.

Was bedeutet »negative Strompreise«?

Normalerweise zahlen Verbraucher für Strom, den sie aus dem Netz beziehen. Bei negativen Strompreisen passiert auf dem Großhandelsmarkt allerdings scheinbar das Gegenteil. Strom wird zu Preisen gehandelt, bei denen Anbieter bereit sind, Geld zu zahlen, damit ihr Strom abgenommen wird.

Das tritt vor allem dann auf, wenn das Angebot an Strom die Nachfrage übersteigt und nicht genügend Speicher oder flexible Verbraucher vorhanden sind, die den Überschuss aufnehmen können. Negative Börsenstrompreise wirken sich für die meisten Haushalte aktuell nicht direkt auf den Strompreis aus, weil Endkundenpreise nur teilweise vom kurzfristigen Marktgeschehen abhängen.

Nicht alle Erzeuger sind gleichermaßen betroffen. Betreiber von erneuerbaren Energien, insbesondere von EEG-Anlagen, erhalten oft weiterhin eine staatlich garantierte Vergütung oder Marktprämie, auch wenn die Börsenpreise negativ sind. Sie müssen daher nicht unbedingt Geld zahlen, um ihren Strom einzuspeisen.

Gründe für negative Strompreise:

- Hohe Einspeisung erneuerbarer Energien (zum Beispiel Solar- oder Windkraft) bei gleichzeitig niedriger Nachfrage, beispielsweise an Wochenenden oder Feiertagen
- Mangelnde Speichertechnologien, um überschüssigen Strom aufzunehmen
- Unflexible konventionelle Kraftwerke, die nicht schnell genug gedrosselt werden können und deshalb weiterhin Strom ins Netz speisen

Weitere Flexibilitätstarife

In der aktuellen Energiewirtschaft entstehen zunehmend neue Tarifmodelle, die den Stromverbrauch flexibler und effizienter gestalten sollen.

Vor allem im Zusammenhang mit der Digitalisierung, der Einführung intelligenter Messsysteme und dem wachsenden Anteil erneuerbarer Energien rücken Flexibilitätstarife in den Fokus.

Flexibilitätstarife (auch Flexumer-Tarife) kombinieren Marktpreissignale mit flexiblem Verbrauchsverhalten. Der Begriff »Flexumer« setzt sich aus »flexibel« und »Konsument« zusammen, also ein Kunde, der aktiv auf Preisschwankungen und Netzsituationen reagiert.

Flexumer-Tarife sind dynamische Tarife mit integriertem Flexibilitätsmanagement (diese Rolle kann ein HEMS, also Heimenergiemanagementsystem übernehmen). Sie ermöglichen nicht nur den automatischen oder bewussten Stromverbrauch bei günstigen Preisen, sondern können zusätzlich Netzsignale berücksichtigen, zum Beispiel regionale Engpässe oder hohe Einspeisung von Erneuerbaren. Dadurch wird der Verbrauch zeitlich und räumlich optimiert.

Im Unterschied zu klassischen dynamischen Tarifen sind Flexumer-Tarife also intelligenter: Sie verknüpfen den Börsenpreis mit Netzinformationen und können über smarte Systeme (zum Beispiel Steuerboxen oder Energiemanagementsysteme) preisoptimiert und netzdienlich genutzt werden.

Um ihr Prinzip zu verstehen, lohnt sich ein Vergleich mit den bestehenden dynamischen Tarifen und Wärmepumpentarifen. Die alten Wärmepumpen- als auch Ladetarife gelten als Vorstufe zu sogenannten Flexumer-Tarifen. Diese basieren auf dynamischen Strompreisen, die sich nach den aktuellen Marktbedingungen richten, zum Beispiel nach den Spotmarktpreisen der Strombörse. Verbraucherinnen und Verbraucher reagieren aktiv auf Preissignale, indem sie ihren Stromverbrauch zeitlich anpassen.

Wärmepumpentarife sind meistens vergünstigte Fixpreistarife, die speziell für steuerbare Verbraucher wie Wärmepumpen, Nachtspeicherheizungen oder Ladeeinrichtungen angeboten werden. Der Preisvorteil entsteht, weil der Netzbetreiber die Anlage bei hoher Netzlast temporär abschalten oder steuern darf. Im Gegenzug erhält der Kunde einen niedrigeren Arbeitspreis. Diese Tarife dienen primär der Netzentlastung, nicht der Reaktion auf Marktpreise.

Bisher funktionieren diese Tarife zeitlich fix oder netzorientiert. Die Steuerung funktioniert durch den Netzbetreiber über ein einfaches Signal (zum Beispiel über Rundsteuertechnik). Der Preisvorteil entsteht also nicht durch Marktpreise, sondern durch Netzsteuerung und einem Pauschalrabatt.

Mit dem Fortschreiten der Digitalisierung, vor allem durch intelligente Messsysteme (Smart Meter) und Home-Energy-Management-Systeme (HEMS – siehe Kapitel 9), verändert sich dieses Modell. Eine Wärmepumpe kann zu einem aktiven Flexibilitätsbaustein im Energiesystem werden, wenn sie nicht nur auf Netzsignale, sondern auch auf dynamische Preissignale reagiert.

Ähnlich funktionieren Ladetarife für Elektroautos. Auch hier erfolgt die Abrechnung über einen eigenen Zähler. Vor allem nachts, wenn die allgemeine Stromnachfrage sinkt, bieten Versorger häufig günstigere Konditionen an. Intelligente Ladelösungen ermöglichen es, das Fahrzeug automatisch zu den besten Zeiten zu laden, zum Beispiel, wenn viel Wind- oder Solarstrom im Netz verfügbar ist.

Wärmepumpen und Ladestationen für Elektrofahrzeuge eignen sich grundsätzlich gut für eine flexible Nutzung, auch wenn sie im Alltag nicht völlig frei steuerbar sind. Nutzer geben bestimmte Rahmenbedingungen vor: Es kann zum Beispiel eingestellt werden, bis zu welcher Uhrzeit ein Elektroauto geladen sein muss, zum Beispiel morgens vor der Fahrt zur Arbeit. Innerhalb dieses Zeitfensters kann der Ladevorgang dann automatisch in günstige Stunden verschoben werden.

Ähnlich funktioniert es bei Wärmepumpen. Die Wohnung muss zu bestimmten Zeiten angenehm warm sein, beispielsweise wenn man nach Hause kommt. Gleichzeitig kann die Wärmepumpe vorher oder nachher etwas mehr oder weniger laufen, ohne dass der Komfort leidet. Wärme wird dabei gewissermaßen »zwischengespeichert«, zum Beispiel im Gebäude oder in einem Pufferspeicher.

Wärmepumpen zählen zwar als flexible Stromverbraucher, sind aber nur eingeschränkt steuerbar. Der wichtigste Grund dafür ist der Wärmekomfort. Wohnräume müssen zu bestimmten Zeiten beheizt sein, also morgens oder am Nachmittag, wenn die Bewohner zu Hause sind. Die Wärmeerzeugung kann deswegen nicht beliebig verschoben werden. Dazu kommt, dass Gebäude und Heizsysteme unterschiedlich viel Wärme speichern können. Zwar lässt sich Wärme bis zu einem gewissen Grad im Gebäude oder in einem Pufferspeicher zwischenspeichern, diese Speicherfähigkeit ist allerdings begrenzt. Ist der Speicher voll oder die gewünschte Raumtemperatur erreicht, kann die Wärmepumpe nicht einfach weiterlaufen. Außerdem arbeiten Wärmepumpen am effizientesten bei gleichmäßigem Betrieb. Häufiges Ein- und Ausschalten oder starkes Verschieben der Laufzeiten kann den Wirkungsgrad senken und die Lebensdauer der Anlage beeinträchtigen. Aus diesen Gründen können Wärmepumpen zwar in begrenztem Umfang auf günstige Strompreise reagieren, sie sind aber keine beliebig verschiebbaren Verbraucher.

Grundsätzlich helfen diese Formen der Flexibilität, das Stromnetz zu entlasten und erneuerbare Energien besser zu nutzen.

Einspeisetarife durch Einspeisevergütung und Direktvermarktung: Wenn Sie selbst Energie produzieren

Immer mehr Haushalte erzeugen heute einen Teil ihres Stroms selbst und nutzen ihn nicht nur, sondern speisen überschüssige Energie auch ins öffentliche Netz ein. Solche Haushalte werden als *Prosumer* bezeichnet, sie sind gleichzeitig Produzenten und Konsumenten von

Strom. Wer zum Beispiel eine Photovoltaikanlage, ein Blockheizkraftwerk oder eine kleine Windanlage betreibt, kann den nicht selbst genutzten Strom verkaufen und dafür eine Vergütung erhalten.

Feste Einspeisevergütung nach dem EEG

Die Einspeisevergütung nach dem Erneuerbare-Energien-Gesetz war lange Zeit der bekannteste und wichtigste Weg, erneuerbaren Strom in Deutschland zu fördern. Anlagenbetreiber bekamen für jede eingespeiste Kilowattstunde über 20 Jahre hinweg einen festen Betrag. Wie hoch diese Vergütung ausfiel, stand bereits bei der Inbetriebnahme der Anlage fest. Die Einnahmen waren gut planbar und unabhängig davon, wie sich die Strompreise an der Börse gerade entwickelten. Dieses Modell hat den Ausbau von Photovoltaik- und Windanlagen stark beschleunigt.

Da der Vergütungssatz allerdings nichts mit dem tatsächlichen Strompreis zu tun hatte, spielte es keine Rolle, wann der Strom erzeugt wurde. Ob viel oder wenig Strom im Netz gebraucht wurde, ob Preise hoch oder niedrig waren, für die Vergütung machte das keinen Unterschied. Entsprechend gab es wenig Anreize, Strom zu speichern oder den Verbrauch an knappe Zeiten anzupassen.

Heute ist die feste Einspeisevergütung für neue Anlagen nicht mehr der Regelfall. Sie gilt vor allem noch für kleinere Anlagen oder für solche, die schon vor der Umstellung in Betrieb gegangen sind. Für größere Neuanlagen hat sich das System hin zu einer stärkeren Marktanbindung entwickelt, der Direktvermarktung.

Direktvermarktung mit Marktprämie

Größere Anlagen nehmen an der Direktvermarktung teil. Damit werden die Anlagenbetreiber dazu angehalten, sich stärker am Markt zu orientieren und zum Beispiel den Strom dann zu erzeugen, wenn er am Markt stark nachgefragt ist. Abbildung 8.2 zeigt in vereinfachter Form, wie die Direktvermarktung von Strom aus Photovoltaikanlagen funktioniert.

Bei der Direktvermarktung verkauft der Betreiber seinen Strom nicht mehr zu einem festen Preis, sondern direkt am Strommarkt. Meistens übernimmt das ein spezieller Dienstleister, der Direktvermarkter. Er bietet den Strom an der Börse an und organisiert den Verkauf. Damit die Einnahmen trotzdem planbar bleiben, gibt es die Marktprämie. Sie gleicht den Unterschied zwischen dem aktuellen Börsenpreis und einem gesetzlich festgelegten Referenzwert aus. Wenn der Marktpreis niedrig ist, springt die Marktprämie als Ausgleich ein. Ist der Marktpreis hoch, fällt die Prämie im Verhältnis geringer aus.

Das Modell verbindet dadurch zwei Ziele:

- ✔ die direkte Verbindung zum Marktgeschehen und
- ✔ eine finanzielle Sicherheit für Anlagenbetreiber.

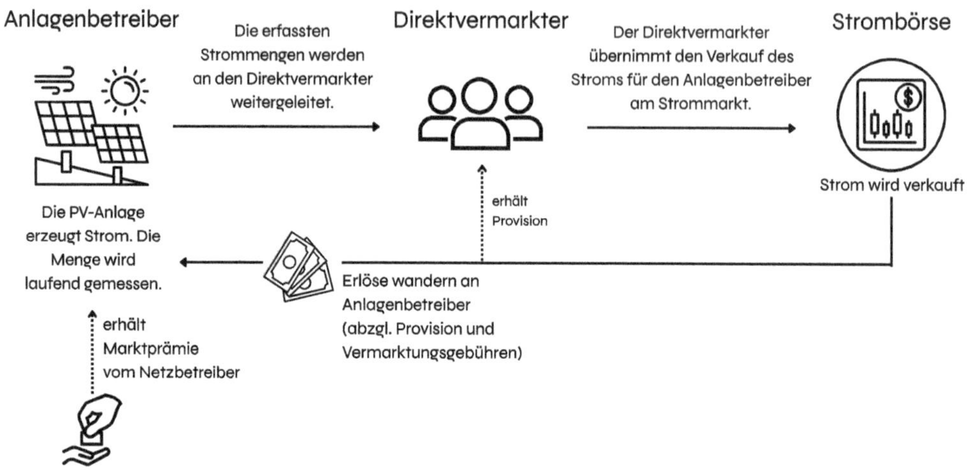

Abbildung 8.2: Ablauf einer Direktvermarktung vom Anlagenbetreiber bis zur Strombörse

Abbildung 8.3 zeigt nun beispielhaft, wie sich Erlöse aus Marktpreis und Marktprämie über die Zeit zusammensetzen. Ganz links ist das EEG-Niveau dargestellt. Es steht für den anzulegenden Wert beziehungsweise die Zielvergütung, die der Anlagenbetreiber insgesamt erreichen soll. Diese Höhe bleibt konstant und dient als Referenzlinie. In den folgenden drei Zeitpunkten – Januar, Februar und März – wird gezeigt, wie sich dieser Zielerlös in der Direktvermarktung zusammensetzt.

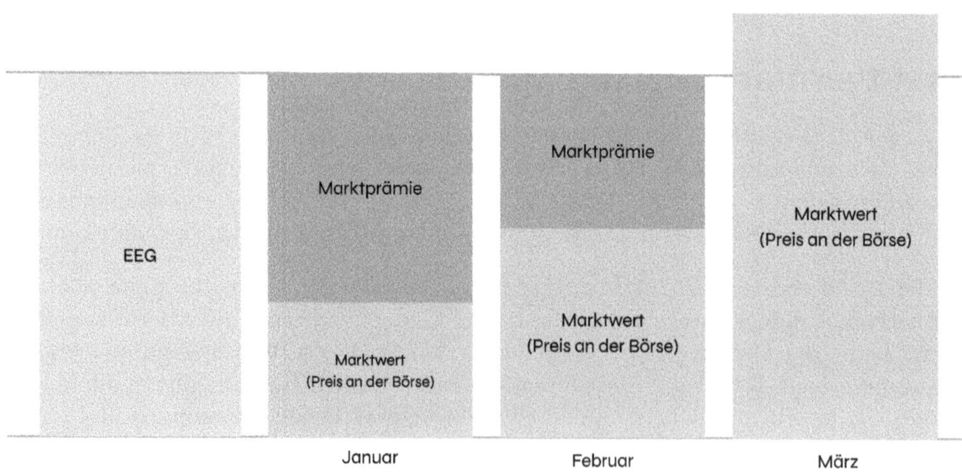

Abbildung 8.3: Erlöse aus Marktpreis und Marktprämie vs. EEG-Umlage

Im Januar ist der Marktwert (Börsenpreis) relativ niedrig. Das wirkt zunächst überraschend, weil im Winter kaum Solarstrom erzeugt wird. Gleichzeitig weht in dieser Zeit jedoch häufig viel Wind, sodass große Mengen Windstrom ins Netz kommen. Insgesamt ist das Stromangebot dadurch oft größer als erwartet, was die Preise an der Börse drückt. Der Erlös aus dem Stromverkauf reicht in solchen Monaten trotzdem nicht aus, um den festgelegten Referenzwert zu erreichen. Die Differenz wird über die Marktprämie ausgeglichen. Sie ist in diesem Monat entsprechend hoch. Obwohl der Strom zu einem niedrigen Börsenpreis verkauft wird, bleibt der Gesamterlös stabil, weil die Marktprämie den fehlenden Betrag kompensiert. Das ist gut für den Anlagenbetreiber, weil es ihm Planungssicherheit verspricht.

Im Februar steigt der Marktwert an. Der Börsenpreis trägt nun einen größeren Teil zum Gesamterlös bei. Gleichzeitig sinkt die Marktprämie. Das Zusammenspiel bleibt gleich. Marktwert und Marktprämie ergeben zusammen weiterhin den anzulegenden Wert. Die Erlöse des Anlagenbetreibers bleiben also konstant, auch wenn sich der Marktpreis verändert.

Im März übertrifft der Marktwert die Höhe des anzulegenden Wertes. In diesem Fall entfällt die Marktprämie komplett. Der Anlagenbetreiber erzielt seinen gesamten Zielerlös allein über den Börsenpreis.

Die Direktvermarktung funktioniert marktbasiert. Für Anlagenbetreiber dient die Marktprämie als Ausgleichsmechanismus, der die Schwankungen der Strompreise abfedert. Sinkt der Börsenpreis, wird die Marktprämie größer. Steigt der Börsenpreis, wird die Marktprämie kleiner oder fällt ganz weg. Der Staat zieht sich also schrittweise aus der vollständigen Absicherung zurück. Erzeuger sollen marktgerechter produzieren, ohne komplett dem Preisrisiko ausgeliefert zu sein.

Dynamischer Einspeisetarif für PV-Kleinstanlagen

Wenn Sie eine Photovoltaikanlage (PV) betreiben, können Sie den überschüssigen Strom, den Sie nicht selbst verbrauchen, ins öffentliche Netz einspeisen. Bisher bekommen die meisten Betreiber dafür eine feste Einspeisevergütung, die über das Erneuerbare-Energien-Gesetz (EEG) geregelt ist. Sie erhalten also für jede Kilowattstunde denselben Preis, egal, ob gerade viel oder wenig Strom im Netz gebraucht wird.

Beim dynamischen Einspeisetarif ist das anders. Die Vergütung passt sich viertelstündlich an den aktuellen Börsenstrompreis an. Das bedeutet:

Ist Strom am Markt knapp (zum Beispiel abends, wenn viele Verbraucher Strom nutzen, aber wenig PV-Strom produziert wird), ist der Preis hoch und Sie bekommen mehr Geld für Ihre Einspeisung.

Ist Strom im Überfluss vorhanden (zum Beispiel sonnige Mittage, wenn sehr viele PV-Anlagen gleichzeitig einspeisen), sinkt der Preis und die Vergütung fällt geringer aus.

In extremen Fällen kann der Preis sogar negativ werden. Dann müssten Sie für die Einspeisung zahlen, weil der Stromüberschuss im Netz Kosten verursacht.

Hier kommen nun dynamische Einspeisetarife ins Spiel. Das Ziel ist, Angebot und Nachfrage im Stromnetz besser ins Gleichgewicht zu bringen. Mit einem dynamischen Tarif entsteht ein Anreiz, die Einspeisung von Zeiten mit hoher Stromproduktion hin zu Zeiten mit niedriger Stromproduktion zu verschieben oder Strom zwischenzuspeichern, um ihn zu einer günstigeren (und netzdienlicheren) Zeit abzugeben.

Das sind die technischen Voraussetzungen, die Sie brauchen, um am dynamischen Einspeisetarif teilzunehmen:

- ✔ **Ein Smart Meter (intelligentes Messsystem, iMSys),** der viertelstundengenau misst, wie viel Strom Sie einspeisen und dies an den Netzbetreiber beziehungsweise Stromanbieter übermittelt.

- **Optional kann eine FNN-Steuerbox verbaut werden:** Diese vom Forum Netztechnik/Netzbetrieb (FNN) entwickelte Hardware wird in bestimmten Fällen zusammen mit dem Smart Meter verbaut (immer dann, wenn Anlagen oder Verbraucher aus Netzsicht steuerbar sein müssen). Sie erlaubt es dem Netzbetreiber, Ihre Einspeiseleistung fernzusteuern, wenn das Netz entlastet werden muss, zum Beispiel bei drohender Überlastung durch zu viel PV-Strom.
- Eine **kleine bis mittelgroße PV-Anlage** (in der Regel bis 25 kWp)
- Einen **Stromanbieter, der diesen Tarif anbietet** und die Abrechnung nach den Börsenpreisen vornimmt
- **HEMS (Home Energy Management System):** Eine Steuerzentrale in Ihrem Haus, die PV-Anlage, Speicher, Wärmepumpe, Wallbox und andere Verbraucher intelligent koordiniert. Sie kann den Börsenpreis in Echtzeit berücksichtigen, um Strom möglichst gewinnbringend einzuspeisen oder selbst zu verbrauchen.
- **Idealerweise einen Stromspeicher,** weil sonst mittags (wo die PV-Produktion in der Regel am stärksten ist) oft sehr niedrige oder sogar negative Preise drohen.

Die größte Chance liegt in der Möglichkeit, in Zeiten hoher Nachfrage deutlich mehr Vergütung für den eingespeisten Strom zu erhalten. Besonders profitieren können Anlagenbetreiber, die über Stromspeicher oder flexible Verbraucher wie Wärmepumpen oder E-Auto-Ladestationen verfügen. Diese können den erzeugten Strom gezielt dann ins Netz einspeisen, wenn die Preise hoch sind, oder ihn selbst nutzen, wenn die Preise niedrig sind.

Das Risiko besteht darin, dass in Zeiten hoher Erzeugung und niedriger Nachfrage die Vergütung deutlich sinkt oder sogar negativ werden kann. Wer dann keine Möglichkeit hat, den Strom selbst zu verbrauchen oder zwischenzuspeichern, muss mit entsprechend geringeren Einnahmen oder zusätzlichen Kosten rechnen.

Für Betreiber von PV-Kleinstanlagen kann der dynamische Einspeisetarif lukrativ sein, vorausgesetzt, sie können ihre Einspeisung flexibel steuern. Wer keinen Speicher hat und den Strom zu festen Zeiten einspeist, trägt ein höheres Risiko schwankender Einnahmen. Der Tarif macht das Stromsystem insgesamt flexibler und unterstützt die Energiewende, verlangt von den Betreibern aber mehr aktive Steuerung als der klassische feste Einspeisetarif. Rechtlich ist es seit 2023 erlaubt, auch bei kleinen Anlagen dynamisch zu vermarkten, aber die Marktdurchdringung ist noch sehr gering.

Das Stromsee-Modell & Herkunftsnachweise für Ökostrom

Können Sie aktuell tatsächlich 100 Prozent Ökostrom aus Ihrer Steckdose bekommen?

Die kurze Antwort lautet: Nein, zumindest nicht in physikalischer Hinsicht. Strom, egal ob er aus einem Windpark, einem Kohlekraftwerk oder einer Solaranlage stammt, wird in ein gemeinsames Stromnetz, das europäische Verbundnetz, eingespeist. Dort vermischen sich alle Elektronen miteinander. Der Strom, den Sie zu Hause nutzen, ist daher immer ein Netzstrommix, der sich je nach Tageszeit und Wetter aus unterschiedlichen Erzeugungsarten zusammensetzt.

Trotzdem hat Ihre Entscheidung für einen Ökostromtarif eine messbare Wirkung. Sie sorgen damit dafür, dass mehr regenerativ erzeugter Strom ins Netz eingespeist wird und fossile Energieträger langfristig verdrängt werden. Um diesen Zusammenhang anschaulich zu machen, wird häufig das Stromsee-Modell verwendet.

Das Stromsee-Modell

Stellen Sie sich das europäische Stromnetz wie einen riesigen See vor: In diesen Stromsee fließen Ströme sämtlicher Energiequellen: Wind, Sonne, Wasserkraft, Biomasse, aber auch Kohle, Gas und Atomkraft. Produzenten speisen ihren Strom dort ein, und Verbraucher entnehmen ihn. In der Realität sind Stromverbraucher räumlich und technisch nicht von den Quellen unterscheidbar, ähnlich wie Wassertropfen im See (siehe Abbildung 8.4).

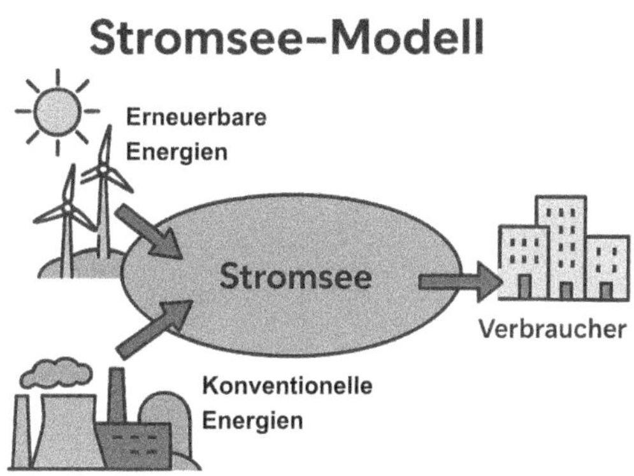

Abbildung 8.4: Erneuerbare und konventionelle Energien speisen in den »Stromsee« ein, Verbrauer entnehmen diesen Strom.

Der Strom fließt dabei nicht zielgerichtet von einer Erzeugungsanlage zu Ihnen. Wenn Sie zu einem Ökostromtarif wechseln, beziehen Sie also nicht physisch grünen Strom. Stattdessen beeinflussen Sie das Mischungsverhältnis im See: Je mehr Kundinnen und Kunden Ökostrom beziehen, desto mehr regenerative Energie wird eingespeist. Das macht den »See« insgesamt grüner. Das hilft dem Ausbau erneuerbarer Energien, auch wenn Ihr Strom technisch immer noch aus dem gemischten See stammt. Langfristig sorgt dies für eine sauberere Stromerzeugung in ganz Europa.

Herkunftsnachweise für Ökostrom: Der Nachweis für »grünen« Strom

Wenn Sie Ökostrom beziehen, möchten Sie sicher sein, dass dieser Strom aus erneuerbaren Quellen stammt. Physikalisch lässt sich das im Stromnetz allerdings nicht unterscheiden, denn dort vermischt sich Strom aus allen Erzeugungsarten. Es ist also aktuell nicht der Fall, dass »grüner Strom« direkt und ausschließlich aus der Steckdose kommt (außer bei autarken Lösungen).

Stattdessen wird Ökostrom bilanziell und rechnerisch zugeordnet. Genau dafür gibt es die Herkunftsnachweise. Sie sorgen nicht dafür, dass physisch anderer Strom fließt, sondern sie stellen sicher, dass für jede verbrauchte Kilowattstunde Ökostrom eine entsprechende Menge erneuerbarer Strom in Europa erzeugt wurde.

Ein Herkunftsnachweis ist ein digitales, europaweit anerkanntes Zertifikat. Er bestätigt, dass eine bestimmte Strommenge (eine Megawattstunde = 1.000 kWh) aus erneuerbaren Energiequellen stammt. Stromanbieter können diese Nachweise erwerben und entwerten, um ihren Kundinnen und Kunden Ökostromtarife anzubieten.

In Deutschland wird dieses System vom Umweltbundesamt über das Herkunftsnachweisregister (HKNR) verwaltet.

So funktioniert es:

1. **Erzeugung:** Betreiber von Windrädern, Solaranlagen, Biomasse- oder Wasserkraftwerken produzieren Strom.
2. **Zertifikat:** Für jede MWh, die nicht bereits über das Erneuerbare-Energien-Gesetz (EEG) gefördert wird, stellt das Umweltbundesamt ein digitales Zertifikat aus.
3. **Handel:** Dieses Zertifikat wird unabhängig vom eigentlichen Strom verkauft oder an Stromanbieter übertragen, die Ökostromtarife anbieten.
4. **Entwertung:** Wenn Sie als Kunde einen Ökostromtarif wählen, muss Ihr Anbieter für Ihren Verbrauch die passende Anzahl an Herkunftsnachweisen im HKNR entwerten. Damit wird verhindert, dass derselbe Nachweis doppelt verwendet wird.

Wenn Sie pro Jahr 3.000 kWh Ökostrom verbrauchen, muss Ihr Anbieter drei Herkunftsnachweise entwerten, die belegen, dass diese Menge regenerativ erzeugt und ins Netz eingespeist wurde.

Wichtige Punkte zum Verständnis:

- ✔ Ein Herkunftsnachweis hat nichts mit dem physikalischen Stromfluss zu tun, der Strom aus Ihrer Steckdose ist immer Teil des gemischten Stromsees.
- ✔ Das Zertifikat belegt nur die Herkunft und Art der Erzeugung, nicht die Qualität oder den Umwelteinfluss des Anbieters.
- ✔ Ob Ihr Tarif aktiv den Ausbau erneuerbarer Energien unterstützt, hängt davon ab, welchen Anbieter Sie wählen: Manche kaufen günstige Nachweise aus alten Anlagen im Ausland, andere investieren gezielt in neue Projekte vor Ort.

Erzeuger, die Strom direkt und mit Herkunftsnachweisen vermarkten wollen, müssen sich und ihre Anlagen im Herkunftsnachweisregister (HKNR) des Umweltbundesamts registrieren. Gleichzeitig verzichten sie auf feste Vergütungen oder Marktprämien nach dem EEG.

Herkunftsnachweise sorgen für Transparenz und machen Ihren Beitrag zur Energiewende messbar. Sie garantieren, dass für jede Kilowattstunde, die Sie als Ökostrom beziehen, irgendwo im Netz auch die entsprechende Menge grüner Strom eingespeist wurde.

Nur Energieversorgungsunternehmen dürfen Herkunftsnachweise führen. Damit wird verhindert, dass Privatpersonen oder Unternehmen Herkunftsnachweise eigenständig kaufen und entwerten, um ihre Klimabilanz künstlich zu verbessern.

Trotz dieser hohen Transparenzanforderung ist der Herkunftsnachweis für Ökostrom kein Qualitätssiegel. Er ist eher wie eine »Geburtsurkunde« des Stroms: Er dokumentiert, wo und wie er erzeugt wurde, sagt aber nichts darüber aus, ob mit Ihrem Tarif der Bau neuer Anlagen gefördert wird.

Daher sollten Sie bei der Wahl Ihres Stromanbieters nicht nur auf Herkunftsnachweise achten, sondern auch auf anerkannte Qualitätszertifikate. Um Verbrauchern Orientierung zu geben, haben sich in Deutschland verschiedene Ökostrom-Siegel etabliert, die unterschiedliche Anforderungen prüfen. Besonders anerkannt sind das *Grüner Strom Label* und das *ok-power-Siegel*. Beide legen Wert darauf, dass Anbieter einen messbaren Beitrag zur Energiewende leisten, zum Beispiel durch Investitionen in neue Anlagen, die erneuerbaren Strom erzeugen. Daneben existieren auch TÜV-Zertifizierungen, die vor allem die Stromherkunft und bestimmte Umweltkriterien bewerten.

Wie Strom in Haushalten abgerechnet wird: Die Messstellenbetreiber

Wenn ein Stromvertrag abgeschlossen wird, beginnt hinter den Kulissen ein Prozess, der von der Messung des Verbrauchs bis zur Rechnungsstellung reicht. Damit am Ende eine korrekte Stromabrechnung erfolgen kann, müssen Verbrauchsdaten zuverlässig erfasst und an den richtigen Stromlieferanten übermittelt werden. Dies erfordert ein Zusammenspiel verschiedener Akteure (Stromlieferant, Netzbetreiber, Messstellenbetreiber) sowie eindeutige Stammdaten zur Identifikation jeder Entnahmestelle. Der Kunde schließt dabei verschiedene Vertragsbeziehungen ab (siehe Abbildung 8.5).

Der Messstellenbetreiber (MSB) ist dafür verantwortlich, dass Ihr Stromverbrauch gemessen wird. Zu seinen Kernaufgaben gehören der Einbau, der Betrieb, die Ablesung und die Wartung von Stromzählern. Diese Aufgaben sind gesetzlich im Messstellenbetriebsgesetz (MsbG) festgeschrieben.

Der Messstellenbetreiber (MSB) ist dafür verantwortlich, dass der Stromverbrauch korrekt gemessen wird. Zu seinen Aufgaben gehören der Einbau, der Betrieb, die Ablesung und die Wartung von Stromzählern. Diese Tätigkeiten sind gesetzlich im Messstellenbetriebsgesetz (MsbG) geregelt.

Messstellenbetreiber sind nicht identisch mit Stromlieferanten. Stromlieferanten übernehmen den Verkauf und die Abrechnung von Strom, der Messstellenbetreiber kümmert sich ausschließlich um die Messtechnik und Messwerte. Ein Stromlieferant kann zwar zusätzlich auch Messstellenbetrieb anbieten, die Rollen sind jedoch rechtlich getrennt.

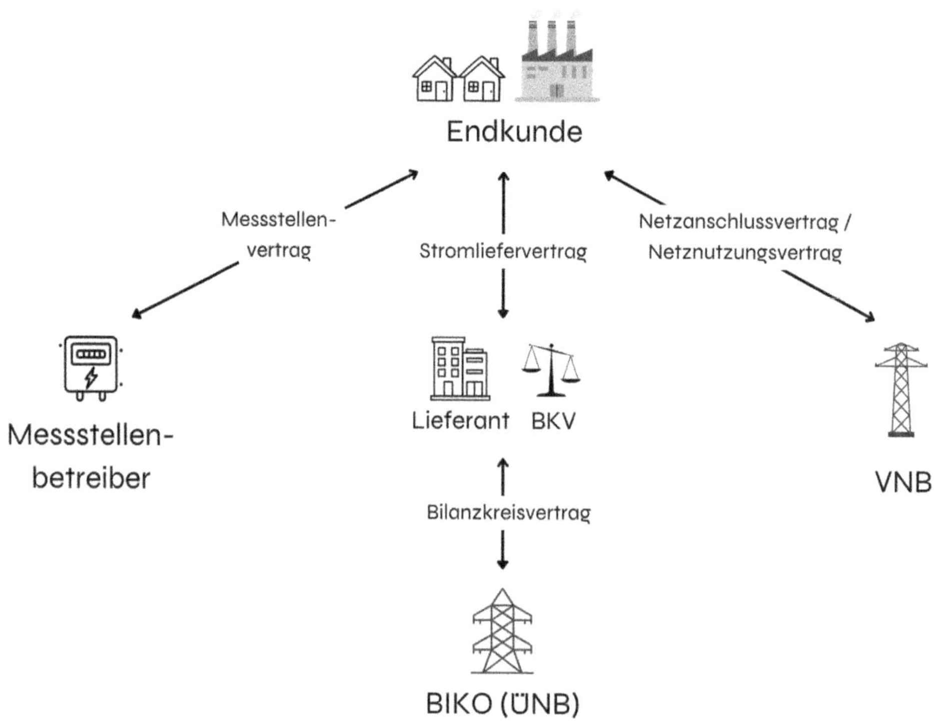

Abbildung 8.5: Vertragsbeziehungen Stromlieferung

Es gibt zwei Arten von Messstellenbetreibern:

- ✔ **Grundzuständiger Messstellenbetreiber (gMSB):** In der Regel ist dies der örtliche Netzbetreiber. Er ist automatisch für alle Messstellen in seinem Netzgebiet zuständig, solange der Kunde nicht aktiv einen anderen Messstellenbetreiber wählt. Die Kosten für den Messstellenbetrieb des gMSB unterliegen gesetzlichen Preisobergrenzen und sind somit reguliert. Praktisch bedeutet das, dass beispielsweise ein Stadtwerk oder regionaler Netzbetreiber meist als gMSB Ihren Zähler stellt und wartet.
- ✔ **Wettbewerblicher Messstellenbetreiber (wMSB):** Dies ist ein alternativer, unabhängiger Messstellenbetreiber, den Kunden frei auswählen können. Wählt man einen wMSB, schließt man einen eigenen Vertrag mit diesem ab. Wettbewerbliche MSB agieren bundesweit und bieten oft zusätzliche Services an, zum Beispiel detaillierte Verbrauchsanalysen oder spezielle Tarife. Ihre Preise können frei verhandelt werden, müssen sich jedoch an den gesetzlichen Preisobergrenzen für Messstellenbetrieb (insbesondere bei intelligenten Messsystemen) orientieren. In der Praxis ist der Markt noch überschaubar und viele Haushalte verbleiben beim gMSB. Die Wahl eines

wMSB ist eher für überregional agierende Verbraucher wie beispielsweise Filialisten interessant. Dennoch fördert der Gesetzgeber durch diese Wahlmöglichkeit den Wettbewerb und Fortschritt im Messwesen.

Unabhängig davon, ob der gMSB oder ein wMSB zuständig ist: Der Messstellenbetreiber besitzt normalerweise den Stromzähler und stellt den ordnungsgemäßen Betrieb sicher. Er sorgt dafür, dass die Zähler funktionieren und die Messwerte korrekt erfasst werden. Bei intelligenten Messsystemen übernimmt er zudem den Betrieb der Kommunikationsinfrastruktur (zum Beispiel Smart-Meter-Gateways) und gewährleistet die sichere Übermittlung der Messdaten. Als Endverbraucher haben Sie normalerweise wenig direkten Kontakt mit dem Messstellenbetreiber. Oft läuft die Kommunikation über Ihren Stromlieferanten oder Netzbetreiber, insbesondere solange Sie keinen eigenen MSB-Vertrag abgeschlossen haben.

Die Unterschiede zwischen gMSB und wMSB sehen Sie in Tabelle 8.1 noch einmal zusammengefasst.

	gMSB	wMSB
Zählertyp	konventionell, modern, intelligent	modern, intelligent
Preisobergrenze	Maximalentgelte pro Jahr	nicht vorhanden
Verantwortung über	Installation, Wartung und Ablesung	
Geografische Zuständigkeit	nur regional	oft bundesweit
Flexibilität	begrenzte Gestaltungsmöglichkeiten	kann kunden- und fallspezifische Preis- und Leistungskonzepte anbieten

Tabelle 8.1: Unterschiede zwischen grundzuständigen und wettbewerblichen Messstellenbetreibern

Stammdaten und Marktlokation

Jede Stromverbrauchsstelle in Deutschland wird durch bestimmte Stammdaten eindeutig identifiziert. Seit 2018 unterscheidet man zwei Begriffe:

- ✔ Marktlokation und
- ✔ Messlokation.

Diese lösen ältere Bezeichnungen wie *Entnahmestelle, Messstelle* oder *Zählpunkt* ab und dienen der Standardisierung der Marktkommunikation.

Die *Marktlokation* (MaLo) bezeichnet vereinfacht ausgedrückt den Punkt im Netz, an dem Strom entnommen oder eingespeist wird. Es handelt sich um ein bilanz- und abrechnungstechnisches Konstrukt, also eine abstrakte Lokation für die Abrechnung. Jeder Marktlokation ist eine eindeutige Marktlokations-ID zugewiesen, bestehend aus elf Ziffern. Diese MaLo-ID bleibt dauerhaft gleich und ändert sich nicht, solange die Lokation existiert (auch nicht bei Wechsel des Netzbetreibers). Über die Marktlokations-ID wird zum Beispiel bei einem Lieferantenwechsel sichergestellt, dass der neue Anbieter genau die richtige Entnahmestelle beliefert. Die Malo-ID gibt außerdem die Lieferrichtung (Bezug oder Einspeisung) an.

Die *Messlokation* (MeLo) hingegen ist der Ort der physischen Messung, also dort, wo der Zähler tatsächlich den Energiefluss misst. Jede Messlokation entspricht im Grunde einem Stromzähler und wird durch eine Messlokations-ID identifiziert.

Eine Messlokation ist ein Zähler.

Hat ein Haushalt mehrere Zähler, hat er auch mehrere Messlokationen.

Diese wird oft auch weiterhin *Zählpunktbezeichnung* genannt und ist üblicherweise 33-stellig (beginnend mit »DE« gefolgt von Ziffern). Über die Messlokations-ID können dem Zähler die Messwerte eindeutig zugeordnet werden. Wichtig ist: Verbrauchsrelevante Zähler erhalten ihre Messlokationsnummer vom Netzbetreiber, damit jedes Gerät einmalig identifizierbar ist.

In der Regel hat jeder Haushalt eine Messlokation und (mindestens) eine dazugehörige Marktlokation. Beispielsweise steht hinter Ihrer Wohnung eine MeLo-ID für Ihren angeschlossenen Stromzähler und eine MaLo-ID für Ihre Abnahmestelle.

In Sonderfällen kann eine Messlokation auch mehrere Marktlokationen haben. Bei einer Photovoltaikanlage mit Eigenverbrauch wird die eingespeiste Strommenge getrennt vom Bezugsstrom bilanziert: Ein Zweirichtungszähler misst sowohl den Bezugsstrom aus dem Netz als auch die Einspeisung ins Netz. Dieser einzelnen Messlokation (dem Zähler) werden zwei Marktlokationen zugeordnet, eine für den Bezug, eine für die Einspeisung. Umgekehrt kann es in Liegenschaften mit mehreren Wohnungen vorkommen, dass zwar mehrere Zähler vorhanden sind, aber jede Wohnung eine eigene Marktlokation darstellt (zum Beispiel separate MaLo für Wohnung A und Wohnung B, jeweils mit eigenem Zähler).

Für die Abrechnung und Marktkommunikation sind diese Stammdaten essenziell. Auf jeder Stromrechnung findet man die MaLo-ID (und oft auch die Messlokations-ID), damit klar ist, welche Verbrauchsstelle abgerechnet wird. Bei der elektronischen Datenübermittlung zwischen Netzbetreiber, Messstellenbetreiber und Lieferant werden MaLo und MeLo genutzt, um Messwerte korrekt zuzuordnen und zum Beispiel beim Lieferantenwechsel einen reibungslosen Datentransfer zu gewährleisten.

Typische Stammdaten sind:

- ✔ **Kundendaten** (Name, Adresse, Vertragsbeginn)
- ✔ **Technische Daten** (Zählernummer, Spannungsebene, Messverfahren: Standardlastprofil oder registrierende Leistungsmessung)
- ✔ **Abrechnungsdaten** (Netznutzungsentgelte, Konzessionsabgaben, Messstellenentgelte)

- **Marktrollen-Informationen** (welcher Netzbetreiber, welcher Bilanzkreis, welcher Messstellenbetreiber)

Zählertypen: Von Ferraris bis Smart Meter

Stromzähler sind das technische Herzstück der Strommessung. Über viele Jahrzehnte kamen vor allem analoge Drehstromzähler (Ferraris-Zähler) zum Einsatz. Im Zuge der Digitalisierung der Energiewende werden diese nun schrittweise durch digitale Zähler ersetzt. Moderne Geräte können wesentlich mehr Informationen liefern und teils automatisch kommunizieren. In Deutschland unterscheidet man heute primär drei Zählerarten:

- Konventionelle Ferraris-Zähler
- Moderne Messeinrichtungen (digitale Zähler)
- Intelligente Messsysteme (Smart Meter)

Im Folgenden werden diese Zählerarten genauer vorgestellt.

Konventioneller Ferraris-Zähler (analoger Zähler)

Der Ferraris-Zähler ist ein elektromechanischer Zähler und war lange Zeit der Standard in Haushalten. Man erkennt ihn an der rotierenden Aluminiumscheibe, deren Umdrehungen den Stromverbrauch anzeigen. Fließt Strom, dreht sich die Scheibe – je schneller sie sich dreht, desto höher ist der momentane Verbrauch. Ein mechanisches Zählwerk (Rollenzähler) addiert die verbrauchten Kilowattstunden.

Ein Ferraris-Zähler arbeitet ohne Elektronik, benötigt keine externe Stromversorgung (er wird durch den Messstrom angetrieben) und gilt als sehr robust und zuverlässig. Allerdings hat er keinen digitalen Speicher, er zeigt immer nur den aktuellen Zählerstand an. Zwischenwerte oder Tagesverläufe werden nicht dokumentiert. Auch eine Fernablesung ist nicht möglich. Das Ablesen muss manuell vor Ort erfolgen. Aufgrund dieser Einschränkungen sowie gesetzlicher Vorgaben werden Ferraris-Zähler schrittweise gegen moderne Geräte ausgetauscht. Bis 2032/2033 sollen praktisch alle alten Zähler ersetzt sein.

Moderne Messeinrichtung (mME – digitaler Zähler)

Die moderne Messeinrichtung (mME) ist ein digitaler Stromzähler, der den Ferraris-Zähler ersetzt. Optisch verfügt er über ein digitales Display anstelle eines Rollenzählwerks. Eine mME erfasst den Energieverbrauch elektronisch und kann detailliertere Verbrauchsdaten speichern. Konkret wird der Zählerstand in der Regel tagesgenau über 24 Monate im Gerät gespeichert. Viele mME zeigen auf Knopfdruck nicht nur den aktuellen Stand, sondern zum Beispiel auch den Stand vom Vortag oder vom letzten Monat an, so hat man direkt am Gerät einen Einblick in den historischen Verbrauch.

Eine moderne Messeinrichtung besitzt keine Kommunikationseinheit. Die gespeicherten Daten werden nicht automatisch übertragen, sondern müssen weiterhin vor Ort abgelesen werden. In der Praxis bedeutet das, dass in der Regel einmal jährlich der Zählerstand manuell am Display abgelesen wird. Das passiert entweder von Ihnen selbst oder durch einen Ablesedienst. Anschließend wird dieser zum Beispiel über ein Webportal übermittelt.

Die mME ist eine Übergangstechnologie, sie digitalisiert die Messung und ermöglicht dem Endverbraucher mehr Transparenz über seinen Verbrauch, bleibt aber ein einfacher Zähler ohne fernauslesbare Schnittstelle.

In Abbildung 8.6 sehen Sie, wie eine moderne Messeinrichtung (ganz links) und zwei unterschiedlich alte Ferraris-Zähler aussehen.

Abbildung 8.6: Moderne Messeinrichtung (links) und Ferraris-Zähler (© Robert Poorten, stock.adobe.com)

Intelligentes Messsystem (iMSys – Smart Meter)

Ein intelligentes Messsystem besteht aus zwei Komponenten: 1. einem digitalen Stromzähler (also einer modernen Messeinrichtung) und 2. einem Kommunikationsmodul, dem sogenannten *Smart-Meter-Gateway*. Vereinfacht ausgedrückt wird der digitale Zähler um ein »Modem« beziehungsweise eine sichere Datenschnittstelle ergänzt. Dieses Gesamtsystem nennt man umgangssprachlich **Smart Meter**.

Das iMSys übernimmt alle Funktionen der mME (digitale Messung, lokaler Speicher) und erweitert sie um Konnektivität. Es kann Messwerte automatisiert und verschlüsselt übermitteln. Über eine sichere Internetverbindung, die in der Regel über das Mobilfunknetz hergestellt wird, werden die Verbrauchsdaten regelmäßig an berechtigte Empfänger gesendet, typischerweise an den Messstellenbetreiber, zukünftig auch an den Netzbetreiber und den Stromlieferanten. Die Datenübertragung erfolgt oft täglich oder je nach Konfiguration auch in kürzeren Intervallen (zum Beispiel 15-Minuten-Werte). In bestimmten Anwendungsfällen, zum Beispiel bei steuerbaren Verbrauchseinrichtungen nach § 14a EnWG, sind auch noch feinere Auflösungen bis hin zu minütlichen Messwerten möglich. Solche Anwendungen werden technisch als sogenannte *Tarifanwendungsfälle* (TAF) bezeichnet (in dem vorherigen Beispiel ist es TAF10). Damit entfällt die Notwendigkeit von Ableseterminen vollständig: Ein intelligenter Zähler muss nicht manuell abgelesen werden, weil die Zählerstände automatisch übertragen werden.

Durch das Gateway ist es zudem möglich, fein aufgelöste Lastprofile zu nutzen. Verbrauchswerte werden zum Beispiel viertelstündlich gespeichert und können vom Versorger ausgelesen werden. Dies ermöglicht neue Tarife (zum Beispiel zeitvariable Stromtarife) und eine genauere Abstimmung von Erzeugung und Verbrauch. Seit 2025 müssen alle Stromlieferanten auch dynamische Tarife anbieten, die nur mit Smart Metern oder lastgangsfähigen Zählern (RLM-Zähler) genutzt werden können. Der Stromverbrauch kann dann in günstigen Börsenpreis-Zeiten erhöht und in teuren Zeiten verringert werden. Für Verbraucher bedeuten Smart Meter mehr Komfort (keine Selbstablesung, genaue Abrechnung) und die Chance, ihren Verbrauch transparenter nachzuvollziehen, zum Beispiel per Online-Portal nahezu in Echtzeit.

Der Rollout intelligenter Messsysteme ist gesetzlich vorgegeben. Schon seit einigen Jahren werden Haushalte mit höherem Verbrauch schrittweise mit Smart Metern ausgerüstet. Aktuell besteht eine Pflicht zum Einbau von Smart Metern für folgende Fälle:

1. Jährlicher Stromverbrauch über 6.000 kWh

2. Betreiber einer EEG-Erzeugungsanlage mit mehr als 7 kW Leistung

3. Neu installierte steuerbare Verbrauchseinrichtungen nach § 14a EnWG (zum Beispiel Wallbox oder Wärmepumpe > 4,2 kW) seit 2024

In diesen Fällen muss der zuständige MSB ein intelligentes Messsystem einbauen. Für niedrigere Verbräuche (< 6.000 kWh/a) ist der Einbau derzeit optional; bis 2032 sollen jedoch alle konventionellen Zähler mindestens durch moderne Messeinrichtungen ersetzt sein. Verbraucher haben seit 2025 sogar das Recht, auf Wunsch vorzeitig ein Smart Meter zu verlangen (der MSB muss dem binnen vier Monaten nachkommen, kann aber ein Zusatzentgelt berechnen). Die Kosten für Einbau und Betrieb von mME/iMSys sind per Gesetz gedeckelt (zum Beispiel max. 20–100 €/Jahr für normale Haushalte, abhängig von Verbrauch und Einspeiseleistung).

In Abbildung 8.7 sehen Sie, wie ein Smart-Meter-Gateway (blaues Modul) auf einer modernen Messeinrichtung installiert ist und in einem Zählerschrank hängt.

Abbildung 8.7: Smart-Meter-Gateway (© Nicky, stock.adobe.com)

Ablesung und Datenübermittlung: Wie kommen die Verbrauchsdaten zum Lieferanten?

Die Erfassung des Stromverbrauchs erfolgt durch den Zähler kontinuierlich, gemessen in kWh. Damit aus diesen Messwerten eine Rechnung erstellt werden kann, müssen die Daten an den Stromlieferanten und den Netzbetreiber übermittelt werden. Je nach Zählertyp unterscheidet sich der Ablese- und Übermittlungsprozess deutlich.

Manuelle Ablesung (bei Ferraris-Zählern und mME)

Traditionell wird mindestens einmal pro Jahr der Zählerstand abgelesen, um den Jahresverbrauch zu ermitteln. Bei analogen Zählern war es üblich, dass die Kunden selbst einmal jährlich den Stand ablesen und melden (per Postkarte, telefonisch oder online). Alternativ schicken Netz- beziehungsweise Messstellenbetreiber Ableser vorbei oder beauftragen Dienstleister, die die Zählerstände vor Ort erfassen. Zusätzliche Ablesungen finden zu speziellen Anlässen statt, unter anderem beim Lieferantenwechsel oder beim Auszug, damit der Verbrauch sauber abgegrenzt wird.

Bei modernen Messeinrichtungen ohne Fernauslesung bleibt dieser Prozess im Prinzip gleich: Die Geräte zeigen den Stand im Display an, und dieser wird typischerweise einmal jährlich manuell erfasst. Viele Netzbetreiber bieten Portale an, in die Kunden ihre Zählerstände eingeben können, falls kein Ableser vorbeikommt. Wichtig ist, dass der abgelesene Wert dann in die IT-Systeme gelangt.

In der Marktkommunikation übermittelt der Messstellenbetreiber beziehungsweise Netzbetreiber die Ablesedaten elektronisch an den Stromlieferanten, damit dieser die Abrechnung erstellen kann. Die Datenübertragung erfolgt in standardisierten Formaten, damit alle Marktteilnehmer (Lieferant, Netzbetreiber, MSB) sie verarbeiten können. Der Endverbraucher merkt davon kaum etwas, er erhält später die Rechnung auf Basis der übermittelten Verbrauchsdaten.

Automatische Fernauslesung (bei iMSys/Smart Meter)

Bei intelligenten Messsystemen entfällt der manuelle Ableseaufwand. Das Smart-Meter-Gateway sendet regelmäßig die Messwerte über gesicherte Kommunikationswege an eine Datenplattform oder direkt an berechtigte Marktteilnehmer. Üblich ist eine tägliche Übermittlung der aufsummierten Tagesverbrauchswerte an Netzbetreiber und Lieferant. Auch eine häufigere Übermittlung von Lastgangsdaten und weiteren Informationen (beispielsweise viertelstündlich oder minütlich) ist möglich (durch den Tarifanwendungsfall 10 – TAF10).

Der Messstellenbetreiber betreibt das Gateway und stellt sicher, dass die richtigen Empfänger die Daten erhalten (zum Beispiel Netzbetreiber für Netzabrechnung, Lieferant für Energielieferabrechnung). Somit »wissen« Netz und Lieferant ohne Zutun des Kunden, wie viel dieser verbraucht hat. Die Bundesnetzagentur schreibt vor, dass diese Übermittlung datensicher und datenschutzkonform erfolgen muss, sodass nur erforderliche Werte übertragen und Zugriffe protokolliert werden.

Für Verbraucher hat die Fernauslesung praktische Vorteile: Ablesetermine entfallen vollständig, Rechnungen können schneller gestellt werden und man selbst kann über Webportale oder In-Home-Displays seinen Verbrauch besser nachverfolgen. Sollte ein Smart Meter mal ausfallen oder die Verbindung gestört sein, werden die Daten im Gerät zwischengespeichert und später übertragen, oder in seltenen Fällen muss ein Techniker zum Auslesen vorbeikommen.

Abrechnungsprozesse: Von der Messung zur Rechnung

Sobald die Verbrauchsdaten vorliegen, stellt sich die Frage: Wer schickt eigentlich welche Rechnung? In Deutschland setzt sich der Strompreis aus mehreren Bestandteilen zusammen, wie Sie in Kapitel 6 bereits gelesen haben. Doch die Abrechnung gegenüber dem Endkunden erfolgt oft gebündelt.

In der Regel erhalten Haushaltskunden eine einzige Stromrechnung von ihrem Stromlieferanten, und zwar meist jährlich mit Aufschlüsselung der Kosten. Auf dieser Rechnung sind sämtliche Posten enthalten: die Kosten für die gelieferte Energie (kWh-Preis * Verbrauch), die Netzentgelte für die Nutzung des Stromnetzes, die Messstellenentgelte für Betrieb des Zählers sowie Umlagen, Steuern (zum Beispiel Stromsteuer) und die Mehrwertsteuer.

Auch wenn all diese Bestandteile über den Lieferanten abgerechnet werden, gibt dieser die entsprechenden Anteile später an die Netzbetreiber und Messstellenbetreiber weiter. Der Lieferant fungiert hier quasi als zentraler Abrechner für den Kunden, obwohl mehrere Parteien Geld erhalten. Für Sie als Verbraucher ist das vorteilhaft, da Sie nur einen Ansprechpartner haben. Üblich war es daher bislang, dass kein direkter Kontakt zum Messstellenbetreiber bestand und dessen Kosten im Rahmen der Netzkosten auf der Stromrechnung auftauchten.

Die Netzbetreiber stellen dem Lieferanten ihre regulierten Netzentgelte in Rechnung, und der Lieferant legt diese 1:1 auf den Kunden um. In der Stromrechnung sind diese Entgelte oft ausgewiesen oder im Arbeitspreis eingerechnet. Die Netzentgelte sind behördlich genehmigt und für alle Anbieter im Netzgebiet gleich hoch. Ihr Lieferant kann diese Kosten also nicht beeinflussen, sondern nur weiterreichen.

Mit der Einführung moderner Zähler kommt es jedoch vermehrt vor, dass Verbraucher zwei Rechnungen erhalten. Schließt ein Kunde selbst einen Vertrag mit einem Messstellenbetreiber ab (zum Beispiel wMSB-Vertrag) oder stimmt der Stromlieferant der integrierten Abrechnung nicht zu, erhält der Kunde eine zweite Rechnung direkt vom MSB. In dieser separaten Rechnung werden die Kosten für den Messstellenbetrieb aufgelistet, typischerweise Grund- oder Bereitstellungskosten für den Zähler, Messung/Ablesung und Datenübertragung. Die jährlichen Gebühren bewegen sich, wie erwähnt, meist in Größenordnungen von 20–50 € für Haushalte (abhängig vom Zählertyp und Verbrauch). Der Stromlieferant stellt in diesem Szenario nur die Energielieferung (kWh) in Rechnung, der MSB fordert sein Entgelt selbst vom Kunden ein.

Vorsicht bei Wechsel des MSB: Falls Sie von einer Gesamtabrechnung (eine Rechnung) zu einer separaten Abrechnung wechseln, zum Beispiel weil Sie einen wettbewerblichen MSB beauftragen, sollten Sie genau prüfen, ob der Lieferant ab dem Wechsel das Messentgelt aus seiner Rechnung herausnimmt. Ansonsten könnte es passieren, dass doppelt gezahlt wird: einmal an den neuen MSB und trotzdem weiterhin über den Lieferanten. Verbraucherzentralen raten, die Rechnungen auf solche Posten zu kontrollieren.

IN DIESEM KAPITEL

Smart Grids

Flexibilitätsvermarktung

Sektorkopplung

Energysharing

Speicherlösungen

Power-to-X

Kapitel 9
Neue Entwicklungen im Energiemarkt – Flexibilitäten und Sektorkopplung

Viele Schritte greifen ineinander, damit Strom zuverlässig aus der Steckdose kommt, das haben Sie in den vergangenen Kapiteln bereits erfahren. Zuerst wird Strom erzeugt, zum Beispiel in Kraftwerken, die fossile Energieträger wie Kohle oder Gas nutzen, oder durch erneuerbare Energien. Danach wird er über die Stromnetze transportiert und verteilt. Am Ende stehen Handel und Vertrieb, über die der Strom bei Haushalten und Unternehmen ankommt. Diese Abfolge nennt man die *energiewirtschaftliche Wertschöpfungskette.* Abbildung 9.1 zeigt die Stromwirtschaft als Abfolge von fünf Stationen:

- ✔ Erzeugung
- ✔ Netze
- ✔ Handel
- ✔ Marketing & Vertrieb
- ✔ Endkunden

Auf den ersten Blick wirkt das wie eine klassische Prozesskette und genau so hat sie lange auch funktioniert. Aber die vielen Stichworte unter den einzelnen Bereichen machen deutlich, dass sich an jeder Stelle dieser Kette gerade sehr viel verändert.

Abbildung 9.1: Energiewirtschaftliche Wertschöpfungskette und Systemschritte

Früher wurde Strom fast nur in großen Kraftwerken erzeugt. Heute entsteht er an vielen kleinen Orten gleichzeitig, auf Hausdächern, in Windparks oder auf Firmengeländen. Dadurch kommen neue Akteure ins Spiel. Zum einen ist das eine Vielzahl an reinen Einspeisern und zum anderen eine Vielzahl an sogenannten Prosumern, die nicht nur Strom erzeugen, sondern auch selbst verbrauchen. Das sind heute typischerweise Hausbesitzer, die auf ihrem Dach eine PV-Anlage installiert haben. Werden mehrere dieser oft kleineren, dezentralen Anlagen gebündelt und über ein gemeinsames Leitsystem koordiniert (zum Beispiel gesteuert), wird von einem virtuellen Kraftwerk gesprochen, dessen Zweck die gemeinsame Vermarktung von Strom und Flexibilität aus dem Schwarm der aggregierten Anlagen ist.

Da der Ausbau der erneuerbaren Energien weiter voranschreitet und die Einspeisung entsprechend immer wetterabhängiger und damit volatiler wird, muss sie stärker koordiniert werden. Das stellt neue Anforderungen an die Stromnetze. Sie müssen nicht nur Strom transportieren, sondern auch flexibel auf Veränderungen reagieren. Sie müssen Schwankungen ausgleichen, Engpässe erkennen und gezielt gegensteuern. Das ist zwar an sich wenig Neues für Netzbetreiber, jedoch sind die Häufigkeit und der Umfang der zu ergreifenden Maßnahmen aufgrund der hohen Volatilität exorbitant gestiegen. Begriffe wie Redispatch 2.0 (siehe Kapitel 5), Smart Grids oder Predictive Maintenance (dies ist die vorausschauende Netzwartung, bevor Ausfälle entstehen) und Systemdienstleistungen (siehe Kapitel 6) stehen genau dafür. Das Netz muss digital überwacht und aktiv gesteuert werden. Daten spielen eine wichtigere Rolle denn je, denn ohne Messwerte in Echtzeit lassen sich diese Aufgaben nicht bewältigen.

Genauso verändert sich der Stromhandel. Erzeugungs- und Preisprognosen werden immer genauer, weil mehr Daten zur Verfügung stehen, zum Beispiel durch den zunehmenden Rollout von Smart Metern (siehe Kapitel 8) bei Endkunden wird die Messung auf Minutenbasis möglich. Parallel dazu wächst die Bedeutung von kurzfristigen Märkten, auf denen flexibel auf Veränderungen reagiert werden kann. Neben Strom selbst wird zunehmend auch Flexibilität gehandelt, also die Fähigkeit, Erzeugung oder Verbrauch anzupassen.

Im Vertrieb geht es längst nicht mehr nur darum, Strom zu verkaufen. Variable Tarife (siehe Kapitel 8), Elektromobilität, Wärmepumpen, Speicherlösungen oder Flexibilität als Produkt zeigen, dass Energie immer stärker mit Dienstleistungen verknüpft wird. Haushalte, Gewerbebetriebe und Industrie sind nicht mehr nur passive Abnehmer von Strom. Durch Batteriespeicher, Elektrofahrzeuge oder flexible Verbraucher können sie aktiv am Stromsystem teilnehmen und ihr Verhalten an die Situation im Netz anpassen. Digitale Anwendungen/Apps, wie zum Beispiel Home-Energy-Management-Systeme (HEMS), machen diese Angebote nutzbar. Gleichzeitig können Verbraucher jedoch auch für starke Netzschwankungen und eine zusätzliche Volatilität im Netz sorgen, wenn beispielsweise Elektroautos, Klimaanlagen oder Wärmepumpen nicht »smart« sind und mithilfe von HEMS netzdienlich agieren. Laden Besitzer von Elektroautos alle gleichzeitig um 18 Uhr nach der Arbeit ihr Auto, hat dies massive Auswirkungen auf das betroffene Netz.

Entsprechend wandelt sich auch die Rolle des Verbrauchers. Smart-Home-Lösungen, Echtzeitdaten durch Smart Meter, schnelle Anbieterwechsel und neue gesetzliche Vorgaben führen dazu, dass Endkunden stärker eingebunden sind als früher. Sie treffen Entscheidungen nicht mehr nur einmal im Jahr beim Vertragsabschluss, sondern fortlaufend.

Seit dem 6. Juni 2025 gibt es in Deutschland eine neue Vorgabe der Bundesnetzagentur. Der technischen Wechsel des Stromanbieters muss ab sofort werktags innerhalb von 24 Stunden möglich gemacht werden. Diese Regel basiert auf dem deutschen Energiewirtschaftsgesetz (§ 20a EnWG) und setzt eine EU-Richtlinie (EU 2019/944) um.

Digitale Plattformen, Aggregatoren und datenbasierte Dienste verbinden Erzeuger, Netze und Verbraucher miteinander. Sie bündeln viele kleine Anlagen oder Verbraucher, steuern diese zentral und machen ihre Flexibilität für den Markt nutzbar. Damit verschiebt sich ein Teil der Wertschöpfung weg von der reinen Lieferung von Strom hin zu neuen Leistungen wie Flexibilität, Systemstabilität und datenbasierte Steuerung. Aus einer klar geregelten Lieferkette entwickelt sich die Stromwirtschaft zu einem flexiblen, vernetzten System. Diese Veränderung bildet die Grundlage für neue Marktmodelle und macht verständlich, warum Flexibilitätsvermarktung und Sektorkopplung heute eine große Rolle spielen (siehe Kapitel 9).

Digitalisierung und Smart Grid

Mit Smart Grid ist ein Stromnetz gemeint, das nicht mehr nur Energie weiterleitet, sondern das seinen eigenen aktuellen Zustand kennt und aktiv darauf reagiert. Es ergänzt das klassische Stromnetz um eine digitale Ebene, die Erzeugung, Netzbetrieb, Speicherung und Verbrauch miteinander verknüpft. Das alte Stromnetz war bislang eher starr aufgebaut. Mehr war auch nicht notwendig, weil Strom nur in eine Richtung geflossen ist, nämlich vom Erzeuger (Kraftwerk) zum Abnehmer (Kunden). Die Netzbetreiber hatten nur begrenzte Informationen darüber, was im Netz gerade tatsächlich passiert, und mussten deshalb mit höheren Sicherheitsreserven arbeiten. Es wurde einmal im Jahr ein Stromzähler abgelesen und danach wusste der Netzbetreiber, wie viel Strom im vergangenen Jahr verbraucht oder eingespeist wurde. Wann der Strom aber verbraucht wurde, also ob nur an einem Tag oder jeden Tag gleichmäßig viel verbraucht wurde, war unbekannt.

Heute hat sich dieses Bild grundlegend verändert. Immer mehr Strom wird dezentral erzeugt, zum Beispiel durch Wind- und Solaranlagen. Gleichzeitig steigt der Strombedarf durch neue Anwendungen wie Elektroautos, Wärmepumpen oder digitale Infrastrukturen. Diese Entwicklungen führen zu stärkeren Schwankungen bei Erzeugung und Verbrauch sowie zu höheren Lastspitzen im Netz. Seit nun erneuerbare Energien integriert wurden und auch die Verbraucher immer höhere Leistungen abriefen (zum Beispiel für das Laden ihrer Elektroautos), reichte ein System nicht mehr aus, in dem Netzbetreiber praktisch nicht wussten, wie viel Strom gerade in ihrem Netz verbraucht oder eingespeist wurde. Somit gehört zu einem Smart Grid sowohl die Transparenz, mit der aktuelle Messwerte beispielsweise an Stromzählern abgerufen werden können, als auch die Steuerung von Einspeiseanlagen und flexiblen Verbrauchern wie Ladesäulen, Wärmepumpen, Klimaanlagen.

Bidirektionalität bedeutet: Es fließt nicht mehr nur Strom, sondern auch Information in beide Richtungen.

Transparenz, Kommunikation und Steuerung

Im Zentrum eines Smart Grids stehen aktuelle Daten. Digitale Stromzähler (Smart Meter) und Sensoren erfassen in kurzen Zeitabständen, wie viel Strom erzeugt, verbraucht oder transportiert wird. Diese Informationen werden über Kommunikationsnetze weitergeleitet und nahezu in Echtzeit ausgewertet.

Netzbetreiber können erkennen, wo gerade viel Strom erzeugt oder verbraucht wird, und gezielt eingreifen. Diese bidirektionale Kommunikation ist ein zentrales Merkmal eines Smart Grids: Es fließt nicht mehr nur Strom durch das Netz, sondern auch Information in beide Richtungen.

Auf Basis der Daten übernehmen Steuerungssysteme eine wichtige Aufgabe: Sie analysieren Lastspitzen oder Überschüsse und reagieren darauf, entweder durch Empfehlungen oder automatisch. So können beispielsweise Ladesäulen, Wärmepumpen oder Klimaanlagen gezielt gesteuert werden.

Technische Bausteine eines Smart Grids

Ein intelligentes Stromnetz besteht aus mehreren Komponenten, die zusammenarbeiten:

- ✔ **Smart Meter (intelligente Stromzähler):** Sie erfassen den Stromverbrauch und die Einspeisung in Echtzeit und ermöglichen damit eine bessere Übersicht und Steuerung.
- ✔ **Nutzung dynamischer Netzentgelte:** Hiermit werden Anreize geschaffen, dann Strom zu verbrauchen, wenn es gerade viel Strom im Netz gibt.
- ✔ **Digitale Kommunikationsnetze:** Sie verbinden Haushalte, Stromversorger, Netzbetreiber, Ladeinfrastruktur und Energieanlagen miteinander.
- ✔ **Steuerungssysteme:** Diese analysieren die Datenströme, erkennen Lastspitzen oder Überschüsse und passen Verbrauch und Einspeisung automatisch an.
- ✔ **Speicher und flexible Verbraucher:** Batterien, Wärmepumpen oder Elektroautos helfen, Stromverbrauch zeitlich zu verschieben und dann zu nutzen, wenn viel erneuerbare Energie im Netz ist.
- ✔ **Dynamische Stromtarife** (siehe Kapitel 11): Ab 2025 müssen Stromanbieter flexible Tarife anbieten. Wer dann lädt, wenn Strom günstig und grün verfügbar ist, spart Geld.
- ✔ **Geräte und Anlagen, die »Smart Grid Ready« sind:** also technisch in der Lage, miteinander zu kommunizieren und auf Signale zu reagieren.

Vorteile und Nutzen

Smart Grids ermöglichen es, erneuerbare Energien besser in das Stromsystem zu integrieren. Hohe Einspeisungen können frühzeitig erkannt und bei Bedarf ausgeglichen werden. Gleichzeitig lassen sich Lastspitzen reduzieren, indem Verbrauch flexibel gesteuert wird.

Ein weiterer Vorteil liegt in der effizienteren Nutzung des bestehenden Stromnetzes. Da genauer bekannt ist, wie stark einzelne Leitungen ausgelastet sind, können sie näher an ihrer tatsächlichen Kapazitätsgrenze betrieben werden. Dadurch lassen sich teure Netzausbaumaßnahmen oft vermeiden oder zumindest verzögern.

Auch Verbraucher profitieren: Wer seinen Stromverbrauch flexibel anpasst oder selbst erzeugten Strom einspeist, kann Kosten sparen oder zusätzliche Einnahmen erzielen.

Neben Kabeln, Umspannwerken und Transformatoren entsteht ein Datennetz, das konstant Informationen sammelt. Sensoren erfassen zum Beispiel Stromflüsse, Spannungen oder die Auslastung von Netzabschnitten. Die gesammelten Daten werden fast in Echtzeit ausgewertet. Damit kann ein laufendes Bild davon entstehen, was im Stromnetz passiert. Im Hintergrund arbeiten mehrere Bausteine zusammen. Digitale Zähler und Sensoren erfassen, wie viel Strom fließt und wo er gebraucht wird. Diese Informationen werden weitergeleitet und von Software ausgewertet. Auf dieser Basis können Systeme Empfehlungen geben oder automatisch reagieren (zum Beispiel indem sie Geräte steuern oder Abläufe anpassen, ohne dass jemand eingreifen muss).

Im Alltag macht ein Smart Grid vieles einfacher, denn erneuerbare Energien lassen sich besser nutzen, weil hohe Einspeisungen früh erkannt und bei Bedarf abgefedert werden können. Wärmepumpen, Elektroautos oder Batteriespeicher können aktiv werden, wenn viel Strom verfügbar ist und Speicher können gezielt geladen oder entladen werden, um das Netz zu entlasten und Engpässe zu vermeiden.

Weil dank aktueller Daten sehr genau bekannt ist, was gerade im Netz passiert, lässt es sich näher an seiner eigentlichen Leistungsgrenze betreiben, ohne dabei die Versorgungssicherheit zu riskieren. Das hilft, teure Ausbaumaßnahmen zu reduzieren oder zumindest nach hinten zu verschieben. Abbildung 9.2 veranschaulicht den grundsätzlichen Aufbau eines Smart Grids. Dargestellt ist die Vernetzung verschiedener Energieerzeuger (fossiler und erneuerbarer) mit Verbrauchern, Speichern sowie Übertragungs- und Verteilnetzen. Über eine digitale Kommunikations- und Steuerungsebene werden Erzeugung, Verteilung und Verbrauch miteinander verknüpft und koordiniert.

Die Digitalisierung bietet auch Netzbetreibern viele Vorteile. Bevor neue Leitungen gebaut werden, lässt sich damit zunächst prüfen, wie gut das bestehende Netz an welchen Stellen überhaupt ausgelastet ist. Je geringer der Netzausbau ist, desto geringer sind die von den Haushalten zu bezahlenden Netzentgelte, womit an einem Smart Grid auch der Stromkunde Interesse haben sollte. Der Netzbetreiber hat durch die Transparenz und Steuermöglichkeit in einem Smart Grid auch die Möglichkeit, mehr Netzanschlüsse an einem Netz zuzulassen, da er im Zweifel steuernd eingreifen und damit das Netz weiterhin stabil halten kann. In Deutschland orientiert man sich dabei am sogenannten NOVA-Prinzip. Erst werden Netze optimiert (N – Netzoptimierung), danach verstärkt (O – Netzverstärkung) und nur wenn das nicht ausreicht, weiter ausgebaut (V – Verteilnetzausbau) oder Alternativen genutzt (A – Alternativen nutzen) wie Speicher- und Lastmanagement. Je besser bekannt ist, wie stark einzelne Leitungen und Netzabschnitte tatsächlich ausgelastet sind, desto genauer kann geplant werden. Sicherheitsreserven müssen nicht mehr pauschal angesetzt werden, sondern können realistischer gewählt werden. Auf diese Weise lassen sich vorhandene Kapazitäten besser ausschöpfen und kostspielige Ausbaumaßnahmen oft vermeiden oder zumindest verschieben.

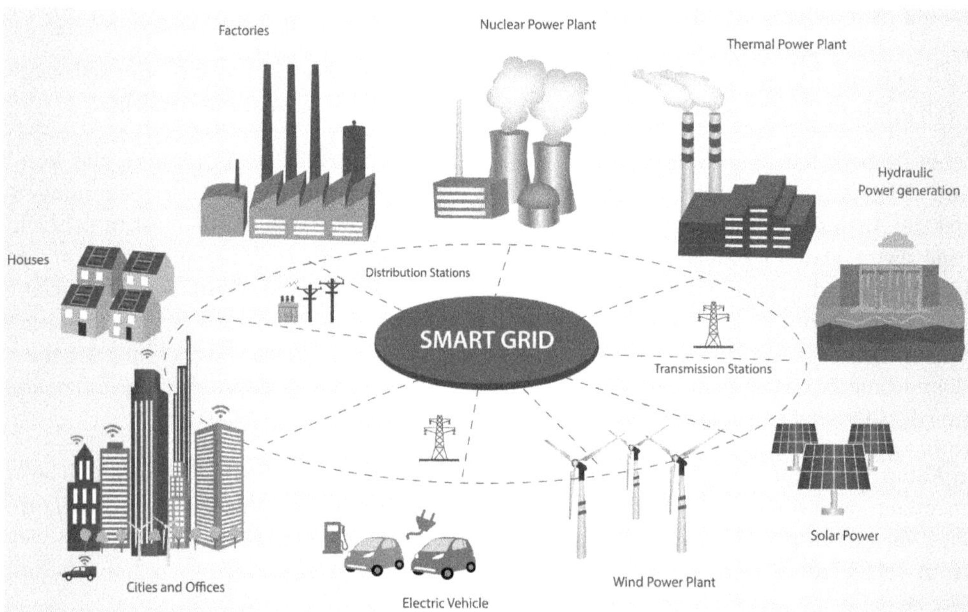

Abbildung 9.2: Aufbau und Vernetzung eines Smart Grids mit Energieerzeugern, Verbrauchern und Netzstationen (© monicaodo, stock.adobe.com)

Ein Beispiel ist die Überwachung von Freileitungen. Deren Belastbarkeit hängt von technischen Vorgaben und von äußeren Bedingungen wie Temperatur und Wind ab. Werden diese Faktoren laufend erfasst, können die zulässigen Grenzwerte flexibel angepasst werden. Gerade an windreichen Tagen, wenn viel Strom aus Windkraft eingespeist wird, sorgt die zusätzliche Kühlung dafür, dass Leitungen mehr Strom aufnehmen können, als es starre Annahmen vermuten lassen.

Die Digitalisierung wirkt jedoch nicht nur auf der technischen Ebene, sondern verändert auch die Marktstrukturen. Kleine Erzeuger, Speicher und flexible Verbraucher können über digitale Plattformen gebündelt werden und gemeinsam am Strommarkt oder an Regelenergiemärkten teilnehmen (Stichwort »Virtuelles Kraftwerk«). Diese Bündelung wäre ohne digitale Vernetzung kaum möglich.

Die Entwicklung vom »Consumer« zum »Prosumer«

Wenn immer mehr Haushalte und Unternehmen ihren verbrauchten Strom auch selbst erzeugen (zum Beispiel durch PV-Anlagen), verändert sich ihre Rolle im Energiesystem. Sie sind nicht mehr nur reine Verbraucher, sondern speisen bei Überschuss auch Strom ins Netz ein. Die alte Trennung zwischen Erzeugung und Verbrauch löst sich dadurch immer weiter auf. Stattdessen entstehen Teilnehmer im Stromnetz, die beides gleichzeitig sind, sie produzieren Strom und nutzen ihn selbst. Diese Teilnehmer nennen sich *Prosumer* (Producer + Consumer).

Ein typisches Beispiel für einen Prosumer ist der Besitzer eines Einfamilienhauses mit einer PV-Anlage auf dem Dach. Der dort erzeugte Strom kann direkt im eigenen Haushalt genutzt werden. Ein Batteriespeicher hilft dabei, überschüssigen Strom zwischenzuspeichern und ihn später zu verwenden, wenn er gebraucht wird. Um den Eigenverbrauch weiter zu erhöhen, kann zusätzlich eine Wärmepumpe oder ein Elektroauto mit dem selbst erzeugten Strom betrieben werden. Falls Sie das noch einmal genauer nachlesen möchten, blättern Sie zurück zu Kapitel 1. Entsteht trotzdem noch ein Überschuss, wird dieser ins Stromnetz eingespeist. Reicht die eigene Stromproduktion dagegen nicht aus, wird die fehlende Menge aus dem Netz bezogen.

Auch der Strombezug aus dem Netz kann heute deutlich flexibler gestaltet werden. Das gilt nicht nur für Prosumer, sondern für alle Haushalte. Der Strompreis schwankt im Laufe des Tages (schauen Sie noch einmal in Kapitel 8 nach den dynamischen Stromtarifen in Abbildung 10.1). Typischerweise ist Strom in Zeiten hoher Nachfrage, zum Beispiel morgens und abends, teurer. Durch die zunehmende Einspeisung von Solarstrom sind die Preise jedoch häufig mittags besonders niedrig. In der Nacht können die Preise ebenfalls günstiger sein, je nach Angebot und Nachfrage. Das hängt unter anderem mit dem sogenannten Merit-Order-Prinzip zusammen. Der Strompreis setzt sich aus Nachfrage und Angebot zusammen. Je geringer die Nachfrage und je höher das Angebot, desto geringer sind die Preise. Das liegt daran, dass die Merit Order die Einsatzreihenfolge der Kraftwerke festlegt. Je günstiger ein Kraftwerk Strom produzieren kann, desto früher wird sein Strom abgenommen. Wird hingegen viel Strom nachgefragt, ist der Strom deshalb teurer, weil auch die Kraftwerke Strom produzieren, deren Produktionskosten hoch sind. Sogenannte variable beziehungsweise dynamische Stromtarife greifen diese Preisunterschiede auf. Ist viel Strom im Netz, zum Beispiel durch starke Sonneneinstrahlung oder hohen Wind und die Nachfrage ist geringer, sinken die Preise. Das schafft Anreize, den eigenen Stromverbrauch bewusst zu verschieben. Zum Beispiel indem ein Elektroauto geladen oder eine Wärmepumpe betrieben wird, wenn Strom besonders günstig ist. Gleiches gilt für Zeiten, in denen die eigene PV-Anlage viel Strom produziert. Wer diese Preisunterschiede bewusst nutzt, das heißt, die eigenen Lasten entsprechend verschiebt, wird aus energiewirtschaftlicher Perspektive *Flexumer* genannt.

Wenn der selbst erzeugte Strom günstiger als der Strom aus dem Netz (Grid Parity) ist, ist es sinnvoll, möglichst viel davon selbst zu verbrauchen.

Eine eigene PV-Anlage lohnt sich vor allem dann, wenn der selbst erzeugte Strom günstiger ist als der Strom aus dem öffentlichen Netz. Das ist heute in vielen Fällen so. Wichtig ist allerdings, dass möglichst viel des selbst erzeugten Solarstroms selbst verbraucht wird, da auf diesem Weg auch Netzentgelte und Umlagen, zusätzlich zu den Stromgestehungskosten der öffentlichen Kraftwerksanlagen, eingespart werden. Je mehr Strom direkt im Haushalt genutzt wird, zum Beispiel für Haushaltsgeräte, eine Wärmepumpe oder das Laden eines E-Autos, desto größer ist der finanzielle Vorteil. Wird der Strom hauptsächlich ins Netz eingespeist, ist die Ersparnis geringer. Ob sich eine PV-Anlage lohnt, hängt daher immer vom individuellen Stromverbrauch und den Nutzungsmöglichkeiten ab.

Je höher dieser Eigenverbrauch ist, desto wirtschaftlicher werden eigene Erzeugungs- und Speicherlösungen. Insgesamt wird der Stromverbrauch dadurch flexibler und besser in das gesamte Energiesystem eingebunden.

Tennet und andere europäische Übertragungsnetzbetreiber haben dafür gemeinsam eine Infrastruktur geschaffen, über die private und gewerbliche Anlagenbetreiber ihre Flexibilität zur Verfügung stellen können. Die Plattform nennt sich »Equigy« und ist für Besitzer von Elektrofahrzeugen, Batteriespeichern oder Wärmepumpen gedacht.

Allein mit einer Solaranlage oder einem flexiblen Stromtarif ist es aber noch nicht getan. Damit Haushalte ihren Verbrauch wirklich anpassen können, ist eine digitale Messung und Auswertung des Stromverbrauchs notwendig. Die Grundlage für die Nutzung solcher Flexibilitäten bilden digitale Stromzähler (siehe auch Kapitel 8). Sie erfassen den Stromverbrauch zeitnah und machen sichtbar, wann und wie viel Strom ein Haushalt tatsächlich nutzt.

Werden diese digitalen Zähler zusätzlich mit einer Kommunikationseinheit ausgestattet, spricht man von intelligenten Messsystemen, auch Smart Meter genannt. Sie ermöglichen es, Verbrauchs- und Einspeisedaten automatisch zwischen Haushalten, Netzbetreibern und anderen Marktakteuren auszutauschen. Dadurch entsteht die technische Grundlage, um Stromverbrauch, Eigenerzeugung und Netzintegration besser aufeinander abzustimmen. Smart Meter sind entsprechend das Rückgrat der notwendigen Netztransparenz, die die Grundlage aller markt- und netzdienlichen Aktivitäten ist.

Flexibilitätsvermarktung und Sektorkopplung

Durch diese digitale Erfassung, Vernetzung und Kommunikation wird Stromverbrauch erstmals nicht nur sichtbar, sondern auch steuer- und somit auch preislich optimierbar. Haushalte und Anlagen können gezielt auf Signale aus dem Stromsystem reagieren, zum Beispiel auf hohe oder niedrige Preise oder auf Netzengpässe. Genau an diesem Punkt endet die reine Messung und es beginnt ein neuer Gedanke, nämlich dass diese Flexibilität zu einem grundlegenden Baustein im Energiesystem wird. Damit entsteht die Grundlage dafür, Flexibilität aktiv einzusetzen, zu bündeln und auch wirtschaftlich zu vermarkten. Flexibel ist, wer seinen Stromverbrauch oder seine Einspeisung anpassen kann (Erstes nennt man Lastverschiebung). Das kann ein Batteriespeicher sein, der Strom zwischenspeichert, ein Elektroauto, das nicht sofort geladen werden muss, oder eine Wärmepumpe, die ein paar Stunden früher oder später läuft. Solche Möglichkeiten gab es früher kaum und heute entstehen sie überall im System.

Mit *Flexibilitätsvermarktung* ist die gezielte Nutzung von flexiblen Anlagen oder Lasten gemeint, um aus Preisschwankungen Profit zu schlagen oder Netznutzen zu stiften. Gemeint sind vor allem Lastverschiebung (*demand response*) und flexible Erzeugung außerhalb der traditionellen Regelenergieprodukte.

Beispiele: Ein Industriebetrieb mit elektrischen Öfen könnte sich bereit erklären, bei sehr hohen Strompreisen kurzfristig seinen Verbrauch zu drosseln. Damit reduziert er seine Stromkosten oder erhält eine Vergütung dafür, dass er seine Last flexibel anpasst, und trägt gleichzeitig zur Stabilisierung des Stromsystems bei. Umgekehrt kann ein Betreiber eines Batteriespeichers Strom gezielt dann aus dem Netz beziehen, wenn die Preise niedrig sind, und ihn bei hohen Preisen wieder abgeben oder selbst nutzen. Dadurch kann er Kosten sparen oder zusätzliche Erlöse erzielen. Dieses Vorgehen wird auch als *Peak Shaving* bezeichnet, wenn teure Lastspitzen vermieden werden.

Diese Flexibilität wird für das Gesamtsystem immer wichtiger und darum entsteht ein neuer Markt dafür. Flexibilitätsvermarktung bedeutet im Kern, wer helfen kann, das Stromsystem auszugleichen, soll dafür bezahlt werden. Flexibilität wird damit zu einer eigenen Leistung, ähnlich wie Strom selbst. Möglich wird das erst durch Digitalisierung, Messung und Vernetzung, also genau durch die Veränderungen, die in der Wertschöpfungskette sichtbar werden.

Parallel dazu gewinnt die *Sektorkopplung* an Bedeutung. Strom wird nicht mehr nur für Licht und Maschinen genutzt, sondern auch für andere Sektoren wie Wärme, Mobilität und industrielle Prozesse. Wärmepumpen, Elektrofahrzeuge oder Elektrolyseure erhöhen zwar den Strombedarf, bringen aber gleichzeitig neue Spielräume. Sie können Strom dann nutzen, wenn viel davon vorhanden ist, und so helfen, Überschüsse aufzunehmen. Beides hängt eng zusammen. Ohne Sektorkopplung gäbe es viele dieser neuen Flexibilitäten nicht. Und ohne Flexibilitätsvermarktung würden sie ungenutzt bleiben. Was früher ein technisches Randthema war, wird damit zu einem zentralen Bestandteil des Energiemarkts.

Im Kasten »Flexibilitätsvermarktung & Sektorkopplung« sehen Sie einen Überblick über die Komponenten der Flexibilitätsvermarktung und Sektorkopplung.

Flexibilitätsvermarktung & Sektorkopplung

Flexibilitätsvermarktung und Sektorkopplung beschreiben, wie Anpassungsfähigkeit im Energiesystem technisch bereitgestellt, organisiert und wirtschaftlich genutzt wird. Dabei greifen mehrere Ebenen ineinander:

1. **Technische Quellen der Flexibilität** (Wo entsteht Flexibilität?)

   Bei privaten und gewerblichen Kunden:

   - Wärmepumpen

- Ladeinfrastruktur für Elektrofahrzeuge (Smart Charging, perspektivisch Vehicle-to-Grid)
- Batteriespeicher (Haus-, Quartiers- und Großspeicher)
- Power-to-Heat-Anwendungen (zum Beispiel Heizstab, Elektroboiler)
- Kraft-Wärme-Kopplungsanlagen (stromgeführt statt rein wärmegeführt)
- Industrie- und Gewerbelasten (Lastverschiebung, Lastabsenkung)

2. **Markt- und Vermarktungsmechanismen** (Wie wird Flexibilität bezahlt und genutzt?)
   - Regelenergiemärkte (Primär-, Sekundär- und Minutenreserve)
   - Strombörsen (Day-Ahead- und Intraday-Handel)
   - Dynamische Stromtarife
   - Netzdienstleistungen (zum Beispiel Redispatch 2.0, Engpassmanagement)
   - Peer-to-Peer-Stromhandel
   - Energiegemeinschaften
3. **Vermarktungs- und Einsatzwege** (Wo kommt Flexibilität konkret zum Einsatz?)
   - Stromhandel an der Börse
   - Bereitstellung von Regelenergie
   - Netzstabilisierende Maßnahmen
   - Nutzung dynamischer Tarife im Haushalt
   - Lokale Vermarktung in Quartieren oder Nachbarschaften
4. **Organisation & Bündelung von Flexibilität** (Wie werden viele kleine Anlagen marktfähig gemacht?)
   - Virtuelle Kraftwerke (Virtual Power Plants, VPP) und Aggregatoren
   - Energiepooling
   - Quartierslösungen und Microgrids
5. **Technische Steuerung & Digitalisierung** (Was macht das alles möglich?)
   - Energiemanagementsysteme (EMS/HEMS)
   - Intelligente Messsysteme (Smart Meter)
   - Steuerboxen und digitale Schnittstellen
   - Aggregations- und Plattformlösungen

Wie virtuelle Kraftwerke zur Flexibilitätsvermarktung beitragen

Wie bereits erwähnt ist ein virtuelles Kraftwerk kein einzelnes Kraftwerk, sondern eine digitale Plattform, die viele verteilte Anlagen und flexible Verbraucher zu einer gemeinsamen Einheit bündelt (siehe auch Kapitel 4). Zum virtuellen Kraftwerk gehören zum Beispiel Photovoltaikanlagen, Windparks, Batteriespeicher, Blockheizkraftwerke, Notstromaggregate, flexible Industrie- und Gewerbelasten sowie perspektivisch auch Elektroautos und Wärmepumpen, wenn diese an die Plattform angeschlossen werden.

Das virtuelle Kraftwerk weiß (dank digitaler Messung, Prognosen und Steuerungsalgorithmen) jederzeit, welche Anlagen gerade Strom erzeugen könnten, wo Strom gespeichert ist, welche Verbraucher ihren Verbrauch verschieben oder reduzieren können. Auf dieser Basis kann es Entscheidungen treffen, zum Beispiel: Soll Strom jetzt verkauft oder gespeichert werden? Ist es wirtschaftlicher, eine Last zu reduzieren oder eine Batterie zu entladen? Kann bei hohen Preisen zusätzliche Einspeisung angeboten werden? Diese Entscheidungen laufen automatisiert ab und orientieren sich an Marktpreisen, Netzsignalen oder vertraglich vereinbarten Abrufbedingungen.

Virtuelle Kraftwerke bringen Flexibilität in unterschiedliche Vermarktungskanäle. Sie handeln Strom an der Börse und nutzen Preisunterschiede im Day-Ahead- und Intraday-Markt. Sie bündeln Anlagen, um Regelenergie bereitzustellen und so zur Stabilisierung des Stromnetzes beizutragen. Sie bieten Flexibilität für netzdienliche Zwecke an, zum Beispiel im Rahmen von Engpassmanagement oder Redispatch. Darüber hinaus ermöglichen sie individuelle Flexibilitätsverträge, bei denen Unternehmen oder Anlagenbetreiber gezielt ihre Abschaltbarkeit oder zusätzliche Einspeisung zur Verfügung stellen.

In all diesen Fällen wird nicht nur Energie verkauft, sondern vor allem die Fähigkeit, Erzeugung und Verbrauch flexibel an das System anzupassen. Virtuelle Kraftwerke verbinden damit mehrere Entwicklungen, die im bisherigen Kapitel beschrieben wurden. Sie machen Prosumer und Flexumer marktfähig, nutzen die Möglichkeiten der Digitalisierung, integrieren neue flexible Lasten aus der Sektorkopplung und setzen die Idee der Flexibilitätsvermarktung praktisch um. Ohne virtuelle Kraftwerke würde ein großer Teil der vorhandenen Flexibilität ungenutzt bleiben oder nur lokal wirken.

Im Unterschied zu kombinierten oder hybriden Kraftwerken stehen die einzelnen Anlagen eines virtuellen Kraftwerks nicht an einem Ort. Sie sind räumlich verteilt und über das Stromnetz auf verschiedenen Spannungsebenen angeschlossen. Zusammengeführt werden sie nicht physisch, sondern digital: Über eine Datenverbindung sind die Anlagen mit dem Leitsystem des Aggregators verknüpft. Auf diese Weise erhält dieser laufend Informationen über den Zustand der Anlagen und kann ihren Betrieb, sofern vereinbart, gezielt beeinflussen. Für die Kommunikation werden in der Praxis in der Regel Mobilfunkverbindungen oder die vorhandenen Internetanschlüsse der Anlagenbetreiber genutzt.

Ein Beispiel: Bidirektionales Laden beim Elektroauto

Mit der steigenden Zahl an Elektroautos nimmt der Strombedarf im Verkehr zu. Zudem entsteht ein neues Potenzial für mehr Flexibilität im Energiesystem. Jedes Elektroauto bringt einen leistungsfähigen Batteriespeicher mit, der im Alltag häufig viele Stunden ungenutzt bleibt. Das gilt zum Beispiel für Zeiten am Arbeitsplatz oder über Nacht. Genau an diesem Punkt setzt das bidirektionale Laden an. Beim herkömmlichen Laden fließt Strom ausschließlich aus dem Netz in das Fahrzeug. Beim bidirektionalen Laden kann das Auto zusätzlich Energie wieder abgeben. Auf diese Weise wird es zu einem mobilen Stromspeicher, der aktiv in das Energiesystem eingebunden werden kann und nicht nur Energie aufnimmt (siehe Abbildung 9.3).

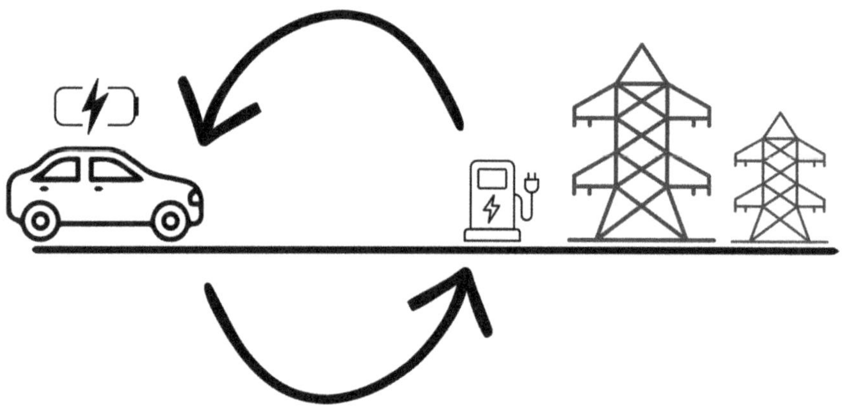

Abbildung 9.3: Transparentes Bild eines Elektroautos, das zeigt, wo das Speicherpotenzial im Fahrzeug liegt

Unter dem Begriff Vehicle-to-X werden verschiedene Anwendungen zusammengefasst. Vehicle-to-Load erlaubt es, den Speicher des E-Autos als Akku zu nutzen und so einzelne elektrische Geräte direkt über das Fahrzeug zu betreiben. Bei Vehicle-to-Home (V2H) kann überschüssiger Strom (beispielsweise aus einer PV-Anlage) im Speicher des E-Autos zwischengespeichert werden und bei Bedarf wieder an das Haus abgegeben werden. Vehicle-to-Grid ermöglicht die Rückspeisung ins öffentliche Netz, um Erzeugung und Verbrauch besser aufeinander abzustimmen und so das Stromsystem zu stabilisieren.

Damit all das möglich ist, braucht es passende technische Voraussetzungen. Fahrzeuge müssen für den Energiefluss in beide Richtungen ausgelegt sein. Hinzu kommen geeignete Wallboxen sowie Steuerungs- und Kommunikationssysteme. Eine wichtige Grundlage bildet dabei der internationale Kommunikationsstandard ISO 15118, der den Austausch zwischen Fahrzeug, Ladeeinrichtung und Energiemanagement ermöglicht. Beim klassischen Laden wird nur festgelegt, wann und mit welcher Leistung geladen wird. Das bidirektionale Laden erweitert diese Funktion und macht gespeicherte Energie gezielt nutzbar (siehe Abbildung 9.4).

Abbildung 9.4: Bidirektionales Laden: Der Autospeicher speist den Strom zurück in das Haus (Achtung: nur bei V2H!). (© Badis, stock.adobe.com)

In einem optimierten System werden Fahrzeuge vorrangig dann geladen, wenn viel erneuerbarer Strom verfügbar ist und infolgedessen die Preise niedrig sind. In Phasen hoher Nachfrage oder geringer Erzeugung lässt sich ein Teil der gespeicherten Energie dann wieder abgeben, um die Preisunterschiede an der Börse vorteilhaft auszunutzen. Das Elektroauto übernimmt dadurch zudem zeitweise Aufgaben, die sonst stationäre Batteriespeicher erfüllen, ohne seine Funktion als Verkehrsmittel einzuschränken. Durch die Einbindung von Heimladestationen, also Wallboxen, in heimische Energiemanagementsysteme (HEMS) lassen sich PV-Anlagen, Speicher und variable Stromtarife zu einem flexiblen Energiesystem integrieren. Aus Sicht der Flexibilitätsnutzung ergeben sich dadurch mehrere Effekte. Energieverbrauch lässt sich zeitlich verschieben und die Lade- sowie Entladeleistung können kurzfristig angepasst werden. Schon zeitlich gesteuertes Laden schafft Flexibilität im System. Vehicle-to-Grid erweitert dieses Prinzip, indem zusätzlich Strom bereitgestellt werden kann und damit ein Beitrag zur Stabilität des Energiesystems entsteht.

Um das bidirektionale Laden jedoch flächendeckend umzusetzen, bedarf es neben den technischen Voraussetzungen auch noch einigen Anpassungen in der deutschen Gesetzgebung. Neben der notwendigen Beschleunigung des Smart-Meter-Rollouts bedarf es auch Anpassungen, beispielsweise bei den Netznutzungsentgelten, dem Stromsteuergesetz sowie Konzessionsabgaben.

Supercharger vs. Wallbox für Zuhause

Nicht jede Lademöglichkeit für Elektroautos erfüllt denselben Zweck. Grundsätzlich lässt sich zwischen *Schnellladestationen* (Supercharger) und *Wallboxen* für zu Hause unterscheiden.

Supercharger sind für das schnelle Laden unterwegs gedacht. Ein Supercharger gehört zur Kategorie der Gleichstrom-Schnelllader. Der Ladegleichrichter befindet sich nicht im Fahrzeug, sondern in der Ladesäule. Der Strom wird direkt als Gleichstrom (DC) in die Fahrzeugbatterie eingespeist. Dadurch sind deutlich höhere Ladeleistungen möglich, typischerweise von 150 kW bis über 250 kW. Das Fahrzeug muss den Strom nicht selbst umwandeln, was das Laden stark beschleunigt. Diese Technik ist für kurze Ladezeiten auf Langstrecken ausgelegt und weniger für regelmäßiges Laden im Alltag.

Wallboxen für zu Hause sind auf einen ganz anderen Einsatzzweck ausgelegt. Sie arbeiten mit Wechselstrom (AC) und nutzen den im Fahrzeug eingebauten Ladegleichrichter. Die Ladeleistung liegt zwischen 3,7 und 11 kW, in manchen Fällen bei 22 kW. Wie schnell geladen wird, hängt vom Onboard-Ladegerät des Fahrzeugs ab. Wallboxen sind darauf ausgelegt, das Laden zeitlich zu steuern, in Energiemanagementsysteme eingebunden zu werden und perspektivisch auch bidirektionales Laden zu ermöglichen.

Ein weiterer technischer Unterschied liegt in der Netzanbindung. Supercharger brauchen einen leistungsstarken Netzanschluss, oft im Mittelspannungsbereich, sowie zusätzliche Technik wie Transformatoren und Pufferspeicher. Wallboxen kommen mit einem normalen Hausanschluss aus und belasten das Netz deutlich weniger.

Schnellladestationen sind vor allem dafür da, Elektroautos unterwegs in kurzer Zeit wieder fahrbereit zu machen. Betrieben werden sie von Charging Point Operators, kurz CPOs. Diese Unternehmen bauen Ladeinfrastruktur auf, kümmern sich um den Netzanschluss, übernehmen Wartung und Betrieb und sorgen dafür, dass das Laden zuverlässig funktioniert. Zu den bekanntesten Schnellladenetzen gehören Tesla Supercharger, Ionity (siehe Abbildung 9.5), EnBW HyperNetz und Fastned.

Tesla hat sein Supercharger-Netz ursprünglich für eigene Fahrzeuge aufgebaut und öffnet es inzwischen schrittweise auch für andere Marken. Ionity ist ein Gemeinschaftsprojekt mehrerer großer Autohersteller und konzentriert sich vor allem auf Standorte entlang von Autobahnen. EnBW betreibt ein dichtes Schnellladenetz in Deutschland, sowohl an Fernstraßen als auch in Städten. Fastned ist europaweit aktiv und setzt auf gut sichtbare, leistungsstarke Ladeparks.

Charge Point Operators (CPOs) organisieren den Netzanschluss, kümmern sich um Abrechnung, Wartung und Software und stellen sicher, dass die Stationen rund um die Uhr verfügbar sind. In dieser Rolle ähneln CPOs klassischen Tankstellenbetreibern. Der eigentliche Stromtarif oder der Ladevertrag kommt häufig über zusätzliche Dienstleister zustande, sogenannte E-Mobility-Service-Provider, die sich um Kundenbeziehung und Abrechnung kümmern.

Abbildung 9.5: Gap, Frankreich: Service-Station von Ionity für schnelles Laden von Elektrofahrzeugen an Autobahnen (© Mike Dot, `stock.adobe.com`)

Mit dem Ausbau der Schnellladeinfrastruktur gewinnt ein technischer Ansatz zunehmend an Bedeutung: batteriegepufferte Schnellladestationen. Dabei wird direkt an der Ladestation ein zusätzlicher Batteriespeicher installiert. Dieser Speicher wird kontinuierlich aus dem Stromnetz geladen, meist mit moderater Leistung. Sobald ein Fahrzeug schnell laden möchte, stellt der Speicher kurzfristig die hohe Leistung bereit. Batteriegepufferte Stationen entlasten das Stromnetz, reduzieren Anschlusskosten und machen den Ausbau von Schnellladeinfrastruktur auch an Standorten möglich, an denen das Netz sonst nicht ausreichend dimensioniert wäre. So können batteriegepufferte Schnellladestationen zum Beispiel an die Niederspannung angeschlossen werden. Gleichzeitig können sie Lastspitzen abfedern und den Strombezug zeitlich glätten.

Batteriegepufferte Schnellladestationen zeigen sehr gut, worum es beim Thema Lastmanagement geht: Hohe Leistungen werden nicht dauerhaft aus dem Netz gezogen, sondern vorbereitet und zeitlich verschoben. Genau dieses Prinzip findet sich auch bei vielen anderen Anwendungen im Energiesystem wieder. Statt Strom immer genau dann zu nutzen, wenn er gebraucht wird, wird der Verbrauch angepasst, geglättet oder vorübergehend begrenzt. An dieser Stelle setzen Konzepte wie Peak Shaving und Lastverschiebung an, die helfen, Lastspitzen zu vermeiden und Netze effizienter zu nutzen.

Energiemanagementsysteme (HEMS): Wie Eigenheimbesitzer ihre Lasten steuern

Energieversorgungsunternehmen sehen in Endkundendaten die Möglichkeit, künftig zusätzliche Dienstleistungen anzubieten, die auf Verbrauchs- und Erzeugungsdaten basieren. Grundlage dafür sind intelligente Messsysteme und Anwendungen, die die damit erfassten

Daten auswerten und nutzbar machen. Ein Beispiel sind Heimenergiemanagementsysteme (HEMS) für private Haushalte in Einfamilienhäusern (siehe Abbildung 9.6). Sie helfen dabei, den eigenen Stromverbrauch besser zu managen, vor allem dann, wenn im Haushalt selbst Strom erzeugt wird. Typischerweise kommen solche Systeme dort zum Einsatz, wo eine Photovoltaikanlage, ein Batteriespeicher, eine Wärmepumpe oder ein Elektroauto mit Wallbox vorhanden ist, da hier ein besonders hohes Potenzial an Optimierungen und Kosteneinsparungen liegt. Das HEMS bindet diese Anlagen in sein System ein und sorgt dafür, dass sie bestmöglich aufeinander abgestimmt werden.

Abbildung 9.6: Ein Heimenergiemanagementsystem als App des Unternehmens Clever-PV, Quelle: clever-PV GmbH

Das Grundprinzip ist einfach: Der Strom, der selbst erzeugt wird, soll möglichst auch selbst genutzt werden. Ein Heimenergiemanagementsystem beobachtet ständig, wie viel Strom gerade produziert wird und wie hoch der aktuelle Bedarf ist. Zusätzlich kann es abschätzen, wie sich Erzeugung und Verbrauch in den nächsten Stunden entwickeln, zum Beispiel auf Basis von Wetterdaten. Auf dieser Grundlage steuert das System automatisch bestimmte Geräte. Damit kann zum Beispiel das Elektroauto oder der Batteriespeicher bevorzugt dann geladen werden, wenn viel Solarstrom verfügbar ist, also zu Zeiten mit niedrigen Strompreisen. Solche Energiemanagementsysteme (EMS) stammen ursprünglich aus Industrie und Gewerbe, wo sie seit vielen Jahren eingesetzt werden, um Lastspitzen zu vermeiden und Energiekosten zu senken.

Für die Nutzer bedeutet das im ersten Schritt vor allem mehr Transparenz und im zweiten Schritt generierte Einsparungen. Über eine App (wie in Abbildung 9.6) oder ein Online-Portal lässt sich nachvollziehen, wann Strom erzeugt, gespeichert oder verbraucht wird. Viele Menschen entwickeln dadurch ein besseres Gefühl für ihren Energieverbrauch. Gleichzeitig sinkt in der Regel der Strombezug aus dem öffentlichen Netz, was Kosten spart und die Abhängigkeit vom Energieversorger reduziert.

Nicht jedes elektrische Gerät im Haushalt muss oder sollte gesteuert werden. Sinnvoll ist vor allem die Einbindung von Verbrauchern, deren Strombedarf zeitlich flexibel ist und Relevanz hat. Dazu zählen vor allem Ladeeinrichtungen für Elektrofahrzeuge und Wärmepumpen, da diese eine besonders hohe Leistung abrufen. Einige Haushaltsgeräte lassen sich zeitlich verschieben, wenn sie technisch dafür vorbereitet sind, zum Beispiel durch die Einbindung von smarten Steckdosen. Durch klare Regeln kann dabei sichergestellt werden, dass der Alltag nicht eingeschränkt wird, zum Beispiel indem festgelegt wird, dass ein Fahrzeug zu einem bestimmten Zeitpunkt, beispielsweise morgens um 06:00 Uhr, ausreichend geladen sein muss.

In einem Energiemanagementsystem lässt sich häufig auch ein dynamischer Stromtarif einbinden. Solche dynamischen Tarife spiegeln dem Kunden wider, wann Strom gerade knapp oder im Überfluss vorhanden ist. Die App visualisiert die Preiskurve grafisch, wahlweise inklusive und exklusive Steuern und Abgaben. Allerdings muss ein intelligentes Messsystem installiert sein, damit Haushalte diese Tarife nutzen können. Ein Energiemanagementsystem kann dann automatisch auf Preisänderungen reagieren und Strom bevorzugt dann beziehen, wenn er besonders günstig ist. Wie groß das Einsparpotenzial ausfällt, hängt stark davon ab, wie flexibel der Stromverbrauch im Haushalt ist und wie hoch die gesamten Lasten sind.

Peak Shaving und Lastverschiebung

Im Stromsystem kommt es immer wieder zu Zeiten, in denen sehr viele Verbraucher gleichzeitig Strom benötigen. Solche Situationen treten zum Beispiel morgens, abends oder bei extremen Wetterlagen auf. Für diese kurzen Zeiträume müssen Netze, Kraftwerke und Infrastruktur so ausgelegt sein, dass sie die maximale Nachfrage bewältigen können. Genau diese Spitzen treiben aber die Kosten im Energiesystem enorm.

Beim *Peak Shaving* wird der Stromverbrauch in solchen Hochlastphasen bewusst begrenzt. Bestimmte Anlagen oder Prozesse werden kurzfristig gedrosselt, verschoben oder durch Speicher überbrückt. Ziel ist es, die höchste gleichzeitig benötigte Leistung zu senken. Für Unternehmen kann das bedeuten, Maschinen nicht alle gleichzeitig zu betreiben oder Batteriespeicher gezielt einzusetzen (wiederum auch durch ein Energiemanagementsystem (EMS) für Unternehmen). In Haushalten können diese Aufgaben Batteriespeicher, Wärmepumpen oder Ladeeinrichtungen für Elektrofahrzeuge übernehmen, wie Sie im vorherigen Absatz erfahren haben. Weniger Lastspitzen entlasten die Stromnetze, da sie gleichmäßiger ausgelastet werden. Somit senken sie den Investitionsbedarf in neue Infrastruktur und reduzieren Kosten, die sonst über Netzentgelte an alle Verbraucher weitergegeben würden.

Abbildung 9.7 zeigt den Unterschied zwischen Peak Shaving und Lastverschiebung als zwei Formen des Lastmanagements. Links ist Peak Shaving dargestellt. Hier werden Verbrauchsspitzen gezielt gekappt. Die Lastkurve wird an den teuersten und kritischsten Stellen nach unten gedrückt, ohne dass der Stromverbrauch zeitlich verschoben wird. Der Stromverbrauch wird also in Summe reduziert. Ziel ist es, hohe Leistungsspitzen zu vermeiden, Kosten zu senken und das Netz zu entlasten. Rechts sieht man die *Lastverschiebung*. In diesem Fall wird der gesamthafte Stromverbrauch nicht reduziert, sondern zeitlich verlagert. Der Bezug wird aus teuren oder stark belasteten Zeiten in günstigere Zeitfenster verschoben. Die Gesamtmenge an Energie bleibt gleich, nur der Zeitpunkt der Nutzung ändert sich. Beide Ansätze verfolgen unterschiedliche Ziele, ergänzen sich aber gut. Peak Shaving senkt maximale Lasten, Lastverschiebung nutzt günstige Preise und verfügbare Erzeugung besser aus.

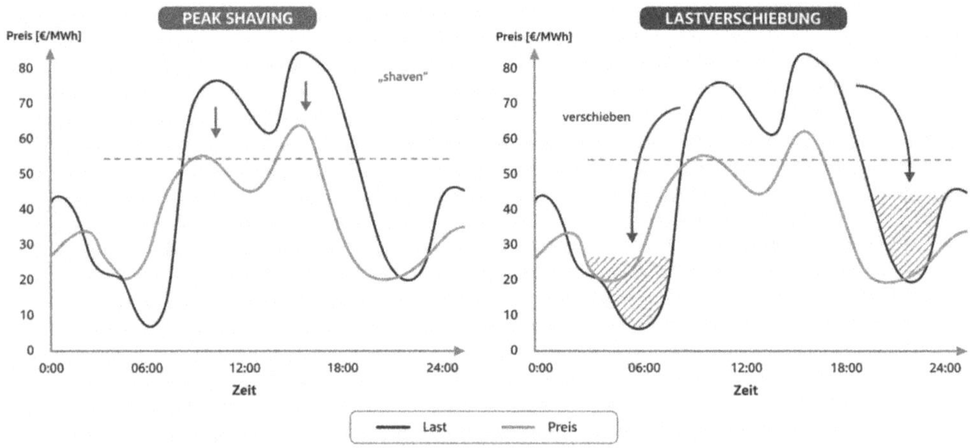

Abbildung 9.7: Peak Shaving und Lastverschiebung als zwei Methoden der Vermeidung von Spitzenlast(-preisen)

Lastspitzen treiben die Kosten aus mehreren Gründen in die Höhe:

- ✔ **Dimensionierung der Infrastruktur (Bereithaltung von Kapazität)**

  Stromnetze und Anlagen müssen so ausgelegt sein, dass sie auch kurzfristige Spitzenlasten bewältigen können. Das bedeutet: Ein Großteil der Infrastruktur wird für seltene Lastspitzen vorgehalten und ist die meiste Zeit nicht vollständig ausgelastet. Diese »Reservekapazität« verursacht Kosten, die sich in den Netzentgelten widerspiegeln.

- ✔ **Netzausbau und zusätzliche Anlagen (tatsächliche Investitionen)**

  Wenn die vorhandene Infrastruktur nicht mehr ausreicht, müssen Netze gezielt verstärkt oder erweitert werden. Dazu gehören zum Beispiel neue Leitungen, größere Transformatoren oder zusätzliche Trafostationen. Diese Investitionen sind notwendig, um steigende oder häufigere Lastspitzen dauerhaft zu bewältigen, und werden ebenfalls über die Netzentgelte finanziert.

✔ **Teure Erzeugungsquellen**

Bei sehr hoher gleichzeitiger Nachfrage müssen oft Kraftwerke mit höheren Produktionskosten zugeschaltet werden, beispielsweise Gaskraftwerke. Diese Zusatzkosten fließen direkt in die Beschaffungspreise des Versorgers ein und landen somit indirekt auf der Stromrechnung.

✔ **Regulatorische Vorgaben**

In manchen Regionen gibt es Preisaufschläge für besonders hohe Lasten (Spitzenlasttarife). Auch diese Regelungen führen dazu, dass sich Lastspitzen unmittelbar in höheren Kosten für die Nutzer niederschlagen.

Das Gegenteil der Lastreduktion ist die gezielte Erhöhung der elektrischen Leistung. Auch hier steht die Leistung in Kilowatt im Mittelpunkt. Erfolgt diese Erhöhung zu Zeiten, in denen sonst wenig Strom verbraucht wird, spricht man vom *Auffüllen von Lasttälern* (Valley Filling). Die Grafik in Abbildung 9.8 zeigt das Zusammenspiel aus Valley Filling und Peak Shaving mithilfe eines Batteriespeichers. In Zeiten hoher Lasten reagiert der Batteriespeicher, indem er Strom abgibt. Dadurch wird weniger Leistung aus dem Netz bezogen und die Lastspitze wird gekappt. Das ist entscheidend, weil sich Netzentgelte häufig an der höchsten abgenommenen Leistung orientieren. Sinkt diese Spitze, sinken auch die Netzentgelte.

Damit der Speicher diese Energie bereitstellen kann, wird er zuvor in Zeiten niedriger Lasten geladen. Diese Phasen nennt man Lasttäler. Dort ist das Netz weniger ausgelastet und Strom oft günstiger verfügbar. Der Speicher nutzt diese Zeitfenster, um Energie aufzunehmen.

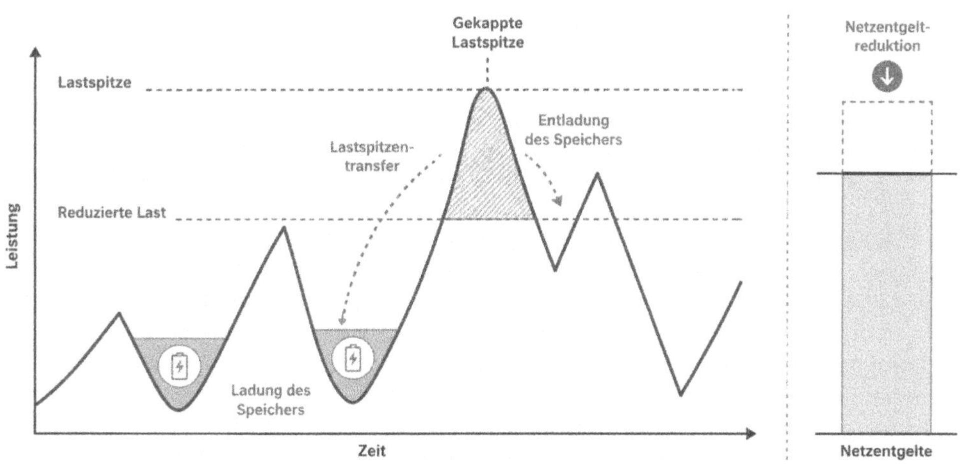

Abbildung 9.8: Peak Shaving und Valley Filling mithilfe eines Batteriespeichers

Nicht jeder Stromverbrauch lässt sich über echte Einsparungen oder selbst erzeugten Strom in Verbindung mit Batteriespeichern dauerhaft reduzieren. Einige Großverbraucher haben nicht die Möglichkeit, ihren Strom im benötigten Ausmaß selber zu erzeugen und zwischenzuspeichern, und viele Anwendungen benötigen am Ende die gleiche Energiemenge, nur nicht zwingend zum gleichen Zeitpunkt. Genau hier setzt die Lastverschiebung an. Bei der Lastverschiebung wird Strom bewusst zu einem früheren oder späteren Zeitpunkt genutzt. Beispiele sind das Laden von Elektrofahrzeugen in der Nacht, das Vorziehen der Warmwasserbereitung oder das gezielte Laden von Batteriespeichern bei hoher Stromverfügbarkeit. Wichtig dabei ist, dass sich zwar der Zeitpunkt des Verbrauchs ändert, die insgesamt verbrauchte Energiemenge aber gleich bleibt. Durch diese zeitliche Anpassung lässt sich die Lastkurve glätten. Der Stromverbrauch verteilt sich dadurch gleichmäßiger über den Tag, ohne den Komfort im Alltag einzuschränken (zum Beispiel durch Automatisierung).

Wie Abbildung 9.8 zeigt, wird Peak Shaving und Lastverschiebung oft kombiniert. Lastspitzen werden vermieden, indem Verbrauch kurzfristig reduziert wird. Flexible Verbraucher verlagern ihren Energiebedarf in ruhigere Zeiten. Beides zusammen hilft, Stromerzeugung und Stromverbrauch besser aufeinander abzustimmen. In der Fachliteratur werden diese Maßnahmen oft unter dem Begriff *Lastmanagement* zusammengefasst. International spricht man in diesem Zusammenhang von *Demand Response*. Gemeint ist damit nicht die dauerhafte Einsparung von Strom, sondern die gezielte Anpassung von Leistung und Zeitpunkt des Verbrauchs. Mit dem wachsenden Anteil erneuerbarer Energien und der zunehmenden Elektrifizierung von Wärme und Mobilität steigen sowohl Erzeugungsschwankungen als auch Verbrauchsspitzen. Ohne flexible Lösungen würden Netze stärker belastet und Kosten weiter steigen.

Flexibilität entsteht nicht nur innerhalb einzelner Haushalte oder Betriebe. Sie lässt sich auch gemeinschaftlich organisieren. An diesem Punkt setzt das Konzept des *Energy Sharing* an.

Energy Sharing: Die gemeinsame Nutzung von Strom aus erneuerbaren Energien

Beim Energy Sharing teilen mehrere Personen, Haushalte oder Organisationen Strom, der lokal erzeugt und gegebenenfalls gespeichert wird, zum Beispiel aus Solaranlagen oder Batteriespeichern. Der Strom wird weiterhin über das öffentliche Stromnetz verteilt, es braucht also keine eigenen Leitungen. Energy Sharing ist bewusst gemeinschaftlich und partizipativ gedacht. Die Beteiligten erzeugen, nutzen oder organisieren Energie gemeinsam und profitieren davon. Es gibt verschiedene Möglichkeiten, Energy Sharing umzusetzen. Dazu gehören der gemeinschaftliche Eigenverbrauch (wie bei Mieterstrommodellen), Erneuerbare-Energie-Gemeinschaften, bei denen sich Menschen gezielt zusammenschließen, um gemeinsam erneuerbaren Strom zu erzeugen und zu nutzen, Bürger-Energie-Gesellschaften, die ähnlich funktionieren, aber rechtlich etwas anders ausgestaltet sind. Und letztendlich noch der Peer-to-Peer-Stromtausch, bei dem einzelne Teilnehmende Strom direkt untereinander handeln. Allen diesen Ansätzen ist gemeinsam, dass sie den Energieverbrauchern einen direkteren Zugang zu erneuerbaren Energien ermöglichen, lokale Strukturen stärken und den Beteiligten mehr Transparenz und Mitgestaltung bieten.

Gemeinschaftliche Gebäudeversorgung und Mieterstrommodelle

Unter gemeinschaftlichem Eigenverbrauch fällt alles, was damit zu tun hat, selbst erzeugten Strom gemeinsam innerhalb eines Gebäudes oder einer Gemeinschaft zu nutzen, statt ihn komplett ins öffentliche Netz einzuspeisen. Einfach ausgedrückt, Strom vom eigenen Dach wird vor Ort von mehreren genutzt. So funktioniert die gemeinschaftliche Gebäudeversorgung Schritt für Schritt:

1. **Photovoltaikanlage auf dem Gebäude**

   Auf einem Mehrfamilienhaus ist eine Solaranlage installiert (siehe Abbildung 9.9). Die Wohnungseigentümerinnen und -eigentümer besitzen Anteile an dieser Anlage. Der Strom, den die Solaranlage erzeugt, wird direkt an die Menschen im Haus verteilt, egal ob sie Eigentümer oder Mieter sind. Wenn Mieter den Solarstrom nutzen, rechnen die Eigentümer diesen Strom direkt mit ihnen ab.

Abbildung 9.9: Mehrfamilienhaus mit PV-Anlage, das das gemeinschaftliche Gebäudeversorgungsmodell nutzt (© Olga, `stock.adobe.com`)

2. **Messung des Stromverbrauchs**

   Bei der gemeinschaftlichen Gebäudeversorgung wird genau gemessen, wie viel Strom jede Partei verbraucht, im Abstand von 15 Minuten. Der Solarstrom aus der Anlage wird direkt im Haus genutzt und an die Bewohner weitergegeben. Er fließt dabei nicht erst durch das öffentliche Stromnetz.

3. **Nutzung einer Wärmepumpe**

   Der selbst erzeugte Solarstrom kann auch eine Wärmepumpe antreiben, die das Gebäude beheizt. Dadurch sinken die Heizkosten für alle im Haus und es entsteht weniger CO_2. Der Strom, den die Wärmepumpe benötigt, wird genauso abgerechnet wie der direkt genutzte Solarstrom aus der Solaranlage.

4. **Anschluss an das öffentliche Stromnetz**

   Wenn die Solaranlage mehr Strom produziert, als im Haus gebraucht wird, wird der überschüssige Strom ins öffentliche Netz eingespeist. Reicht der Solarstrom gerade nicht aus, zum Beispiel nachts oder bei schlechtem Wetter, beziehen die Bewohner ihren Strom wie gewohnt über ihren Energieversorger aus dem öffentlichen Netz.

5. **Nutzung eines Batteriespeichers**

   Nicht direkt verbrauchter Solarstrom kann auch in einem Batteriespeicher zwischengespeichert werden. Dieser Strom steht dann später zur Verfügung, zum Beispiel abends oder nachts, wenn die Solaranlage keinen Strom mehr produziert. Dadurch kann ein größerer Anteil des selbst erzeugten Stroms im Gebäude genutzt werden und der Bezug aus dem öffentlichen Netz sinkt.

Die gemeinschaftliche Gebäudeversorgung ist sehr beliebt bei Wohnungseigentümergemeinschaften. Sie ist relativ einfach umzusetzen, verursacht wenig Bürokratie und passt gut zu Gebäuden mit kleineren Dachflächen. Oft finanzieren die Eigentümer die Anlage selbst, auch wenn der Betrieb grundsätzlich durch andere möglich ist. Im Unterschied zum Mieterstrom-Modell gibt es hier keinen staatlichen Mieterstromzuschlag.

Das *Mieterstrom-Modell* passt eher zu großen Wohnhäusern mit viel Platz für Solaranlagen. Hier sind die Anbieter verpflichtet, die Mieter jederzeit mit Strom zu versorgen, auch wenn die Sonne nicht scheint. Dadurch entsteht mehr organisatorischer Aufwand. Deshalb wird dieses Modell häufig von externen Anbietern wie zum Beispiel Energieversorgern umgesetzt oder bei größeren Projekten genutzt.

Weil Solarstrom wetterabhängig ist, reicht er nicht immer aus, um den gesamten Bedarf zu decken. In diesen Fällen wird automatisch zusätzlicher Strom aus dem öffentlichen Netz bezogen. Für die Bewohner macht das kaum einen Unterschied, denn der Strom kommt immer aus der Steckdose, egal ob gerade Sonne scheint oder nicht. Für die Mieterinnen und Mieter bleibt der Aufwand gering, sie haben in der Regel einen ganz normalen Stromvertrag, nur mit einem höheren Anteil an lokal erzeugtem Strom.

Energiegemeinschaften und Bürgerenergiegesellschaft

Neben der gemeinschaftlichen Gebäudeversorgung und dem Mieterstrom gibt es mit Erneuerbare-Energie-Gemeinschaften und *Bürgerenergiegesellschaften* (BEG) noch andere Modelle. Diese Ansätze gehen allerdings über ein einzelnes Gebäude hinaus. Energiegemeinschaften machen es möglich, dass sich mindestens zwei Mitglieder (Personen, Haushalte oder Organisationen) zusammenschließen und gemeinsam Strom aus erneuerbaren Energien erzeugen, nutzen oder ins Netz einspeisen. Ziel ist es, den erzeugten Strom möglichst lokal zu verwenden, Kosten zu reduzieren und die Wertschöpfung in der Region zu halten. Daher ist die Beteiligung an Erneuerbare-Energie-Gemeinschaften oder Bürgerenergiegesellschaften oft Anwohnern der jeweiligen Region vorbehalten.

Unter diesem Link finden Sie beispielsweise Ascend, eine Energiegemeinschaft des Lehrstuhls für Gebäudetechnologie und klimagerechtes Bauen der TU München: `https://www.energiegemeinschaften-muenchen.com`.

Eine Möglichkeit, sich an einer Erneuerbare-Energie-Gemeinschaft zu beteiligen, ist der Erwerb von Geschäftsanteilen. In diesem Beispiel kostet ein Geschäftsanteil 100 Euro. Pro Person können bis zu 50 Anteile gezeichnet werden. Die Beteiligten erhalten dafür eine jährliche Ausschüttung, die bei etwa drei Prozent liegen kann. Alternativ oder ergänzend ist auch eine Beteiligung über Darlehen möglich. Diese beginnen in diesem Beispiel ab einer Summe von 500 Euro. Das eingebrachte Kapital wird von der Energiegemeinschaft für den Ausbau und den Betrieb erneuerbarer Energieanlagen eingesetzt. Solche Beteiligungsmodelle ermöglichen es, auch mit vergleichsweise kleinen Beträgen in erneuerbare Energien zu investieren und gleichzeitig die regionale Energiewende zu unterstützen.

Eine andere Form der Energiegemeinschaft ist die *Bürgerenergiegesellschaft* (BEG). Dabei schließen sich Bürgerinnen und Bürger zusammen, um gemeinsam Energieprojekte umzusetzen, wie Photovoltaik- oder Windkraftanlagen (siehe Abbildung 9.10). Entscheidungen werden gemeinschaftlich getroffen, und die Beteiligung ist nicht auf große Investoren beschränkt.

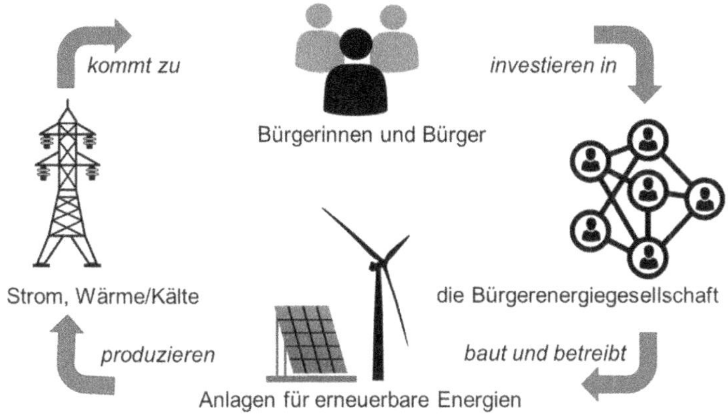

Abbildung 9.10: So funktioniert Bürgerenergie, Quelle: Drahnier, `https://commons.wikimedia.org/wiki/File:Buergerenergiebedeutung.jpg` (CC0 1.0)

Im Unterschied zur gemeinschaftlichen Gebäudeversorgung und zum Mieterstrom geht es bei Energiegemeinschaften nicht um ein Modell, bei dem Strom innerhalb eines einzelnen Hauses verteilt wird. Stattdessen stehen die gemeinsame Organisation, der Betrieb und die Beteiligung an Erzeugungsanlagen an erster Stelle. Die Nutzung des Stroms erfolgt häufig über das öffentliche Netz und wird bilanziell zugeordnet.

Peer-to-Peer-Stromhandel

Beim Peer-to-Peer-Stromhandel (P2P) handeln Stromerzeuger und Stromverbraucher direkt miteinander. Haushalte oder Betriebe mit einer Photovoltaikanlage verkaufen dabei ihren überschüssigen Strom an andere, zum Beispiel an Nachbarn, lokale Unternehmen oder Mitglieder eines Netzwerks. Der Handel passiert nicht über einen Energieversorger, sondern über digitale Plattformen, die Angebot und Nachfrage zusammenführen. Der Strom fließt physisch durch das öffentliche Netz. Nur die wirtschaftliche Zuordnung, Preisbildung, Vermarktung und Abrechnung ist neu. Es besteht kein konventioneller Liefervertrag über ein Energieversorgungsunternehmen mehr, stattdessen übernimmt eine Plattform oder ein Netzwerk die Zuordnung, wer wem wie viel liefert und wie das verrechnet wird.

Das Thema wird momentan verstärkt diskutiert, weil dezentrale Erzeugung (PV, kleine Windanlagen, Speicher) immer verbreiteter ist und viele Menschen sich fragen: Warum bekomme ich für eingespeisten Solarstrom oft nur wenig, zahle aber als Endkunde ein Vielfaches? P2P verspricht hier eine Art »Abkürzung«, weniger Zwischenstufen, mehr Transparenz, potenziell bessere Erlöse für Erzeuger und günstigere Tarife für Verbraucher.

Technische Grundlage für P2P-Stromhandel sind intelligente Messsysteme (Smart Meter), die messen, wer wann wie viel erzeugt oder verbraucht. Das ist praktisch die Schnittstelle zwischen dem echten Stromfluss (physisch) und der digitalen Transaktion (Handel/Abrechnung). Ohne verlässliche Messdaten kann man nicht korrekt zuordnen, abrechnen oder nachweisen.

Außerdem braucht es eine automatische Steuerung und Marktlogik. Stromerzeugung und Stromverbrauch ändern sich ständig, teilweise im Minutentakt. Deshalb ist es nicht praktikabel, jede Stromlieferung manuell abzusprechen. Stattdessen übernehmen digitale Systeme diese Aufgabe. Sie bringen Angebot und Nachfrage zusammen, wenden vereinbarte Preise oder Regeln an und sorgen für die korrekte Abrechnung. Gleichzeitig stellen sie sicher, dass immer klar ist, woher der Strom kommt. Reicht der lokal gehandelte Strom nicht aus, wird automatisch auf den normalen Strombezug aus dem Netz umgeschaltet. Diese Automatisierung ist notwendig, damit das Stromsystem stabil bleibt (denn dazu müssen Erzeugung und Verbrauch jederzeit zusammenpassen).

Dazu kommen digitale Plattformen zum Einsatz, die mit *Smart Contracts* arbeiten. Das sind automatisch ablaufende Verträge, die Vereinbarungen sicher festhalten und die Abrechnung selbstständig erledigen. Wenn zum Beispiel festgelegt ist, dass Strom zu einem bestimmten Preis gehandelt wird, erfolgt die Abrechnung automatisch, sobald der Strom geliefert wurde. Manuelles Eingreifen ist dafür nicht erforderlich. Wenn Ihr Nachbar zum Beispiel vereinbart hat, Strom zu 23 Cent pro kw/h zu kaufen, stellt der Smart Contract sicher, dass der Betrag automatisch bei Lieferung abgerechnet wird.

Der Peer-to-Peer-Stromhandel befindet sich in vielen Ländern noch im Pilot- oder Erprobungsstadium. Gründe dafür sind regulatorische Anforderungen, technische Voraussetzungen und die bislang begrenzte Skalierbarkeit. Parallel dazu gewinnen Energiegemeinschaften und Energy-Sharing-Modelle an Bedeutung, da sie rechtlich klarer geregelt sind und ähnliche Ziele verfolgen.

Einordnung des Eigenverbrauchs aus Systemsicht

Prosumer leisten durch die selbst genutzte Energie der eigenen Erneuerbaren-Energien-Anlage einen wichtigen Beitrag zur Energiewende. Sie bauen erneuerbare Energien aus, senken CO_2-Emissionen und machen die Stromversorgung dezentraler. Generell ist aus Sicht einzelner Haushalte ein Eigenverbrauch absolut logisch und wirtschaftlich sinnvoll, da die heutigen Vergütungen, die es für eingespeisten Strom gibt, deutlich geringer als die Preise für den Strombezug aus dem Netz sind. Selbsterzeuger beziehen weniger Energie aus dem Netz und senken damit ihre Stromrechnung. Netzentgelte, Abgaben und Umlagen fallen überwiegend nur auf den Strom an, der tatsächlich aus dem Netz bezogen wird. Je höher der Eigenverbrauch, desto geringer sind diese Zahlungen. Systemisch führt das jedoch zu einer Verschiebung. Viele Kosten des Stromsystems entstehen nicht durch die verbrauchte Energiemenge, sondern durch die notwendige Infrastruktur. Stromnetze müssen so ausgelegt sein, dass sie auch in seltenen, aber kritischen Situationen zuverlässig funktionieren. In Zeiten ohne eigene Erzeugung und mit leeren Speichern greifen auch Prosumer weiterhin auf die volle Netzleistung zurück. Die Netze müssen diese Spitzen abdecken können, unabhängig davon, wie viel Strom im Jahresdurchschnitt selbst erzeugt wird.

Weil die Netzkosten aber größtenteils fix sind, sinken sie durch Eigenverbrauch kaum. Wenn immer mehr Haushalte ihren Netzbezug reduzieren, verteilt sich die Finanzierung dieser Infrastruktur auf weniger Kilowattstunden. Das kann dazu führen, dass andere Nutzer höhere Netzentgelte zahlen müssen. Kritiker sprechen hier von einer schleichenden Entsolidarisierung innerhalb des Stromsystems.

Optimierungen in nachgelagerten Verteilnetzen, insbesondere auf der Mittelspannungsebene, sind möglich, wenn die maximale Jahreslast gegenüber der vorgelagerten Netzebene spürbar reduziert wird. Ein ähnlicher Gedanke findet sich in den vermiedenen Netznutzungsentgelten wieder, die dezentralen Erzeugern, etwa KWK-Anlagen, gezahlt wurden, wenn ihre Einspeisung Netznutzung in vorgelagerten Netzebenen reduziert. Ab dem 1.1.2029 werden diese allerdings komplett abgeschafft. Viele Anlagenbetreiber (darunter einige Stadtwerke) steuerten ihre Anlagen so, dass Lastspitzen im Bezug aus der vorgelagerten Netzebene möglichst gering blieben. Als Ausgleich erhielten sie vom Netzbetreiber eine Vergütung für die rechnerisch vermiedene Netznutzung.

Sollte es Netzbetreibern über Smart-Grid-Technologien und andere Steuerungsmöglichkeiten gelingen, die Last im vorgelagerten Netz zu reduzieren, könnte sich dies auch unmittelbar positiv auf die Netzentgelte auswirken. Ein direkter regulatorischer Anreiz hierfür ist im aktuellen System jedoch nicht ausdrücklich vorgesehen.

Für Energielieferanten verändert sich die Situation ebenso. Sinkender Stromabsatz bedeutet nicht automatisch sinkende Systemverantwortung. Lieferanten bleiben weiterhin für Prognosen, Beschaffung, Bilanzkreistreue und Versorgungssicherheit verantwortlich. Gleichzeitig wird der Absatz volatiler und schwerer planbar. (Auch die Netznutzungsentgelte für Erdgas steigen derzeit unter anderem deshalb, weil immer weniger Gas verbraucht wird.) Besonders relevant ist dabei die maximale Leistung, die Kunden in bestimmten Stunden aus dem Netz beziehen. Selbst Haushalte mit hoher Strom-Eigenerzeugung können in einzelnen Situationen hohe Leistungen abrufen. Für Lieferanten und Netzbetreiber bleiben diese Spitzen entscheidend, auch wenn die insgesamt gelieferte Strommenge sinkt.

Für Kraftwerksbetreiber verschiebt sich der Fokus. Weniger Volllaststunden und niedrigere Absatzmengen reduzieren die Einnahmen klassischer Erzeugung. Gleichzeitig steigt der Bedarf an flexibler Leistung. Kraftwerke werden weniger als Dauerlieferanten gebraucht, sondern stärker als Absicherung für Zeiten mit hoher Nachfrage oder geringer Erzeugung von erneuerbarer Energie. In diesem Umfeld gewinnt die Vermarktung von Flexibilität an Bedeutung. Genau an dieser Stelle entsteht ein Ausgleich. Aktive Kunden, die ihren Verbrauch flexibel anpassen können, wirken stabilisierend auf das Gesamtsystem. Sie reagieren auf Preissignale, vermeiden extreme Nachfragespitzen und helfen, Angebot und Nachfrage besser in Einklang zu bringen. Das senkt Systemkosten, reduziert Preisspitzen an den Märkten und unterstützt die Versorgungssicherheit.

Eigenverbrauch wird nur dann kritisch, wenn individuelle Optimierung nicht mit systemischen Anforderungen abgestimmt ist. Ohne passende Rahmenbedingungen kann es zu Kostenverschiebungen und ineffizienten Strukturen kommen. Gleichzeitig zeigt sich, dass genau dort, wo Eigenverbrauch mit Flexibilität kombiniert wird, neue Lösungen entstehen. Aus Systemsicht liegt der Schlüssel daher nicht im Verhindern von Eigenverbrauch, sondern in seiner intelligenten Einbindung. Dynamische Tarife, leistungsabhängige Netzentgelte und die gezielte Vergütung von Flexibilität können dazu beitragen, individuelle Anreize und Systemstabilität besser miteinander zu verbinden.

Erlösmöglichkeiten und Flexibilitätsmärkte

Aus Systemsicht entsteht der wirtschaftliche Wert von Flexibilität an mehreren Stellen gleichzeitig. Für aktive Endkunden beginnt das oft ganz konkret bei den Stromkosten, wenn sie steuerbare Großverbraucher haben. Dann können sie ihren Verbrauch zeitlich anpassen und diese Preisschwankungen nutzen. Strom wird also verbraucht oder gespeichert, wenn er günstig ist, und vermieden, wenn die Preise hoch sind – das haben Sie bereits in den vorherigen Kapiteln gelesen. Möglich gemacht wird das durch Lastverschiebung und die Nutzung von Speichern. Dynamische Tarife spiegeln dazu noch direkt die Börsenstrompreise wider und machen es möglich, dass der Endkunde (mithilfe eines Smart Meters) viertelstündig nach dem realen Börsenstrompreis abgerechnet werden kann. Flexibilität senkt in diesem Fall direkt die eigene Stromrechnung. Ein großer Teil des Nutzens entsteht allerdings nicht beim einzelnen Haushalt, sondern im Hintergrund der Energiewirtschaft. Stromlieferanten müssen zu jedem Zeitpunkt sicherstellen, dass die von ihnen prognostizierte Strommenge auch tatsächlich verbraucht oder eingespeist wird (Stichwort Bilanzkreismanagement, siehe Kapitel 7). Abweichungen führen zu Kosten für sogenannte *Ausgleichsenergie* (siehe ebenso Kapitel 7). Flexible Verbraucher können reagieren, wenn mehr oder weniger Strom gebraucht wird als geplant, und ihren Verbrauch entsprechend anpassen. Für Lieferanten sinken dadurch Risiken und Kosten und das wirkt sich langfristig stabilisierend auf das Gesamtsystem aus. Dieser Effekt ist für Endkunden wenig sichtbar, spielt aber eine große Rolle für die Wirtschaftlichkeit von Flexibilität.

In manchen Stromsystemen wird nicht nur der tatsächlich gelieferte Strom bezahlt, sondern auch die Bereitschaft, Leistung/Kapazität zur Verfügung zu stellen. Das nennt sich auch *Kapazitätsmarkt*. Große Verbraucher oder gebündelte Anlagen können dabei zusagen, ihren Stromverbrauch zu senken, wenn das Stromsystem stark belastet ist. Dafür erhalten sie eine Vergütung, auch wenn diese Situation nur selten eintritt. Für das Stromsystem hat das einen großen Vorteil, denn es müssen weniger Kraftwerke allein für Ausnahmesituationen bereitgehalten werden. Die Versorgung bleibt trotzdem sicher, die Gesamtkosten sinken. Solche Modelle spielen heute vor allem für größere Betriebe oder für gebündelte Flexibilität eine Rolle, zum Beispiel wenn sie über Aggregatoren oder virtuelle Kraftwerke organisiert wird.

Eine weitere wichtige Rolle spielen die *Regelenergiemärkte*. Dort geht es um schnelle Reaktionen, wenn im Stromnetz kurzfristig etwas aus dem Gleichgewicht gerät. Flexible Verbraucher können in solchen Momenten ihren Stromverbrauch anpassen und damit Aufgaben übernehmen, die früher fast ausschließlich von Kraftwerken erledigt wurden. Diese Kraftwerke mussten oft dauerhaft mitlaufen, nur um im Ernstfall eingreifen zu können. Flexible Lasten sind hier günstiger, weil sie nur dann aktiv werden, wenn sie wirklich gebraucht werden. So sinken die Kosten für die Stabilisierung des Netzes. In der Praxis nehmen daran meist nicht einzelne Haushalte teil, sondern viele kleine Anlagen werden gebündelt und gemeinsam über Aggregatoren oder virtuelle Kraftwerke eingesetzt.

Auch im täglichen Netzbetrieb zeigt sich der wirtschaftliche Wert von Flexibilität. Netzbetreiber können steuerbare Verbraucher gezielt ansprechen, um Engpässe vor Ort zu entschärfen. So lassen sich teure Eingriffe vermeiden, bei denen Anlagen kurzfristig hoch- oder heruntergefahren werden müssen. Gleichzeitig kann der Ausbau der Netze hinausgezögert werden, weil vorhandene Leitungen besser genutzt werden. Auch Erneuerbare-Energie-Anlagen müssen seltener abgeschaltet werden, wenn ihre Einspeisung flexibel aufgefangen wird. Flexibilität hilft dem Netz damit ganz konkret und sorgt dafür, dass die bestehende Infrastruktur effizienter eingesetzt wird (dieser Mechanismus nennt sich *Engpassmanagement*).

Eine Schlüsselrolle bei all diesen Anwendungen spielen Energiespeicher. Sie schaffen die Basis dafür, Flexibilität überhaupt nutzen zu können.

Energiespeicher

Energiespeicher nehmen Strom auf, wenn er im Überfluss vorhanden ist, und geben ihn später wieder ab, wenn er gebraucht wird. Sie können Stromangebot und Stromnachfrage zeitlich voneinander entkoppeln. Und das macht sie so wirksam für die Nutzung von Flexibilität.

Elektrischer Strom lässt sich im Netz selbst quasi nicht speichern. Kleinste Abweichungen führen zu Frequenzänderungen (in Europa: 50 Hertz). Wird dieses Gleichgewicht verletzt, greifen Schutzmechanismen, Anlagen schalten sich ab und im schlimmsten Fall kann es zu größeren Stromausfällen kommen (siehe Kapitel 5).

Welche Probleme Speicher im Energiesystem lösen

Mit Wind- und Solarstrom schwankt die Erzeugung stärker als früher, der Verbrauch aber nicht. Speicher können Strom innerhalb von Sekunden aufnehmen oder abgeben. Sie helfen dadurch, das Gleichgewicht im Netz zu stabilisieren. Ein großes Problem mit erneuerbaren Energien ist der Tagesverlauf. Mittags gibt es viel Solarstrom, abends ist der Strombedarf dagegen sehr hoch. Ohne Speicher oder andere Lastverschiebungstechnologien muss entweder der Solarstrom mittags abgeregelt werden oder abends fossiler Strom erzeugt werden. Batteriespeicher können mittags Solarstrom aufnehmen und abends wieder einspeisen.

In Extremfällen, in denen der Strom im Stromnetz einmal komplett ausfällt oder es lange Dunkelflauten gibt, unterstützen Speicher als Absicherung. Sie ermöglichen nämlich, Reservekapazitäten ohne fossile Brennstoffe bereitzuhalten, oder sind schwarzstartfähig (siehe Kapitel 5).

Neben der Stabilisierung des Stromnetzes können Stromspeicher auch zur Gewinnerzielung durch Arbitrage am Strommarkt eingesetzt werden. Wie Sie gelernt haben, schwanken die Strompreise teils stark, je nach Tageszeit, Wetterlage und Verbrauch. Wenn mittags viel Solarstrom ins Netz kommt oder nachts kräftiger Wind weht, ist Strom reichlich vorhanden und entsprechend günstig. Zu anderen Zeiten, etwa am frühen Abend oder in windarmen Phasen, kann Strom deutlich teurer werden. Diese Preisunterschiede (»Spreads«) machen sich Speicher zunutze. Sie nehmen Strom dann auf, wenn er günstig ist, und geben ihn später wieder ab, wenn die Nachfrage höher und der Preis entsprechend gestiegen ist. Im Grunde funktioniert das ähnlich wie bei einem Lager: billig einkaufen, teurer verkaufen, nur eben zeitlich versetzt. In der Energiewirtschaft spricht man dabei von *Arbitrage*. Dieses System funktioniert sehr gut im kurzfristigen Stromhandel (Spotmarkthandel). Langfristig übernehmen Speicher normalerweise viele weitere Aufgaben (Systemdienstleistungen, wie Bereitstellung von Regelenergie). Dafür gibt es hybride Modelle zwischen Arbitrage und Versorgungssicherheits-Verträgen.

Langfristig können Batteriespeicher neben der reinen Stromspeicherung auch Systemdienstleistungen übernehmen (siehe Kapitel 5), zum Beispiel die Bereitstellung von Regelenergie zur Stabilisierung des Stromnetzes. Bei der Primärregelenergie reagiert der Speicher innerhalb von Sekunden auf kleine Abweichungen der Netzfrequenz, indem er kurzzeitig Strom aufnimmt oder abgibt. Diese Eingriffe sind oft gering, deshalb wird der Speicher dabei nur wenig be- und entladen. Laut Branchenangaben kommt ein Primärregel-Batteriespeicher im Schnitt nur auf ca. 0,3 Vollzyklen pro Tag, sodass ein Großteil seiner Kapazität ungenutzt bleibt. Diese freie Kapazität kann der Betreiber für Stromhandel einsetzen, zum Beispiel Ladung in Stunden mit überschüssigem Solarstrom und Entladung in Abendstunden mit hoher Nachfrage. So erwirtschaftet der Speicher Doppelerlöse: Kapazitätszahlung vom ÜNB und Handelsgewinne am Markt.

Neue große Batteriespeicher (mehrere zehn MW) werden vermehrt auch reine Arbitrage-Speicher sein, die auf Preisdifferenzen spekulieren. Kleinere Batterien finden sich immer mehr auf Verteilnetz- beziehungsweise Kundenseite, wo sie Peak Shaving (Lastspitzenkappung) betreiben, den Eigenverbrauch optimieren oder Regelleistung im Pool stellen. Das alles trägt zur Wirtschaftlichkeit bei. Betreiber von Batteriespeichern berichten, dass die Teilnahme am Regelleistungsmarkt ab ca. 2–5 MW Größe sehr rentabel ist und große Zusatzerträge ermöglicht. Die hohe Vergütung für schnelle Reaktion spiegelt sich in der wachsenden Nachfrage nach Batterieleistung, insbesondere für Primär- und Sekundärregelung, wider. Aber auch ohne Regelenergie kann ein Speicher im reinen Handel profitabel sein, wenn genug Preisschwankung innerhalb eines Tages vorhanden ist, wie beispielsweise im Sommer 2023. In diesem Zeitraum gab es in Deutschland Hunderte Stunden mit negativen Preisen aufgrund starker PV-Einspeisung, gefolgt von Abendhochs im dreistelligen €/MWh-Bereich.

Abbildung 9.11 zeigt auf der linken Seite eine ungesteuerte Speicherung.

Der Speicher lädt sich typischerweise dann auf, wenn viel Strom verfügbar ist, zum Beispiel mittags bei hoher Solarstromproduktion. In einer ungesteuerten Nutzung entlädt er sich später einfach wieder, zum Beispiel am Abend, ohne gezielt auf die Situation im Stromnetz zu reagieren. Dadurch wird Energie zwar zeitlich verschoben, die Lastspitzen im Netz bleiben jedoch weitgehend bestehen.

Anders ist es bei einer netzoptimierten Steuerung. Hier wird der Speicher gezielt so eingesetzt, dass er Lastspitzen reduziert. Er lädt bevorzugt in Zeiten mit hoher Einspeisung (zum Beispiel mittags) und entlädt sich dann, wenn die Nachfrage besonders hoch ist, etwa am Abend. Statt die volle Leistung aus dem Netz zu beziehen, wird ein Teil durch den Speicher gedeckt. Die Lastkurve wird dadurch flacher, die maximale Netzbelastung sinkt.

Genau dieser Effekt entlastet Leitungen und Umspannwerke und trägt dazu bei, das Stromnetz stabiler und effizienter zu betreiben. Der größte Nutzen von Speichern entsteht daher nicht durch das reine Zwischenspeichern von Energie, sondern durch eine intelligente Steuerung, die sich am Zustand des Netzes orientiert.

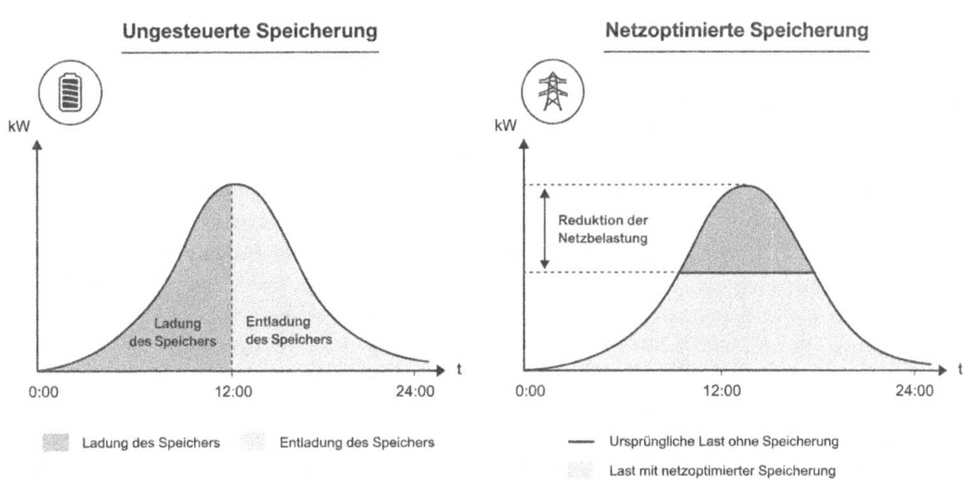

Abbildung 9.11: Intelligente Steuerung des Speichers führt zu Lastspitzenkappung.

Arten von Stromspeichern

Grob lassen sich Stromspeicher in zwei Gruppen einteilen. Der Unterschied liegt darin, ob gespeicherte Energie nur einmal genutzt werden kann oder immer wieder.

Primäre Energiespeicher werden im Grunde verbraucht. Ist die gespeicherte Energie einmal freigesetzt, steht sie danach nicht mehr brauchbar zur Verfügung. Dazu zählen fossile Energieträger wie Kohle, Gas oder Öl, aber auch natürliche Speicherformen wie Stauseen bei Wasserkraftwerken mit ständigem Zufluss. Sie können zwar über längere Zeit Energie bereitstellen, werden technisch aber nicht immer wieder neu »aufgeladen«.

Sekundäre Energiespeicher funktionieren anders. Sie nehmen Energie aktiv auf, halten sie eine Zeit lang vor und geben sie später wieder ab und das viele Male hintereinander. Dazu gehören Batterien, Pumpspeicher oder andere elektrische Speicherlösungen. Je nach Technik unterscheiden sie sich stark darin, wie schnell sie reagieren, wie effizient sie arbeiten, wie lange sie halten und was sie kosten.

Um Stromspeicher sinnvoll vergleichen zu können, braucht es ein paar einfache Kennzahlen. Eine der wichtigsten ist der Wirkungsgrad. Er zeigt, wie viel von der eingespeicherten Energie nach dem Laden und späteren Entladen tatsächlich wieder nutzbar ist. Angegeben wird dieser Wert in Prozent. Verluste entstehen an mehreren Stellen: beim Laden, beim Entladen und auch während der Zeit, in der der Speicher einfach nur »steht«, etwa durch Selbstentladung. In der Praxis spricht man hier oft von der *Round-Trip-Efficiency*, also dem *Strom-zu-Strom-Wirkungsgrad*.

Genauso wichtig sind Leistung und Kapazität. Die Leistung sagt aus, wie schnell ein Speicher Energie aufnehmen oder abgeben kann. Die Kapazität beschreibt, wie viel Energie insgesamt gespeichert werden kann. Beides sind unterschiedliche Eigenschaften, die zusammen darüber entscheiden, wofür ein Speicher gut geeignet ist. Ein Speicher mit einer vergleichsweise hohen Leistung im Verhältnis zu einer eher kleinen Kapazität ist sehr schnell voll geladen beziehungsweise entladen. Ein Speicher mit großer Kapazität, aber vergleichsweise niedriger Leistung speichert deutlich länger ein beziehungsweise aus.

Aus dem Zusammenspiel von Leistung und Kapazität ergibt sich die C-Rate (Capacity-Rate). Sie gibt an, wie schnell ein Speicher im Verhältnis zu seiner Größe arbeitet. Eine C-Rate von 1 bedeutet, dass der Speicher theoretisch in einer Stunde komplett geladen oder entladen werden kann. Bei einer C-Rate von 0,5 dauert das etwa zwei Stunden, bei einer C-Rate von 2 nur rund eine halbe Stunde. Diese Kennzahl hilft, auf einen Blick zu verstehen, ob ein Speicher eher für schnelle Reaktionen oder für längere Zeiträume ausgelegt ist. Zur Einordnung: Ein Speicher mit einer Kapazität von 2 MWh und einer Ladeleistung von 0,5 MW hat eine C-Rate von 0,25 und benötigt ca. vier Stunden für einen vollständigen Lade- oder Entladevorgang.

Welche Kennzahlen im Vordergrund stehen, hängt stark vom Einsatzgebiet ab. Speicher mit hoher Leistung und hoher C-Rate eignen sich zum Beispiel sehr gut für kurzfristige Anwendungen (Regelenergie oder Netzstabilisierung). Speicher mit größerer Kapazität und geringerer C-Rate sind besser geeignet, um Schwankungen von erneuerbaren Energien über mehrere Stunden auszugleichen (beim Verschieben von Solarstrom aus den Mittagsstunden in die Abendstunden).

Im Kern lassen sie sich in drei große Gruppen einteilen, je nachdem, *wie* sie Energie speichern (siehe Abbildung 9.12):

- ✔ **Speicher, die Energie mechanisch festhalten:** Sie nutzen einfache physikalische Effekte wie Höhe, Bewegung oder Druck.
- ✔ **Speicher, die auf chemischen oder elektrochemischen Prozessen beruhen:** Sie speichern Energie in Batterien, also in chemischen Reaktionen, die sich gezielt vor- und zurückschalten lassen.
- ✔ **Speicher, die Energie in Form von Wärme zwischenspeichern:** Sie nehmen überschüssige Energie auf, indem sie Materialien aufheizen, und geben diese Energie später wieder ab, zum Beispiel über Turbinen oder Wärmekreisläufe.

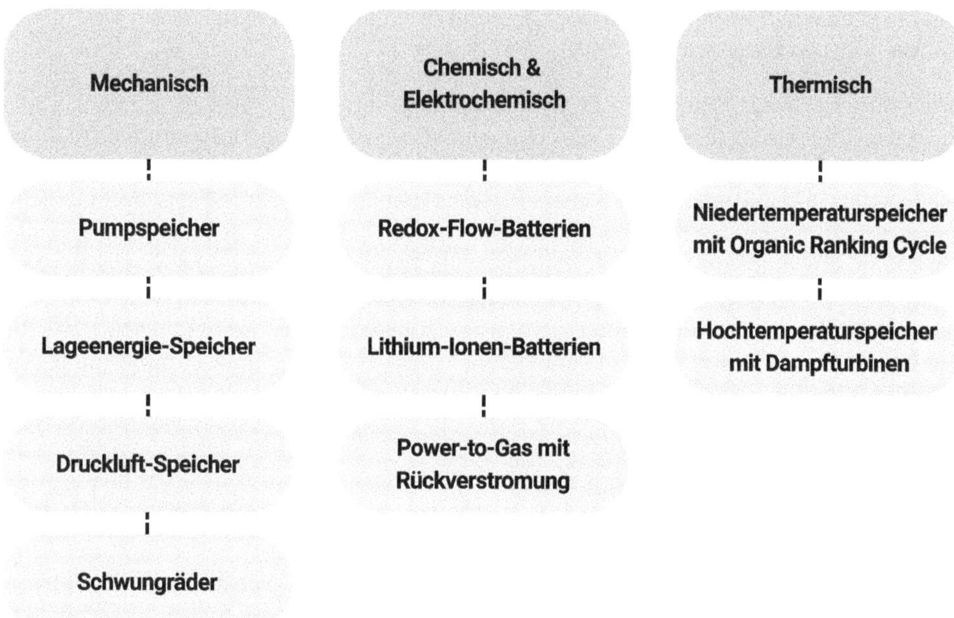

Abbildung 9.12: Unterschiedliche Speichertechnologien

Mechanische Speicher

Zu den mechanischen Speichern gehören

- ✔ Pumpspeicher (PSW)
- ✔ Druckluftspeicher (CAES)
- ✔ Lageenergiespeicher
- ✔ Schwungmassenspeicher

Pumpspeicherkraftwerke (PSW)

Pumpspeicherkraftwerke (siehe Kapitel 3) nutzen Wasser, um Energie in Form von Lageenergie zu speichern. Sie bestehen aus zwei Wasserbecken auf unterschiedlichem Höhenniveau, einem Ober- und einem Unterbecken. Häufig wird dabei ein natürlicher Höhenunterschied genutzt, wobei mindestens eines der Becken künstlich angelegt wird.

Beim Laden des Speichers wird Wasser aus dem unteren Becken in das höher gelegene Becken gepumpt. Wird Energie benötigt, fließt das Wasser zurück nach unten und treibt dabei Turbinen an, die einen Generator zur Stromerzeugung antreiben. Auf diese Weise kann zuvor gespeicherte elektrische Energie wieder ins Netz eingespeist werden.

Diese Technik ist seit vielen Jahrzehnten im Einsatz und sehr zuverlässig. Pumpspeicherkraftwerke erreichen vergleichsweise hohe Wirkungsgrade und haben eine extrem lange Lebensdauer. Viele Anlagen sind über mehrere Jahrzehnte hinweg in Betrieb. Die Verluste sind überschaubar und entstehen vor allem durch natürliche Effekte wie die Verdunstung des Wassers im oberen Becken.

Trotz dieser Vorteile lassen sich Pumpspeicherkraftwerke nicht überall bauen. Sie benötigen geeignete geografische Voraussetzungen, also ausreichend Höhenunterschiede und einen passenden Untergrund. Außerdem greifen die oft künstlich angelegten Speicherbecken stark in Landschaft und Natur ein. Das führt zu langen Planungs- und Genehmigungsverfahren und wirft häufig Fragen des Umwelt- und Naturschutzes auf. Um diese Einschränkungen zu umgehen, werden neue Varianten von Pumpspeichern untersucht. Dazu gehören Konzepte, bei denen ehemalige Bergwerke oder unterirdische Hohlräume genutzt werden. Die Idee dahinter ist, vorhandene Strukturen weiterzuverwenden und den Eingriff in die Landschaft zu reduzieren. Solche Ansätze sind technisch interessant, befinden sich aber noch in der Entwicklung und spielen bislang keine größere Rolle im Stromsystem.

Druckluftspeicher (CAES)

Druckluftspeicher, auch *Compressed Air Energy Storage* (CAES) genannt, gehören genauso wie Pumpspeicher zu den mechanischen Speichern. Dabei wird elektrische Energie genutzt, um Luft mithilfe von Kompressoren stark zu verdichten und in geschlossenen, druckfesten Speichern zu lagern. Bei Bedarf wird die Druckluft wieder entspannt und treibt dabei eine Turbine zur Stromerzeugung an.

Als Speicher eignen sich vor allem unterirdische Hohlräume, zum Beispiel Salzkavernen. Sie bieten viel Platz, sind gut abdichtbar und können den hohen Druck aufnehmen. Technisch bringt das Verfahren allerdings eine Herausforderung mit sich: Beim Entspannen kühlt die Druckluft stark ab. Ohne Gegenmaßnahmen könnte es dabei zu Vereisung und Schäden an den Anlagen kommen. Deshalb wird der Luft in bestehenden Anlagen zusätzliche Wärme zugeführt, häufig durch die Kopplung mit einem Gasturbinenprozess. Das macht den Betrieb komplexer und mindert den Gesamtwirkungsgrad. Um dieses Problem zu lösen, werden neue Varianten von Druckluftspeichern erforscht. Bei adiabatischen Druckluftspeichern wird die Wärme, die beim Verdichten der Luft entsteht, zwischengespeichert. Beim späteren Entladen steht sie wieder zur Verfügung und kann genutzt werden, um die Luft zu erwärmen. Dadurch ließe sich der Betrieb deutlich effizienter gestalten. Diese Technik gilt als vielversprechend, befindet sich aber noch im Entwicklungsstadium und wird bislang nicht im großen Maßstab eingesetzt.

Lageenergiespeicher

In Lageenergiespeichern wird Energie dadurch gespeichert, dass schwere Massen angehoben werden. Das können große Blöcke aus Beton oder Fels sein. Solange sich diese Masse oben befindet, ist Energie gespeichert. Wird Strom benötigt, wird sie kontrolliert wieder abgesenkt und die dabei frei werdende Energie zur Stromerzeugung genutzt. Zum Anheben kommen je nach Konzept Wasser, Seilzüge oder hydraulische Systeme zum Einsatz. Beim Absenken wird entweder direkt mechanische Energie genutzt oder über verdrängtes Wasser eine Turbine angetrieben. Das Grundprinzip erinnert damit an ein Pumpspeicherkraftwerk, allerdings ohne große Wasserbecken. Statt Wasser übernimmt hier eine feste Masse die Rolle des Speichers. Der Vorteil dieser Idee liegt darin, dass weniger von natürlichen Gegebenheiten wie Höhenunterschieden oder großen Wasservorkommen abhängt. Solche Systeme befinden sich noch in einem frühen Entwicklungsstadium. Bisher werden Lageenergiespeicher vor allem in Demonstrations- und Pilotprojekten getestet. Ob sie sich langfristig im industriellen Maßstab durchsetzen, ist derzeit noch offen.

Schwungradspeicher

Schwungräder speichern Energie in Form von Rotationsbewegung. Dazu wird eine massive Scheibe mit einem Elektromotor beschleunigt. Bei Bedarf wird die Rotationsenergie über denselben Motor, der nun als Generator arbeitet, zurück in Strom umgewandelt. Schwungräder verlieren kontinuierlich Energie durch Reibung und Luftwiderstand und das führt zu einer relativ hohen Selbstentladung. Schwungräder eignen sich wegen ihrer kleinen Speichermengen und schnellen Reaktionsfähigkeit vor allem für kurzfristige Anwendungen und Systemdienstleistungen, zum Beispiel zur Netzstabilisierung.

Elektrochemische Speicher

Zu den elektrochemischen Speichern gehören

- ✔ Lithium-Ionen-Batterien
- ✔ Redox-Flow-Batterien
- ✔ Power-to-Gas mit Rückverstromung

Lithium-Ionen-Batterien

Mit einem Batteriespeicher ist ein System aus mehreren zusammengeschalteten, wiederaufladbaren Speicherzellen gemeint. Diese Zellen, auch Akkumulatoren genannt, speichern Energie. Beim Entladen entsteht durch eine chemische Reaktion ein Stromfluss, der sich beim Laden wieder umkehren lässt. Dadurch kann der Speicher viele Male genutzt werden.

Bei Batteriespeichern wird zwischen der gesamten theoretischen Kapazität und der tatsächlich nutzbaren Kapazität unterschieden. Der Unterschied hängt davon ab, wie tief ein Speicher entladen werden darf, ohne Schaden zu nehmen. Würde man sie jedes Mal komplett leer fahren, würden die Zellen schneller altern. Die Tiefe, bis zu der eine Batterie entladen werden darf, nennt man Entladetiefe. Je größer diese ist, desto stärker wird die Batterie beansprucht und desto kürzer fällt ihre Lebensdauer aus. Damit eine Batterie möglichst lange zuverlässig funktioniert, wird ihr Zustand ständig überwacht. Dafür sorgt ein Batteriemanagementsystem. Es steuert, wann und wie schnell geladen oder entladen wird, gleicht Unterschiede zwischen einzelnen Zellen aus und erkennt frühzeitig mögliche Probleme.

Im Energiesystem spielen heute vor allem Lithium-Ionen-Batterien eine wichtige Rolle. Sie sind aus Elektroautos bekannt und werden auch in Haushalten, Unternehmen und größeren Speichern eingesetzt. Durch die hohe Nachfrage und die Massenproduktion sind die Kosten in den letzten Jahren deutlich gesunken. Je nach Einsatzgebiet werden Batterien unterschiedlich genutzt. In Elektrofahrzeugen ist schnelles Laden wichtig (also eine hohe C-Rate). Bei stationären Speichern stehen Zuverlässigkeit, Lebensdauer und eine gleichmäßige Nutzung im Vordergrund.

Redox-Flow-Batterien

Redox-Flow-Batterien, auch Flüssigbatterien genannt, sind eine besondere Form elektrochemischer Speicher. Bei ihnen sind der eigentliche Speicher und die Zelle, in der die elektrische Energie umgewandelt wird, voneinander getrennt. Die Energie wird in flüssigen Elektrolyten gespeichert, die in externen Tanks vorgehalten werden. Durch diese Trennung lassen sich Leistung und Speichermenge unabhängig voneinander auslegen. Die Größe der Tanks bestimmt, wie viel Energie gespeichert werden kann, und die Reaktionszelle gibt die mögliche Leistung vor. Redox-Flow-Batterien eignen sich sehr gut für Anwendungen, bei denen große Energiemengen über längere Zeiträume gespeichert und mit geringer Leistung abgegeben werden (also bei niedrigen C-Raten).

Die Technologie ist grundsätzlich einsatzfähig und wird bereits in ersten Anwendungen genutzt. Dennoch besteht weiterhin Forschungsbedarf, vor allem zur Verbesserung des Wirkungsgrads und zur Senkung der Kosten.

Power-to-Gas-to-Power

Ein besonderer Fall der elektrochemischen Speicherung ist die Umwandlung von Strom in Wasserstoff oder weiter in synthetisches Methan, das anschließend wieder in Strom umgewandelt wird. Dabei wird durch Elektrolyse Wasserstoff hergestellt, dieser wird dann ins Gasnetz eingespeist, gespeichert und kann später wieder in Strom rückverwandelt werden.

Nicht jede Nutzung dieser Gase ist automatisch eine Energiespeicherung. Wird Strom nur dazu eingesetzt, fossile Energieträger durch synthetische Gase zu ersetzen, ist es eine Form der Sektorenkopplung, kein Stromspeicher. Erst wenn das erzeugte Gas später wieder in Kraftwerken oder Blockheizkraftwerken zur Stromerzeugung eingesetzt wird, wird Strom gespeichert. Wasserstoffbasierte Speicher haben große Speichermengen, weil vorhandene Gasnetze und Gasspeicher genutzt werden können. Dadurch sind sehr lange Speicherzeiten möglich, die Lade- und Entladegeschwindigkeit ist allerdings relativ gering. Die

Rückverstromung von Wasserstoff passiert ohne direkte CO_2-Emissionen und ist damit eine klimafreundliche Alternative zu Erdgas. Die Versorgung mit Wasserstoff kann dabei sowohl durch heimische Erzeugung als auch durch Importe erfolgen.

Wärmespeicher

Zu den Wärmespeichern gehören:

- ✔ Niedertemperaturspeicher
- ✔ Hochtemperaturspeicher

Bei Wärmespeichern wird Strom nicht direkt gespeichert, sondern erst einmal in Wärme umgewandelt. Die entstandene Wärme kann später wieder genutzt werden, entweder direkt zum Heizen oder zur Stromerzeugung. Je nachdem, wie heiß es dabei wird, unterscheidet man grob zwischen Niedertemperatur- und Hochtemperaturspeichern.

Hochtemperaturspeicher

Hochtemperaturspeicher arbeiten mit sehr großer Hitze. Elektrische Energie wird dabei genutzt, um zum Beispiel Vulkangestein auf mehrere Hundert Grad Celsius zu erhitzen. Diese Wärme lässt sich später wieder abrufen, indem daraus Dampf erzeugt wird. Der Dampf treibt eine Turbine an, die über einen Generator Strom produziert. Die Technik kann an vorhandene Kraftwerkstandorte anknüpfen. Zum Beispiel kann dadurch stillgelegten Kohlekraftwerken ein »zweites Leben« gegeben werden.

Niedertemperaturspeicher

Niedertemperaturspeicher sind einfacher aufgebaut. Hier wird oft Wasser erhitzt, entweder direkt mit Strom oder mithilfe einer Wärmepumpe. Die Temperaturen liegen niedriger (unter 150 Grad). Die Wärme kann zum Heizen genutzt werden oder auch wieder in Strom umgewandelt werden. Wenn aus der gespeicherten Wärme wieder Strom gewonnen werden soll, nutzt man ORC-Anlagen (Organic Rankine Cycle). Sie lassen Wasser verdampfen, das wiederum eine Turbine antreibt.

Nicht zu vergessen sind neue Speicherformen. Warmwasserspeicher in Kraft-Wärme-Kopplungsanlagen beispielsweise machen es möglich, dass die Stromproduktion zeitlich verschiebbar wird (das KWK-Kraftwerk läuft, wenn Strom teuer ist, und speist Wärme in den Tank, statt bei niedrigem Strompreis zu laufen). Wasserstoff-Elektrolyseure können als »negativer Speicher« fungieren und bei Überschuss Strom abnehmen (indem sie daraus Wasserstoff herstellen). Sie verdienen indirekt dadurch, dass sie günstig Energie beziehen und den grünen Wasserstoff verkaufen. Sollten in Zukunft Speicherkraftwerke (zum Beispiel adiabate Druckluftspeicher, Redox-Flow-Batterien etc.) gebaut werden, wären diese stark auf Arbitrageerlöse angewiesen.

Speicher rollen das Feld der Kraftwerksvermarktung neu auf. Klassische Kraftwerksbetreiber integrieren unter anderem Speicher in ihre Kraftwerksparks (zum Beispiel Batteriespeicher neben einem Windpark) und erzielen damit zusätzliche Einnahmen, glätten aber auch ihre Lieferverpflichtungen. In einem immer schwankenden Markt können diejenigen, die flexibel speichern oder liefern können, hohe Gewinne erzielen.

Elektrifizierung, Power-to-X und Sektorkopplung

Der Ausbau erneuerbarer Energien hat im Stromsektor schon viel bewegt. Wind- und Solarenergie haben dazu beigetragen, die CO_2-Emissionen deutlich zu senken. Damit stellt sich immer stärker die nächste Frage: Wie kann dieser saubere Strom auch in anderen Bereichen sinnvoll genutzt werden? Denn nicht nur die Stromerzeugung, sondern auch Heizung, Verkehr und Industrie hängen noch stark von fossilen Energieträgern ab.

Ein wichtiger Ansatz dafür ist, mehr Bereiche direkt oder indirekt mit Strom zu versorgen. In der Energiewirtschaft spricht man in diesem Zusammenhang von Power-to-X. Das »X« steht dabei für verschiedene Anwendungen. Strom kann entweder direkt eingesetzt werden, zum Beispiel als Antrieb oder zur Wärmeerzeugung. Oder er gilt als Ausgangspunkt für neue Energieträger und Rohstoffe. Power-to-X ist deshalb ein Verfahren, mit dem aus Strom weitere Energieträger wie beispielsweise Wärme hergestellt werden. Häufig wird dieses Verfahren verwendet, wenn ohnehin überschüssiger Strom im Netz ist.

Bei der direkten Elektrifizierung wird Strom genau dort genutzt, wo zuvor Öl, Gas oder Kohle im Einsatz war. Beispiele dafür sind Elektrofahrzeuge oder elektrische Heizsysteme in Gebäuden. Bei der indirekten Elektrifizierung wird der Strom erst umgewandelt, zum Beispiel in Wasserstoff oder synthetische Kraftstoffe. Sie lassen sich ähnlich einsetzen wie fossile Energieträger, bringen aber weitere Umwandlungsverluste mit sich.

Elektrifizierung der Wärmeversorgung (Power-to-Heat)

Ein großer Teil unseres Energieverbrauchs wird für Wärme benötigt. In Haushalten geht es vor allem um das Heizen der Räume und um Warmwasser. In Gewerbe und Industrie kommt noch Prozesswärme dazu (zum Beispiel für Produktionsabläufe).

Industrielle Fertigungsprozesse sind häufig sehr energieintensiv, ca. 20 Prozent des deutschen Endenergieverbrauchs entfallen allein auf industrielle Prozesswärme. Bis heute kommt diese Wärme oft aus Erdgas oder Heizöl. Strom kann sie aber zunehmend ersetzen, beispielsweise durch Heizstäbe oder Infrarotheizungen. Wirklich spannend wird es jedoch im privaten Bereich mit Wärmepumpen oder im industriellen Umfeld bei der Elektrifizierung von Prozesswärme.

Wärmepumpen funktionieren im Prinzip wie ein umgekehrter Kühlschrank. Sie entziehen der Umgebung Wärme (beispielsweise aus der Luft, dem Boden oder dem Grundwasser) und bringen diese mithilfe von Strom auf ein nutzbares Temperaturniveau.

Die Effizienz der Wärmepumpe hängt von der Wärmequelle ab und wie hoch die gewünschte Temperatur ist. Sie passen gut zu gedämmten Gebäuden und zu Heizsystemen mit geringen Vorlauftemperaturen (zum Beispiel Fußbodenheizungen). In Neubauten sind sie deshalb inzwischen weit verbreitet.

Strom kann außerdem genutzt werden, um klimaneutrale Gase (grünen Wasserstoff oder synthetisches Methan) herzustellen. Diese Gase lassen sich in bestehenden Heizkesseln oder Kraft-Wärme-Kopplungsanlagen einsetzen und das erleichtert den Umstieg. Energetisch ist dieser Weg allerdings weniger effizient, weil bei der Umwandlung zusätzliche Verluste entstehen. Trotzdem kann er dort sinnvoll sein, wo sehr hohe Temperaturen gebraucht werden oder bestehende Anlagen weiter genutzt werden sollen, zum Beispiel in bestimmten industriellen Anwendungen.

Power-to-Gas

Power-to-Gas kann ebenfalls Strom aus erneuerbaren Energien dann nutzbar machen, wenn er nicht direkt gebraucht wird oder eingesetzt werden kann. Immer häufiger gibt es Zeiten, in denen Wind- und Solaranlagen mehr Strom erzeugen, als im Moment verbraucht werden kann. Der überschüssige Strom wird dann dafür verwendet, Gase herzustellen, die sich speichern, transportieren und vielseitig einsetzen lassen.

Kern dieses Ansatzes ist die Herstellung von Wasserstoff. Mithilfe von Strom wird Wasser in Wasserstoff und Sauerstoff aufgespalten. Dieser Wasserstoff kann direkt genutzt werden, zum Beispiel in der Industrie, in der Mobilität oder zur Rückverstromung. Er lässt sich außerdem weiterverarbeiten, zum Beispiel zu synthetischem Methan. Dieses Gas ähnelt Erdgas und kann in vorhandenen Gasnetzen, Speichern und Anlagen eingesetzt werden. Darin liegt ein großer Vorteil von Power-to-Gas. Es verbindet das Stromsystem mit der Gasinfrastruktur und nutzt vorhandene Speicher- und Transportmöglichkeiten, die im Stromsystem so nicht existieren.

Aus energiewirtschaftlicher Sicht ist Power-to-Gas kein effizienter Weg, um Strom kurzfristig zu speichern. Bei der Umwandlung gehen größere Energiemengen verloren. Deshalb eignet es sich weniger für die tägliche Nutzung. Gase lassen sich über Wochen, Monate oder sogar Jahre speichern. Damit wird Power-to-Gas zu einer Option, um saisonale Schwankungen auszugleichen, zum Beispiel Überschüsse aus Wintermonaten mit starkem Wind für später verfügbar zu machen.

In Teilen der Industrie werden hohe Temperaturen oder bestimmte chemische Eigenschaften benötigt, die sich mit Strom allein nur schwer abbilden lassen. Im Schwerlastverkehr, in der Luftfahrt oder in der Schifffahrt sind gasförmige oder synthetische Energieträger realistischer als Batterien. Power-to-Gas schafft hier eine Brücke zwischen Strom aus erneuerbaren Energien und diesen Anwendungen.

Langfristig betrachtet ist Power-to-Gas daher weniger ein Ersatz für Stromspeicher, sondern eine Ergänzung im Gesamtsystem. Es erweitert die Möglichkeiten, Strom aus erneuerbaren Energien sinnvoll zu nutzen, erhöht die Flexibilität des Energiesystems und verbindet bisher getrennte Sektoren miteinander.

Wirtschaftlich sinnvoll wird der Ansatz vor allem dann, wenn er gezielt eingesetzt wird, nämlich für langfristige Speicherung, für industrielle Anwendungen und für Bereiche, in denen es kaum Alternativen zur indirekten Elektrifizierung gibt.

Elektrifizierung des Verkehrs (Power-to-Mobility)

Im Verkehrssektor steht die Energiewende vor besonders großen Herausforderungen. Mobilität muss zuverlässig funktionieren, große Reichweiten abdecken und flexibel genutzt werden können. Gleichzeitig sollen fossile Kraftstoffe schrittweise ersetzt werden. Hier setzt die Elektrifizierung des Verkehrs an, zusammengefasst unter dem Begriff *Power-to-Mobility*. Im Mittelpunkt stehen batterieelektrische Fahrzeuge. Sie nutzen Strom direkt aus dem Netz und wandeln ihn ohne große Umwege in Bewegung um. Dadurch erreichen sie einen hohen Gesamtwirkungsgrad, also einen geringen Energieverbrauch pro Kilometer. Gleichzeitig stellen Reichweite, Ladezeiten und der Ausbau der Ladeinfrastruktur neue Anforderungen an Stromnetze und Energiesysteme.

Eine weitere Option sind wasserstoffbetriebene Fahrzeuge mit Brennstoffzellen. Sie speichern Energie in Form von Wasserstoff und erzeugen den Strom erst im Fahrzeug. Vorteile ergeben sich vor allem bei Reichweite und kurzen Betankungszeiten. Aus energiewirtschaftlicher Sicht ist dieser Weg allerdings mit höheren Verlusten verbunden, weil der Wasserstoff davor mit großem Aufwand hergestellt werden muss.

Zusätzlich gibt es synthetische Kraftstoffe. Strom aus erneuerbaren Energien wird genutzt, um Wasserstoff herzustellen und diesen weiter zu flüssigen Energieträgern zu verarbeiten. Diese Kraftstoffe ähneln Benzin, Diesel oder Kerosin und können in Motoren und Infrastrukturen eingesetzt werden. Der große Vorteil liegt in der Kompatibilität mit dem Verkehrssystem. Dieser Weg ist energetisch aufwendig, da auch Verbrennungsmotoren lediglich einen Wirkungsgrad von ca. 30 Prozent aufweisen. Rund 70 Prozent der Energie wird in Wärme umgewandelt und durch den Auspuff an die Umgebung abgegeben, weshalb Kritiker von klassischen Verbrennungsmotoren diese als »fahrende Heizungen« bezeichnen. Auch bei der sogenannten Methanol-Synthese (Wasserstoff + CO_2), die notwendig ist, um synthetische Kraftstoffe herzustellen, entstehen Verluste in Form von Wärme (ca. 20 Prozent). Daher sind diese Kraftstoffe eher für Anwendungen gedacht, bei denen direkte elektrische Antriebe wenig umsetzbar sind, zum Beispiel in der Luftfahrt oder im internationalen Schiffsverkehr.

Umwandlungstechniken von Power-to-Gas, Power-to-Heat und Power-to-Mobility zusammengefasst

Abbildung 9.13 fasst noch einmal zusammen, wie Strom aus erneuerbaren Energien über Power-to-X-Technologien in andere Energiesektoren eingebunden werden kann. Ausgangspunkt ist dabei immer der Stromsektor. Von dort aus wird elektrische Energie entweder direkt genutzt oder in andere Energieformen umgewandelt, je nachdem, welche

Anforderungen im jeweiligen Sektor bestehen. Über Power-to-Heat gelangt Strom in den Wärmesektor, wo er für Raumwärme, Warmwasser oder industrielle Prozesse eingesetzt und bei Bedarf in Wärmespeichern zwischengespeichert werden kann.

Power-to-Mobility und Power-to-Liquid (die Umwandlung von Strom in flüssige synthetische Kraftstoffe) zeigen den Weg in den Verkehrssektor, entweder über direkte elektrische Antriebe oder über synthetische Kraftstoffe, die in bestehenden Fahrzeugen genutzt werden können.

Power-to-Gas verbindet den Stromsektor mit der Gasproduktion und erschließt damit große Speicher- und Transportmöglichkeiten. Das erzeugte Gas kann als Brennstoff, als Wärmespeicher oder zur späteren Rückverstromung genutzt werden.

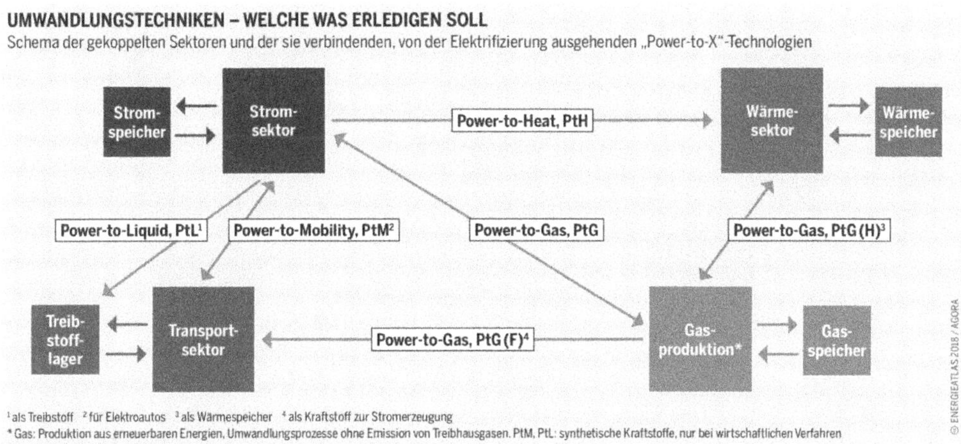

Abbildung 9.13: Umwandlungstechniken von Power-to-Gas, Power-to-Heat und Power-to-Mobility, Quelle: Bartz/Stockmar, `https://commons.wikimedia.org/wiki/File:Sektorkopplung_mit_Power-to-X.jpg` (CC BY-SA 4.0)

Teil IV

Der Top-Ten-Teil

web Extras

Besuchen Sie uns auf `www.fuer-dummies.de` oder unseren Social-Media-Kanälen:

Facebook

`www.facebook.com/fuerdummies`

Instagram

`www.instagram.com/furdummies`

YouTube

`www.youtube.com/@dummies-mann`

Kapitel 10

Zehn Webseiten & Quellen, die Ihnen wirklich weiterhelfen

Die Energiewirtschaft endet nicht mit diesem Buch, und das ist auch gut so. Viele Themen entwickeln sich ständig weiter: Preise ändern sich, Regeln werden angepasst, neue Technologien kommen hinzu. Wenn Sie ein Thema nachschlagen, Entwicklungen verfolgen oder einfach ein besseres Gefühl für das Energiesystem bekommen möchten, helfen die folgenden Quellen weiter.

Sie müssen nicht alle regelmäßig lesen. Oft reicht es, zu wissen, wo Sie nachschauen können, wenn eine Frage auftaucht.

1. Die Bundesnetzagentur (BNetzA)

Die Bundesnetzagentur ist die zentrale Regulierungsbehörde für Elektrizität, Gas, Telekommunikation, Post und Eisenbahnen in Deutschland. Wenn Sie verstehen möchten, wie der Rahmen des Energiemarkts gesetzt wird, sind Sie hier richtig.

Auf der Webseite finden Sie unter anderem:

- ✔ Informationen zu Netzen und Marktregeln
- ✔ Berichte zur Versorgungssicherheit
- ✔ offizielle Zahlen und Statistiken

Kurz: Wenn Sie wissen wollen, wer die Spielregeln im Energiemarkt festlegt, führt kaum ein Weg an der Bundesnetzagentur vorbei.

2. SMARD – der Strommarktdaten-Explorer

Wenn Sie eine Datenplattform zum Stromsystem suchen, dann ist SMARD eine sehr gute Wahl. SMARD stellt kostenlos aktuelle und historische Strommarktdaten für Deutschland bereit. Betrieben wird die Seite ebenfalls von der Bundesnetzagentur. Sie können dort zum Beispiel sehen:

- ✔ wie viel Strom gerade produziert wird

- wie hoch der Verbrauch ist
- wie viel importiert oder exportiert wird

Die Grafiken sind leicht verständlich und helfen dabei, schnell ein Gefühl für das Energiesystem zu entwickeln.

3. EPEX SPOT

Die EPEX SPOT ist eine der wichtigsten Strombörsen Europas. Hier wird ein großer Teil des kurzfristigen Stromhandels organisiert.

Auch wenn Sie selbst nie Strom handeln werden, lohnt sich gelegentlich ein Blick auf die Preisentwicklungen. Sie zeigen oft sehr anschaulich, wie Angebot und Nachfrage im Stromsystem zusammenwirken.

Wenn Sie verstehen möchten, warum Strompreise manchmal stark schwanken, liefert die Börse wichtige Hinweise.

4. ENTSO-E

Stromsysteme hören nicht an Landesgrenzen auf und genau das zeigt ENTSO-E. Der europäische Verband der Übertragungsnetzbetreiber stellt viele Daten und Visualisierungen zum europäischen Stromsystem bereit. Sehr spannend sind die Karten und Dashboards, die zeigen:

- wie Länder miteinander verbunden sind
- wo Strom gerade fließt
- wie sich die Versorgung europaweit entwickelt

ENTSO-E zeigt, dass Energiepolitik eine europäische Angelegenheit ist.

5. Energy-Charts (Fraunhofer ISE)

Energy-Charts gehört zu den anschaulichsten Plattformen für Energiedaten. Hier sehen Sie auf einen Blick:

- Stromerzeugung nach Energieträgern
- den Anteil erneuerbarer Energien
- Emissionen im Stromsektor

Die Grafiken sind sehr intuitiv. Wenn Sie sich schnell einen Überblick verschaffen möchten, wo das Energiesystem gerade steht, sind Energy-Charts eine hervorragende Anlaufstelle.

6. Agora Energiewende

Agora Energiewende veröffentlicht Studien, Analysen und Einordnungen zur Energiewende. Die Publikationen beschäftigen sich unter anderem mit:

- ✔ Strommarkt-Design
- ✔ Klimapolitik
- ✔ Ausbau erneuerbarer Energien

Wenn Sie verstehen möchten, welche politischen und wirtschaftlichen Debatten gerade geführt werden, finden Sie hier viele gut aufbereitete Analysen.

7. Bundesministerium für Wirtschaft und Klimaschutz

Das Bundesministerium für Wirtschaft und Klimaschutz (BMWK) ist zentral für die Energiepolitik in Deutschland.

Auf der Webseite finden Sie:

- ✔ Gesetze und Verordnungen
- ✔ Strategiepapiere
- ✔ politische Programme zur Energiewende

Nicht alles ist leicht zu lesen, aber wenn Sie wissen möchten, wo politische Entscheidungen ihren Ursprung haben, lohnt sich ein Blick.

8. BDEW

Der Bundesverband der Energie- und Wasserwirtschaft (BDEW) vertritt die Interessen vieler Energieunternehmen in Deutschland. Der Verband veröffentlicht regelmäßig:

- ✔ Studien
- ✔ Markteinschätzungen
- ✔ Positionspapiere

Wenn Sie verstehen möchten, wie Unternehmen der Branche bestimmte Themen sehen, ist der BDEW eine wichtige Quelle.

9. Clean Energy Wire (CLEW)

Clean Energy Wire erklärt energiepolitische Themen journalistisch und gut verständlich. Die Plattform richtet sich vor allem an Journalistinnen, Journalisten und internationale Beobachter der deutschen Energiewende. Die Artikel helfen dabei, komplexe Debatten verständlich einzuordnen. Viele Beiträge erscheinen auch auf Englisch und werden international zitiert.

10. Fachmedien & Newsletter

Wer in der Energiewirtschaft auf dem Laufenden bleiben möchte, sollte ein paar gute Fachquellen kennen.

Zu den bekanntesten gehören zum Beispiel pv magazine und energate. Sie müssen nicht alles lesen. Aber ein paar verlässliche Quellen im Posteingang helfen dabei, wichtige Entwicklungen früh mitzubekommen.

Kapitel 11

Zehn Dinge, die ich gern früher über die Energiewirtschaft gewusst hätte

Die Energiewirtschaft ist ein faszinierendes Feld, aber sie erschließt sich selten auf den ersten Blick. Viele Dinge habe ich nicht aus Lehrbüchern gelernt, sondern erst im Arbeitsalltag verstanden. Rückblickend hätte mir manches den Einstieg erleichtert. Deshalb teile ich hier zehn Erkenntnisse, die ich gern früher gehabt hätte.

1. Es gibt selten einfache Antworten

In der Energiewirtschaft ist fast nichts schwarz oder weiß. Was auf den ersten Blick logisch klingt, hat oft Nebenwirkungen oder Auswirkungen an anderer Stelle. Wer schnelle, eindeutige Lösungen sucht, wird schnell frustriert. Wer gelernt hat, mit Grautönen zu leben, kommt weiter.

2. Fast alles ist ein Zielkonflikt

Bezahlbarkeit, Versorgungssicherheit und Klimaschutz lassen sich selten gleichzeitig maximieren. Jede Entscheidung verschiebt die Balance. Das ist kein Fehler des Systems, sondern seine Realität.

3. Technik allein löst keine Probleme

Technisch ist vieles möglich. Ob es auch umgesetzt wird, hängt aber von Wirtschaftlichkeit, Regulierung, Akzeptanz und Timing ab. Gute Ideen scheitern nicht selten an Rahmenbedingungen und weniger an der Technik.

4. Netze sind mindestens so wichtig wie Erzeugung

Am Anfang schaut man oft auf Kraftwerke, Windräder oder Solaranlagen. Erst später wird klar, dass ohne leistungsfähige Netze nichts funktioniert. Sie sind das Rückgrat des Energiesystems, auch wenn sie selten im Rampenlicht stehen.

5. Zeit spielt eine größere Rolle als gedacht

In kaum einer anderen Branche sind Zeitfenster so entscheidend. Stunden, Viertelstunden oder sogar Minuten machen den Unterschied. Wer das verstanden hat, begreift auch besser, warum Prognosen, Flexibilität und Märkte so wichtig sind.

6. Regulierung ist kein Nebenthema

Gesetze, Verordnungen und Regeln prägen den Energiemarkt massiv. Sie bestimmen, was erlaubt ist, was sich lohnt und was nicht. Regulierung zu ignorieren heißt, das System nicht ernst zu nehmen.

7. Preise erzählen Geschichten

Strompreise sind mehr als Zahlen. Sie spiegeln Knappheiten, Risiken, Erwartungen und politische Rahmenbedingungen wider. Wer Preise lesen lernt, versteht viel über den Zustand des Systems.

8. Die Energiewende ist kein reines Technikprojekt

Sie verändert Geschäftsmodelle, Rollenbilder und Prozesse. Verbraucher werden zu Produzenten, Netze zu Plattformen und Energie zu einem vernetzten System. Das macht die Energiewende komplex, aber auch spannend.

9. Niemand weiß alles

Die Energiewirtschaft ist zu breit, um sie vollständig zu überblicken. Selbst erfahrene Fachleute sind Spezialisten auf ihrem Gebiet. Fragen zu stellen ist kein Zeichen von Schwäche, sondern von Professionalität.

10. Neugier ist wichtiger als Vorwissen

Was wirklich hilft, ist die Bereitschaft, zu lernen, Dinge zu hinterfragen und Zusammenhänge zu suchen. Die Energiewirtschaft belohnt Menschen, die offen bleiben und Lust haben, sich immer wieder in neue Themen einzuarbeiten.

Abbildungsverzeichnis

Stichwortverzeichnis